みんなで考える
家族・家庭支援論

知っていますか？
いろいろな家族・家庭が
あることを

編著 —— 草野いづみ

著 —— 芦野由利子
石井佳世
石田芳朗
岩本聖子
上澤悦子
桑田道子
小泉智恵
坂口 井
清水冬樹
青海恵子
関根美保子
棚沢直子
田辺寿夫
玉井真理子
外川達也
徳永雅子
富永美佐子
永久ひさ子
新倉アキ子
西 順子
朴 偉廷
福田基徳
三澤文紀
椋野美智子
森 和子
柳田めぐみ
山下浩美

同文書院

執筆者紹介

【編著者】

草野　いづみ（くさの・いづみ）　　Ⅰ-1，Ⅰ-2のコラム，Ⅳ-8，Ⅶ-1〜3
帝京大学

【著　者】※執筆順

朴　偉廷（パク・ウィジョン）
帝京大学
Ⅰ-2

棚沢　直子（たなさわ・なおこ）
フランス研究者
Ⅰ-3・コラム

芦野　由利子（あしの・ゆりこ）
公益財団法人 ジョイセフ
Ⅱ-1・コラム，Ⅱ-2・コラム

椋野　美智子（むくの・みちこ）
元・大分大学
Ⅱ-3・コラム，Ⅱ-4・コラム

永久　ひさ子（ながひさ・ひさこ）
文京学院大学
Ⅲ-1・コラム，Ⅲ-2

小泉　智恵（こいずみ・ともえ）
国立研究開発法人 国立成育医療研究センター
Ⅲ-3・コラム

清水　冬樹（しみず・ふゆき）
旭川大学短期大学部
Ⅲ-4・コラム，Ⅳ-1・コラム

徳永　雅子（とくなが・まさこ）
徳永家族問題相談室
Ⅲ-5・コラム，Ⅳ-5・コラム

桑田　道子（くわた・みちこ）
女性ライフサイクル研究所フェリアン
Ⅳ-2

玉井　真理子（たまい・まりこ）
信州大学
Ⅳ-3

岩本　聖子（いわもと・しょうこ）
障害児とワーキングマザーネットワーク
Ⅳ-3のコラム

柳田　めぐみ（やなぎだ・めぐみ）
横浜市東部地域療育センター
Ⅳ-3のコラム

福田　基徳（ふくだ・もとのり）
町田おやじの会
Ⅳ-3のコラム

山下　浩美（やました・ひろみ）
信州大学医学部附属病院
Ⅳ-3のコラム

青海　恵子（せいかい・けいこ）
翻訳家
Ⅳ-4

西　順子（にし・じゅんこ）
女性ライフサイクル研究所
Ⅳ-6・コラム

田辺　寿夫（たなべ・ひさお）
ジャーナリスト
Ⅳ-7

富永　美佐子（とみなが・みさこ）
福島大学，福島大学大学院
Ⅳ-8のコラム

外川　達也（とがわ・たつや）
東京都福祉保健局
Ⅴ-1・コラム，Ⅴ-6・コラム

関根　美保子（せきね・みほこ）
帝京大学
Ⅴ-2，Ⅶ-1〜3

坂口　井（さかぐち・せい）
元・調布市子ども家庭支援センター すこやか
Ⅴ-3・コラム

新倉　アキ子（にいくら・あきこ）
帝京大学教職大学院
Ⅴ-4・コラム

石田　芳朗（いしだ・よしあき）
児童養護施設 至誠学園
Ⅴ-5・コラム

森　和子（もり・かずこ）
文京学院大学
Ⅵ-1

三澤　文紀（みさわ・ふみのり）
茨城キリスト教大学
Ⅵ-2

石井　佳世（いしい・かよ）
志學館大学，志學館大学大学院
Ⅵ-2のコラム

上澤　悦子（かみさわ・えつこ）
福井大学
Ⅵ-3

はじめに

　「家庭（家族）支援論」は保育士をめざす学生が必ず学ぶ科目です。保育所や施設などで働く保育者には，子どもを保育するだけではなく，子どもを取り巻く家族・家庭とかかわり，家族を支援する必要が切実に生じているためです。科目名としては「家族援助論」から「家庭支援論」に変わりましたが，「家族」は人をあらわし，「家庭」は人の暮らす場を示します。その支援を考えるためには両方必要な概念であるので，本テキストでは「家族・家庭支援論」としました。

　それにしても「家族」とはなんと深く，広く，人間にとって意味深いテーマでしょう。家族をテーマにテキストをつくると聞いたとき，はじめは途方に暮れました。世の中にはさまざまな家族や家庭があります。それらを支援する立場に立つ人は，自分のなかにある家族イメージを一度ニュートラルな状態にし，思い込みや偏見なく，それぞれの家族と向き合わなければなりません。そのためには，まず「家族とはなにか」というところから見直さなければならないと思いました。家族の姿とは一定ではなく，その時代の暮らしや社会，経済，権力や価値観によって変化しており，歴史のタテ軸と国や文化のヨコ軸の両方からとらえる必要があります。また，子育てを担うのは親とは限らず，すべての養育者を想定する必要があります。

　その上で，日本の家族・家庭が共通に直面している現代的課題，たとえば少子化の影響や育児ストレス等の背景や要因，そしてそこに対応する支援の方策を探りたいと考えました。また，将来，保育者となる学生が現場で出会うであろうさまざまな家族・家庭について具体的に取り上げ，子どもとその家族を支えるために理解し，身につけておくべき知識やスキルとはどんなことかを，一緒に考えていきたいと思いました。

　このようなことから，本書を編集する際にとくに意識したのは次のような視点です。
1. 家族を，従来の固定観念に縛られず，時代や国や地域によって変化する流動的なものとしてとらえ，家族の多様性を前提とする。日本のみならず地球規模の多文化的視野をもつ内容とする。
2. 子育て・保育は社会全体で取り組む問題であり，親も子もどちらも犠牲になることなく，ともに幸福に生きられるような社会や制度を目指すものとする。
3. 性別役割分業ではない男女平等・共生社会を目指すことを前提とする。子育ての責任をもつのは両性であり，女性も男性も仕事と子育てを両立できることを支援し，家庭でも保育現場でも男性をより育児に巻き込む視点に立つ。
4. 家族支援の現場における当事者による視点を最大限生かす内容とする。
5. 家族の問題は複合的なため，保育・福祉に限らず多くの分野に執筆者を求める。

　このような企画意図にそって，執筆者として，家族・家庭支援の最前線に立つ方や，当事者の方を中心にお願いしました。編者がこれまでの仕事のなかで出会った方をはじめ，著書などを読んで，ぜひ書いていただきたいと思った方ばかりです。執筆者の方々のお力により，家族・家庭支援に必要な視点をかなり網羅することができたと思っています。どの章からでも，興味をもったところから読んでください。

　本書はテキストとしてだけでなく，子どもと家族にかかわる人，また家族について考えているすべての人に読んでいただきたい内容です。人はだれでも，ほかの人々からの有形無形の支援を受けながら生きています。家族・家庭支援もそのひとつです。すべての親子がともに幸せに生きられるためにはなにが必要かを，みんなで一緒に考えていければと願っています。

　最後に，貴重な原稿を寄せてくださった執筆者の皆様と，この仕事のきっかけを与えてくださった帝京大学の杉本真理子先生，根気強くていねいに編集作業にあたってくださった同文書院の小林絵理子さん，深澤真実子さん，緒方希さん，そして本書の編集に参加してくださったすべての方々に心より感謝申し上げます。

2013年4月
編者　草野いづみ

もくじ

はじめに

Ⅰ．家族とはなんだろう？ ―1

Ⅰ-1．ひとつではない家族の形－その歴史と現在……2

Ⅰ-2．韓国の少子化と育児事情……16

　コラム　カンボジアの女性と子どもの支援活動……24

Ⅰ-3．フランスは家族をどうとらえてきたか？……26

　コラム　女性にかかわる現代の政策：日仏比較……38

〔考えてみよう〕……39

Ⅱ．現代の家族がかかえる問題とは？ ―41

Ⅱ-1．家族のはじまりと家族計画－責任をもって親になること……42

　コラム　ニッポンのフシギ……53

Ⅱ-2．産む産まないをめぐる途上国の現状……54

　コラム　児童婚とシュガーダディ……59

Ⅱ-3．少子化と家庭支援政策……60

　コラム　諸外国の少子化と家庭支援政策……68

Ⅱ-4．これからの家庭支援政策……70

　コラム　英国（イングランド）の子どもセンター……75

〔考えてみよう〕……76

Ⅲ．家族支援はなぜ必要か？ ―77

Ⅲ-1．親であることと私であること……78

　コラム　子どもはほしいけれど，自分の生活スタイルももち続けたい……85

Ⅲ-2．親にとって子育てとは……86

Ⅲ-3．育児不安・育児ストレス……92

　コラム　お母さんのホンネ……99

Ⅲ-4．子どもの権利から見た家族支援の必要性……100

　コラム　社会的養護の必要な子どもたちと保護者の関係を見つめて……107

Ⅲ-5．子ども虐待について……108

　コラム　事故なのか虐待なのか……115

〔考えてみよう〕……116

Ⅳ．支援を必要とする家族・子ども ―117

Ⅳ-1．ひとり親……118

　コラム　大阪2幼児餓死事件から考えること……127

Ⅳ-2．子連れ再婚……128

Ⅳ-3．障害をもつ子どもの家族（家庭）……136

　コラム　障害児の母親も職業をもちます……141　　コラム　障害児のきょうだいの葛藤……142

　コラム　「うちの子，障害児」と自己紹介したあとで……143　　コラム　出生前診断－夫婦のつらい決断……144

Ⅳ-4．私の子育て－障害をもつ保護者の子育て……146
Ⅳ-5．育児不安や虐待に悩む親への支援……152
　　コラム 育児不安や虐待に悩む親－頑固なネグレクト母への支援……159
Ⅳ-6．DVにさらされる家族……160
　　コラム DVからの脱出と秘密保持……167
Ⅳ-7．ことばも，文化もさまざまな子どもたち……168
Ⅳ-8．震災下の子どもと家族への支援……176
　　コラム 放射線被害下の子どもたち……180
〔考えてみよう〕……184

Ⅴ．家族支援の現場から　　　　　　　　　　　　　　　185

Ⅴ-1．家族支援のしくみ：行政が担う活動とシステム，NPOとの連携……186
　　コラム 子ども虐待に思う……196
Ⅴ-2．保育所における家族支援……198
Ⅴ-3．地域における子育て支援拠点の活動……204
　　コラム 赤ちゃんとはじめての外出……210
Ⅴ-4．警察は家族支援にどうかかわるか……212
　　コラム 親が逮捕された子どもの保護……221
Ⅴ-5．児童養護施設……222
　　コラム 施設の助けを借りながら，子どもを育てる……228　　コラム 保護者同士のつながり……229
Ⅴ-6．里　親……230
　　コラム 養育里親を支え励ます力となるために……235
〔考えてみよう〕……236

Ⅵ．家族を支える方法　　　　　　　　　　　　　　　　237

Ⅵ-1．福祉のアプローチ：家族支援のソーシャルワーク……238
Ⅵ-2．心理のアプローチ：家族療法における家族の見方・問題のとらえ方……246
　　コラム 家族療法によるアプローチの実際……254
Ⅵ-3．看護のアプローチ：母子保健・医療から見た家族支援……256
〔考えてみよう〕……268

Ⅶ．保育所でどのように家族支援をおこなうか？　　　　　269

Ⅶ-1．「気になる子」がいるとき……270
Ⅶ-2．虐待がうたがわれるとき……278
Ⅶ-3．育児に不安やストレスをかかえた保護者がいるとき……284
〔考えてみよう〕……290

インデックス……291

I. 家族とはなんだろう？

あなたにとって家族とはどのようなものですか？

家族とひと口に言っても，そのイメージは人によって違っているでしょう。

家族の姿は時代によっても変化しています。まず，家族の歴史をひもといてみましょう。

また，国や文化によって家族のあり方や社会における位置づけがどのように似ていたり，

異なったりしているのかを見てみましょう。

I-1. ひとつではない家族の形
―その歴史と現在(いま)

1. 時代や国によって異なる家族像

本書のテーマである「家族」とは、いったいどういうものなのでしょうか？

筆者は、大学におけるこれまでの「家族支援論」などの授業のなかで、毎年、学生に「家族像」を問うアンケートを取っています。回答傾向はここ数年間ほぼ一定しているので、ここでは、その回答に見られる現代の若者がもつ家族像を見ていきましょう。

●大学生の「家族観」に見る日本の家族

アンケートに回答したほとんどの大学生が日本で生まれ育っていますが、そのほぼ7割は核家族[1]のなかで育っています。

「自分が家族だと思うのはどこまでか」という問いに対しては、「両親と子ども」という、同居している2世代と答える人が約3割、同居していていもいなくても、そこに祖父母を加えて3世代を「家族」と考える人が5割程度です。また、家族におじ・おばやいとこを入れる人も約2割います。さらに、飼っているペットを「家族」に入れる人は8割以上にのぼります。

また、「家族の役割はなんだと思うか」という問いへの回答を自由記述にしたところ、さまざまなコメントがありましたが、要約して分類すると、次のようになりました。

まず、いちばん多くあげられたのが「生計をともにし、助け合う」という役割です。次に多かったのが、「子どもを産み育て、教育する」「社会のルールや人間関係を学ぶ」「自立をうながす」というような役割です。また、「親は子どもが自立するまで育て、子どもは親の老後の面倒を見る」といった老親の介護役割、さらに、「家系の継続」などへの言及も見られました。

これらに加え、ほとんどの人が記述したのが、家族にかかわる次のふたつの側面です。ひとつは、「安心でき、落ち着ける場」「癒しの場、帰る場所」など、居場所としての役割です。もうひとつは、「存在を認めてくれる」「そばにいて支えてくれる」「喜びも悲しみも共有する」「見返りを求めず、お互いに思いやる」などの心の支えとしての役割でした。

これらの回答傾向から浮かび上がる大学生にとっての家族とは、まず、①「一緒に住んでいる人やペット」という同居メンバーであり、それは、②おもには婚姻関係にある親とその未婚の子どもからなる核家族であり、さらに、③祖父

---

[1] **核家族**
親と未婚の子どもにより構成される家族のことです。夫婦(カップル)と子ども、ひとり親と子ども、また夫婦(カップル)のみで子どもなし、という場合も核家族にあたります。

Ⅰ 家族とはなんだろう？

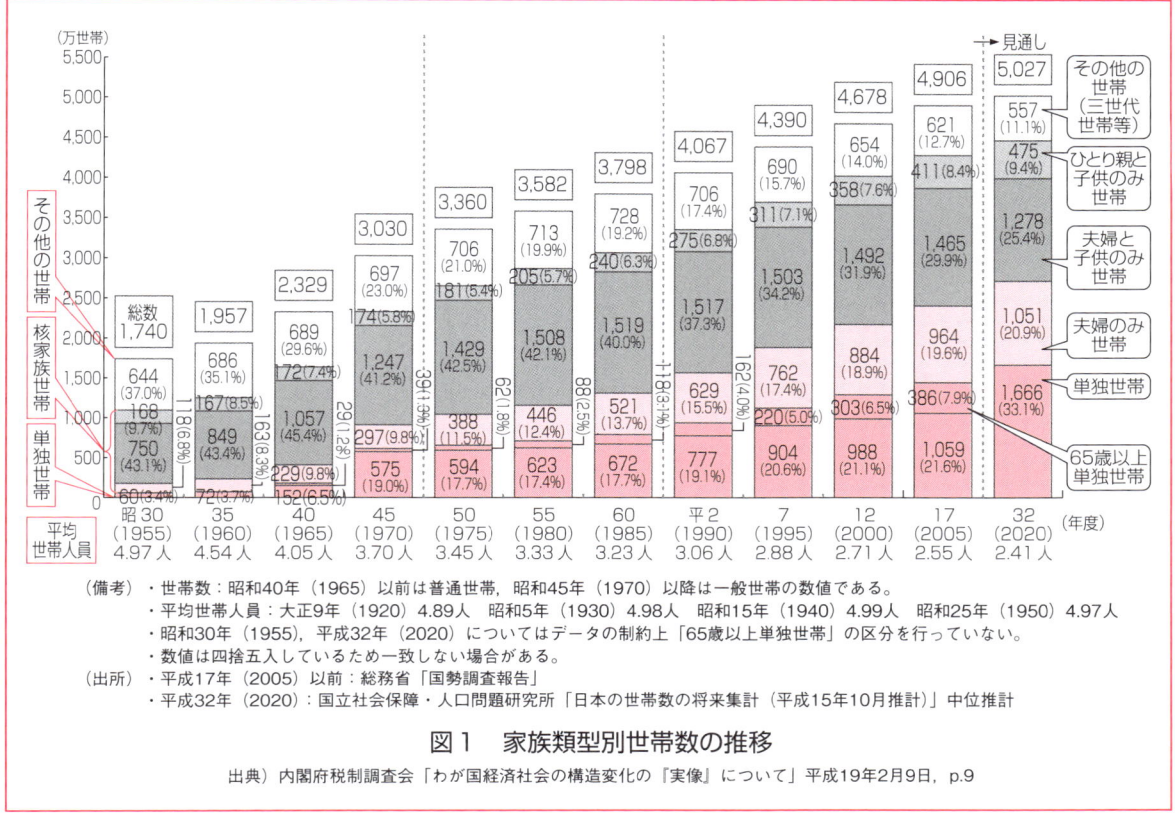

図1　家族類型別世帯数の推移
出典）内閣府税制調査会「わが国経済社会の構造変化の『実像』について」平成19年2月9日，p.9

母までの3世代など，血縁および交流のある3～4親等くらいまでの人々が思い描かれていることがわかります。また，家族に対しては，共同生活によって助け合う「経済的役割」，子どもの「養育役割」，高齢者や病人などの「介護役割」，そして，居場所や心の支えといった「情緒的役割」が想定されていました。これらの回答内容は，大学生が「家族に求めるもの」と解釈することもできるかもしれません。

このような家族観には，彼らが生まれ育った日本の過去から現在にいたるまでの家族形態だけでなく，日本における家族に関する文化や思想，価値観が映し出されていると言っていいでしょう。

● ところ変われば「家族」も変わる

韓国人の同僚に「家族」についてたずねると，韓国人のもつ一般的な家族イメージは，日本のそれと似た点が多いことを感じます。韓国では，結婚して親と同居する3世代家族がもともと多いのですが，都市化にともなって，核家族が増加してきています。それでも，祖父母の存在感はとても大きく，そのようすは韓国ドラマによく描かれていますが，実際もそうだと言います。しかし，家族の範囲については日本よりもっと広く，血縁関係と年齢の順番が重要になります。たとえば，母の姉妹を，もう1人の母という意味の"姨母—「이모（イ

モ)"と呼んだり、父の兄（伯父）を「大きいお父さん」（兄弟の一番上なら「一番目のお父さん」、二番目なら「二番目のお父さん」）と呼ぶなど、実の親と同様に接します。4親等である「いとこ」に対してもきょうだいと同じく兄、姉、弟、妹と呼びます[2]。日本では、「いとこ」同士が結婚することは法的に認められていますが、韓国では「いとこ」同士も、その子ども同士も結婚することができません。血縁や親戚を呼ぶ名称がその関係ごとにこと細かく決められていて、血縁・親戚のつながりが生活のなかで非常に重要な位置を占めていると言います。

　このように日本と韓国は、かつての東アジアの儒教文化圏として、家族観については共通部分も多い一方で、相違点もあります。最近では、日本でも韓国でも核家族が多数を占め、離婚や再婚、ひとり親など、家族形態の多様化が進んでいます。しかし、家族イメージという部分においては、まだ旧来の制度や文化の影響が残存しています。

　同じ質問をフランスに長く暮らした友人にすると、また異なる家族像が浮かび上がってきます。フランスでは、まず、夫婦（カップル）のつながりが中心となり、そこに子どもを加えた2世代が一般的な家族の範囲です。カップルが親と同居することはほとんどありません。成人した子どもが親と同居することも珍しかったのですが、経済状況が悪くなった最近では、そうしたケースも見られます。しかし、結婚もしくはカップルとして共同生活をはじめたら、親との同居は、まずないとのことです。

　「家族」と聞いて、日本や韓国が親子のタテ関係を主軸とした家族をイメージするのに対して、フランスでは家族はカップルというヨコ関係を主軸とした関係です。しかも近年では、結婚という形を取らずに一緒に暮らし、結婚制度の外で子どもをもつカップルが多数派になっています[3]。この背景には、フランス独自の恋愛や結婚における文化・伝統と、経済社会の変化が存在しています。

　このように、「家族」のあり方や家族観、家族に対する価値観は、国や地域や文化によって違いがあるということを、まず、理解しておきたいと思います。

2. 結婚や家族の移り変わり

●古代の結婚や家族はゆるい関係

　私たちが知っている家族や結婚の形というのは、国や地域によって異なるだ

2)「いとこ」に対してこのような兄弟姉妹と同じ呼び方をするのは、ミャンマーなど、ほかの国においても見られます。

3) くわしくは、I-3.「フランスは家族をどうとらえてきたか？」(p.27)を参照。

Ⅰ 家族とはなんだろう？

けでなく，時代によっても大きく移り変わってきています。なぜなら，「その集団が，どのように生活をしているか」という経済社会のあり方や背景となっている文化や制度，また「どのような人々が権力を握っているか」という政治的な力関係も，結婚や家族のあり方に関係してくるからです。

　さて，時間をさかのぼってみましょう。資料や遺跡から見えてくる古代の人々の結婚や家族とは，どのようなものだったのでしょうか。

　筆者が勤務している大学内では，たまたま新棟建設にともなう発掘調査がおこなわれ，そこから縄文時代の狩猟用落とし穴や，古墳時代，平安時代の住居跡などが同時に出土したので，興味津々でのぞいてみました。

　古墳時代末期（7世紀ごろ）のものと言われる，四隅に柱を立てた穴がある住居跡は，7〜8人は住める広さがあり，住居内の一角にかまどの跡もありました。室内にキッチンのある，立派な家というわけです。すると，この住居に同居していたのは「家族」ではないかと想像できます。実際，このような発掘調査によって家や墓から出土した骨を調べると，血縁関係同士が多いということがわかっているのだそうです。古墳時代は，すでに稲作農耕がおこなわれていた時代なので，血縁関係のある家族がいくつか集まって集落を形成し，共同で働いて暮らしていたのでしょう。

　では，このころの家族の形とはどのようなものだったのでしょうか？「夫婦と子どもの核家族？」「祖父母も同居の3世代家族？」「女性は夫の家に嫁に行った？」…私たちは自分の知っている家族形態を想像しがちですが，そうしたイメージとはかなり異なっていたようです。さまざまな資料や発掘調査による考古学からわかってきたことによると，諸説はあるものの，大雑把に言えば，家族の形がひとつに決まったものではない，ゆるい家族関係だったようです。

　発掘調査からは，数人が暮らす住居がいくつか集まって大家族を

古代の家族

5

構成していたことが推測されています。ひとつの住居には血縁関係の人々が住んでいますが，夫婦と子どもとは限らず，成人男女数名と子どもたちであったり，きょうだいと見られるおとなであったりと，その形はさまざまに考えられるようです。おそらく，男女が出会って性関係をもち，子どもができて一緒に暮らすこともあれば，母親と子どもたちだけで暮らしたり，別の親族と一緒に暮らしたりもしていたのでしょう。

　子どもは母親から生まれ，乳を飲んで育つので，母子が一緒に暮らすことはふつうでしたが，男女は一夫一婦で同居するとは限らず，男女とも複数の相手と性関係をもつ場合もあったようです。遠方の集落から男性や女性がやって来て住み着くという比較的広い範囲での通婚関係も見られています。生まれた子どもは，母方で育てば，父親がだれであるかはあまり問題ではなかったようです。また，家のまわりには近い関係の人々が住んで集落をつくり，大家族的な生活をしていたと見られるので，女性が子どもを産めば，母子はこれら共同体の人々のサポートを受け，子どもは多くのおとなたちとかかわりながら育っていったと思われます。

　家や氏が父から息子に伝えられる父系は，中国から入った律令制により奈良時代に広まりました。しかし，古代（古墳時代から平安時代まで）の日本では，子どもが母方に住んで氏や財産（田畑など）を継いでいく母系も，父方を継いでいく父系も，父方，母方のどちらもあり得る双系も存在し，こうした形が比較的長く存続していたと考えられています。

●「通い婚」から「婿取り婚」へ

　奈良時代や平安時代の歌や文学には，おおらかに性愛が表現されており，貴族から庶民まで，比較的自由な恋愛・性関係のなかで生きていたことをうかがわせます。たとえば，奈良時代に編まれた『万葉集』には，恋愛の歌がたくさん集められていますが，そこに映し出されている当時の結婚の姿とは，恋に落ちた男女が相手の家を訪ねて，ともに寝る（性関係を結ぶ）というものでした。これは，男が女の家に夜に通う「妻問婚」[4]と呼ばれるもので，「通い婚」と言うとわかりやすいでしょうか。相手への情熱が薄れて通って来なくなれば，その関係は終わります。相手を妻や夫と呼び，親も公認の関係ですが，男が複数の女のもとに通ったり，女が通って来る男を複数もっていたりしても，それぞれの関係が「結婚」でした。男女の出会いの場は「市(いち)」などでおこなわれる

---

[4] **妻問婚**
「ツマ」は，妻も夫も両方のことを指すため，女が男の家を訪ねる場合もあったと言います。「ヨバイ」と表現されることもあります。

Ⅰ 家族とはなんだろう？

通い婚

婿取り婚

「歌垣[5]」と呼ばれる集まりで，そこで名前を教え合い，求愛の歌を詠み合うことで恋人をつくっていきました。

平安時代の貴族の恋愛や結婚については，『源氏物語』などの王朝文学から知ることができます。男が女のもとに夜通って朝帰る「妻問婚」の形態だったものが，このころから，女の家に入って住む「婿取り婚」（妻方居住婚）に移行していきました。結婚の儀式を経て妻の実家で一緒に暮らすという，ある程度安定的な夫婦関係であり，子どもが生まれれば母方で育てられました。また，一定期間を経ると，夫が新しい家に妻と子どもを連れて移り住むという形も見られました。子どもは父方の氏を名乗り，家系として父方に属する場合もあれば，母方に属する場合もありました。

● 「家」の成立と「嫁取り婚」

このような結婚の形が，父系中心に大きく変化したのが，武士が政権を握った鎌倉時代ごろからです。武士が自分の領地や財産を代々子孫に相続していくための「家」の概念が成立したのも，このころでした。室町時代になると女性が夫の「家」に入る「嫁取り婚」が武士階級や公家のあいだで主流となりました。そして，家や財産を受け継ぐのは男子（嫡子）であるとする

嫁取り婚

5) 歌垣
『広辞苑 第六版』（新村出〈編〉，岩波書店，2008）によると，「上代，男女が山や市（いち）などに集まって互いに歌を詠みかわし舞踏して遊んだ行事。一種の求婚方式で性的解放が行われた。かがい。」と解説されています。

7

家父長制[6]が成立し、庶民にも広まっていきました。

武士の家では、結婚すると妻も家の切り盛りを任され、夫と一緒に家を支える役割を担いました。基本的には、夫と正妻という一夫一婦ですが、夫は正妻のほかに複数の妻（妾）をもつことが許される一方、妻が夫以外の男性と性関係をもつことは「密通」として処罰されました。古代よりも恋愛や結婚に制限が多くなり、男性優位の価値観が強まっていきました。

家父長制

とは言え、女性も財産や職業の相続が可能であったり、離婚権は夫にあるものの妻の申し立てによる離婚が実質的に認められたりしていました。このことについては、室町時代の16世紀に日本に滞在した宣教師のルイス・フロイスが、日本の女性について、「夫の許可がなくても好きなところに行く自由をもっている」「財産を所有している」「妻から夫を離別することがある」など、ヨーロッパ女性よりも力をもっている側面があることについて報告しています[*1]。

しかし、江戸時代になって徳川幕府の支配体制が固まり、その支配原理として儒教[7]道徳が導入されると、家父長制は武士階級を中心に定着し、さらに町民や農民など、庶民層にも浸透していきました。「士農工商」の身分制度とともに、「男が上で女が下」という上下関係が定められ、女性には「三従の教え[8]」などの道徳が課せられました。「家」の存続がなにより大事なものとされ、後継ぎの男子を産めないと、一方的に離縁されても仕方がないことだとされました。武士の家庭では結婚は親同士が決めるため、婚礼の日までお互いの顔を見たことがないということもふつうでした。

また、妻が夫以外の男性と性交渉をもつと不義密通とされ、「夫は、その場で妻とその相手を殺してよい」、あるいは「妻と男は死罪」とされる一方で、夫が妻以外の女性と性交渉をもつことは問題とされませんでした。こうした男女の性に関するダブルスタンダードは、この時代に強まりました。夫を主として仕え、自分は表に出ずに支えるのがよい妻とされたのです。子どものしつけや教育の責任は、父親にあるとされました。こうした男尊女卑の思想は、そのまま明治以降も引き継がれました。

---

6) **家父長制**
男性の家長が「家」の家族メンバーを統率し、支配する権限をもつ制度のことです。家長は代々、直系の男子（主として嫡子＝正妻が生んだ長男）がなり、「家」の氏や財産を継承します。

7) **儒教**
孔子を始祖とする教えで、仁、義、礼、智、信という道徳や、父子、君臣、夫婦、長幼、朋友という人間関係の秩序を守り、実践して生きることを説いたものです。

8) **三従の教え**
女性は、「子どものうちは父にしたがい、嫁になったら夫にしたがい、老いては子（長男）にしたがう」という儒教を元にした教えで、女性は一生、自分の意志ではなく、男性の意志にしたがって生きるべきだと説いたものです。

●明治～昭和前期の家制度と戦争

　もともと武士階級のものであった家父長制が，明治の近代国家誕生とともに，民法（1898〈明治31〉年）において規定されたのが日本の家族制度である「家制度」でした。

　この明治民法と戸籍制度（1872〈明治5〉年）により成っている家制度においては，「家」は，家長である「戸主」と同一戸籍内に記載された家族員で構成されます。戸主は家族の扶養義務を負う一方で絶対的な権力をもっており，家族員は，戸主の許可がなければ住む場所を決めたり，結婚したりすることもできませんでした。

　戸主として家督（戸主の地位および財産）を相続するのは基本的に長男であり，次男以下は低い地位に置かれ，分家したり，婿に出たりすることも少なくありませんでした。また，女子は他家に嫁に出て行く存在でした。

　結婚は一夫一婦制ですが，夫婦が対等な関係ではありませんでした。たとえば，庶民は江戸時代までは姓（名字）をもたず，明治になってはじめて名乗ることを許されましたが，女性は嫁に行くと，夫の姓を名乗るようになりました。妻の財産は夫が管理し，子どもの親権も夫がもつなど，妻は法律上「無能力」とされました。また，夫の妻以外の女性との性関係が問題にされないのに対して，妻の夫以外の男性との性関係は「姦通罪」に問われるなど，江戸時代同様，性道徳は女性にのみ厳しいものでした。また，婚姻外で生まれた私生児や庶子[9]は，戸籍の記載や相続などの差別を受けました。

　つまり，近代の家制度とは，戸主の家族に対する家父長権と夫の妻に対する「夫権」，父の子に対する「父権」を強化したもので，家族内における生まれ順や性別による序列や差別を認めたものでした。

　家制度は戦争が激化した昭和初期には家族国家観[10]と結びつき，富国強兵[11]政策を支えました。このような思想は，学校教育を通して広められました。

　「産めよ殖やせよ」のスローガンのもと，母親は子どもをたくさん産み，国のための強い兵力，よい労働力を育てることが奨励されました。当時の内閣による「人口政策確立要綱」（1941〈昭和16〉年）では，「人口増強の前提として健全な家族制度を維持強化すること」「大東亜共栄圏確立のために婚姻年齢を3年早め，子どもは平均5人産むこと」「母性を国家的使命として適切な保育ができる女子を教育すること」「多子家族に対する物資の優先配給・優遇」「避妊・堕胎等の人為的な産児制限の禁止」「個人主義的な世界観の排除」などが

9）**私生児・庶子**
明治民法において，婚姻外で生まれた子どものうち，父が認知していない子を「私生児」，父が認知して戸籍に入れたものを「庶子」と呼びました。

10）**家族国家観**
国は天皇を頂点（父）としたひとつの家族であり，国民（臣民）は子ども（赤子：せきし）であり，君への忠と親への孝をひとつのものとする考え方のことです。

11）**富国強兵**
国を豊かにし，強い軍隊をもつという考えです。

指示されています。

　明治以降，西欧の知識の流入により，「質のよい子を育てるには，母親が賢くならなければならない」という考え方が強まり，女子教育が提唱されるようになりました。その教育方針は，おもに「良妻賢母[12]」，つまり家制度のなかで夫を支え，国家に役立つ子どもを育てられるように，というものでした。本来，江戸時代の父子関係などに見られるように，家父長制のもとでは，父親が子ども（おもに息子）を教育し，社会化する役割をもっていましたが，日本において教育が母親の役割とされるようになったのは，この「良妻賢母」思想が影響しているためと言えます。

　このように，明治から昭和のアジア太平洋戦争の敗戦までの家族制度は，個人より家や国家を優先することに主眼が置かれたものでした。そのなかで，男女の性別役割分業が徹底されました。とは言え，戦争末期になると，成人男子の多くが兵隊に取られるなかで女性も労働力として必要となり，働く女性が急増しました。

　戦争は皮肉なことに，戦地に行った夫のかわりに，家を守り，子どもを育てる「銃後の妻」としての役割と，男性のかわりに工場や農村で働く労働者としての役割の両方を，女性に課したのでした。

●戦後民主化と女性・家族

　敗戦後，日本の民主化の重点項目として着手されたのが，「家制度」の廃止でした。新しい日本国憲法とそれにともなって改正された民法は，結婚は本人同士の意志のみによって成立し，夫婦は財産や相続などに同等の権利をもつことを定めました。また，女性の選挙権や男女の教育の機会の平等なども法制化されました。これらは，家制度からの180度の転換でした。結婚する際には，家制度のもとでは女性が男性の「家」の戸籍に入ったのとは異なり，2人が親の戸籍から出て，新しい戸籍をつくることになりました。また，男女どちらの姓を名乗ってもよいことになりました。

　しかし，法的には家制度が廃止されても，長年にわたって社会や人々の心のなかに浸透した家制度的な意識は，その後も残っていきました。画期的な男女平等政策の流れも束の間，男性が戦地から引き揚げてくると，今度は，「女性よ家庭に帰れ」という考え方の政策に変わり，女性は職場から締め出されるようになりました。一方，男性の帰還にともなうベビーブームののちは，敗戦に

---

[12] **良妻賢母**
ことばとしては「良妻賢母」ですが，日本においては，「良妻＞賢母」より，むしろ「賢母＞良妻」であることを望まれ，子どもの教育も母親の役割であるかのように見なされるようになったと考えられます。そういう意味では，むしろ，「賢母良妻」という表現の方が近いかもしれません。

よる食糧難や貧困を背景に、人口政策および母子保健の観点から、子どもの数を制限する「家族計画[13]」が普及しました。それにより、子どもの数は急激に減り、日本の家族では子どもが2人程度の小家族が一般的な姿になりました。

1960年代以降の高度経済成長期に人がどんどん農村部から都市部へと移り住むと、核家族化が進みました。同時に、男性は家庭生活より仕事を優先して会社のために働き、女性は家事・子育て・介護を一手に引き受けて家庭を守り夫を支えるという、「男は仕事、女は家庭」の新たな性別役割分業が強まりました。戦争中の「銃後の妻」ならぬ、企業戦士の「銃後の妻」としての専業主婦層が増大したのです。

とは言え、農村や漁村ではいつの時代でも女性は働いていましたし、都会でも経済的必要性から、あるいは自分の意志で働く女性はつねに存在していました。しかし、女性のみに適用される結婚退職制や若年定年制など、差別的な雇用形態がまかり通っていました。

一方で、高度経済成長期に、主婦がパートタイムで働くという、新しい労働形態が広がりました。パートタイマーは、景気がよいときは労働者不足を補うことができ、景気が悪ければ減らすことができるという、景気によって調節できる労働力として機能し、経営者側にとって、正規雇用より賃金を格段に低く抑えられるというメリットがあります。「家庭が本来の場」とされていた主婦は、このパートタイマーとしての格好の人材源だったのです。

女性が、結婚前は働き、結婚して子どもが生まれると職場から退き、子育てが一段落するとパートタイマーとして復帰するという日本独特のM字型雇用[14]が一般化したのはこの時期からですが、現在までその傾向は続いています。また、女性が働いていても、家事・育児・介護などの家庭責任を担わなければいけないというダブルワーク、トリプルワークとも言える女性の過重負担も、現在まで続く問題となっています。

3. 女性差別撤廃条約と「日本型福祉社会」の矛盾

こうした性別役割分業観とそれにもとづく女性差別は、日本だけの問題ではありません。「女は家庭」のかけ声のもと、家事・育児・介護の役割が女性に固定化されたり、安い賃金や不安定な雇用のもとで使われたり、教育の機会について男性より不利な状況に置かれたり、といった問題が1960年代にはじまっ

---

[13] 家族計画
くわしくは、Ⅱ-1.「家族のはじまりと家族計画-責任をもって親になること」(p.42〜) を参照。

[14] M字型雇用
くわしくは、Ⅱ-3.「少子化と家族支援政策」の図5 (p.64) を参照。

た世界的な女性運動[15]によって、強く指摘されました。

国連は、1979年に「女性差別撤廃条約（女子に対するあらゆる形態の差別の撤廃に関する条約）」を国連総会で採択しました（日本は1985〈昭和60〉年に批准、効力発生）。同条約では、教育や雇用における女性差別の撤廃を求めるとともに、伝統や慣行など、文化・社会における女性差別の撤廃とジェンダーの平等、性別役割分業の見直しをも求めました。つまり、男性も、家事・育児・介護などの家庭責任を担うものとして位置づけたのです。これが追い風となって制定されたのが、1985（昭和60）年の雇用上の男女差別を禁じる「男女雇用機会均等法[16]」であり、女性も男性も育児休暇が取得できる1991（平成3）年の「育児休業法[17]」でした。

しかし一方で、同じ時期に政府は、少子高齢化により浮上した介護問題に対する福祉政策として「日本型福祉社会[18]」構想を提唱し、1979（昭和54）年に「家庭基盤の充実に関する対策要綱」を打ち出しました。これは、日本の「伝統」としての老親と夫婦と子どもの3世代同居による介護機能を「福祉における含み資産」と評価し、老親介護と保育は一義的に家庭が担うというもので、その担い手として、事実上、家庭にいる主婦を想定したものでした。そして、税制により主婦の働き方を抑制し、介護・育児の役割を担わせようとするもので、「家庭責任の男女平等」と性別役割分業の見直しをうながす女性差別撤廃条約の考え方に逆行するものでした。

4. 男も女も「仕事も家庭も」の両立支援へ

こうした「日本型福祉社会」構想にもとづく政策は現実に逆行するものであったので、結果として、少子化はどんどん進み、1990（平成2）年の1.57ショック[19]にいたりました。これを女性の「出産ストライキ」と表現した人もいるほどで、もはやこれまでのような性別役割分業観のもとに、家事・育児・介護を家庭にいる女性に負わせ、自己実現の道を閉ざすような政策は通らなくなったことのあらわれでした。これを契機に政府は少子化対策に本腰を入れ、「子どもを産み育てる環境づくり」としての「子育て支援」を考えるようになりました。

他方では、女性の高学歴化とともに職場・社会進出が進んだことで、女性の能力活用が経済活性化につながるという声が経済界からも出はじめるようにな

---

15) 世界的な女性運動
ウーマンリブと呼ばれた女性解放運動（Women's Liberation Movement）のことです。

16) 男女雇用機会均等法
正式な名称は、1997（平成9）年の改正で「雇用の分野における男女の均等な機会及び待遇の確保等に関する法律」となりました（2007〈平成19〉年改正法施行）。

17) 育児休業法
1991（平成3）年に成立した時点では「育児休業等に関する法律」でしたが、1995（平成7）年の改正で「育児休業、介護休業等育児又は家族介護を行う労働者の福祉に関する法律」（育児・介護休業法）となりました（2009〈平成21〉年改正法施行）。

18) 日本型福祉社会
1970年代後半に政府与党によって打ち出された政策構想。福祉のコストを抑えるため、高齢者の介護や子どもの保育などは、おもに家庭内や地域の相互扶助、および企業内福祉によっておこなう、という考えのものでした。「女は家庭、男は仕事」の性別役割分業や伝統的な地域社会といった「家制度」的な意識を基盤とし、高度成長期の終身雇用や家族的な企業風土を前提とするものでもありました。

19) 1.57ショック
1989（平成元）年の合計特殊出生率（1人の女性が一生に産む子どもの平均数）が1.57となり、「ひのえうま」という特殊要因により過去最低であった1966（昭和41）年の合計特殊出生率1.58を下回ったことが判明したときの衝撃を指すことばです。

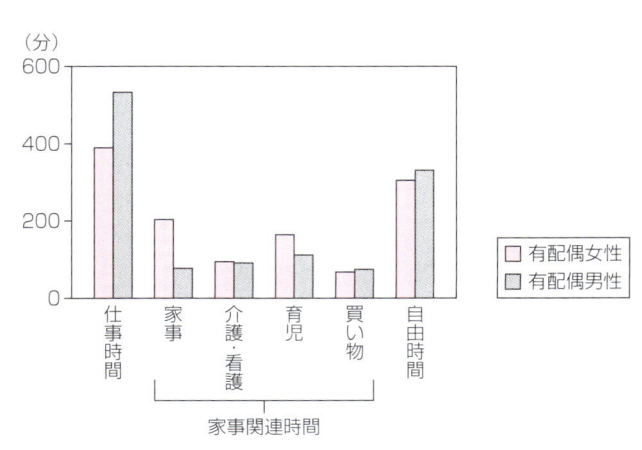

（備考）総務省「社会生活基本調査」（平成23年）より作成。

図2　夫と妻の時間の使い方－1日当たりの行動者平均時間（週全体平均）
出典）内閣府『男女共同参画白書 平成26年版』をもとに，一部改変して作成

りました。

　「家」より個人の生き方や価値観が尊重されるようになって結婚や性の自由化が進み，離婚やシングルマザーなども増えました。従来の性規範に縛られない人生を選択する人も多くなってきました。性別役割分業観もまだ残ってはいるものの，男女の関係がゆるやかになるのにともない，「男も子育てを」と家庭責任の平等化が奨励され，男女ともに仕事も家庭もトータルに充実した人生を送るという両立支援が，「ワーク・ライフ・バランス」をキーワードとして模索されるようになりました。しかし，日本特有の長時間労働のために，女性が出産・育児を経て働き続けたくてもできなかったり，男性が家事・育児にかかわる時間が少なかったり，という状況はいまでも続いています。同時に，少子化や地域社会の衰退により，血縁や共同体の支援を適切に受けられずに子どもを育てる保護者の孤立化も進行しています。

　こうした背景からも，保育所の充実やさまざまな子育て支援策が求められています。

5. 現代の結婚・家族の多様化

ここまで，日本における結婚や家族の歴史を見てきましたが，では，現在はどうなっているのでしょうか？

まず，大きく変わったのが，結婚や家族は「家」や共同体や国家のためのものではなく，1人ひとりのためのものであるという認識が生まれ，各人の生き方や価値観によってそのあり方が決められるようになったということです。昔は親が決めていた結婚は，当事者が決めるのがあたりまえとなり，離婚や再婚に対しても，本人の選択として許容度が高まりました。

結婚は「したい」という人が多数派ではあるものの，「必ずしもしなくてもよい」「結婚するつもりはない」と考える人もいます[*2]。恋人同士が結婚しないまま一緒に住む姿がよく見られるようになり，非婚で子どもを生み育てるシングルマザーという生き方を選ぶ人も，諸外国にくらべてその割合が低いとは言え，そう珍しいことではなくなってきています。10代の性体験率は上がり[*3]，若者がボーイフレンドやガールフレンドと性関係をもつのは日常的なこととなり，「結婚前に性関係をもつことの是非」を問う質問は，いまや古めかしいものとなっています。

「嫁をもらう」とか，夫を「主人」と呼ぶなど，家制度的な意識・風習が残っている面はありますが，「結婚後は，夫は外で働き，妻は家庭を守る」という性別役割分業観について20代や30代の既婚・未婚男女に聞くと，「そう思わない」が44.8%，「そう思う」が25.0%と，否定的な意見が多く，旧世代とは意識が変化してきています[*4]。

30〜34歳での男性の未婚率が47.1%，女性が32.0%という数字[*2]に見られるように，晩婚化や非婚化が進んでおり，これが少子化の要因となっていることは事実です。

その結婚への不安要因として高順位にあげられているのは，「配偶者と心が通わなくなる（のではないか）」「自分の自由時間が取れなくなる（のではないか）」という，人生の幸福度にかかわる事項でした。つまり，現代において結婚や家族をつくることは必須項目ではなく，幸せな人生のための選択項目となっていることがわかります。

今後は，日本でも諸外国に見られているように，脱結婚化[20]が進み，婚姻外で子どもを産み育てるカップルや，離婚・再婚家族によるステップファミリー

---

20) **脱結婚化**
結婚制度の枠から出て，その結婚という形にこだわらず，ともに暮らしたり，家族をつくったりすることを言います。くわしくは，I－3．「フランスは家族をどうとらえてきたか？」(p.27〜) を参照。

や，あるいは同性愛のカップルが「結婚」して子どもを育てるケースが増えるかもしれません。親子関係の新たな課題として，生殖補助医療による血縁でない親子も，確実に増えてきています[21]。

　家族の形はひとつではなく多様化しています。しかしそれは，1人ひとりがひとつしかない人生の幸福を目指し，実現しようとするあらわれなのだと理解することが大切なのではないでしょうか。

(草野いづみ)

21) Ⅵ-3.「看護のアプローチ：母子保健・医療から見た家族支援」(p.258)を参照。

【引用・参考文献】

＊1　ルイス・フロイス（著），岡田章雄（訳注）『ヨーロッパ文化と日本文化』岩波書店，1991.
＊2　内閣府「平成23年度版 子ども・子育て白書」，2011.
＊3　(財) 日本性教育協会（編）『「若者の性」白書　第6回青少年の性行動全国調査報告』小学館，2007.
＊4　内閣府政策統括官（共生社会政策担当）「結婚・家族形成に関する調査報告書 平成23年」2011.
・服藤早苗（監修）伊集院葉子・栗山圭子・長島淳子・石崎昇子・浅野富美枝『歴史のなかの家族と結婚－ジェンダーの視点から』森話社，2011.
・関口裕子・服藤早苗・長島淳子・早川紀代・浅野富美枝『家族と結婚の歴史』森話社，2000.
・義江明子（編）『婚姻と家族・親族』日本家族史論集8，吉川弘文館，2002.
・梅村恵子『家族の古代史－恋愛・結婚・子育て』吉川弘文館，2007.
・大塚初重・白石太一郎・西谷正・町田章（編）『考古学による日本歴史15　家族と住まい』雄山閣出版，1996.
・田中良之『骨が語る古代の家族』吉川弘文館，2008.
・服藤早苗（監修）『日本のもと　家族』講談社，2011.
・服藤早苗『平安朝の女と男－貴族と庶民の性と愛』中央公論新社，1995.
・脇田晴子『中世に生きる女たち』岩波書店，1995.
・太田素子『江戸の親子－父親が子どもを育てた時代』中央公論新社，1994.

I-2. 韓国の少子化と育児事情

1. 深刻な出生率低下の背景

●伝統文化と人口政策

　日本と同様に少子高齢化が急激に進んでいる韓国では，少子化・育児対策が大統領選挙の公約（マニフェスト）になり，政治の重点事項になるほど関心が高まっています。韓国の少子化は，ほかのOECD加盟国の8倍のスピードで進んでいると言われています。

　筆者が子どものころの1980年代は，韓国はそれまでの多産多死から少産少死を目指す政策に転換し，街中では「2人でも多い！」という出産を抑制するポスターを見かけました。しかし，現在は，OECD加盟国のなかでも韓国の未婚率はトップ，合計特殊出生率[1]は日本の1.43を下回る1.19（2013年現在）で最下位であり，少子化が深刻な問題となってきています。

　出生率の推移を見ると，2005年に急激に下がり，2006年から2007年には多少盛り返しますが（図1参照），これは，政府の少子化対策の効果であるとは考えにくいものです。なぜならば，2006年は旧暦で1年に2回"立春[2]―「입춘（イプチュン）」"がある年を意味する"双春年―「쌍춘년（サンチュンニョン）」"の年であり，この年に結婚をすると幸せになるという伝承があることから，結婚率とともに出生率もやや回復を見せたものと思われるからです。また，韓国にも日本と同じく干支がありますが，2007年は600年に1回巡ってくる"黄金の亥の年―「황금돼지해（ファングムテジヘ）」"であったため，この年に生まれる

---

1) **合計特殊出生率**
1人の女性が，一生に産む子どもの数のことを指します。

2) **立春**
日本における立春と同様，韓国においても「春の季節のはじまり」「春が来る」「季節が春になる」などを意味します。

図1　韓国の出生児数と合計特殊出生率の推移
出典）大韓民国統計庁各年度「人口動向調査」より作成

Ⅰ 家族とはなんだろう？

<家族計画のスローガン・ポスターの推移>

▲1970年代
「娘・息子区別せず2人だけ産んでよく育てよう」

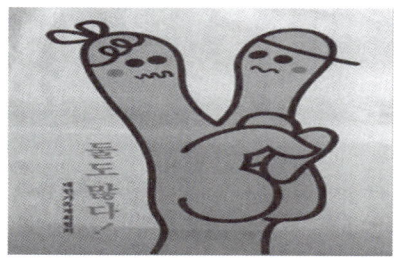

▲1980年代
「2人でも多い！」

▲1990年代
息子を望む親世代
相棒のいない私たち世代
「先生，よい子にしていたら，女の子と座らせてくれますか」

▲2004年
「パパ！ 1人は嫌です。ママ！ 私も年下のきょうだいが欲しいです」

出典）大韓民国人口保健福祉協会

子どもは金運を運んで来るという伝承の影響を受けていると考えられます。

　その当時，日本に留学していた筆者は，韓国にいる母親から，「2006年には結婚して，2007年の黄金の亥の年には，絶対，子どもを産んでね。そうすると，その子どもは一生お金には困らないのよ」と，結婚と出産を催促された記憶があるほど，子どもを産むことが，一時期，社会現象になりました。そのため，2006年に結婚式を挙げられなかったカップルが黄金の亥の年に出産を間に合わせようとして2007年の1～2月に結婚式を挙げたので，結婚式場は大盛況となりました。このように，韓国は結婚や出産，そして育児に関して文化的慣習の影響が強い国なのです。

　韓国の家族は父系血縁原理によって構成されているため，女性に男児を産むことが強く期待されています。そのため，以前は，男児を産めていない場合は，男児を産むまで子どもを産み続けるケースも多く見られました。その影響で，1990年には出生性比が，女児100に対して男児が116.5となり，小学校では，"やもめクラス—「홀아비방（ホラビバン）」"と呼ばれる男子過剰クラスが出現するほど男女の性比がアンバランスな状況となりました[1]。

　しかし，2004年になると生涯子どもを1人しか産まない女性が増えたことにより，家族計画のスローガンは，「パパ！ 1人は嫌です。ママ！ 私も年

下のきょうだいが欲しいです」というものに変わりました。

●高い教育熱と厳しい結婚の条件

　朝鮮戦争以後，出生数が急増した韓国は，1960年代から1990年代まで，人口増加を抑制するために国が家族計画を普及させるという名目で，出産抑制政策を実行しました。当時，韓国は世界でも成功例として評価されるほど出生率が下がり，人口抑制を達成しました。しかし，少子高齢化の問題が深刻になった現在，今度は一転して，韓国政府は出生率を上げるためのさまざまな対策を講じるようになりました。

　現在の韓国の出生率の低下の原因としては，若者の非婚化・晩婚化とともに，結婚しても子どもをもたない夫婦が増えていることなどがあげられます。韓国の大卒就職率は，ここ10年ほど，50〜60%にとどまるという厳しい状況にあります。若者の就職率の低さや非正規雇用の増加，不況などの理由で，結婚を考えられない，あるいは結婚しても経済的な理由で子どもをもてないという若者が増加しているのです。

　このような経済的理由で子どもをもてないという状況は日本も同じですが，韓国の場合，高い教育熱による私教育費の過度な負担も，出生率低下のおもな原因のひとつとなっています。家庭が負担する教育費が世界1位になるほどまでに韓国における子どもへの教育費が多額になるにつれ，子どもが少ない方が，より質の高い教育を受けさせることができるという認識が広まっているのです。

　韓国では，生後3カ月ごろになると，多くの家庭においてさっそく早期教育がはじまります。幼いうちから，塾などを利用して子どもに英才教育を受けさせようとする親が増えているのです。勉強以外にも，水泳，美術，音楽（ピアノ，バイオリンなど），韓国の国技であるテコンドー，そろばん，英会話など，幼児期からいろいろな習いごとをさせているので，私教育費は多額になります。子どもの習いごとの費用を稼ぐため，専業主婦だった女性がパートなどの仕事をはじめることも多くなってきています。

　また，韓国の未婚化や晩婚化の背景には，結婚相手に求める条件が，学歴，よい職業，よい外見，よい家柄など，ほかの国より厳しすぎるということもあると言われています。それに加え，女性の社会進出が増え，総合所得税を納める労働所得者のうち，女性が占める割合が増加していることも出生率の減少につながっています。これには，歴史的な背景も影響しており，"婚家生活[3]"

3）**婚家生活**
「嫁入り先での生活」を意味することばです。また，嫁入り先での人間関係，つまり舅，姑，小姑など，夫の家族との生活，人間関係のすべてを意味します。

「시집살이（シジプサリ）"という姑や夫の家族との関係で苦労を強いられた経験がある母親世代の多くが，自分の娘には，そのような苦労をさせたくないという考えを強くもっていることによります。そのような世代の母親から「経済力さえあるなら，女性は結婚に縛られなくてもよい」と言われたことにより，結婚をゆっくり考えるという若い女性たちは少なくありません。

　昔は，親が子どもによい教育をさせることで，よい就職口につながり，安定した老後生活がえられるという考え方が強かったのが，いまの若い世代では，自分の子どもに老後の面倒を見てもらうことを望まない，子どもに負担をかけずに老後を送りたい，というような考え方をする人が増え，子どもは1人，または夫婦だけの家庭でもよいという価値観が強くなってきています。

2. 韓国の子育て支援の実際

●伝統文化と変化する社会のはざまで

　儒教文化が深く根づいている韓国では，高齢者の介護と育児は，本来，家族全員の協力により担うべきであるという伝統的価値観がありました。しかし，核家族化や固定的な性別役割分担意識，慣習に加え，女性の社会進出が活発化し，結婚後も仕事を続ける女性が増えてくるにつれ，育児は女性にとって大きな負担になってきました。

　このような背景により，少子高齢化が，ほかのOECD加盟国より急激に進んでいることに危機感を覚えた韓国政府は，さまざまな対策を講じるようになりました。

　これまで家庭の責務と見なされていた高齢者介護について，"老人長期療養保険制度—「노인장기요양보험제도（ノインヂャンギヨヤンボホムジェド）」"という介護保険制度が導入され，介護の社会化が進められています。同様に，育児についても社会化を図るためのさまざまな対策を韓国政府は打ち出してきています。従来，育児が家庭に任されていた韓国では，核家族化，女性の社会進出などにより，保育の社会化が必要とされているのです。

●子育てをバックアップする仕組み

　ここでは，韓国におけるさまざまな子育て支援について，事例から見ていきましょう。

＜事例①＞　勤務時間の短縮

　Ｋさん（38歳）は，夫と子ども２人の４人家族で，ソウル近郊に暮らしています。夫とＫさんの両方の実家が地方にあるため，親に子どもを預けられなかったＫさんは，子どもが５歳になるまで仕事を中断して，専業主婦として子どもの育児を担当しました。子どもが生後５カ月になるころＫさんがカルチャーセンターで心理学の講義の仕事をしたことがありました。そのときは，夫が講義室の外で子どもの世話をするなど，育児に関して夫は協力的です。

　現在，夫婦は共働きとなったので，小学１年生の長女を学校に行かせたあと，６歳の長男は日本の保育所にあたる"子どもの家—「어린이집（オリニジップ）」"に預けて出勤します。職場では，子育て支援の一環で，子どもをもつ女性の場合は勤務時間が短縮されており，Ｋさんは帰宅が遅い夫のかわりに子どもの送り迎えをしています。

＜事例②＞　乳幼児手当

　Ｌさん（35歳）は夫と３歳の長男の３人家族。個人が経営する職場に勤務していたため，産前・産後休暇や育児休暇の制度があっても利用しにくく，妊娠を機に仕事を辞めました。妊娠時の健康診断，新生児・乳幼児の健康診断は，最大５回分まで出る国からの補助金を利用して受診しました。

　韓国では，女性が出産すると２〜３週間は家事などをいっさいせずに，身体を休ませるのが昔からの習わしであるため，女性は出産後，実家で休むことが一般的です。しかし，実家が地方にあったり，または女性の母親が高齢であったりするなど，さまざまな事情により，家族からの世話を期待できない女性が多くなっています。そのため，産後の女性を対象としたヘルパー制度があり，低所得者は役所に申し込むと，出産後の女性と新生児の"ケアヘルパー[4]—「산모신생아도우미（サンモシンセンアドウミ）」"が，安い料金で２週間程度利用できるようになっています。Ｌさんは，実家の母親も夫の母親も高齢であったため，この制度を利用して，家庭にヘルパーを派遣してもらいました。

　Ｌさんは仕事を再開したいと考えていましたが，まだ小さな子どもを保育所に預けることに抵抗があった[5]のと，利用料が負担だったため，はじめは保育所を利用しませんでした。韓国では，Ｌさんのように保育所・幼児園な

---

[4] **ケアヘルパー**
日本で言う家政婦とベビーシッターのふたつの役割をしています。具体的には，おもに出産した女性の栄養管理，掃除，新生児のケアの補助などをおこないます。

[5] 韓国では，「子どもは母親の愛情で育つ」「乳幼児期には，とくに母親の役割が大きい」「子どもの成長には母親の存在が絶対必要」といった価値観が根強くあります。そのため，どのような事情があったとしても，親は，１歳くらいのまだ幼い子どもを，保育所など，他人に預けることに対して，後ろめたさを感じています。また，小さな子どもを他人に預けて仕事に復帰しようとした女性がまわりから冷たい反応を受け，子どもが大きくなるまで，せめて小学校に上がるまでは，仕事の復帰をあきらめざるをえないケースもあります。

どを利用しない乳幼児がいる家庭には，養育手当が支給されていました。しかしその後，2012年からは，保育所・幼稚園などを利用する場合，所得に応じてその利用料を国が支給する制度に変わりました。そのため，Lさんはこの制度を利用し，3歳になった長男を朝10時から午後3時50分までオリニジップに預けて，その間は家事をこなしたり，再就職に向けて準備をしたりしています。

<事例③> 親族や友人による支援

家族・親族など，血のつながりを大事にする韓国では，いまでも親族による育児支援が大きな役割を果たしています。このような育児支援ネットワークは，友人や地域にまで広がっています。Nさん（36歳）は，保育所に子どもを預けられない休日に用事があって出かける場合には，近所に住む実の姉や友人に預けています。また，若い男女もきょうだいや友人の子どもを預かり，世話をすることが一般的なので，若いうちから赤ちゃんや乳幼児に接する機会が多くなり，子どもをかわいがるようになります。こうして，早くから子どもの世話に慣れていると，いつか自分に子どもができた際にとまどわなくてよいというメリットもあります。

子どもがいる家庭が近所同士の場合は，お互いに子どもを預け合うことも少なくありません。しかし，都市部においては近所同士の交流が少なくなっているため，近所に家族や親族が住んでいない場合は，子どもを保育所にしか預けられないケースも増えています。

<事例④> 出産公務員人事待遇制度―子どもを産むと昇進する

公務員であるMさん（39歳）は，長年の不妊治療の末，待望の子どもを産みました。Mさんは，出産・育児休暇で1年間休んだことが，仕事復帰後の人事評価に影響することを心配していましたが，出産公務員人事待遇制度ができたことにより，出産した女性公務員は，むしろ，人事評価で加点されることになりました。また，育児支援制度により，自宅から近い勤務地に配置換えしてもらうことができました。

Mさんは仕事復帰後，1歳の子どもを保育所に預けることに抵抗があったため，実家の母親に預ける予定でしたが，母親が大きな手術をしたため預けられなくなりました。夫の実家の両親は高齢のため，Mさんは，謝礼として一定額の保育料を払って，半日，親戚に子どもを預けることにしました。

　休みの日には警察官の夫が子どもの世話をしています。育児は夫婦共同でおこなうべきだと思っているMさんは，友だちと食事に行くときには夫に子どもを預けて出かけるなど，夫もできる限り育児を分担しています。

　Mさんが不妊治療をしたときには国からの援助がなく，膨大な治療費がかかりましたが，現在では，都市家庭平均所得の130％以下の家庭には，1回の体外受精費用の50％を2回まで支援する対策が講じられるようになりました。出生率低下問題の解決策として，ある地方自治体[6]は出産した女性公務員の人事評価を優遇する仮称"Happy Mom"制度を設けましたが，出産適齢期が過ぎた，または，すでに子どもがいる女性公務員からは不公平だという不満の声が上がっています。さらに，妻が出産した男性公務員の場合は，1回限り人事評価に加点が与えられるようになりましたが，出産した女性公務員には4倍以上の換算点を付与することに対して，男女差別だという議論が出ています。

6）（韓国の）地方自治体
イメージは，日本とほぼ同じです。韓国の地方自治体は，「普通地方自治体」「特別地方自治体」に分けられます。さらに普通地方自治体は，「上位の地方自治体」「下位の地方自治体」のふたつに分けられます。「特別市（ソウル）」「広域市」「道」が上位の地方自治体で，「市」「郡」「区」などが下位地方自治体になります。

＜事例⑤＞　出産祝い金

　Oさん（36歳）は，子どもを出産したあと，居住地の自治体から出産祝い金をもらいました。出産祝い金は出産した人全員に出ますが，自治体，子どもの数によっても金額が異なるため，不満の声もあります。

　Oさんは，妊娠を機に仕事を辞めましたが，夫が共働きを望んだため，子どもが1歳になったころに保育所に預けて，また仕事をはじめました。朝，Oさんは出勤前に子どもを保育所まで送り，保育所が終わって保育所のバスが来る時間になると近所に住む姑が迎えに行って，Oさんが帰宅するまで姑の家で子どもの面倒を見てもらっています。しかし，夫は育児にまったく協力してくれません。姑は，「自分が高齢になる前に，2番目の子どもを早く産めば，面倒を見てあげる」と言ってくれますが，子どもの教育費や自分たちの老後を考えると経済的余裕がないので，Oさんは2人目の子どもは産めないと考えています。

　2005年に過去最低の出生率を記録した韓国では，保育所の入所に，子どもが2人以上いる家庭を優先し，また，子どもが4人以上いる家庭の電気料金の値下げ，自動車取得・登録税の減免など，生活のいろいろな面で優遇をする制度を講じ，少子化対策に力を入れています。しかし，所得に応じて保育料を国が支援することにより，それまで家庭で子どもを見ていた専業主婦などの家庭も保育所に子どもを預けるようになりました。保育所に入所できる対象が「保育に欠ける子ども」である日本とは異なり，韓国では，母親の仕事の有無を問わず保育所に入所できるので，待機児童が増え，働く母親の子どもが保育所に入れないなどの問題が起きています。また，事例のなかでもふれたように，自治体によって出産祝い金，生活品の支援などが異なるため，妊娠中に出産祝い金が多い自治体に住所を移し，出産後，祝い金を受け取ってから，元の住所に戻るというような事例も増えています。

　国は少子化対策として，高校までの義務教育化，各種休暇制度など，いろいろな政策を打ち出していますが，晩婚化による高齢出産，育児と仕事の両立支援の不足，高額の私教育費，男性の育児への参加意欲の低さなどの問題に対し，早急な解決が望まれています。子どもを産みやすく育てやすい環境が整えば，出生率は自然に増加するのではないでしょうか。　　　　　　　（朴 偉廷）

【引用・参考文献】
* 1　落合恵美子・山根真理・宮坂靖子（編）『アジアの家族とジェンダー』勁草書房，2007，29.
・大韓民国人口保健福祉協会「人口政策」2012〈http://www.ppfk.or.kr/〉(2013年3月現在)
・松江暁子「韓国における少子化対策」海外社会保障研究（167）2009，79-89.
・内閣府政策統括官「平成20年度 アジア地域（韓国，シンガポール，日本）における少子化社会対策の比較調査研究報告書」2009.
・韓国統計庁「人口動向調査」
・NNA.ASIA「【韓国】未婚率高く，OECD中1位：合計特殊出生率は最下位」2011年4月26日発表〈http://news.nna.jp.edgesuite.net/free/news/20110426krw002A.html〉(2013年3月現在)
・日経ビジネスオンライン「日韓で就職難を苦にした学生の自殺が増加『国内がだめなら海外』を目指す韓国学生」2012年6月13日発表〈http://business.nikkeibp.co.jp/article/world/20120611/233203/〉(2013年3月現在)
・韓国保健福祉部〈http://www.mw.go.kr/front_new/index.jsp〉(2013年3月現在)

> **コラム**　カンボジアの女性と子どもの支援活動

1．女性自立支援センター

　カンボジアは，1970年代初頭から20年余り続いた内戦のなかで，人口の約3分の1を失いました。おとな，とくに成人男性の人口がいちじるしく減少したため，最近まで，15歳未満が人口の半分近くを占めていました。いまでは徐々に人口が回復し，若年人口の割合が下がってきているとはいえ，日本とくらべれば，若者と子どもがとても多い国です。

　カンボジアの人々の7割は農村部に住み，農業や林業，漁業で暮らしを立てています。そのほか，縫製業，建設業，観光業などがおもな産業です。国連などの統計では国民の約半数が貧困層であり，都市化・産業化にともない，近年，貧富の差が開いてきていると言います。

　カンボジアでは小・中学校は義務教育ですが，政府による教育制度が確立しておらず，公立の小・中学校が地域にあっても，経済的な事情から学校に通えない子どもたちが少なくありません。小学校の就学率は9割となっていますが，卒業するころにはその半数となり，さらに中学校に通える子どもとなると3割以下となります。これは，子どもも家計を支えるための労働力として働かなければならないことによるものです。また，教師の給料が低く，給料だけでは生活できないので，生徒の親が謝礼として補てんしなければならず，お金が払えない家庭では子どもを学校に通わせることができません。ですから，高校や大学などの高等教育を受けられる人は少数派となっています。

　カンボジアの女性の8割以上は働いていますが，働く場は，農村部以外では飲食業などの職業訓練なしでつける職業がほとんどであり，収入もわずかです。保育所などは整備されておらず，母親が乳幼児を傍ら（かたわ）においで働いている姿を見ることは，珍しくありません。たとえば，観光地のレストランで，4歳くらいの幼児が床の掃き掃除などを手伝ったり，皿洗いをする母親の傍らのハンモックに乳児が寝かされていたり，という光景も見られます。また，貧困ゆえの子どもの人身売買の問題も起きています。

　カンボジア政府は，子どもの教育や女性の子育て支援に対して，ほとんど対策を取っていません。かわりにその役割を担っているのが，NPOや海外からの支援によるものです。

　王立プノンペン大学のペン・セタリン教授は，こうした女性や子どもの支援のためのNPO「東南アジア文化支援プロジェクト」（CAPSEA）を設立し，1995年に首都プノンペンのスラム地区で「女性自立支援センター」をはじめました。当時カンボジアでは内戦のために母子家庭が急増し，生活困窮のため，地雷原と知りながらも，薪や竹を集めようとして森に入り，地雷の被害を受ける女性が多くいました。そうした危険を減らして生活の安定を図るための職業訓練の場が必要，との思いからスタートしたものでした。

　裁縫や美容などの職業訓練によるスキルアップによって少しでも収入のよい専門職につけるようにと，技術を学びにセンターにやって来た女性は，2008年までにおよそ800人。母親はみな子ども連れで，乳児を連れて来る女性も少なくありませんでした。そのため，母親が職業訓練を受けているあいだ，子どもを預かるデイケアを並行して実施しました。

　この女性自立支援センターは事業が一定の役割を果たしたことから終了し，現在は同じ場所で，児童館・図書館活動が継続されています。

2．地縁・血縁のなかでたくましく育つ子どもたち

　カンボジアでは，地域社会のなかに子どもたちの姿がたくさんあります。生活のため，両親ともに働いている場合が多いのですが，子どもの世話は親に限らず，祖母や両親のきょ

うだい，姪やいとこなどが見るという，大家族的な社会システムが健在です。乳幼児の面倒を年上のきょうだいが見ている姿も多く見かけます。小学校低学年くらいの年齢の子でも，だれに言われなくても幼児の世話を自然にしています。また，血縁でなくても，近所の人々がそれぞれの家庭の事情をよく知っており，子どもの世話を含め助け合っているのです。

夫との死別や離婚，または，夫が出稼ぎに行っているために，母子のみで暮らしている家庭も少なくありません。CAPSEAの児童館の常連である子どもの家を訪ねてみると，建物の半地下のような陽のあたらない一部屋に，母親とその子を含む3人の子どもが暮らしていました。父親はタイに出稼ぎに行ったきり，たまにしか戻って来ないと言います。母親は，その部屋に大きな祭壇を置いて占い師の仕事をしているとのことですが，仕事がそうそう入るとは思えないようなようすでした。それでも，子どもたちは近所の子どもたちと一緒に元気に遊び，毎日のように児童館にやって来て，絵本を読んだり，スタッフと話したり，文字や数字の学習をしたりと，楽しそうにしていました。

カンボジアでは，より高い技能を身につけるための教育機関が不足しており，そのような場所にはごく一部の裕福な家庭の子どもしか通うことができません。ペン・セタリン教授は，学びたい人が高等教育を受けられる場所を提供するとともに，子どもたちをよりよく教育できる人材を育成することを目指しています。なかでも，女性が高い知識や技能を身につけて，子どもたちのよき教育者になれるよう，女性のための専門的な教育機関が必要だと考えています。

3．CAPSEAの児童館・図書館活動

＜児童館＞

児童館は，午前8時から11時，午後2時から4時のあいだ，子どもたちを受け入れており，近隣に住むたくさんの子どもたちがやって来ます。児童館の蔵書の多くは，日本から寄贈された絵本にスタッフがクメール語訳をつけたものです。子どもたちが自由に読み，スタッフによる読み聞かせなどの活動もおこなわれています。

児童館のある地域には貧しい家庭が多く，小学校に行けない子どもも少なくありません。児童館では図書館活動のほか，絵教材を使って文字を教えるなどの教育活動もおこなわれており，保護者からも厚い信頼が寄せられています。

＜移動図書館＞

スタッフが大型のオフロード車に絵本や紙芝居を積み込み，農村部を中心に各地を定期的に回る活動で，1995年から実施しています。1日3カ所を，週に2回程度訪問し，子どもたちに絵本の読み聞かせをしたり，紙芝居を見せたりしています。

▲児童館に来る近隣の子どもたち。

写真の場所は，プノンペンから40kmほどのところにあるバティ村。子どもたちだけでなく，おとなたちも移動図書館に集まって来ました。紙芝居がはじまると，子どももおとなも笑ったり，驚いたりして，歓声を上げていました。

（草野いづみ）

取材協力：王立プノンペン大学 ペン・セタリン教授

▲移動図書館の農村での活動。

I-3. フランスは家族をどうとらえてきたか？

1. フランスにおける家族の位置づけ

●フランスに戸籍はある？ ない？

「フランスに戸籍はない」と聞くと，驚く人が多いのではないでしょうか[1]。フランスでは，家族単位の戸籍簿のかわりに，個人単位の「市民身分証書」があるだけです。この証書は，「出生証書」「結婚証書」「死亡証書」[2]の3枚からなります。

この「市民身分証書」にも象徴されるように，フランス民法は個人単位の視点でなり立っています。家族の語がついた「編」も「章」もありません。家族にかかわるものを探せば，「第一編 personne[3]」のなかに，「結婚」「親子関係」といった章が見られるのみです[4]。

●フランスでは，家族は大切ではない？

では，フランスにおいて，家族は大切ではないのでしょうか。

それは違います。フランスでも家族は大切です。家族があってあたりまえとされがちな日本と違って，家族をもつことが個人の自由に任されるからこそ，一度「家族づくり」を選んだのなら，その思い入れは日本より強いかもしれません。

しかし，恋愛大国と言われるフランスでは，まず，「好きになる相手がほしい」と思い，そのあとの第一のハードルが「結婚にいたる」ことであり，「子どもをもって家族になる」ことが第二のハードル，というように，なかなか家族までたどり着けないものでした。そこで，現代の若者は，重要なはずの結婚を飛び越え，「共同生活をはじめる」「子どもをもって家族になる」ことを先に選ぶようになってきたのです。

では，なぜ結婚しなくなったのでしょう。それは，第一に，女性が経済的な自立を獲得し，専業主婦がほとんど存在しなくなったことがあげられます。これにより，女性にとって結婚する理由のひとつがなくなったとも言えるでしょう。第二には，あとでもふれますが，フランスの結婚や離婚のシステムが複雑なこともあげられるでしょう。また，長いあいだ，離婚が禁止されていたことも，結婚にいたらないことに関係していると考えられます。

では，戸籍もなく，結婚もしないなら，共同生活を合法化するのにどのようなやり方があるのでしょうか。また，生まれてきた子どもの合法化はどうやっ

---

[1] フランスについての翻訳本などで「戸籍」という文字が見られることがあります。ですが，これは，「état civil（エタ・シヴィル）」の誤訳によるものと考えられます。このことばの意味は「市民の状態」であり，出生や死亡などの「市民身分」が記されたものであり，戸籍とは異なる性格のものとなります。

[2] 一生，未婚の人の「市民身分証書」は，「出生証書」「死亡証書」の2枚のみとなります。

[3] 訳は「人」，つまり，「個人」のことを指します。

[4] フランス民法のなかで，「共同生活」は長いあいだ「結婚」によって説明されてきました。戸籍のないフランスでは，共同生活のために結婚がなによりも重要でした。少なくとも民法で，子どもは，共同生活に不可欠な存在というより，認知，親権，子どもの権利，相続などの対象とされています。このことから，妻との関係は「結婚」，子どもとは「親子関係」，このふたつで「家族のことは十分に説明した」という考え方がなされていると言えるでしょう。

I 家族とはなんだろう？

てされるのでしょう。さらに，民法上に家族という集団の姿が見えてこないフランスで，現実でも家族があたりまえではないフランスで，なぜ「家族政策」と命名された政策があるのか，家族政策の名のもとになにがおこなわれているのか，本節では，このあたりのことを中心に見ていきます。

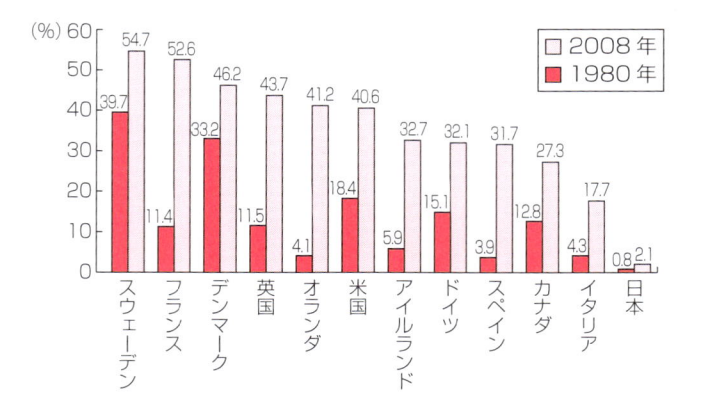

注）未婚の母など結婚していない母親からの出生数が全出生数に占める割合である。ドイツの1980年は1991年のデータである。2008年について英国，アイルランドは2006年，カナダ，イタリアは2007年のデータである。
資料）米国商務省，Statistical Abstract of the United States 2011
日本：厚生労働省「人口動態統計」

図1　世界各国の婚外子割合
出典）厚生労働省『平成25年版 厚生労働白書』の数値データをもとに作成

2. フランスの「脱結婚化」現象

●5割以上が婚外子

　フランスは，先進国のなかで，出生率を上昇させた国として知られています[5]。子どもたちの5割以上が婚外子，つまり結婚しないカップルまたはシングルマザー[6]から生まれています（図1参照）。

　婚外子の割合は，スウェーデンやデンマークなど北欧で多く，南欧を除き，西欧諸国では珍しい現象ではありません。なお，日本の婚外子は2％程度となっています。

●カップルの3つの形

　では，結婚しないのであれば，どのようなカップルの形があるのでしょうか。

＜union libre（ユニオン・リーブル）[7]＞

　フランスでは1970年代から，結婚の届出なしで共同生活をするユニオン・リーブルのカップルが増えはじめました。ユニオン・リーブルの届出をすれば，民法上は「独身」のままですが，市町村によっては無職ならパートナーの社会保険が適用できます。また，生まれた子どもは結婚した夫婦間の子どもと等しい法的保障が受けられます。

＜PACS（パクス）―市民連帯協約＞

　1999年，フランス国民議会は，パクス法案を可決しました[8]。このパクスは，「成人2名が共同生活のために締結する契約」とされ，結婚しないで共同生活を営むカップルに対して，パクスを結べば結婚に準ずる法的保障を与えるとい

[5] II-3. のコラム「諸外国の少子化と家庭支援政策」（p.68）を参照。

[6] シングルマザーと言っても，その子どもたちの9割以上が，父親に認知されるそうです。

[7] 「ユニオン・リーブル」とは，自由な結びつきという意味です。

[8] パクス法案に対しては，カトリックなど保守的な人々の反対が強かったのですが，「多様な生き方を選択する権利を保障すべき」という意見が上回り，可決されました。

27

うものです[9]。たとえば，無職ならパートナーの社会保険（病気や出産など）に入ることができ，財産を共有したり，遺産が相続できたり，さらにはパートナーとの所得税の合算申告の優遇措置など，結婚している夫婦ほどではありませんが，かなりの権利をもつことができます。

ユニオン・リーブルと大きく異なるのは，パクスでは，市町村レベルでなく国家レベルで，その合法性が公式に保障されたことです。その証拠に，パクスは民法に組み入れられ，そのカップルは独身扱いではなくなりました[10]。ただし，結婚証書のように「市民身分証書」の一部とはならず，出生証書の欄外にパートナーの名とともにその旨が記載される形が取られています。

＜３つの選択肢＞

この結果フランスでは，だれかを好きになり，一緒に生活したいと思ったときに，「結婚」「ユニオン・リーブル」「パクス」という３つの選択肢ができたのです。カップルは，自分たちの状況によって，いちばんメリットがあると思われる形を選んでいます。

2011年現在，25歳前のカップルの84％がユニオン・リーブルで，30歳のカップルでは，結婚が43％，ユニオン・リーブルが36％，パクスが13％となっています（2011年度Insee調査）。

●「結婚」「ユニオン・リーブル」「パクス」の違い

では，ユニオン・リーブルやパクスは，結婚と，具体的にどのように違うのでしょう。

＜結婚とは＞

結婚の場合は，役所に２人の健康診断書を提出し，申請をします。すると，重婚を防ぐために，２人の氏名が一定期間公示されます。結婚式は市町村の長が執りおこない，祝福され，めでたく終了となります。そのあと教会に行って，もう一度，挙式をすることもありますが，フランスにおいて正式な意味をもつのは，あくまでも市町村の長による儀式と，その祝福です。

結婚した夫婦は，日本より，はるかに「夫婦一体」として考えられます。たとえば，日本が夫婦別財産制なのに対し，フランスでは特別な申し立てをしない限り，夫婦は共有財産制のもとで暮らさなければなりません。また，離婚は，現在は禁止されてはいませんが，「合意」離婚であっても，一度は裁判所に行って申し立てる必要があります[11]。なお，2013年５月17日法で，同性カップル

---

9) ただし，４親等以内の人とはパクスを結ぶことはできません。また，どちらか一方でも既婚である場合や，すでにパクスを他者と結んでいる場合も不可となります。なお，この「成人２名」とは，異性同士でも同性同士でもよいとされています。

10) この民法改正の際，ユニオン・リーブルの存在も民法に記載されることになりました。しかしこちらは，これまでと変わることなくそのカップルはそれぞれ「独身」のままであり，内縁関係を意味する「concubinage（コンキュビナージュ）」という法律用語が使われています。

11) 日本においては，２人の合意のみで成立する「協議離婚」という形があります。

も結婚できるようになりました。2011年度Ifop調査によれば，フランスの成人の6.5％が同性愛か両性愛だと自認しています。

＜ユニオン・リーブルとは＞

ユニオン・リーブルは，居住地の役所にその旨を届け出れば，先にのべたように，無職であればパートナーの社会保険が適用される「ayant droit（エイヤン・ドロワ）[12]」が原則的に認められます。これは重要なことです。なぜなら，フランスが，ユニオン・リーブルのように民法制度の外で共同生活を選択した人たちに対し，社会法においては，その共同生活に対する最低限の保障はする国だということを示しているからです。

ユニオン・リーブルでは，財産を共有できないかわりに，互いの扶養義務や負債の連帯義務もありません。そして関係を解消する場合，社会保険以外には法制度とは関係がないので，お互いの意思のみで解消することができます。

＜パクスとは＞

パクスは，裁判所に届出をして登録されます。パクスでは結婚と同じく共有財産が可能で，互いの扶養義務や負債の連帯義務もあり，税制優遇もあります。

＜さまざまな違い＞

結婚には市町村の長による儀式と祝福があり，パクスは裁判所で許可をもらう，というように，フランスは，結婚とパクスにしっかり序列を設けています。パクスを合法化したとはいえ，国家にとってより望ましいのは結婚というわけです。

養子縁組については，カップルとして縁組みができるのは，異性・同性結婚カップルか異性のパクスカップルだけで，それ以外はどちらかの個人との養子縁組だけが可能[13]とされています。

＜選択の仕方＞

現在，フランスで異性カップルと同性カップルは，ユニオン・リーブルからパクスや結婚へ移行することもあれば，離婚や死別のあとにユニオン・リーブルやパクスを組むこともあります。一生のうちに，共同生活の3つの形をすべて経験することが可能です。このように，フランスにおいて家族への入口はかなり多様になりました。

● **婚外子差別の廃止**

しかし，カップルがどのような形を選択したとしても，生まれて来る子ども

[12]「その権利をもつ」という意味になります。

[13] 養子縁組をおこなうにあたっては，縁組みをするおとなは28歳以上であり，縁組みをする子どもとの年齢差が15歳以上であること，などの条件・制約があります。

の権利に差別があってはいけません。1972年には民法改正により、嫡出子と非嫡出子に差別が廃止されました。2006年には、両者の区別そのものがなくなりました。ユニオン・リーブルやパクスのカップルから生まれた子どもたちにも、結婚カップルから生まれた子どもと同じ「家族手帳」が交付され、同じ権利をもつものとなっています。この手帳の父母欄には、ただ父母の名前があるだけで、両者の関係についてはなんの記載もありません。

これは、日仏両国の大きく異なる部分だといえるでしょう。日本では、結婚していないカップルの子ども（婚外子、非嫡出子）が生まれると、母親の戸籍に入ります。子の父の名は空欄となり、父親が認知すると父の名が入ります。また、最近まで、非嫡出子の財産相続は嫡出子（結婚内で生まれた子）の2分の1でした。これが違憲であるとの最高裁判決を受けて、2013（平成25）年に嫡出子と非嫡出子の相続が同じとなる民法改正が行われました。しかし、長らく婚外子への差別が存在していたことが、日本の婚外子出生率の低さの背景になっているのかもしれません。

3. 歴史から見るフランスの結婚制度

実は、フランスのカップルや子どもの現在のあり方は、昔からいまのような形だったわけではありません。その変遷を見てみましょう。

● ブルジョワの結婚制度と「家庭にいる妻」

もともとフランスは、「一組の男女」が、人間関係の基本にあるカップル社会でした[14]。「家族よりカップル」という考え方は、歴史的に見ても、南仏やブルターニュの一部地域を除いて、3世代家族というような形がほとんど存在しなかったことにもあらわれています。昔からフランスには、かつての日本にあった「イエ制度」がイメージする「大家族」はありませんでした。

カトリックは、一組の男女を、「唯一、結婚で結ばれるべき」としてきましたが、その結婚の重要性を制度化したのが、1789年フランス革命後に誕生した、1804年の史上初の民法典です。

この民法では、女性は、結婚すれば夫の従属物とされ、市民としての権利がゼロになりました。市民は男性（夫）だけであり、「家庭にいる妻」[15]は、夫の「同伴者」としてしか扱われませんでした。市民とその同伴者がカップルを組んで

---

14) フランスでは、家族と言えば「famille conjugale（ファミーユ・コンジュガル：結婚家族）」とされてきました。現代では、「カップル中心家族」と表現してもいいでしょう。

15) フランス語には、日本語の「主婦」が含意するイメージ（たとえば、家計の紐を握っている、「教育ママ」など）にあたることばが存在しません。

いたのです。現在まで続くフランスの結婚における日本よりはるかに強い「夫婦一体」思想はこの名残と言えるでしょう。

また、のちに世界の人権思想の基礎となった1789年の人権宣言第1条「人間は生まれながらにして自由で互いに平等な権利を有する」において、女性はその対象にされていませんでした[16]。

1789年のフランス革命によって貴族にかわり支配層になったのは、「ブルジョワ」と呼ばれる金持ちの市民でした。ブルジョワの性道徳によれば、結婚は「神によって結ばれた一組の男女が一生添い遂げる（結婚の秘跡）」というカトリック的なもので、「セックスは、本来は罪だが、婚内ならいい」とされました。「一生添い遂げる」のですから、離婚は禁止されていました。

とはいえ、現実には、ブルジョワ男性はかなり自由に婚外で性関係をもっていたので、19世紀には「未婚の母」が大きな社会問題になりました。性道徳を厳しく課せられたのはブルジョワ女性だけだったのです[17]。

● **結婚の価値低下**

1830年代からの工業化とともに、飛躍的に増加しはじめた労働者たちは、劣悪な環境で、ときに15時間も働くことを強いられました。女性労働者は、さらに低賃金で過酷な生活を送っていました。

1848年の二月革命後に成立した政府は、労働者人口を無視できず、フランス人すべてにかかわる普通選挙法実施を決定しました[18]。これにより、男性労働者もブルジョワ男性と同じ市民と見なされることになりました。しかし、立場は市民として認められても、長時間労働下では結婚することさえままなりません。そのため、労働者の生活を改善し、結婚する権利を保障することが、当時の政府の急務となりました。

20世紀に入ると、労働者の生活条件は大幅に改善され、中産階層が徐々に拡大していきます。そのようななかで、結婚についてはブルジョワ階層における価値観が一般化していきましたが、それは、せいぜい40年くらいしか続きませんでした。なぜなら、1968年の「五月革命」と呼ばれる学生・労働者による反体制運動をきっかけにして、この価値観が失墜してしまったからです。

すでに1960年代を通して、フランス政府は、「M.Gagnepain（ムッスィウ・ガーニュパン：一家の稼ぎ手は男）」といった考え方を捨て、「女性も経済の高度成長の担い手になって家庭の外で職業労働を実践する」という家族政策を開始し

[16] フランス語で「人間」を意味する単語は「homme（オム）」ですが、これは、同時に「男性」を意味することばでもあります。

[17] それ以前の上流階層や知識階層の既婚女性は、たとえば、17世紀ヴェルサイユの宮廷社会で恋愛や口説きの対象として、あるいは18世紀のパリを中心としたサロンで啓蒙思想を生み出すミューズ（女神）として、かなり自由に恋愛し、崇められてきました。たしかに、彼女たちは、男性の恋愛や男性の生み出す啓蒙思想にインスピレーションを与える対象でしかなく、主体は男性でしたが、それでも、宮廷社会やサロンは、既婚女性が息をつける治外法権的な空間だったのです。

[18] 「フランス人すべて」と言っても、その対象となるのは男性のみでした。女性に選挙権が与えられるのは、これからずっとのちの1945年のことで、日本と同年となります。

ていました。これに，アメリカを起源としてヨーロッパにも広がったウーマンリブ（女性解放運動）が，拍車をかけたのです。

　フランス女性は経済的な自立を求め，恋愛しても結婚はあと回しにする，あるいは結婚せずに共同生活するという生き方を選びはじめました。ユニオン・リーブル実践のイニシアチブを取ったのは，女性たちだったのです。

　これに呼応して，1980年代から男女平等政策が本格的に進められ，教育・職業の平等や育児への男性参加などが提案されたほか，1981年には「女性の権利省」も創設されました。「男女職業平等法」が成立し，女性の職業訓練などの充実も図られていきました。

　このように，ユニオン・リーブルやパクスなどの「脱結婚化」現象は，恋愛の伝統を踏襲しつつ男女平等を実現するというフランス女性の願望にそったものであり，また国連が「国際女性年」（1975年）や「女性差別撤廃条約」（1979年）で表現したような現代世界の潮流のなかにあるものなのです。

4. フランスの家族政策

　では，フランス民法で，「家族」という集団の姿が見えてこないのに，なぜ「家族政策」と命名された政策があるのでしょうか。

●家族政策の歴史的流れ

　それは，先にのべた人権宣言「人間は生まれながらに自由で平等」の「生まれながら」の部分に関係があります。

　宣言が発せられた当時は，多くのフランス人たちは身分制に縛られ，生まれながらに「不自由で」「不平等」でした。それは，世代継承される「famille（ファミーユ：家系）[19]」によるものであり，そのなかで「自由で平等」になるには「個人」という存在になる必要があり，そのための宣言をしなければいけませんでした。この宣言を，民法が受け継いだのです。しかし，19世紀のフランスは体制が目まぐるしく変化し，「自由と平等」の民主主義は，数度の革命を経なければ定着しませんでした。

　また，日本よりはるかに長い期間，少子化に悩んでいたフランスでは，市民が家族をもたなければ，社会存続さえ不確かな状況でした。

　このような背景もあり，大量の死者が出た20世紀の第一次世界大戦ののち，

[19) 家族も，家系と同じ「famille」という単語で表現されます。]

フランスは本格的に家族政策づくりに乗り出すことになるのです。

　先にのべたように，フランス民法は，個人単位に徹しています。家族をもつことが個人の自由に任されているからこそ，家族があってあたりまえでないからこそ，社会存続のために「すべての家族は社会が保護する」という考え方が根づくことになったと言えるでしょう。また，それと合わせて，カトリックなど保守的な人々が自分たちの結成した「associations familiales（アソシアシオン・ファミリアル：家族団体）」を公式に政府に承認させる運動もあって，第二次世界大戦後の1945年に「家族政策」と銘打った政策が発足することになります。この家族団体の意見は，フランスの家族政策にかなり反映されてきました。

　このように，個人主義だからこそ，「家族は社会が保護する」というのが，フランスの家族政策の存在理由です。

　フランスの家族政策は，その後，さまざまな変遷を経て，1970〜1980年代から，男女ともに実践する「職業と家庭」の両立策へと，その中心軸を設定していくこととなります。そのなかで，まず，注目されたのが，職業をもつ母親の存在でした。

●結婚・非婚を問わない「働く母親」支援策

　先にのべましたが，フランスは，先進国のなかで出生率が上昇している国のひとつとして注目されています。出生率上昇の理由として，両親，とくに母親にとって，日本よりはるかに整備された，子どもを育てやすい環境の存在があげられるでしょう。この背景には，多様なカップルに即した，結婚・非婚を問わない「働く母親」への支援策があります。

　フランスでは，1970年代から本格的に女性を労働力として活用する政策をとり，雇用拡大を進めると同時に，職業と子育てを両立させる「働く母親」支援が実践されてきました。その柱は，①家族給付，②出産・育児休業，③保育サービスの３つで，日本よりもきめ細かく，多様な選択肢があり，休業中の所得保障など，経済的裏づけもあります。

　それぞれについて，概要を見てみましょう。

＜家族給付＞

　19世紀後半に，カトリックの工場主たちが集まり，自分たちの雇用した労働者を保護するための組織をつくりました。これが，フランス社会保障の起源

とされています。その後，政府によって整備された社会保障制度のうち，家族部門にかかわる政策を総称して「家族政策」と呼ぶようになりました。現在でも，フランス社会保障制度のなかで財政的にもっとも重要なのが家族部門となっています。

家族給付のいくつかの例をあげると，2012年現在，まず，出生時の給付，3歳未満の子どもに対して第1子から支給される基礎手当，保育費の補助があります。第2子以降は，子どもの数が増えるごとに支払額が増加し，ひとり親の場合には，さらに別の手当が支払われます。そのほかにも，保育費用に対する減税措置，ベビーシッターの費用分を減税する，企業内保育所がある企業へ減税措置を講じる，子だくさんの家族には交通費を大幅に軽減するなど，実に多岐にわたっています。

＜出産・育児休業＞

出産の際の費用は出産保険でまかなわれます。出産時には，母親の産前産後休業のほか，父親も11～18日間の父親休暇が取れます。養子縁組の際にも有給休暇が取れます。どの場合も，出産保険から所得分が支給されます。なお，日本にはこのような出産保険は存在しません。

育児親休業は，子どもが3歳になるまで父母ともに取得可能で，休職と勤務時間の短縮を組み合わせることができます。休業期間の所得については，全国家族手当金庫からの支給があります。休業後は，現職かそれと同等の仕事への復帰が保障されています。そのほか，病児看護休暇や親付き添い休暇など，フランスの家族支援では，さまざまな休業制度が設けられています[20]。

＜保育サービス＞

3歳未満の子どもの場合，半数近くは育児休業を取った親が保育しますが，そのほかに，保育所などの「施設保育」と家庭的保育者（いわゆる保育ママ）による「在宅保育」があります（図2参照）。両方とも，その保育費は，親の所得に応じて全国家族手当金庫から支給されます。

3歳から6歳未満の子どもの9割は，教育科学省管轄で市町村が設置している「école maternelle（エコール・マテルネル：幼児学校）[21]」を利用しています。これは義務教育ではありませんが，無料で利用できます。また，数は少ないですが，カトリック系の私立幼稚園に通う子どもたちもいます。

このように，3歳以降の子どもの保育サービスはかなり整備されています。しかし一方で，3歳未満では，伝統的に家庭的保育者などの在宅保育に依存す

[20] フランスの休業制度による具体的な例として以下のようなものがあげられます。
[例] フランスの小学校は水曜日と日曜日が休みで，土曜日の午後も休みです（そのかわり，学校のある日は，1年生のときから午後4時まで勉強します）。保護者は土日が休みのことが多いので，子どもの多くが水曜日には学童保育施設に通います。ですが，保護者が働く企業によっては9割の給料保障で水曜日も休暇が取れるので，水曜日の休みの日にも，子どもがどちらかの親と一緒に過ごすことが可能となります。

[21] 文字通りの訳をすると，「母性学校」となります。この学校は図2のように，日本では「保育学校」と訳されていますが，教育科学省管轄の幼児教育の一環ですから「幼児学校」とした方が意味合いとして近いと考え，本書では「幼児学校」としました。

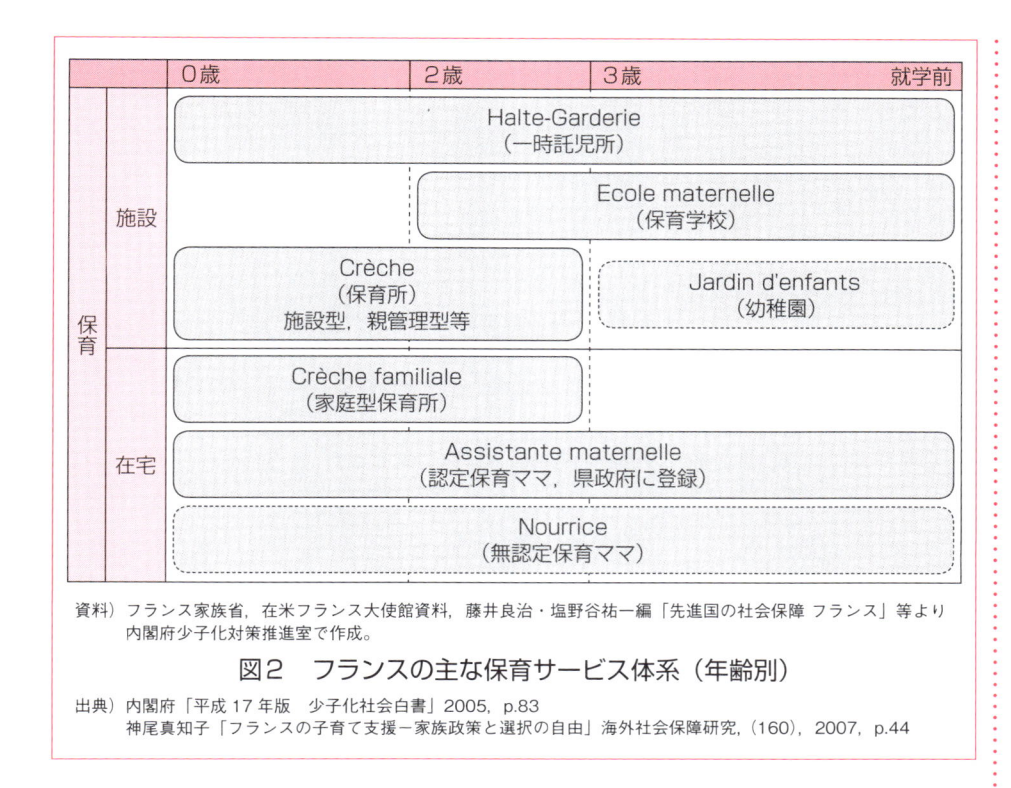

		0歳	2歳	3歳	就学前
保育	施設	Halte-Garderie（一時託児所）			
				Ecole maternelle（保育学校）	
		Crèche（保育所）施設型，親管理型等		Jardin d'enfants（幼稚園）	
	在宅	Crèche familiale（家庭型保育所）			
		Assistante maternelle（認定保育ママ，県政府に登録）			
		Nourrice（無認定保育ママ）			

資料）フランス家族省，在米フランス大使館資料，藤井良治・塩野谷祐一編「先進国の社会保障 フランス」等より内閣府少子化対策推進室で作成．

図2 フランスの主な保育サービス体系（年齢別）

出典）内閣府「平成17年版 少子化社会白書」2005，p.83
神尾真知子「フランスの子育て支援－家族政策と選択の自由」海外社会保障研究，(160)，2007，p.44

る面が多く，施設保育所の整備の遅れが指摘されています。

　実のところ，家庭的保育者はおもに富裕層が利用し，そうでない人たちの多くが長期に育児休業を取るため，職業継続の面で女性たちのあいだに二極化が起きています。つまり，キャリア女性は育児休業制度を利用せず，産後2カ月半ぐらいで職場復帰することが少なくありません。一方，キャリアに無縁の女性は育児休業制度を長期に利用する，ということが生じています。これにより，女性たちのあいだで，一生に得られる収入に大きな差が出ており，富裕層でない人たちが差別されているというような問題も出てきています。

　もうひとつの問題は父母差別です。「働く母親」支援の充実に力が注がれてきたことにより，育児休業を取る父親の割合が低いという現状があります。そのため，現在のフランス政府は，父親の育児休業取得の割合を上げるための政策づくりをはじめています。

●職業と子育ての両立を可能にする条件

　男女ともに実践可能な「職業と家庭の両立（ワーク・ライフ・バランス）」の条件として，時間配分があげられます。

　職業の実労働時間が週49時間以上の長時間労働者の割合は，日本が21.6％（男性では30.5％，女性では9.8％）であるのに対して，フランスでは10.8％（男性で15.2％，女性で6.0％）と半分です。また，平均帰宅時間（正規雇用者）は日本の男性が20時12分，女性が19時8分であるのに対して，フランスの男性は

18時14分，女性は18時20分と，男性で2時間近く早くなっています[*1]。そして，6歳未満児をもつ父親の1日あたりの家事育児関連時間は，日本が1時間7分であるのに対して，フランスは2時間30分と倍以上の時間を家事育児に費やしていました[22],[*2]。

父親が子育てにかかわる労働時間と，女性の職業と子育ての両立実現とは関連するもので，実際に，子育て最盛期である30代女性の労働力率は，日本が30～34歳で70.1%，35～39歳で69.6%であるのに対して，フランスでは30～34歳で82.2%，35～39歳で84.5%となっており，女性の8割以上が働いています[*1]。

●高齢者対策はフランスの家族政策の一環？

ここまで，フランスの家族政策が「職業と子育ての両立」策を中心にしていることを見てきました。それでは，日本で家族にかかわる政策のもうひとつの柱ともいえる高齢者対策は，どうなっているのでしょうか。

フランスでは，現在のところ，高齢者対策は家族政策に含まれていません。高齢者問題を家族政策の一部として考えようとする動きはありますが，「家族政策は子育て中心にすべき」とする考え方が，いまのところは優勢です[23]。

フランスでは，高齢者を「高齢者」としてカテゴリー化することが「年齢差別だ」とする批判があります。要介護高齢者を障害者と同等する考え方は，「障害状態へのアプローチについては，年齢にかかわらず，その状態だけを考慮して自立の方向へと考えるべき」という報告書[*3]にも現れています。したがって，介護を必要とする高齢者は，2001年に制定された，高齢者という名称なしの「個別自律手当（APA）」により，個々のケアプランにもとづく支援を受けることができます。

5. フランスは家族をどうとらえてきたか

日本は戸籍でわかるように，家族単位の国です。一方，フランスは個人単位の国であり，その個人がパートナーを見つければカップル単位の国となります。日本では，現代の家族を，親世代と子ども世代からなる「2世代家族」と呼びますが，フランスでは「結婚家族」「カップル中心家族」といい，親子中心の家族単位の呼び方はしません。

[*1] 独立行政法人 労働政策研究・研修機構『データブック国際労働比較 2015』より。

[22] 主要先進国の男性の詳しい家事・育児時間は，II-3.「少子化と家庭支援政策」の図8(p.66)を参照。

[*2] 内閣府『平成27年度 男女共同参画白書』より。

[23] フランスでは「家族」について定義も概念形成もないので，家族の範囲はあいまいですが，筆者が観察した限りでは，祖父母も家族だと思う人が多いようです。ただし，フランスではヘルパー制度が充実しているため，祖父母の世話を管理する責任の範囲は実親に対してであり，義親であれば世話をする責任はない，というのが通常の考え方です。また，フランスは「社会的弱者」という言い方自体が「人間扱いしていない」として非難にさらされる国です。今後，高齢者人口がさらに増加したとしても，筆者の予測では，少なくとも「高齢者」の名称自体を問題にする国ですから，高齢者の名称で家族政策の対象にするとは思えません。フランスの家族政策は，「子育て」と「高齢者介護」の二本柱ではなく，今後とも，「子育て」中心にし，男女ともの「職業と家庭」の両立を主軸にするでしょう。
興味がある方は，棚沢直子「世話労働の研究（その2）─文献読解・フランスの現状─」経済論集，東洋大学経済研究会，37(2)，2012，pp.259-277を参照してください。

しかし，フランスは家族を大切にする国です。社会存続のために「すべての家族は社会が保護する」べきだとする国です。そのため，なにか問題が生じたとき，家族が「社会のリスク」と認定されれば，社会保護の対象となり，日本より充実した支援を受けることができます。　　　　　　　　　　　　（棚沢直子）

*3 「自立のための連帯全国手当金庫 CNSA」の2007年の報告書より。

【参考文献】
- 棚沢直子・草野いづみ『フランスには，なぜ恋愛スキャンダルがないのか？』はまの出版，1995（大幅な加筆訂正の上，同題で2001年角川ソフィア文庫に所収）．
- Jacques Commaille, Pierre Strobel, Michel Villac., 2002. *La politique de la famille*. Paris: La Découverte.
- 山本真実「諸外国における保育サービス―政策的概念と現状」（第4章），国立社会保障・人口問題研究所（編）『少子化社会の子育て支援』東京大学出版会，2002，73-102．
- Famille(s) et politiques familiales., 2004. *Cahiers français* (322), Paris: La documentation Française, septembre-octobre.
- 樋口美雄・大関由美子・平川伸一「フランスの家族・出生率・家族政策」（第6章）樋口美雄・財務省財務総合政策研究所（編著）『少子化と日本の経済社会―2つの神話と1つの真実』日本評論社，2006，167-192．
- Julien Damon., 2006. *Les politiques familiales*, Que sais-je?, Paris:PUF.
- 神尾真知子「フランスの子育て支援―家族政策と選択の自由」海外社会保障研究，(160)，国立社会保障・人口問題研究所，2007，33-72．
- 棚沢直子・中嶋公子（編著）『フランスから見る日本ジェンダー史―権力と女性表象の日仏比較』新曜社，2007．
- 大場静枝「フランス－多様な保育サービスにみる子育ての社会化」（第3章），椋野美智子・薮長千乃（編著）『世界の保育保障―幼保一体改革への示唆』法律文化社，2012，49-75．
- 棚沢直子「世話労働の研究（その2）―文献読解・フランスの現状」経済論集，37(2)，東洋大学経済研究会，2012，259-277．

コラム　女性にかかわる現代の政策：日仏比較

　フランスでは，1945年〜1975年を「Trente glorieuses（トラント・グロリウーズ：栄光の30年）」と呼び，中学校の教科書にも載っています。
　復興から発展へ，フランスと同じく経済の高度成長を達成した日本では，1970年代の終わりに「21世紀に向けて」と称して，家族にかかわる政策を，フランスとは真逆の方向で取りました。政界・官界が，経済界の要望に呼応して「日本型福祉社会」[1]を提唱したからです。
　「日本型」という名目で，女性の経済的自立と男女平等という現代世界の潮流に逆らう政策を，この時期に日本政府が取ったということは，強調すべきでしょう。なぜなら，その影響により，「日本型福祉社会」提唱の35年後の2014（平成26）年になっても，世界経済フォーラムの「ジェンダー・ギャップ指数ランキング」によれば，日本は男女平等の達成度において，142カ国中104位に位置するからです[*1]（フランスも同ランキングでは16位です）。
　日本とフランスの両国ともに，男女がほとんど同じ教育水準であり，さらには男性を超えた長寿を女性が達成しているのですが，この両国の順位の差は，20代後半から40代前半までの日本女性の職業労働への参加率低迷，専門職への女性の登用の少なさ，男女の賃金格差，さらには政治の意思決定機関への女性の参画率の低さから来ています。
　フランスでは，EUの"指令"（directives）もあって2012年には「女性の諸権利の第三世代：真の平等社会に向けて」の省庁間委員会を設立し，平等政策をさらに推進しています[*2]。日本では，2015（平成27）年に「女性活躍推進法」（正式名称は「女性の職業生活における活躍の推進に関する法律」）が10年間の時限法として成立しました。これは，大企業を中心に，女性の管理職比率と採用比率の数値目標を定める行動計画作成を義務づけるものです。ただし，未作成や未達成の場合の罰則はありません。同時期に，「改正労働者派遣法」が成立しました。この改正で派遣労働の長期化が可能となり，女性が多く働く派遣労働における不安定雇用の拡大や低賃金労働の固定化が懸念されています。このふたつの法成立で，女性労働者の二極化が促進されるでしょう。
　EUでは，国連の女性差別撤廃を受け，男女平等達成のためのEU内基本条約，さまざまなEU指令，数度の5カ年行動計画，男女平等標榜のNGOへの財政的援助など，加盟国への訴訟も辞さないほどの強制力をもって制度化していきます。たとえ加盟国が"逃げ腰"になっても，これらはEUの制度に組み入れられているのです。
　フランスが思う現代の男女平等は，男女ともに「職業と家庭の和解」（日本で言う「ワーク・ライフ・バランス」）をより完璧にする，このことに尽きます。すべての分野でparité（パリテ：男女同数）を達成しようと，1999年には，パリテ導入のために憲法を改正したほどです。ここまでしても男女平等は達成できておらず，最後の20％ぐらいの男女差（ジェンダー・ギャップ）の解消は容易ではありません。
　日本には，EUのような国を超えた強制力のある組織はありません。国連がなにを発信しようと，ときに日本は，外向きな英語と内向きな日本語の"ズレ"でごまかすという受けとめ方をしています。日本の男女平等に向けての根本的な障害は，家族という集団に対する考え方であり，そのなかにおける根強い性別役割分業にあると考えられるので，事態は簡単に動きません。

（棚沢直子）

1) I－1.「ひとつではない家族の形－その歴史と現在」の脚注「18）」（p.12）参照。

[引用文献]
* 1　World Economic Forum. 2014. *The Global Gender Gap Report 2014*.
　　　<http://www3.weforum.org/docs/WEF_GenderGap_Report_2014.pdf>
* 2　日仏女性資料センター（日仏女性研究学会）「女性情報ファイル」（No.113），2013年2月

考えてみよう

i 家族の形は時代によってどのように移り変わってきたでしょうか。また，それにともなって女性の地位がどう変化してきたのでしょうか。まとめてみましょう。

ii 日本，韓国，フランスにおける家族政策の違いはどこにあるでしょうか。

iii フランスの出生率が日本や韓国より高いのはなぜでしょうか。

II. 現代の家族がかかえる問題とは？

昔の日本，あるいはいまでも開発途上国では，子どもの数は5, 6人はふつう，

死んでしまう子どもも多いという多産多死社会でした。

そこからなぜ，いまのような小家族となったのでしょうか。

家族計画は，女性と子どもの健康にとってどのような意義があるのでしょうか？

一方，少子化の進行は家庭とそれを取り巻く社会に大きな影響をもたらしています。

現代社会における子育ての困難さに対して，どのような視点からの支援が必要でしょうか。

具体的な政策や支援のシステムについて知っておきましょう。

II-1. 家族のはじまりと家族計画
―責任をもって親になること

1. 家族のはじまり

　日々，子どもと接する保育者にとって，子どもの家族環境はもっとも大きな関心事のひとつではないでしょうか。1人ひとりの子どもが親に待ち望まれて生まれ，大切に育てられることは，保育者の願いでしょう。「子どもはすべて望まれて生まれた子どもであってほしい（'Every child, a wanted child'）」―それは，国や民族，人種の違いにかかわらず，世界共通の願いでもあります。

　言うまでもなく，新しい生命は，基本的には女性と男性の性関係があってはじめて生まれます[1]。子どもが望まれて生まれるということは，裏返せば，一組のカップルが望んで子どもを産むということです。それは，言いかえると「責任をもって親になること」であり，家族の出発点として大変重要です。

2. 家族計画

●**家族計画は基本的人権**

　「責任をもって親になること」は，一般には，「家族計画」ということばであらわされます。家族計画とは，文字通りには家族を計画することですが，具体的には，カップルと個人，とくに女性が，「いつ」「だれと」「何人」「子どもを産むか産まないか」を決定し実行することであり，また，そのために必要な情報と手段をえることを意味します。ここで「とくに女性」と強調するのは，子どもの数と産む時期・間隔をどうするかについてカップルで相談したとき，2人の意見が一致するのがもちろん理想的ですが，もし一致しない場合は，最終的に女性の意見が尊重されなければならないという意味です。

　家族計画と言うと，単に子どもの数を減らすことと誤解される場合がありますが，そうではありません。それは単なる数の問題ではなく，私たちの基本的人権と健康にかかわる問題です。家族計画は世界共通の課題で，国連は50年以上前からその重要性を訴え，さまざまな活動を続けています。

●**妊娠・出産するのは女性だけ**

　それでは，なぜ，家族計画は基本的人権として大切にしなければならないのでしょうか。なぜ，最終的に決めるのは女性だと言うのでしょうか。

　それは第一に，妊娠・出産するのは女性だけという生物学的事実があるから

1）現在は不妊治療などの目的で，人工授精や体外受精などにより，性関係なしでも子どもをもつことができます（Ⅳ-3.「看護のアプローチ：母子保健・医療から見た家族支援」〈p.256, 258〉参照）。この方法は一般に生殖補助医療と言われますが，日本には生殖技術の応用について規制する法律がまだなく，たとえば，娘夫婦の受精卵を使って娘の母親が代理出産するなど，さまざまな倫理的問題も起きています。

Ⅱ 現代の家族がかかえる問題とは？

表1　女性と子どもの健康に関する世界比較

	5歳未満児死亡率（出生千対, 2013）	妊産婦死亡率（出生10万対, 2013）	15-19歳の女子千人あたりの出生数（1999-2012）	専門技能者立ち会いの出産割合(%)（2006-2013）	15-49歳の女性の避妊実行率（近代的避妊法%）（2014）	15-49歳の女性の合計特殊出生率*（2010-2015の年平均）	平均寿命（2010-2015の年平均〈歳〉）男　女
日本**	3	6	5	100	50	1.4	80　87
チャド	148	980	203	17	3	6.3	50　52
ソマリア	146	850	123	9	5	6.6	53　57
ニジェール	104	630	206	29	9	7.6	58　58
インド	53	190	39	67	52	2.5	65　68
バングラデシュ	41	170	128	31	54	2.2	70　71
ネパール	40	190	87	36	47	2.3	67　69
グアテマラ	31	140	92	51	47	3.8	68　75
フィリピン	30	120	53	72	38	3.1	65　72
ニカラグア	24	100	92	88	75	2.5	72　78
中国	13	32	6	96	83	1.8***	74　77***

＊　　 1人の女性が生涯に産むと推定される子どもの数。
＊＊　 厚生労働省「平成25年人口動態統計」(2013年)によれば、妊産婦死亡率は3.5、合計特殊出生率は1.43。
＊＊＊ 香港、マカオ、特別行政区、台湾を除く。
資料出所）国連人口基金「世界人口白書2014」。5歳未満児死亡率のみ、ユニセフ「2014年度版 子どもの生存を守る：あの約束を再び」。

です。妊娠・出産には基本的に危険がともないます。その危険度は、妊産婦死亡[2]という指標であらわされます。開発途上地域には、妊産婦死亡率が日本の200倍以上にもなる国があります（表1参照）。妊娠・出産が原因で健康を害する女性は世界中で数えきれません。いまの日本では、ほとんどの妊娠・出産が安全になされていますが、1950年代までは、開発途上国（以下「途上国」と表記）と同じような状況にありました。

表1に見るように、妊産婦死亡率の高い国では5歳未満児の死亡率も高く、女性の健康と生まれる子どもの健康のあいだには、密接な相関関係があることがわかります。このように、家族計画は子どもの健康という観点からも重要なのです。

● **社会的に低い女性の地位**

女性の決定を尊重するというもうひとつの理由は、女性の社会的地位が低いことにあります。とくに、多くの途上国では、女性は男性の所有物のように扱われ、自分の意思で産むか産まないかを決めることは許されません。そのため、10代のうちから望まない妊娠をくり返す女性が数多くいます。途上国の女性

2) **妊産婦死亡**
妊娠・出産が原因で起きる女性の死亡のことを言います。

43

の多くは栄養状態が悪く，教育も医療も十分に受けられず，働いて収入を得る機会もほとんどありません。

　したがって，妊産婦死亡を減らすには，女性に対する差別をなくし，女性が社会的にも経済的にも力をもてるよう，また，妊娠・出産についても女性が決定できるようにすることが大切なのです。男性にくらべると，女性の人生は，子どもを産むか産まないかによって大きく変わります。産む産まないの選択は，女性にとって人生の選択でもあるのです。「いつ」「何人」「子どもを産むか産まないか」について，女性と男性の考えが一致しないときは，女性の意思を優先させるというのは，以上のような理由があるからなのです。

▲8人の子どもを出産した女性の家（ネパール）。夫は年に何度かふらっと帰ってくるだけで，全員この家で1人で産みました。へその緒は鎌で切り，胎盤は葉に包んで土に埋めました。この女性は6人目の子を産んだころから子宮脱になり，重い荷物をもったり農作業をしたりすると，痛みとともに子宮が外に出てきてしまいます。彼女は8人の子どものうち1人を2歳で亡くしました（写真提供：国際協力NGOジョイセフ）。

3. 家族計画の歴史

●産む・産まないの自由を求めて

　家族計画が基本的人権だと考えられるようになるまでには，長い闘いの歴史がありました。その歴史のなかで世界的に有名な人物は，米国のマーガレット・サンガー（1879－1966）です。彼女は，訪問看護師として多産に苦しむ貧しい女性を目のあたりにし，女性の健康と生命を守るための「バース・コントロール（産児調節）運動」をはじめました。20世紀はじめのことです。「バース・コントロール」とはサンガーとその仲間がつくったことばで，その後に登場する「家族計画」と意味はほぼ同じです。

　当時の米国では，性や避妊に関する情報の提供が禁止されていたため，サンガーは何度も逮捕・投獄されました。しかし彼女は，「女性の身体は国のものではない」と主張して，運動をやめようとはしませんでした。このような勇気ある闘いは，西欧の国々でも同じように見られました。

Ⅱ 現代の家族がかかえる問題とは？

●戦前の日本と産児調節運動

一方，日本は明治維新以降，富国強兵を目指し，人口増加政策を取っていました。そのため，人工妊娠中絶（以下「中絶」と表記）を禁止する堕胎罪[3]（1907－）がつくられ，女性はできるだけ多くの子どもを産むことを奨励されたのです。

その後，産児調節運動が，一時さかんになったときがありました。きっかけは，1922（大正11）年のサンガー来日です。産児調節運動を推進したのは医師や社会運動家などでしたが，そのなかにはサンガーと親交の深かった加藤シヅエ（1897－2001）もいました。しかし，昭和に入り戦争が拡大すると，「産めよ殖やせよ」政策が強化され，産児調節にかかわった人たちの逮捕が相次ぎました。加藤シヅエも危険思想のもち主として投獄された1人です。戦時中は，中絶はもちろんのこと，妊娠・出産をしたら母体が危ない場合でさえ，避妊は許されませんでした。

●戦後，一気に広がった家族計画

日本で避妊が許可されるのは，1945（昭和20）年の敗戦以降です。敗戦直後は，妊娠しても子どもを育てられず，危険な闇中絶[4]で命を落とす女性がたくさんいました。そこで政府は優生保護法[5]（1948－1996）という法律をつくり，母性保護の名目で中絶を認める条件を定めました。当時は，ほとんどの国で中絶はまだ禁止されていました。

それから3年後に，政府は，人口政策ではなく母子保健の一環として家族計画の普及を決定します。ここで注目すべきは，日本が避妊より先に中絶を合法化した，世界でもまれな国だということです。政府の決定をきっかけに家族計画は一気に人々のあいだに広がりました。住民の信頼の厚い保健師と助産師が家族計画の指導員になったことも，普及事業が成功した大きな要因でした。

家族計画の推進には，戦前の産児調節指導者や新たに誕生した民間組織も重要な役割を果たしました。避妊の普及と中絶合法化の結果，出生率はわずか10年という世界にも例のない早さで半減しました。その後，日本では少子化が進んでいきます。

避妊より先に中絶が合法化され，また避妊の方法も限られていたため，中絶件数の多さ（とくに既婚女性）が問題とされたときもありましたが，年を経るとともに中絶件数は着実に減り続け[6]，2013（平成25）年度の報告数は18万

---

[3] 堕胎罪
中絶を犯罪とする刑法で，中絶した女性，中絶手術を担当した者（医師を含む）は処罰されます。しかし，妊娠させた男性は罰せられません。この刑法はいまでも存在するため，女性たちのあいだには堕胎罪撤廃を求める声があります。

[4] 闇中絶
医師の資格のない者によっておこなわれる違法な中絶のことを言います。

[5] 優生保護法
この法律には，障害や遺伝性疾患をもつ「不良な子孫」の出生を防止するという，もうひとつの目的がありましたが，それは人権侵害であるとして1996（平成8）年にようやく削除されました。その時点で，法律名も「母体保護法」（1996－）に変わりました。

[6] 中絶が減り続けている背景には避妊の普及や妊娠可能年齢の女性数の減少が考えられますが，近年は，緊急避妊薬使用の拡大，セックスレスカップルの増加なども指摘されています。

6,253件と過去最少になりました*1。

4. 産まない選択

●避　妊

　産まないための第一の選択——それは，望まない妊娠を防ぐ避妊です。日本では家族計画が短期間に普及したにもかかわらず，避妊の方法は長いあいだ限られていました。たとえば，経口避妊薬（ピル）が認可されたのは，欧米より40年近くもあとのことです。

　いまでも避妊法のほとんどはコンドームで，失敗率の高い膣外射精，オギノ式[7]などがあとに続きます。これらの方法には男性の協力が不可欠で，それは，男性が避妊に責任をもつという意味で重要です。日本では，欧米にくらべると避妊効果の高いピルの使用率が低く（p.53のコラム「ニッポンのフシギ」を参照），IUD（子宮内避妊器具[8]）やIUS（子宮内避妊システム[9]），不妊手術（永久避妊法）の利用者もわずかです。

　2011（平成23）年には緊急避妊薬が認可され，新たな選択肢が増えました。これは，性交後72時間以内に女性ホルモン剤を使って望まない妊娠を防ぐ方法です。日本では，避妊には原則的に健康保険が適用されないため，避妊法によっては費用が高くなるのが難点です。避妊のために病院に行くのは気が重いという場合は，たとえば，日本家族計画協会のクリニック[10]，あるいは女性クリニックのような施設を利用する方法もあるでしょう。

●最後の選択——中絶

　100％避妊のできる完璧な避妊法は，まだありません。また，避妊の失敗はだれにでも起こりえます。妊娠しても産めないときの最後の手段が中絶です。日本では，現在，条件つきで合法的に中絶を受けることができます。その条件は母体保護法（1996－）[11]に定められていて，それを満たせば堕胎罪で罰せられることはありません。中絶手術は母体保護法指定医になっている産婦人科医のところで受けられますが，一般には避妊と同じく健康保険の適用がないので，高い中絶費が利用者には大きな負担になっています。

7）**オギノ式**
次の月経予定日から逆算して，妊娠しやすい時期とそうでない時期を割り出す方法のことを言います。

8）家族計画関係者のあいだでは，子宮内避妊具の方が多く使われています。

9）**IUS（子宮内避妊システム）**
IUDに黄体ホルモン剤を用いた新しいタイプの避妊法で，日本では2007（平成19）年に認可されました。黄体ホルモン剤を継続的に放出し，最長5年間，避妊効果を保つと言われています。

10）一般社団法人日本家族計画協会のホームページのURLは〈http://www.jfpa.or.jp/〉（2015年9月現在）。思春期や不妊，緊急避妊のホットラインもあります。

11）**母体保護法**
中絶の許可条件は，①妊娠の継続または分娩が，身体的または経済的理由で女性の健康をいちじるしく害する場合，②レイプによる妊娠の場合です。①では基本的に配偶者の同意が必要であり，①②とも，妊娠満22週未満におこなわれなければなりません。日本の中絶のほとんどは，①に該当します。

●中絶をめぐる対立

　中絶に対しては,「'胎児の生命尊重'に反するから禁止すべきだ」と主張する人たちもいます。日本では以前,国会議員のあいだに中絶を禁止しようとする動きが起き,女性たちが先頭に立ってそれを阻止したことがありました。しかし,忘れてならないのは,好んで中絶する女性は1人もいないということです。中絶の痛みと重みをだれよりも知っているのは,中絶する女性自身です。中絶を減らす方法は,中絶禁止ではなく家族計画でなければなりません。

　中絶禁止の動きは世界的にも見られます。とくに,ローマ・カトリック教会は避妊も中絶も認めず,家族計画関連の国際会議では大きな影響力を見せています。また米国では,中絶は大統領選のたびに争点になり,候補者はプロ・チョイス(中絶の選択を認める)か,プロ・ライフ(中絶禁止)かを明らかにしなければなりません。ときには,中絶する医師が殺害されるなど,プロ・ライフの人たちによるテロ行為も起きています。

●中絶合法化は世界の流れ

　中絶をめぐる対立は,おそらくこれからも続くでしょう。日本も例外ではありません。しかし世界の流れは,1960年代後半から中絶合法化に向かっています。なぜなら,中絶を合法化した方が女性の健康と生命が守られることが,統計的にも証明されたからです。ひとつの例をあげると,ルーマニアでは,1966年に人口増加政策のため中絶が禁止されました。しかし,出生数はほとんど増加せず,逆に,中絶による女性の死亡が激増しました。闇中絶が増えたためです(図1参照)。いまでも,中絶を禁止する国ではそのような状況が続いています。

●産む産まないの自己決定権を求める女性たち

　中絶合法化の流れをつくる大きな力になったのは,世界の女性たちによる運動です。女性たちは国家による中絶の禁止と強制的な人口政策に反対し,避妊や不妊手術(永久避妊),中絶について,女性自身が決定権をもつべきだと主張しました。欧米を中心にはじまったこのような運動は1980年代には世界に広がり,その主張は,やがて国連にも届くようになりました。そして,次にのべる,「リプロダクティブ・ヘルス／ライツ(性と生殖に関する健康／権利)」という新しい考えに反映されていきました。

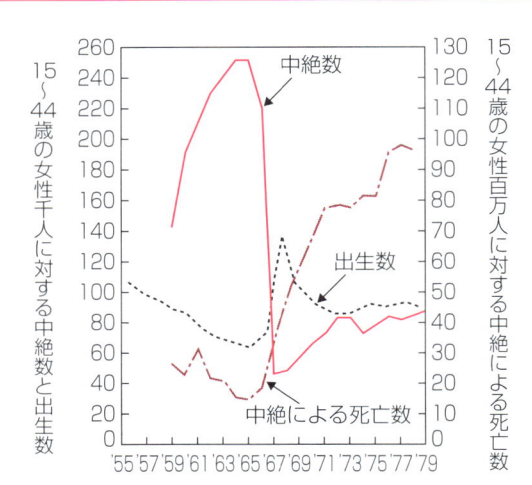

※注）「中絶数」は合法的中絶と非合法中絶または流産による後遺症で病院に入院した女性の数をあらわします。1966年以降、中絶による死亡数（対女性百万）が 1965 年の 14.3 から 1978 年には 97.5 に激増しています。1989 年に中絶が合法化されてから、中絶による死亡数は大幅に減少しました。

図1　中絶による死亡と妊産婦死亡の推移（ルーマニアの場合）

資料出所）Tietze, C., 1981. *Induced Abortion: A World Review.* New York:The Population Council.

5. リプロダクティブ・ヘルス／ライツ

●リプロダクティブ・ヘルス／ライツの登場

　リプロダクティブ・ヘルス／ライツは，日本語では一般に「性と生殖（妊娠・出産）に関する健康／権利」と訳されます。このことばは，1994年にエジプトのカイロで開かれた国連の国際人口開発会議（通称，カイロ会議）を通して世界に広まりました。

　家族計画の対象はおもに妊娠・出産にかかわることですが，それに対しリプロダクティブ・ヘルス／ライツは，性に関する健康，たとえば，HIV／エイズ[12]や性感染症[13]，あるいは思春期，更年期，老年期の性の問題にまで対象を広げ，生涯を通して性と生殖（妊娠・出産）にかかわる事柄を考えようとするものです。

　リプロダクティブ・ヘルス／ライツは，途上国の人口を減らすための人口抑制政策に対する反省から生まれました。1950年代から人口急増が問題になった途上国では，国連や先進国の援助により，家族計画を手段とする人口抑制政策が取られるようになりました。その結果，避妊や不妊手術（永久避妊），と

12）HIV／エイズ
HIVはヒト免疫不全ウイルスのことで、一般にはエイズウイルスと言われます。エイズは後天性免疫不全症候群という意味で、HIV感染者が発病した状態を指します。HIVの感染経路には、性的接触（異性間，同性間），薬物注射による血液感染，母子感染などがあります。

13）性感染症
性行為による感染症のことを言います。性器クラミジア感染症，性器ヘルペス，尖圭コンジローマ，淋菌感染症，梅毒などがあります。

きには中絶までが強制的・半強制的におこなわれ，人々のあいだに家族計画に対する受け入れ拒否が起こるようになったのです。なかでも女性たちの反発は強く，前にのべた世界の女性運動にまで広がっていきました。

　そこでカイロ会議では，個人を単なる「数」と見なす人口政策を見直し，カップルと個人，とくに女性の自由意思を尊重し，健康と人権という視点を大切にして家族計画や性の健康を推進していくことが確認されました。家族計画を中心とするこの新しい考えと取り組みをあらわすことばが，リプロダクティブ・ヘルス／ライツなのです。

　このことばのなかに，「ヘルス（健康）」と「ライツ（権利）」が入っていることに注目してください。

●性の健康と HIV／エイズ・性感染症

　リプロダクティブ・ヘルス／ライツの特徴のひとつは，性の健康を取り上げたことでした。なかでも重視されたのは HIV／エイズと性感染症です。HIV／エイズは 1980 年代に発見され，世界中に広まりました。その後，新薬が開発され，流行は全体としておさまる傾向にありますが，それでも世界の HIV 感染者数は推定で 3,690 万人（2014 年末現在）にのぼり，その 7 割近くはサハラ以南アフリカと呼ばれる地域に集中しています。親をエイズで亡くしたエイズ孤児や HIV／エイズによる差別の問題も深刻です。

　日本の HIV 感染者とエイズ患者[14]は，ほかの多くの先進国と違い，どちらも増加傾向にありました。最近は，新規 HIV 感染者も，新規エイズ患者もほぼ横ばい状態が続いています。どちらも大半は男性で，最大の感染経路は同性間の性的接触です。HIV の検査は，保健所で無料で，また，匿名でも受けられますが，エイズに対する差別意識も影響して，検査件数は思うように伸びていません。

　HIV 感染を防ぐ有効な方法はコンドームで，それは性感染症の場合も同様です。近年，性感染症の報告件数は全体に横ばい状態にありますが，性感染症にかかっていると HIV に感染しやすくなるため，HIV と同じく早期発見が大切です。検査はカップルで受けるのが理想的とされます。また，HIV 感染・性感染症の予防と同時に，望まない妊娠を防ぐため，コンドームとピルを一緒に使う方法が推奨されています。

14) 国際社会では，近年，「HIV／エイズとともに生きる人々」(person/people living with HIV/AIDS) という表現が多く使われるようになりました。

●きびしい子育て環境

これまで家族計画について，その基本的考えや歴史，具体的手段としての避妊，さらにはリプロダクティブ・ヘルス／ライツの登場と，さまざまな角度から考察を深めてきました。

それでは，カップルが子どもを産む選択をしたとき，子育ての環境はどうなっているのか，次に見てみましょう。

人口統計によると日本の少子高齢化は年々進み，出生率は先進国のなかでも最下位に属しています。総人口は2005（平成17）年をピークに減りはじめました。平均初婚年齢は，女性29.2歳，男性30.8歳（2014〈平成26〉年）と，2000（平成12）年の女性27.0歳，男性28.8歳にくらべて遅くなり（晩婚化），出産年齢も上がっています（晩産化）。また，近年は結婚しても産まない傾向も見られます（無産化）。50歳の時点で一度も結婚したことがない人の割合である生涯未婚率（2010〈平成22〉年）は，30年前にくらべて男性が約8倍，女性は2倍以上に増えています。日本の婚外子はわずか2％弱に過ぎませんから，晩婚化・晩産化・無産化は少子化の大きな要因となっています。

子どもを産まない理由として見のがせないのは，社会経済的・文化的要因です。内閣府の「平成24年版子ども・子育て白書」（2012年）によれば，子どもの教育・子育てにお金がかかることが，理想の子ども数を産めないいちばんの理由にあげられています。さらに，家事と育児の両立が困難だという問題があります。最初の出産で6割もの女性が仕事を辞めることからも，そのむずかしさがわかるでしょう[15]。

私たちの社会には，「女は家庭，男は仕事」ということばにあらわされるように，性別によって役割を固定してしまう性別役割分業の意識が根強くあり，一般的に，家事も育児も女性が負担しなければなりません。政府は男女共同参画という名目で男性の育児参加を奨励していますが，育児・介護休業法（1991－）があっても，世間体などを気にして子育てに抵抗を感じる男性は多く，この制度を利用する男性はわずか1.89％（2012〈平成24〉年度）にすぎません[*2]。遠距離通勤・長時間労働という働き方も，男性の育児参加をむずかしくしている要因です。

15) Ⅱ-3.「少子化と家庭支援政策」の図5（p.64）を参照。

6. 家族のはじまりを支援するために

●子どもを産み育てやすい環境づくり

　家族のはじまりに不可欠な家族計画を基本的人権として保障すること，それは，だれもが望むときに望むだけの数の子どもが産め，望まないときには安心して産まない選択ができ，そのために必要な情報と手段がえられる社会をつくることです。それは同時に，不妊の人たちが（男性も含めて）差別されない社会でなければなりません。なぜなら，産むか・産まないか・産めないかで，女性の価値に優劣がつけられてはならないからです。

　そのような社会をつくる上で欠かせないのは正確な情報と知識で，そのために，学校教育における性教育が果たす役割は大きいと言えるでしょう。性教育に対して，いまだに日本においては，学校でも，家庭でも，根強い抵抗がありますが，私たちには性や避妊について知る権利があり，むしろ大切なのは，性教育を充実させ，家族計画とリプロダクティブ・ヘルス／ライツの考えを広めていくことです。

　また，家族計画，リプロダクティブ・ヘルツ／ライツについての相談やサービスを気軽に受けられるクリニックなどの施設を増やすことも必要でしょう。西欧諸国には避妊や中絶の費用を公費で補助する制度がありますが，日本にも同様の制度があれば，とくに若い人たちには有効な支援策となるでしょう。さらに，家族，とくに母親を支援する仕事にかかわる人（保育士，保健師，ケースワーカーなど）が，家族計画を十分に理解した上で，関連施設などを紹介できることも必要だと考えられます。

　子育ての環境が，産むか産まないかの決定に大きく影響することを考えると，子ども手当の充実，保育所の拡充，労働時間や働き方の見直しなどを含め，子どもを産み育てやすい制度を１日も早く整備することが望まれます。また，男性が育児参加しやすくなるよう，性別役割分業に対する私たちの意識を問い直していくことも必要でしょう。

　このように意識を変え，さまざまな角度から制度の改革をおこなえば，私たちは新しい家族をつくる一歩を踏み出しやすくなるのではないでしょうか。それは，未来を担う子どもたちが育つ上でも，望ましい環境であるに違いありません。

（芦野由利子）

【引用・参考文献】
＊1　厚生労働省「衛生行政報告例（平成25年度）」2013．
＊2　厚生労働省「平成25年版 働く女性の実情」2013．
・内閣府「平成24年版 子ども・子育て白書」2012．
・国連人口基金『世界人口白書2014』（日本語版），ジョイセフ，2014．
・北村邦夫「第7回男女の生活と意識に関する調査報告」日本家族計画協会，2015．
・United Nations., 2009. *World Contraceptive Use*.
・母子衛生研究会『母子保健の主なる統計―平成26年度』母子保健事業団，2014．
・厚生労働省「平成26年エイズ発生動向年報」2015．
・国連合同エイズ計画「2014年 世界の状況 ファクトシート」（日本語／英語版），エイズ予防財団，2015．
・労働政策研究・研修機構『データブック国際労働比較2012』2012．
・国立女性教育会館「平成16年度・17年度 家庭教育に関する国際比較調査報告書」2006．
・荻野美穂『「家族計画」への道―近代日本の生殖をめぐる政治』岩波書店，2008．
・エレン・チェスラー，早川敦子（監訳）『マーガレット・サンガー――嵐を駆けぬけた女性』日本評論社，2003．
・厚生労働省「平成26年人口動態統計」2015．
・ユニセフ「2014年度版 子どもの生存を守る：あの約束を再び」（英語版），ユニセフ，2014．

コラム　ニッポンのフシギ

　日本でいちばん人気のある避妊法，コンドームの使用率は，未婚・既婚にかかわらず，つねに避妊法の 70 〜 80% を占めています。世界中でこれほどコンドーム使用率の高い国は，ほかにありません。それはひとつには，第二次世界大戦中にコンドームが「性病予防具」として軍隊で配られたため，男性の抵抗が少なかったからだと言われます。戦後の家族計画普及事業でも，おもな避妊法はコンドームでした。薬局などで比較的安く，簡単に買えることも，コンドームが広く使われている大きな理由です。

　それに対して，経口避妊薬（ピル）の使用率は，いまでもわずか 4% 程度にすぎません。女性ホルモン剤でつくられたピルは，かつて避妊の革命と言われました。1960 年には米国がいち早くピルを認可し，その後，多くの国々がそれに続きました。ピルの研究は年々進み，いまでは副作用を最小限にした低用量ピルが世界的に使われています。

　しかし，日本は長いあいだピルを認めない唯一の先進国でした。副作用がこわい，性道徳が乱れる，出生率が下がるなどがその理由だと言われましたが，いずれにも，女性が避妊を選ぶ権利という視点はありませんでした。1994 年のカイロ会議（p.48 参照）をきっかけにピル認可を求める声が大きくなっても，政府は動こうとしませんでした。

　ところが，1999（平成 11）年 1 月，たった半年の審議で，政府は男性の勃起不全の治療薬であるバイアグラを認可したのです。長年審議されても認可のおりないピルにくらべ，それはあまりに不公平な決定で，当然のことながら，人々のあいだに強い批判が起きました。その批判が言わば引き金になって，政府は同じ年の 9 月，ようやくピルの認可に踏みきったのです。

　認可から 16 年以上たったいま，避妊効果が高いにもかかわらず，ピルの使用は思ったほど伸びていません。それは何十年ものあいだ，マスメディアでピルの副作用が騒がれたため，いまだにピルは危険な薬と誤解されているからです。ピルを飲むには産婦人科を受診しなければならず，原則として健康保険適用外のためかなり経費がかかることも，利用者が増えない一因だと言われています[1]。

　ほかの先進国では，ピルに対する意識の違いに加え，ピルが使いやすい制度になっているため，使用率は日本よりずっと高く，なかでもドイツとフランスでは，それぞれ 50%，40% を超えています。最先端の科学技術を進んで受け入れる日本が，なぜピルには「ノー」なのか？　それは，海外では「ニッポンのフシギ」と言われています。　　　（芦野由利子）

1）場合によっては，月経困難症の治療薬（保険適用）が避妊用に使われることもあります。

［参考文献］
・北村邦夫「第 7 回男女の生活と意識に関する調査報告」2015.
・United Nations. 2009. *World Contraceptive Use.*

Ⅱ-2. 産む産まないをめぐる途上国の現状

　日本をはじめ先進国では少産少死化が進み，少子高齢化が問題となっていますが，実は世界全体を見てみると，多産多死で，妊産婦や子どもの死亡率の高い国がまだ多く，しかもそのような国々は，開発途上国（以下「途上国」と表記）に集中しています。

　途上国の問題については，前節でもふれましたが，ここでは，いくつかの具体例を通して，もう少しくわしく現状を見てみましょう。

1. 危険にさらされる女性と子どもの健康

●なぜ高い？　妊産婦死亡

　国連によれば，世界では妊娠や出産が原因で，1日に約800人（約2分間に1人）の女性が亡くなっています。その99％は途上国，それもおもにサハラ以南のアフリカと南アジア地域で起きています。全体的には妊娠・出産による妊産婦死亡は減りつつありますが[1]，国によっては，高い出生率や子どもの死亡率とともに，あいかわらず高い妊産婦死亡率が続いています（p.43，表1参照）。

　その原因のひとつに，児童婚[2]による10代の出産があります（p.43，表1参照）。身体的にも未熟な10代の妊娠・出産は，おとなにくらべるとずっと危険が高く，10代の少女の最大の死因になっています。

　また，日本と違って，途上国では自宅での出産がほとんどで，助産師のような専門技能をもつ人の立ち会いも少なく，医師も医療施設も不足しているため，出産時に起きる問題（たとえば，大出血など）に緊急に対応することができません。こうした事情も，妊娠・出産による危険を高めています。

●安全でない人工妊娠中絶

　妊産婦死亡には，安全でない人工妊娠中絶（以下「中絶」と表記）も大きく影響しています。前節でのべたように，世界は中絶を合法化する方向に向かっていますが，まだ，かなりの国が中絶を禁止しているのも事実です。また，法律ができても，医師や医療施設が足りないため，実際には安全な中絶が受けられない女性も少なくありません。なかには情報がないため，法律の存在を知らない女性もいます。その結果，危険な闇中絶や，野草などを使って自分で中絶するケースが頻繁に起きています。国によっては，中絶が妊産婦死亡原因の4割にもおよんでいます。

---

1) 1990年の54万3,000人から2010年には28万7,000人に減少しました（＊1）。

2) **児童婚**
女子が，18歳未満で結婚することを言います。10歳以下の場合も少なくありません。

Ⅱ 現代の家族がかかえる問題とは？

● **女性と子どもにくり返される悪循環**

　途上国では，幼いうちに亡くなる子どもがたくさんいます。p.43の表1に見るように，国によっては5歳未満児死亡率が日本の60倍以上にものぼります。

　その背景には，女性と子どものあいだにくり返される悪循環があります。栄養状態の悪い女性が次々に子どもを産めば，女性の健康はさらにそこなわれ，その結果，生まれる子どもの健康を害し[3]，子どもの死亡率を高めるという悪循環が起きるのです。生まれた子どもが育たないと，女性はまた，次の子どもを産まなければなりません。

　家族計画によって女性の健康が守られれば，こうした悪循環をなくしていくことができるでしょう。

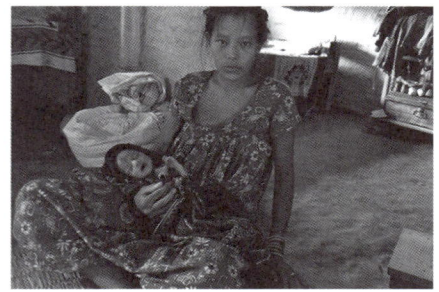

▲自宅で出産した19歳の女性（ネパール）。出産時に2回，気を失ってしまいました。生後22日の赤ちゃんとともに栄養失調状態にあります（写真提供：国際協力NGOジョイセフ）。

3）胎児のうちから，影響を受けることになります。

2. 途上国における女性の現実

● **男性優先の壁**

　世界には，望まない妊娠を避けたいと思いながら避妊できない女性が，まだ2億5,000万人近くもいます。それは，世界の多くの国が，いまでも男性優先社会であることと深く関係しています。とくに出生率の高い途上国では，栄養・教育・保健・医療・経済とすべての面で男性が優先され，女性はあと回しにされています。女性には避妊の自由がなく，避妊していることが夫に知られると離婚される場合さえあります。そのため，夫に気づかれずに避妊できる方法[4]を希望する女性も少なくありません。

　男性の方が社会的に価値があるという理由で，女の子の誕生がまったく歓迎されない国もあります。たとえばインドでは，結婚のとき，新婦側が新郎側にダウリー（結婚持参金）を払わなければなりません。ダウリーが少ないと，新婦が焼き殺されることさえあります。そのため，娘は家族の負担と見なされ，妊娠中に胎児の性別が女とわかると中絶するケースが，大量に起きています。

　性による選別中絶が見られる国々では，結果として女性の人口が少なくなり，

4）たとえば，注射法（女性ホルモン剤を注射すると，3カ月または1カ月，避妊効果がある）や，皮下埋め込み法（上腕の内側に女性ホルモン剤の入ったマッチ棒大のカプセルを数個埋め込むと，5年間，避妊効果がある）などです。

性比のアンバランスが社会問題になっています。

●人口政策の光と陰

　途上国では，人口抑制政策の手段として，さまざまな避妊薬・器具が配布されてきました。地域住民のなかから家族計画の指導員を養成したり，小規模診療所をつくるなどの努力もおこなわれました。こうした努力は，出生率低下にある程度の効果をあげましたが，一方では人口政策のもとで，お金や品物と引き換えに不妊手術（永久避妊）が強制されたり，副作用の説明もなく一方的に避妊薬が与えられるなどの問題が起きました。

　そのため人々のあいだに反発が起き，それが原因でインドでは政権が倒れたこともあります。女性たちの反対はとくに強く，途上国と先進国の女性のネットワークもつくられるようになりました。そうした動きが，やがて国連の会議（カイロ会議）につながり，人口政策が見直され，前述したようにリプロダクティブ・ヘルス／ライツという考えにつながっていきました（p.48参照）。

　カイロ会議後は，リプロダクティブ・ヘルス／ライツの考えにもとづいて，性や避妊，妊娠・出産に対する人々の意識と行動を変えるプログラム，男性の参加を促進するプログラム，思春期教育など，さまざまな取り組みをはじめる国が増えています。

　しかし，強制的な人口政策が完全になくなったわけではありません。たとえば，「1人っ子政策」の中国では，2人目を産むと多額の罰金を払わなければなりません。政府はその後，「1人っ子政策」にも問題があるとして，夫婦が1人っ子同士である場合などの条件つきで，2人目の出産を認めるよう規制をゆるめつつあります。しかし現実には，罰金を払えない女性が2回目の妊娠を強制中絶させられる[*2]などのケースが，いまも起きています。

●HIV／エイズ

　世界中で推定3,690万人いると言われるHIV感染者を性別で見ると，世界全体では女性が50%を占めています。感染者の7割近くが集中するサハラ以南アフリカでは，女性の割合は約6割にもなります。また年齢別では，新たに感染した人（15歳以上）の40%が15〜24歳の若者で占められています。ちなみに，日本では，女性はHIV感染者全体の約16%にすぎません（外国国籍者を含む）。また，10代の感染者は少なく，20代と30代が大半を占めています。

途上国における女性の感染者の割合が高い背景には，女性の地位の低さと貧困があります。たとえば，途上国では貧しさのため，多くの若い女性がセックスワーカーとして性を売らざるをえない状況に追い込まれています。10代の少女の人身売買も珍しくありません。その結果，女性はHIVやほかの性感染症にかかりやすくなり，望まない妊娠の危険にもつねにさらされることになります。女性がHIVに感染すると，母子感染と言って，生まれる子どもにHIVがうつる危険性も高まります。

　15〜24歳の若者は，現在または近い将来，子どもを産み，新しい家族をつくる年齢層にあたるため，途上国では，家族計画とリプロダクティブ・ヘルス／ライツにHIV予防を統合させた情報やサービスを提供する努力もなされています。

3. 私たちにもできる小さな援助

　性や妊娠・出産をめぐって多くの問題をかかえている途上国には，リプロダクティブ・ヘルス／ライツの考えにそった家族計画やHIV予防のための援助が必要です。援助が打ち切られたり減らされたりすれば，とたんに避妊薬・器具やエイズ治療薬が不足し，診療所の運営もできなくなるなどの問題が起こります。それによって真っ先に被害を受けるのは女性です。

▲クリニックにおける乳児健診の際の母親学級（ネパール）。産後の栄養指導，家族計画，予防接種について指導しています（写真提供：国際協力NGOジョイセフ）。

　日本は，1990年代には世界最大の援助提供国でしたが，現在は援助額が当時の半分にまで減ってしまいました。民間レベルでは，たとえばジョイセフ[5]という団体が，リプロダクティブ・ヘルス／ライツの推進という目標をかかげて，おもに，途上国の女性と子どもに対する援助をおこなっています。そのためジョイセフでは，日本国内の若者をはじめ市民からの支援を求めています。

　途上国のカップルと女性が，望まない妊娠を避けるための情報と手段を入手できるよう，望むときには望むだけの子どもを産めるよう，さらに，性の健康が守られ，生まれた子どもが健全に育つよう，私たち1人ひとりにも小さな援

[5] 公益財団法人ジョイセフのホームページのURLは，〈http://www.joicfp.or.jp/jp/〉（2015年9月現在）です。

助ができるかもしれません。それは，途上国の人たちの家族のはじまりを支援することにもつながるでしょう。 　　　　　　　　　　　　　　　　（芦野由利子）

【引用・参考文献】
- ＊1　ユニセフ・国連人口基金・世界保健機関・世界銀行「妊産婦死亡の動向：1990-2010」2011.
- ＊2　Stanley Lubman, *The Law on Forced Abortion in China: Few Options for Victims*. The Wall Street Journal, 4 July 2012.〈http://blogs.wsj.com/chinarealtime/〉（2013 年 3 月現在）
- ・国連人口基金『世界人口白書 2014』（日本語版），ジョイセフ，2014.
- ・United Nations. 2009. *World Contraceptive Use*.
- ・厚生労働省「平成 26 年エイズ発生動向年報」2015.
- ・国連合同エイズ計画「2014 年 世界の状況 ファクトシート」（日本語／英語版），エイズ予防財団，2015.

コラム　児童婚とシュガーダディ

　「お菓子をあげるから」と少女を誘惑し，強制的に性関係を結ぶ男性。男性は金持ちで，少女よりずっと年上です。このような男性は，「sugar daddy（シュガーダディ）」と呼ばれます。お菓子はしばしばお金や品物に変わります。しかし，少女は喜んでシュガーダディを受け入れるのではありません。それはあくまで，貧しい家計を助けるためなのです。

　新郎40歳，新婦11歳，いまの日本では信じられない結婚です。貧しい途上国では，このように幼い少女が，はるか年上の金持ち男性と結婚させられることも珍しくありません。ときには，5〜6歳で結婚させられる少女さえいます。

　児童婚は世界全体では減ってきていますが，南アジアとサハラ以南のアフリカではあいかわらず多く，その割合は18歳未満の少女のそれぞれ46％と39％にもなります。こうした地域では，若い女性と性的関係をもつことが男性にとってのステータスになっているのです。

　地域によっては，処女とセックスするとHIV／エイズや性感染症が治るという迷信もあります。しかし，一般には年齢の高い男性ほどさまざまな女性との性経験が多く，HIVに感染している可能性も高くなるため，結果として妻が夫からHIVを感染させられる場合が少なくありません。

　児童婚の根底にあるのは貧困です。年の離れた男性でも経済力があれば，親はそれを頼って幼い娘をその男性と結婚させるのです。自分の父親，ときには祖父ほどに年の違う男性との性的関係は，少女にとっては性的虐待以外のなにものでもありません。少女には避妊の知識も手段も与えられないため，頻繁に妊娠・出産をくり返し，その結果，命を落とすケースが数多く起きています。

　このような児童婚は，少女から教育を受ける権利，健康でいられる権利，身体的・精神的暴力や性的搾取から保護される権利など，さまざまな権利を奪っています。いま世界では，国連や民間機関などによって，児童婚をなくすための努力が進められています。

（芦野由利子）

Ⅱ-3. 少子化と家庭支援政策

1. 少子化の進行とその影響

日本では，戦後の第1次ベビーブーム[1]期に4を超えていた合計特殊出生率は，1950（昭和25）年以降急激に低下し，1960年代に2前後となったあと，ほぼ安定していました（図1参照）。1970年代に再び低下傾向になり，1974（昭和49）年には人口置換水準[2]のおおむね2.1を下回り，2005（平成17）年には過去最低の1.26を記録しました。出生数も第1次ベビーブーム期には約270万人，第2次ベビーブーム期には約210万人でしたが，1975（昭和50）年に200万人を割り込んだのち毎年減少し続け，2013（平成25）年には約103万人となっています。

少子化が進むと人口が減少し，とくに，労働力人口の減少は経済に悪影響をおよぼします。また，少子化は平均寿命の伸長とともに高齢化を進めるので，年金，医療，福祉などの社会保障の分野で，現役世代の保険料などの負担を増やすことになります（図2参照）。少子化の最大の要因は未婚率の上昇です。2010（平成22）年には，50歳で，男性の5人に1人，女性の9人に1人が未婚でした（図3参照）。そして，少子化のもうひとつの要因が夫婦のもつ子どもの数の減少です。このように，家庭の形も大きく変わってきているのです。

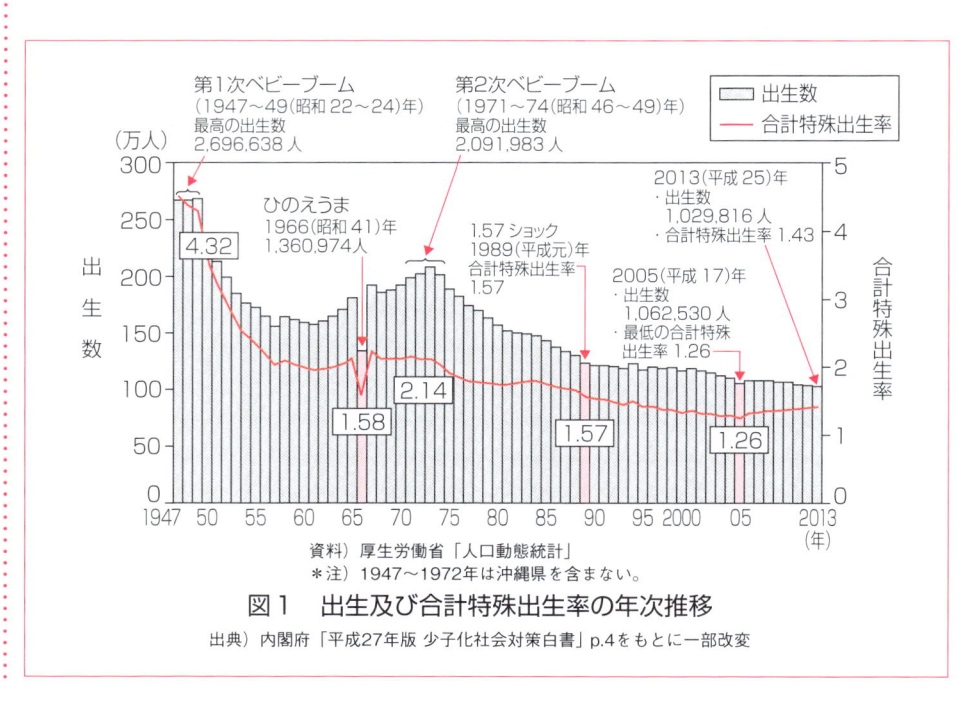

1）**ベビーブーム**
赤ちゃんの出生が一時的に急増することを言います。日本では，第二次世界大戦後，2回のベビーブームがありました。第1次ベビーブームは1947（昭和22）年から1949（昭和24）年，第2次ベビーブームは1971（昭和46）年から1974（昭和49）年です。第1次ベビーブーム世代は「団塊の世代」とよばれ，第2次ベビーブーム世代は「団塊ジュニア」と呼ばれています。

2）**人口置換水準**
合計特殊出生率がこの水準以下になると，人口が減少することになる水準をいいます。おおむね2.1ですが，詳細な数値については男女の出生性比などの違いにより変動します。最近の日本では，2.07～2.08となっています。

図1　出生及び合計特殊出生率の年次推移
出典）内閣府「平成27年版 少子化社会対策白書」p.4をもとに一部改変

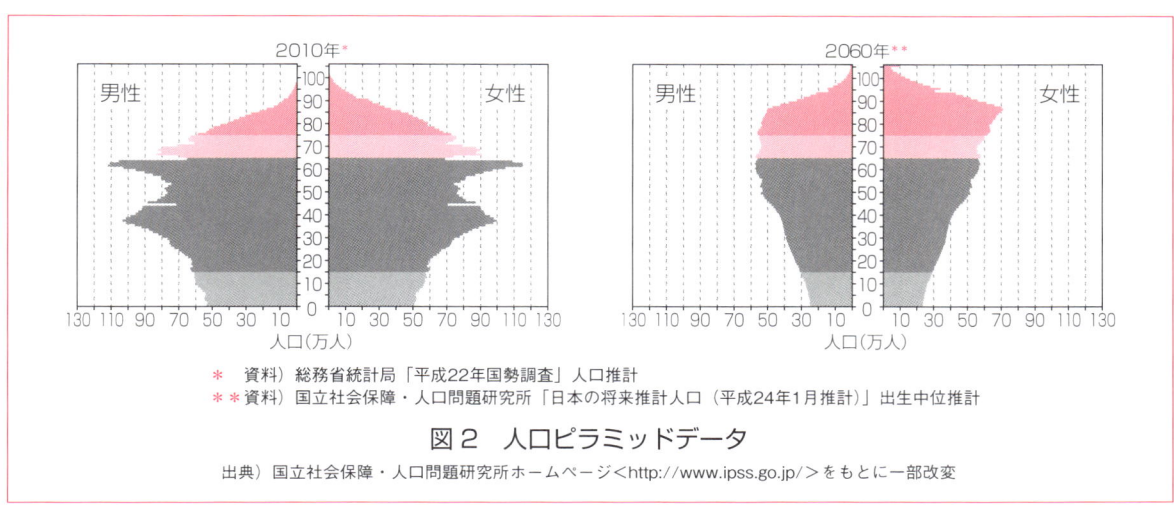

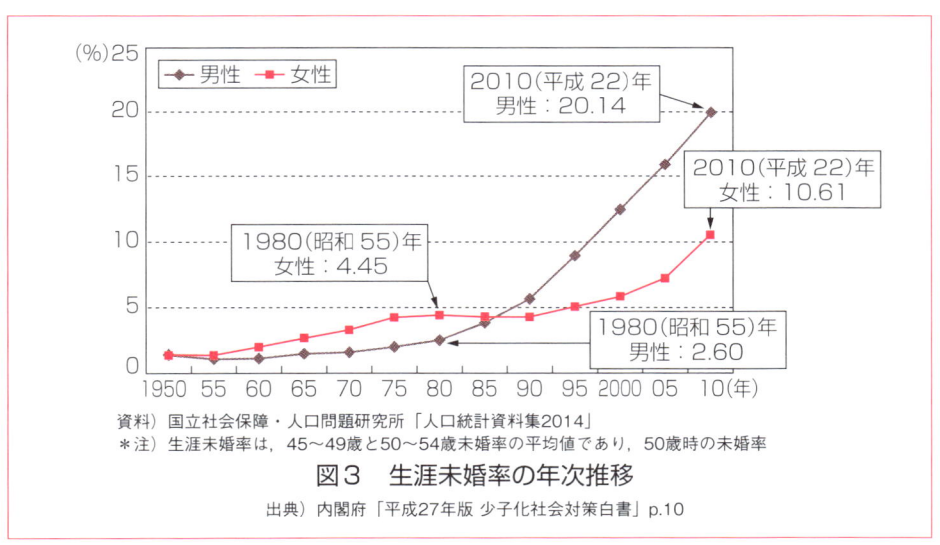

Ⅱ 現代の家族がかかえる問題とは？

図2　人口ピラミッドデータ

＊　資料）総務省統計局「平成22年国勢調査」人口推計
＊＊　資料）国立社会保障・人口問題研究所「日本の将来推計人口（平成24年1月推計）」出生中位推計

出典）国立社会保障・人口問題研究所ホームページ＜http://www.ipss.go.jp/＞をもとに一部改変

図3　生涯未婚率の年次推移

資料）国立社会保障・人口問題研究所「人口統計資料集2014」
＊注）生涯未婚率は，45～49歳と50～54歳未婚率の平均値であり，50歳時の未婚率

出典）内閣府「平成27年版 少子化社会対策白書」p.10

　また，2世代にわたる少子化の進行で，きょうだいだけでなく，いとこやおじ・おばがいない子どもの数も増えています。さらに，地域の子どもの数も減少しています。異年齢の子どもと遊んだり，親以外のおとなと関係をもったりすることが少なくなり，子どもの社会性がはぐくまれにくくなることが心配されています。
　人口の減少はとくに農山村部でいちじるしく，学校の統廃合，空き家の増加，商店の閉店，公共交通の廃止・減少などが進み，地域社会の維持がむずかしくなるところも出てきています[3]。

3）2014（平成26）年，民間研究機関「日本創成会議」（座長・増田寛也元総務相）は，2010（平成22）年からの30年間で，896市区町村（全国の49.8％）で20～39歳の女性の人口が5割以上減少し，存続が危ぶまれると指摘しました。

61

このように，少子化は社会経済に大きな影響を与えています。

2. 少子化と子育て支援

少子化の要因である未婚率の上昇，夫婦のもつ子ども数の減少の背景には，①育児の負担感，②仕事と子育ての両立の負担感，③経済的負担感があると考えられています。

政府は，1990（平成2）年の「1.57ショック[4]」をきっかけに，出生率の低下と子どもの数の減少傾向を問題として認識し，仕事と子育ての両立支援など，子どもを産み育てやすい環境づくりに向け，対策の検討をはじめました。1994（平成6）年に政府が策定した「今後の子育て支援のための施策の基本的方向について」（エンゼルプラン）は，子育てを家庭だけの問題としてとらえるのではなく，国や地方自治体をはじめ，企業・職場や地域社会をも含めた社会全体で支援していくことをねらいとして，政府が10年間に取り組むべき基本的方向と重点施策を定めた最初の計画でした。また，エンゼルプランを実施するため，保育所の量的拡大や低年齢児（0〜2歳児）保育，延長保育，一時的保育，放課後児童クラブ，地域子育て支援センターなどを計画的に整備する「緊急保育対策等5か年事業」が定められました。

しかし一方で，少子化対策は，個人のライフスタイルにかかわる結婚・出産に政府が介入することになるのではないかと心配する意見も，国民のあいだに強くありました。少子化への対応の必要性について検討し，問題提起をおこなうため，1997（平成9）年の人口問題審議会報告書，1998（平成10）年の厚生白書が相次いで少子化をテーマに取り上げ，国民のあいだでも少子化への対応の必要性が理解されはじめました。そして，1999（平成11）年には，少子化対策推進関係閣僚会議で「少子化対策推進基本方針」が決定され，同年に，5年間の「重点的に推進すべき少子化対策の具体的実施計画について」（新エンゼルプラン）が策定されました。

2003（平成15）年には議員立法により「少子化社会対策基本法」が制定され，この法律にもとづき，2004（平成16）年に「少子化社会対策大綱」が閣議決定され，その推進のために，5年間の「少子化社会対策大綱に基づく重点施策の具体的実施計画について」（子ども・子育て応援プラン）が決定されました。

2003（平成15）年にはまた，次世代を担う子どもを育成する家庭を社会全

[4]「1.57ショック」とは，前年（1989〈平成元〉年）の合計特殊出生率が，「ひのえうま」という特殊要因により過去最低であった1966（昭和41）年の合計特殊出生率1.58を下回り，1.57になったことが判明したときの衝撃をあらわしていることばです。

体で支援する観点から，地方公共団体と企業における集中的・計画的な取り組みを促進するため，「次世代育成支援対策推進法」が制定されました。この法律により，地方公共団体と事業主が次世代育成支援のための行動計画[5]を策定し，実施していくことになりました。

2010（平成22）年には「子ども・子育てビジョン」が閣議決定され，保育サービスの量などについて5年後の数値目標などが決定されました。

3. 少子化と金銭的支援

妻が理想の子ども数をもたない理由としてもっとも高い割合であげられている理由は，経済的負担です（図4参照）。子育てを金銭的に支援する代表的な施策である児童手当は，2000（平成12）年以降，数回にわたって改正され，金額の引き上げ，支給対象年齢の拡大がおこなわれてきました。2012（平成24）年12月現在，3歳未満の子ども1人あたり月額1万5千円，3歳から小

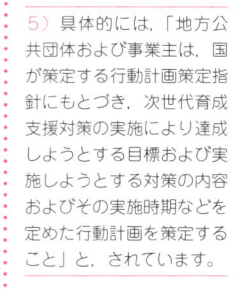

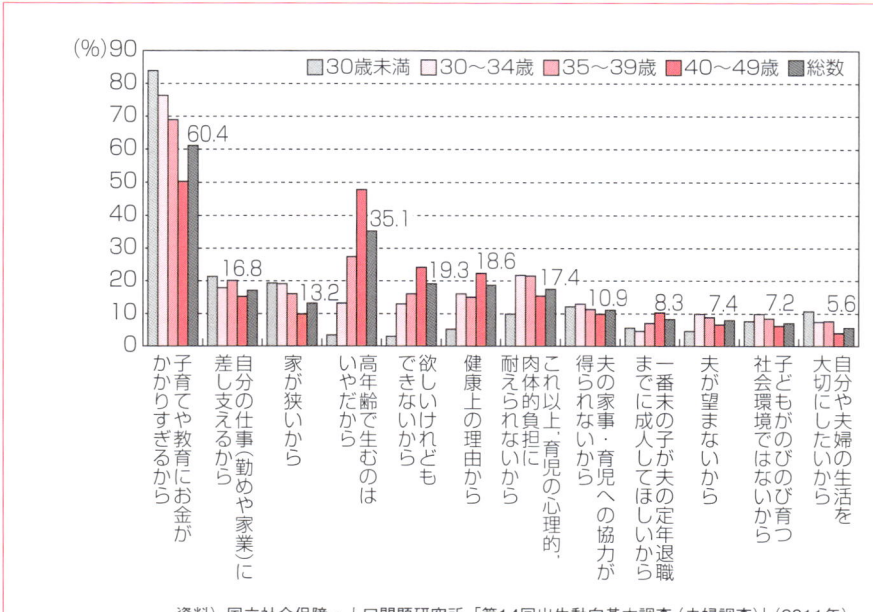

[5] 具体的には，「地方公共団体および事業主は，国が策定する行動計画策定指針にもとづき，次世代育成支援対策の実施により達成しようとする目標および実施しようとする対策の内容およびその実施時期などを定めた行動計画を策定すること」と，されています。

資料）国立社会保障・人口問題研究所「第14回出生動向基本調査（夫婦調査）」（2011年）
＊注）対象は予定子ども数が理想子ども数を下回る初婚どうしの夫婦。
予定子ども数が理想子ども数を下回る夫婦の割合は32.7％

図4　妻の年齢別にみた，理想の子ども数を持たない理由

出典）内閣府「平成24年版 子ども・子育て白書」p.58

学校までは第1子・第2子は1万円，第3子以降は1万5千円，中学生は1万円が，養育している父母等に支給されています。

児童手当のほかに，死別によるひとり親家庭には遺族年金が，離婚によるひとり親家庭には児童扶養手当が支給されます。また，障害児を養育している家庭には，特別児童扶養手当が支給されます。

手当の支給には所得制限があります。

4. 少子化と働き方の見直し

日本では，結婚や出産を機に仕事を辞め，子育てが終わってからパートなどで再就職する女性が多く，年齢階級別の女性の労働力率はM字型カーブを描いています（図5参照）。少子化による労働力の減少が予想されるなかでは，女性の就労を促進する必要があります。また，実際にも，共働き世帯が片働き世帯[6]より多くなっています（図6参照）。このようななか，政府は2001（平成13）年に，仕事と子育ての両立支援のため，認可保育所に入れずに待機している児童をなくす「待機児童ゼロ作戦」をはじめました。

2003（平成15）年の，「次世代育成支援対策推進法」によって，事業主は行動計画を策定し，仕事と子育ての両立を支援することとされました。

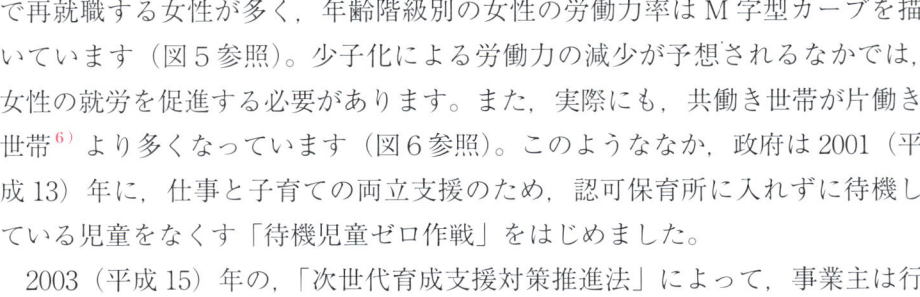

[6] **片働き世帯**
男性雇用者と無業の妻からなる世帯のことを言います。

（備考）
1.「労働力率」は，15歳以上人口に占める労働力人口（就業者＋完全失業者）の割合。
2. 日本は総務省「労働力調査（基本集計）」（平成26年），そのほかの国はILO "ILOSTAT" より作成。
3. 日本と米国は2014（平成26）年，その他の国は2013（平成25）年の数値。

図5　女性の年齢階級別労働力率（国際比較）
出典）内閣府「平成27年版 男女共同参画白書」p.52

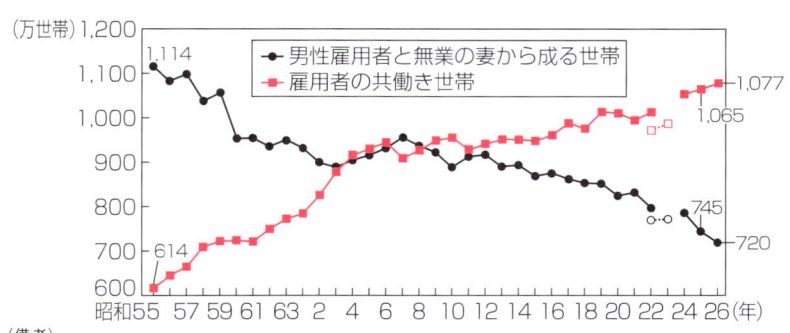

Ⅱ 現代の家族がかかえる問題とは？

図6　共働き等世帯数の推移
出典）内閣府「平成27年版 男女共同参画白書」p.56

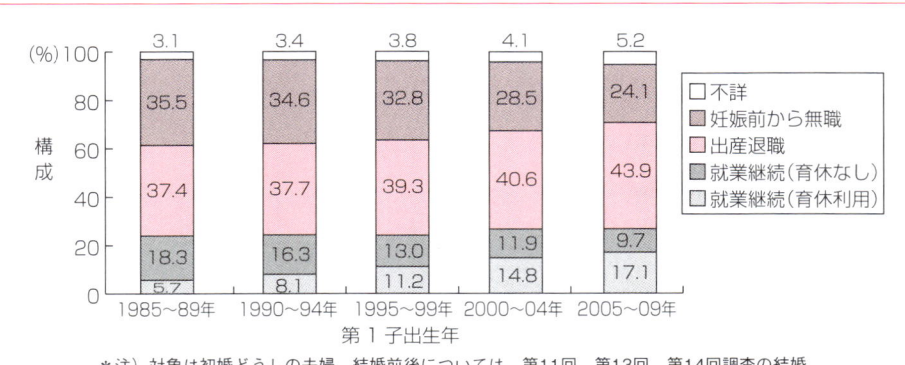

（備考）
1. 昭和55年から平成13年までは総務庁「労働力調査特別調査」（各年2月。ただし，昭和55年から57年は各年3月）、平成14年以降は総務省「労働力調査（詳細集計）」（年平均）より作成。「労働力調査特別調査」と「労働力調査（詳細集計）」とでは、調査方法、調査月等が相違することから、時系列比較には注意を要する。
2. 「男性雇用者と無業の妻から成る世帯」とは、夫が非農林業雇用者で、妻が非就業者（非労働力人口及び完全失業者）の世帯。
3. 「雇用者の共働き世帯」とは、夫婦共に非農林業雇用者の世帯。
4. 平成22年及び23年の数値（白抜き表示）は、岩手県、宮城県及び福島県を除く全国の結果。

図7　第1子出生年別にみた，第1子出産前後の妻の就業変化
出典）国立社会保障・人口問題研究所「平成22年 第14回出生動向基本調査－第Ⅰ報告書－わが国夫婦の結婚過程と出生力」2012, p.45, 46

＊注）対象は初婚どうしの夫婦。結婚前後については、第11回、第13回、第14回調査の結婚後15年未満の夫婦を合わせて集計した。出産前後については、第12回～第14回調査の当該児が1歳以上15歳未満の夫婦を合わせて集計した。

　さらに2007（平成19）年，少子化社会対策会議において，「『子どもと家族を応援する日本』重点戦略」（以下「重点戦略」と表記）が取りまとめられました。重点戦略では，女性が就労か結婚・出産・子育てのどちらかひとつを選択しなければならない構造（図7参照）が少子化を生んでいるという考え方にもとづき，これを解決するためには，「働き方の見直しによる仕事と生活の調

65

【週労働時間60時間以上の男性就業者の割合（年齢階級別）】

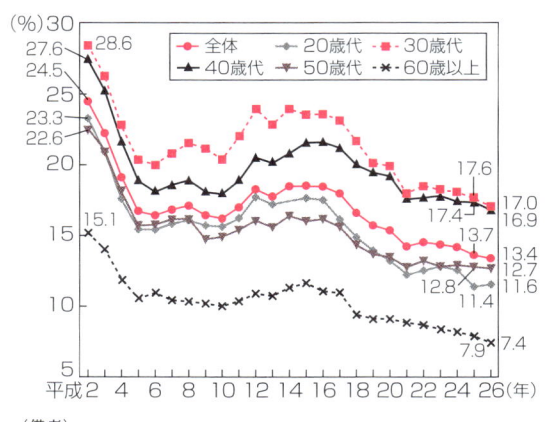

【6歳未満の子供を持つ夫の家事・育児関連時間（1日当たり，国際比較）】

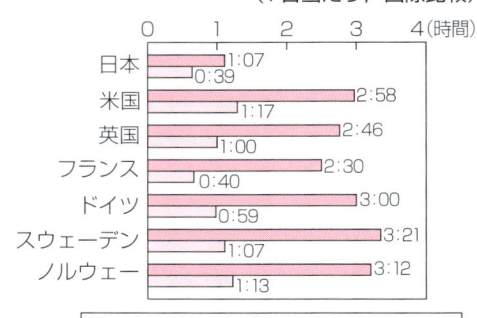

国	家事関連時間全体	うち育児の時間
日本	1:07	0:39
米国	2:58	1:17
英国	2:46	1:00
フランス	2:30	0:40
ドイツ	3:00	0:59
スウェーデン	3:21	1:07
ノルウェー	3:12	1:13

（備考）
1．総務省「労働力調査（基本集計）」より作成。
2．数値は，非農林業就業者（休業者を除く）総数に占める割合。
3．平成23年の割合は，岩手県，宮城県及び福島県を除く全国の結果。

（備考）
1．Eurostat "How Europeans Spend Their Time Everyday Life of Women and Men"(2004)，Bureau of Labor Statistics of the U.S. "American Time Use Survey"(2013) 及び総務省「社会生活基本調査」（平成23年）より作成。
2．日本の数値は，「夫婦と子供の世帯」に限定した夫の1日当たりの「家事」，「介護・看護」，「育児」及び「買い物」の合計時間（週全体平均）である。

図8　子育て世代の男性の長時間労働
出典）内閣府「平成27年版 男女共同参画白書」pp.62-63

和（ワーク・ライフ・バランス）の実現」と，その社会的基盤となる「包括的な次世代育成支援の枠組みの構築」の2つに向けて，同時並行的に取り組んでいくことが必要不可欠であるとされました。

働き方の見直しによる仕事と生活の調和の実現については，2007（平成19）年に「仕事と生活の調和（ワーク・ライフ・バランス）憲章」および「仕事と生活の調和推進のための行動指針」が，関係する大臣，経済団体や労働組合の代表などから構成される仕事と生活の調和推進官民トップ会議において決定されました。また，重点戦略をふまえ，2008（平成20）年に，政府は「新待機児童ゼロ作戦」を発表しました。

そして，図8からもわかるように，子育て世代の男性の長時間労働や子育て時間の少なさが問題となるなか，2009（平成21）年には男性の育児休業取得を進めるために「育児・介護休業法」が改正されました。2015（平成27）年に閣議決定された「少子化社会対策大綱」には，重点課題として「男女の働き方改革」があげられ，長時間労働の是正や育児休業の取得促進など男性の意識・行動改革と「ワークライフバランス」・「女性の活躍」が進められることになりました。

5. 少子化と社会保障

日本は，欧米諸国と比べると，家族関係支出の国内総生産に占める比率が低く（図9参照），社会保障における家族関係支出も同様です。

2008（平成20）年に内閣総理大臣を長として設置された社会保障国民会議は，社会保障が直面する課題の第一に少子化対策への取り組みの遅れをあげて，社会保障の機能強化のための改革のひとつとして，はじめて少子化・次世代育成支援対策を位置づけました。そして，仕事と生活の調和の推進，子育て支援サービスの充実，地域における子育て環境の整備を進めるために，少子化対策を未来への投資として，思いきった財源投入と新たな制度体系の構築が必要だという報告をまとめました。

その後，政府ではこの方向で検討が進められ，2012（平成24）年に税制抜本改革関連法とともに，「子ども・子育て関連3法[7]」が成立しました。（椋野美智子）

7) **子ども・子育て関連3法**
子ども・子育て関連3法とは，「子ども・子育て支援法」「就学前の子どもに関する教育，保育等の総合的な提供の推進に関する法律の一部を改正する法律」ならびに「子ども・子育て支援法及び就学前の子どもに関する教育，保育等の総合的な提供の推進に関する法律の一部を改正する法律の施行に伴う関係法律の整備等に関する法律」のことを言います。

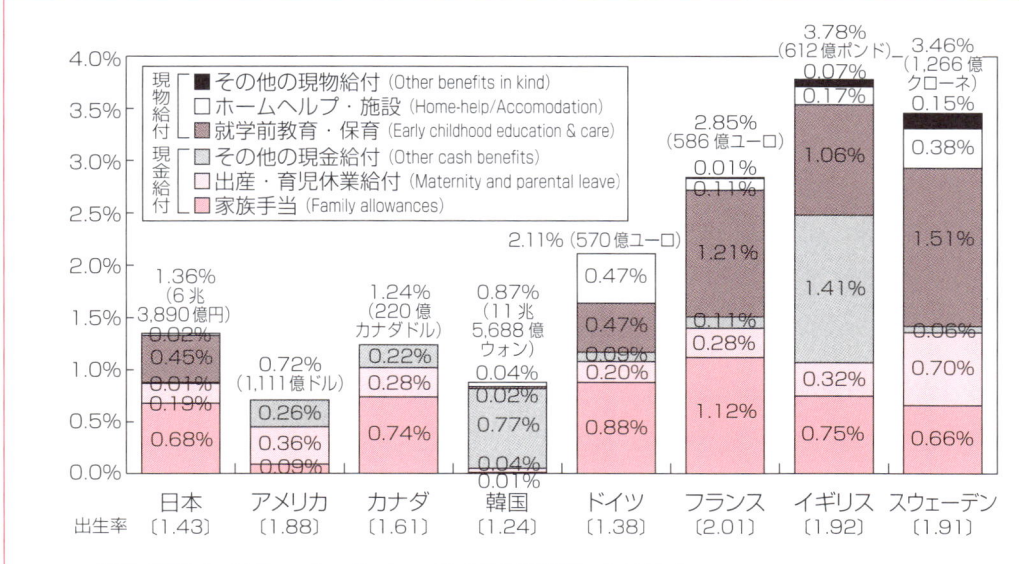

図9 各国の家族関係社会支出の対GDP比の比較（2011年）

資料）OECD Social Expenditure Database 2015年2月取得データより作成
出生率については，2012年（ただし，日本は2013年。カナダ及び韓国は2011年）の数値
（日本は「人口動態統計」，諸外国は各国政府統計機関による）

出典）内閣府ホームページ（http://www8.cao.go.jp/shoushi/shoushika/data/gdp.html）

コラム　諸外国の少子化と家庭支援政策

　おもな欧米諸国の合計特殊出生率の推移を見ると，全体として1970年代ごろから低下傾向にありましたが，1990年ごろからは回復する国も見られるようになってきています。とくに，フランスやスウェーデンでは，出生率が1.6台まで低下したのち，回復傾向に転じ，直近ではフランスが2.01（2010年），スウェーデンが1.98（2010年）となっています（図1参照）。

　フランスでは，かつては家族手当などの金銭的な支援が中心でしたが，1990年代以降，保育サービスの充実も重点的におこない，その後，さらに，出産・子育てと就労に関して幅広い選択ができるような環境整備を強める方向で，政策が進められています。

　スウェーデンでは，比較的早い時期から，金銭的支援とあわせ，出産・子育てと就労の両立を可能とする保育サービスや育児休業制度などの施策が進められてきました。

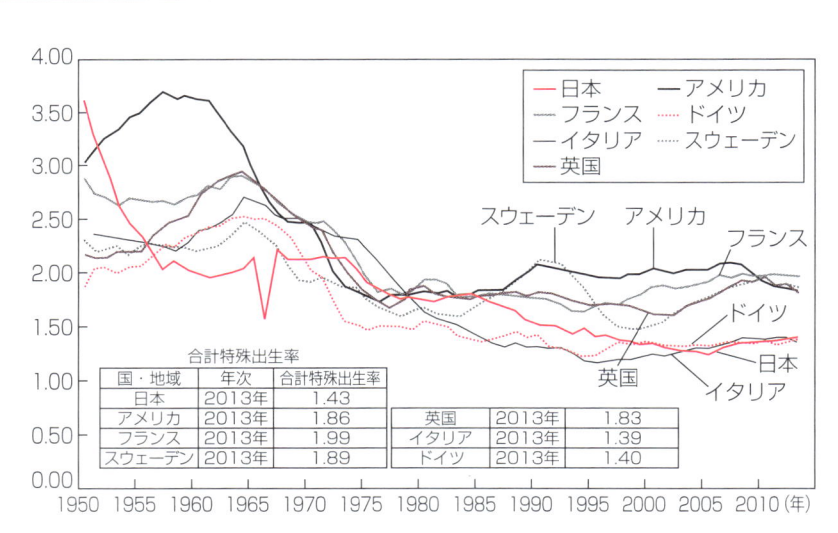

合計特殊出生率

国・地域	年次	合計特殊出生率
日本	2013年	1.43
アメリカ	2013年	1.86
フランス	2013年	1.99
スウェーデン	2013年	1.89
英国	2013年	1.83
イタリア	2013年	1.39
ドイツ	2013年	1.40

資料：ヨーロッパは，1959年まで United Nations "Demographic Yearbook" 等，1960年以降は OECD Family database（2013年2月更新版）による。ただし，2013年は各国の政府統計機関等。アメリカは，1959年まで United Nations "Demographic Yearbook"，1960年以降は OECD Family database（2013年2月更新版）による。ただし，2013年は "National Vital Statistics Report"。日本は厚生労働省「人口動態統計」。

図1　主な国の合計特殊出生率の動き（欧米）

出典）内閣府「平成27年版 少子化社会対策白書」p.23

また，合計特殊出生率が日本と並んで低いドイツでは，従来から金銭的な支援が中心となっていますが，近年は，育児休業制度や保育サービスの充実などの施策も相次いで打ち出されています。

　また，女性労働力率が高い国ほど合計特殊出生率が高い傾向が見られるとの指摘もあります（図2参照）。

　これらのことから，金銭的支援だけでなく，出産・子育てと就労の両立を可能とするさまざまな家庭支援政策が，出生率の回復に有効だと考えることができます。（椋野美智子）

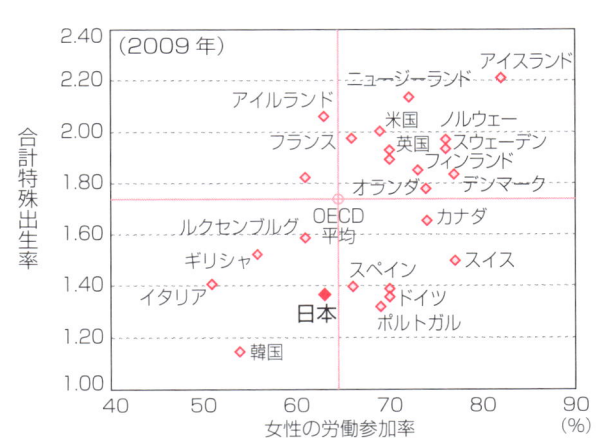

資料）2009年女性労働参加率：「OECDジェンダーイニシアチブレポート」p.58
　　　2009年出生率：「OECDデータベース」を基に，内閣府男女共同参画局で作成。
＊注）「少子化と男女共同参画に関する社会環境の国際比較報告書」（平成17年9月少子化と男女共同参画に関する専門調査会）を参考に，同報告書が分析対象とした24カ国を対象に作成。

図2　OECD加盟24か国における女性労働力率と合計特殊出生率（2009年）
出典）内閣府「男女共同参画会議基本問題・影響調査専門調査会報告書」2012, p.45

Ⅱ-4. これからの家庭支援政策

1. 保育の量的拡大・確保

　前節でのべたように，2012（平成24）年に，「子ども・子育て関連3法」が成立し，2015（平成27）年に施行されました。

　子ども・子育て関連3法の目的の第一は，保育の量的拡大・確保です。エンゼルプランや保育所待機児童ゼロ作戦で保育所を整備し，定員が増えているにもかかわらず，待機児童の数はなかなか減りませんでした（図1参照）。と言うのも，「保育所はいっぱいだから」と働くのをあきらめていた人が，「新しい保育所ができたのなら入れるかもしれない」と新たに申し込むからです。つまり，保育所の整備にともない，潜在ニーズが顕在化してくるのです。ですから，待機児童をなくすためには，潜在ニーズも含めた本当のニーズ量を把握し，それに対応した量の保育サービスを整備する必要があります。

　新しい制度では，市町村に子ども・子育て支援事業計画の策定が義務づけられました。また，保育所の利用申し込みとは別に，客観的な基準にもとづいて，その子どもに保育が必要かどうかの認定をします。市町村は，まず，調査やこの認定結果を活用して本当のニーズ量を把握します。そして，域内をいくつかの区域に分けて，その区域ごとに，必要なサービスの量，その提供体制を，いつ，どうやって確保するかなどを定めます。

　提供されるサービスは，保育所や認定こども園のような施設だけではありません。地域型保育も含まれます。地域型保育とは，19人以下の小規模保育，5人以下の家庭的保育，居宅訪問型保育，事業所内保育などです。これらによって，施設だけでは対応しきれないニーズにも柔軟に対応していきます（図2参照）。

　保育所や幼保連携型認定こども園，地域型保育には客観的な認可基準が設定されており，それを満たせば認可されます。ただし，必要な保育サービス量が，すでに提供されているサービス量で満たされている場合は認可されないこともあります。従来の認可外保育施設のうち認可基準を満たすものは認可され，規模が小さくて認可基準を満たさない保育施設でも，小規模保育としての認可基準を満たせば地域型保育として認可されます。いわゆるベビーシッターのような居宅訪問型保育や事業所内保育も，一定の客観的な基準を満たせば地域型保育として認可されます。認可されれば，いままで原則として公的給付の対象外だったこれらの保育サービスも，保育所と同様にその対象となります。

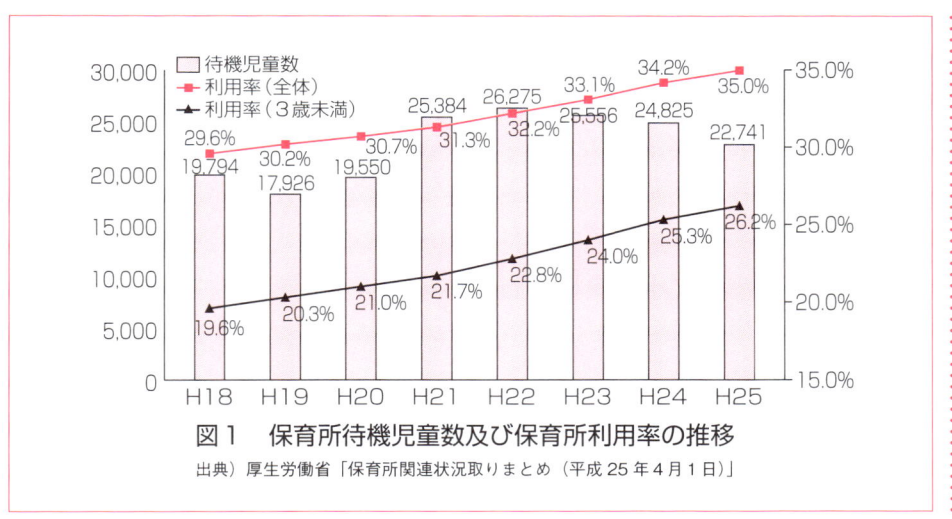

Ⅱ 現代の家族がかかえる問題とは？

図1　保育所待機児童数及び保育所利用率の推移
出典）厚生労働省「保育所関連状況取りまとめ（平成25年4月1日）」

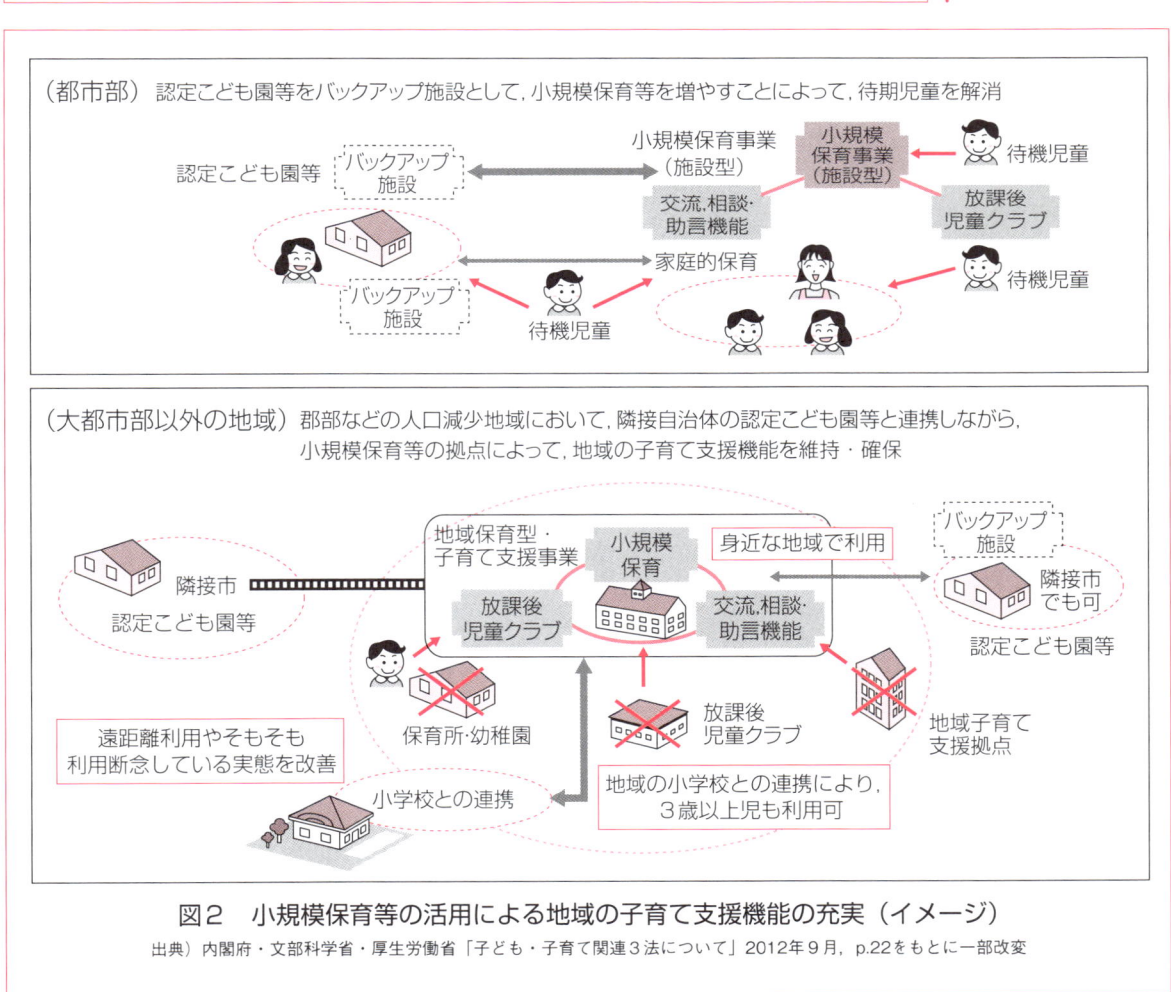

待機児童数：H18 19,794／H19 17,926／H20 19,550／H21 25,384／H22 26,275／H23 25,556／H24 24,825／H25 22,741
利用率（全体）：29.6%／30.2%／30.7%／31.3%／32.2%／33.1%／34.2%／35.0%
利用率（3歳未満）：19.6%／20.3%／21.0%／21.7%／22.8%／24.0%／25.3%／26.2%

（都市部）認定こども園等をバックアップ施設として，小規模保育等を増やすことによって，待期児童を解消

（大都市部以外の地域）郡部などの人口減少地域において，隣接自治体の認定こども園等と連携しながら，小規模保育等の拠点によって，地域の子育て支援機能を維持・確保

図2　小規模保育等の活用による地域の子育て支援機能の充実（イメージ）
出典）内閣府・文部科学省・厚生労働省「子ども・子育て関連3法について」2012年9月，p.22をもとに一部改変

　こうして，市町村は保育サービスの量を拡大し，確保していきます。そして，国や都道府県がその市町村を支えるのです。

2. 幼児期の教育・保育の総合的提供

　こども・子育て関連3法の目的の第二は、幼児期の学校教育・保育の総合的提供です。

　前節でものべたように、日本では、おもに少子化への対応として、保育サービスの充実が進められてきました。幼児期の学校教育・保育の総合的提供も、幼稚園による保育サービスの提供によって保育所不足へ対応するため、という考え方もあります。

　しかし、知識基盤型経済[1]に移行していくなかで、人材の質は国の将来を左右する重要な要因です。そして、幼児期の質の高い学校教育・保育は、人材の質を確保する上で重要な意味をもちます。また、格差が問題になるなかで、発達にとって重要な幼児期の子どもを家庭での養育に全面的にゆだねれば、家庭環境の差がそのまま子どもに反映されてしまいます。すべての子どもへの質の高い学校教育・保育はこの格差を縮め、いわゆる貧困の連鎖を止めるはたらきももちます。

　幼児期の子どもが必要とする学校教育の質・内容は、保護者が共働きかそうでないかによって異なるわけではありません。しかも、共働き家庭の一般化により、幼児期の子どもの大半が、学校教育と保育の両方を必要としてきています。しかし従来、幼児期の学校教育は、おもに幼稚園で片働き家庭の子どもに対しておこなわれてきました。新制度では、共働き家庭でも片働き家庭でも、すべての3歳以上の子どもが幼保連携型認定こども園で一緒に学校教育を受けることができます。保育が必要であると認定を受けている子どもには、学校教

1) **知識基盤型経済**
技術や情報を基盤とする経済のことを言います。

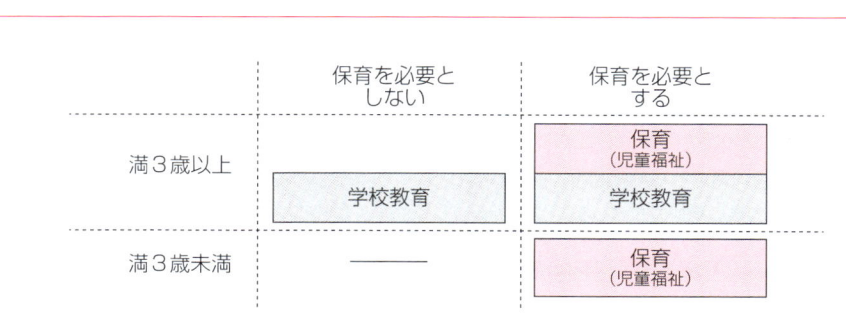

	保育を必要としない	保育を必要とする
満3歳以上	学校教育	保育（児童福祉） 学校教育
満3歳未満	―	保育（児童福祉）

図3　幼保連携型認定こども園
出典）内閣府・文部科学省・厚生労働省「子ども・子育て関連3法について」2012年9月, p.9をもとに一部改変

育とともに保育もおこなわれます（図3参照）。

3. 地域の子ども・子育て支援の充実

　子ども・子育て関連3法の目的の第三は、地域の子ども・子育て支援の充実です。

　幼保連携型認定こども園では、学校教育・保育を提供するだけでなく、家庭における養育支援も一体的に提供します。

　また、新制度には、市町村が地域の実情に応じて実施する「地域子ども・子育て支援事業」があります（図4参照）。

　たとえば、子育て中の保護者と子どもが気軽に集い、相互交流や子育ての不安・悩みを相談する場を提供する「地域子育て支援拠点事業」もそのひとつです。

　また、子育て家庭に対し、身近な場所で、子ども・子育て支援に関する相談に応じ、必要な情報提供や助言をおこなったり、関係機関との連絡調整をおこなったりする「利用者支援事業」もそうです。

　利用者支援事業では、幼保連携型認定こども園や地域子育て支援拠点事業と連携して、地域のすべての子ども・子育て家庭に対し、幼保連携型認定こども園、保育所、幼稚園などの施設や地域型保育のほか、さまざまな地域子ども・子育て支援事業を活用して、そのニーズに対応できるよう調整をおこないます。

　「市町村子ども・子育て支援事業計画」では、施設や地域型保育だけでなく、地域子ども・子育て支援事業についても定めます（図5参照）。したがって、利用者支援事業で、いまある保育や事業では対応できないニーズを把握した場

・利用者支援事業
・地域子育て支援拠点事業
・一時預かり
・乳児家庭全戸訪問事業
・養育支援訪問事業その他要支援児童、要保護児童等の支援に資する事業
・ファミリー・サポート・センター事業
・子育て短期支援事業

・延長保育事業
・病児・病後児保育事業
・放課後児童クラブ
・妊婦健診
・実費徴収に係る補足給付を行う事業
・多様な主体が本制度に参入することを促進するための事業

図4　地域子ども・子育て支援事業

出典）内閣府・文部科学省・厚生労働省「子ども・子育て関連3法について」2012年9月, p.24 をもとに一部改変

合には，市町村はそれを次期の市町村子ども・子育て支援事業計画に反映し，必要な事業を整備していくことになります。

現在，子どもの貧困への対応が大きな社会的課題[2]となっていますが，低所得の子育て家庭は，ただ単に低所得という問題だけをかかえているわけではありません。病気や障害や社会的支援ネットワークをもたないなど，さまざまな問題をかかえた結果として低所得におちいっている場合が多いと言われています。増加している児童虐待の背景にも，同様の問題が指摘されています。

したがって，これからの子育て家庭に対する支援は，子育ての支援にとどまらず，子育て家庭のかかえるさまざまな問題の解決のための相談援助と，関係する社会資源の調整までを含んだものとして展開されることが期待されています。

（椋野美智子）

> 2）子どもの貧困については，2013（平成25）年，子どもの貧困に関する法律が成立し，2014（平成26）年，教育の支援，生活の支援，保護者に対する就労の支援等を当面の重点施策とした「子供の貧困対策に関する大綱」が閣議決定されました。

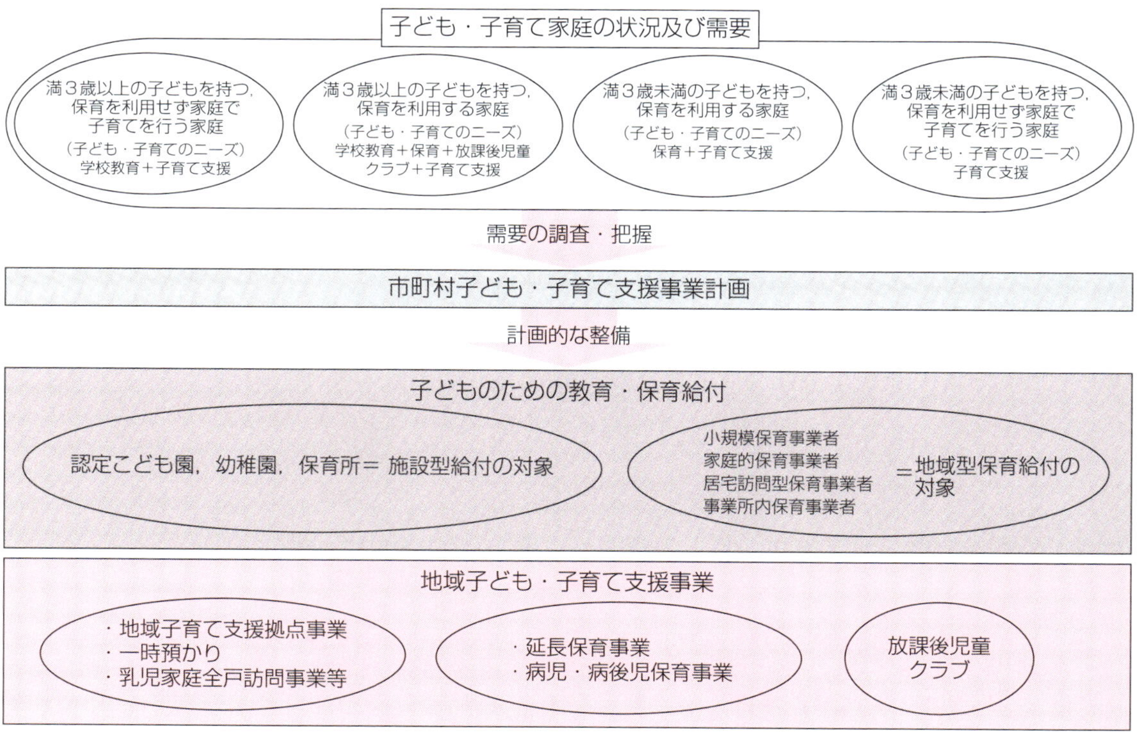

図5 子どもや子育て家庭の状況に応じた子ども・子育て支援の提供（イメージ）
出典）内閣府・文部科学省・厚生労働省「子ども・子育て関連3法について」2012年9月，p.6をもとに一部改変

コラム　英国（イングランド）の子どもセンター

　イングランドの「子どもセンター」は，保育・幼児教育と家族支援を統合しておこなう多目的センターです。

　イングランドでは，幼児教育と保育は伝統的に別々に発展してきました。しかし，近年の調査によって，共働きの親たちの多くが利用している民間保育所の子どもたちの発達が十分でないことがわかってきました。

　これを受けて，1997年に保守党にかわって政権についた労働党は，①就労する親のための保育，②恵まれない子どもたちのための高い質の教育，③保育と教育の統合サービス，④地域を基礎とした戦略，⑤家族政策の文脈のなかでの幼児期の位置づけ，を実現するため，2001年に保育と教育と家族支援を統合した子どもセンターをすべての子育て家庭に身近な地域に整備することとしました。整備は，2004年にもっとも恵まれない地域からはじめられ，2010年には3,500カ所以上が整備されました。

　子どもセンターの提供するサービスは，①統合された幼児教育と保育，②両親への支援，③子どもと家族の保健サービス，さらには，④両親の就労支援ですが，具体的内容は地域のニーズによって異なります。もっとも恵まれない地域にはフルサービスの子どもセンターが，比較的恵まれた地域には情報提供を中心とする子どもセンターが設置されました。

　地方自治体が子どもセンターのための戦略責任をもち，親，民間非営利団体，医療機関，就労支援機関，そのほかの主要な連携相手と相談しながら，地域のニーズに対応するように計画するのです。

　子どもセンターは，子どもの発達をうながし，子どもが将来よりよい仕事に就く機会を保障するとともに，親の就労によって家庭の貧困状態を改善することにもつながる，子どもの貧困や格差縮小への対応の鍵と考えられていました。そして，その成功の要因のひとつは，支援が必要な親がわざわざ出向かなくても，子どもが利用する保育・幼児教育の場においてワンストップでさまざまな相談援助を受けられることだと考えられていました。しかしその後の調査で，ワンストップそのものより，スタッフが親や子どもの側に立って他のサービスと積極的に連携することの方がもっと重要であることがわかってきました。

　2010年に労働党にかわった保守党と自由民主党の連立政権は，子どもセンターの予算を大幅に削減しました。多くの子どもセンターは引き続き活動を続けていますが，複合障害や虐待など，もっとも支援が必要な子どもたちとその家族に対するサービスへの重点化が進んでいます。普遍的サービスと重点的支援のどちらがより効果的か，議論になっています。　　　　（椋野美智子）

▲イングランドの子どもセンターのようす。
＊ Children's Centre, Woodnewton: a learning community の写真提供に感謝します。

考えてみよう

ⅰ 現在,「子どもを産むか産まないか」「いつ, 何人産むか」ということが選択できるようになったのはどのような歴史的背景があったのでしょうか。

ⅱ 日本における少子化の要因とその背景はどのようなことでしょうか。また, 少子化は社会にどのような影響をおよぼしているでしょうか。

ⅲ「ワーク・ライフ・バランス」とはどのようなことですか。また, その実現のために必要なこととはなんでしょうか。

Ⅲ. 家族支援はなぜ必要か？

子育てがむずかしくなったと言われる現代。女性が子どもを産み育てることで一生を

終えた時代とは異なり，1人の人間として，自身の人生をどう生きるかが問われます。

そのなかで，親にとっての子育てとはどのような意味をもつのでしょう。

一方，1人では生きられない子どもにとって，家族・家庭はどのような存在なのでしょうか。

子どもの権利という視点から見えてくるものとは？

親と子がともに幸せに生きられるために必要なことはなにか，考えてみましょう。

Ⅲ-1. 親であることと私であること

1.「個人としての私」と結婚・子育て

　近年，少子化は社会問題になっています。少子化の原因にはさまざまなことが考えられますが，晩婚化や非婚化は，その重要な要因です。非婚が増えると子どもが生まれなくなったり，晩婚だと，年齢的に子どもをもつことがむずかしくなったり，本来なら3人産みたかった女性が年齢的に2人しか産めなくなるなどといったことが起こるからです。

　厚生労働省の調査結果からは，女性が，結婚や子どもをもつことに高い価値を認めはするものの，結婚や子どもで，自分の生活リズムや生活スタイルを変えなくてはならないことに不安を感じて，結婚に積極的になれない姿が浮かんできます[1]。

　しかし，結婚や子どもで，かなりの年月にわたって自由が制限されることも，自分のライフスタイルを変えなくてはならないことも，いまにはじまったことではありません。少子化や晩婚化になるずっと以前から，女性はそうやって生活してきたはずです。それどころか，昔はいま以上に家事労働は重く，嫁ぎ先の家族に気を遣いながらの生活であったのですから，自分の生活を変えるという点では，現在の方がずっと不安は小さいはずです。それなのに，晩婚化や少子化が進むのはなぜでしょうか。

　その背景には，女性の人生において，結婚や子どもは大事だけれど，それと同じくらいに「個人としての私」が大事になった，という変化があるのです。つまり，晩婚化や少子化には，経済的問題だけでなく，「個人としての私」と結婚や子どもとを，自分の人生にどう位置づけるか，というきわめて心理学的な問題がその根底に流れていると言うことができるでしょう。

2. 育児ストレスの世代差

　最近，育児放棄を含め，親による子どもへの虐待の報道が目につきます。子どもの笑顔や寝顔を見て，かわいくないと思う親はいないでしょう。それなのになぜ，と理解に苦しむかもしれません。しかし，虐待とまではいかなくても，子どもや子育てがいやになったり，ストレスを感じたりすることは，一般の母親にもごくふつうに見られることなのです。

　育児ストレスは，世代によっても感じ方が異なることが明らかにされていま

1) Ⅲ－1. のコラム「子どもはほしいけれど，自分の生活スタイルももち続けたい」(p.85)を参照。

す。大卒の3世代の無職の母親について、「何となくいらいらする」「自分のやりたいことができなくて焦る」「自分が世の中に遅れてしまうという感じがする」などの育児ストレスを比較したところ、若い世代ほど育児ストレスを強く感じていることがわかりました[*1]。前述したように、若い世代は、育てる子ども数が少なく、育児用品も便利になり、子育ての時間や体力的負担は軽減されているはずです。それなのに、若い世代ほど育児ストレスを強く感じるのはなぜなのでしょうか。これにはまず、育児ストレスが、育児そのもののストレスだけではなく、親自身の生き方に対する思いとも関連することを考える必要があるでしょう。

*1 大日向雅美『母性の研究』川島書店、1988、p.119

　この研究における年長世代は1909（明治42）年前後の生まれで、子育てをしたと思われる27歳時点は1936（昭和11）年ごろでした。その当時、女性がやりがいのある仕事に就ける可能性は少なく、結婚・子育てを中心に人生を送るのがふつうでした。遊ぶにも、いまのようなレジャー施設もありませんでした。そのような環境においては、結婚で制約が増えたとしても、さほどストレスを強く感じることはなかったでしょう。しかし若い世代では、女性であっても自分の能力を活かせる仕事に就ける可能性があり、休みの日には、たとえば、ゴルフも海外旅行も楽しむことができ、周囲にはそのような生き方をしている女性もたくさんいます。その姿を、子育てに追われる自分と比較すれば、生き方に不安や焦りを感じることも理解できるでしょう。

3. 女性のライフサイクルと役割葛藤

　成人期女性のライフサイクルには、出産という男性とは異なる特徴があります。父親の子育て参加が増えてきたとは言え、子育ての主たる責任は女性に期待されているのが現状です。そのため、女性の30歳代は、出産と子育てで忙しいことが予想されます。一方で、フルタイムで働く場合、女性であっても30歳代は中堅として責任ある仕事を任されるようになることが多く、公私ともに多忙となります。つまり、女性の30歳代は、仕事において期待される役割と、家庭で期待される役割とが、ともに重くなる時期と言えるでしょう。

　このように、1人の人が複数の役割を担うことを「多重役割」と呼びます。どちらがより重要な役割かが明らかであれば、予定が重なっても、重要な役割を優先すれば解決できます。ところが、成人期女性の多重役割の場合、仕事上

の責任と子育ての責任は、どちらも自分にとって重要です。重要な会議があるときに子どもが熱を出したとしたら、どちらが重要か即座には判断できず、葛藤(かっとう)することになります。このような役割葛藤が起きるであろうことは、職場で周囲の女性を見ていれば、結婚する前に予測がつくかもしれません。20歳代後半でフルタイムで働く女性の場合、結婚すれば、子育てと仕事という重要な役割が人生の同じ時期に重なることが予測できるため、結婚・子ども・仕事を、どう自身の人生に織り込むかを決めかねて、結婚や出産が先延ばしになるかもしれません。

　成人期の心理的発達には、「個人としての発達」と、家族など他者のための自分、つまり「関係性の発達」の両方が重要であると言われています[*2]。

　個人としての発達は、青年期から継続する「社会のなかでどんな役割や仕事を引き受けることができる自分になるのか」という側面の発達です。関係性の発達は、「自分は周囲の人のためになにをしてあげられるのか」という側面の発達です。青年期までは個としての発達が重要ですが、成人期にはこの両面の発達が重要になるのです。

　このように、成人期には個と関係性の両面の発達が重要なのですが、女性の場合、通常は家族のための役割が大きくなるので、従来は、個の発達よりも関係性の発達に、より関心が向けられ、多くの時間や心身のエネルギーを使っていたと言うことができるでしょう。

4. 親としての自分と「私」としての自分

●少子化と長寿命化がもたらした「私」への関心

　少子化は、実は、1950年代からはじまっています。それ以前の、1人の女性が一生のあいだに産む子どもの数の平均は約4人であったのが、1960年代には2人になり、1970年代半ば以降、2人を切るようになったのです[*3]。1950年代に子育てをした女性と今日の女性の一生を比較すると、個としての「私」への関心の強まりは、ライフサイクルの変化に強く影響されたものであることがわかります。

　1905（明治38）年に生まれた女性の平均的なライフサイクルは、23歳ごろに結婚し、5人の子どもを産み終えるのが44.5歳、その20年後、末子結婚のあと、ほどなくして寿命が尽きるというものでした。ところが、1960（昭和

35)年生まれの女性は23.5歳で結婚し，2人の子どもが就学して手が離れるのが35.5歳,末子結婚が56歳,その後,本人が82歳で死亡するまで25年も残っています[*4]。少子化と長寿命化が進んだことで，子育て後に40年以上も元気に活動できる時間ができたのです。

　この変化は，今日の女性が，「母親である」だけでは充実した人生をまっとうできなくなったことを意味しています。子育て中は母親として充実して生きられても，子育て後の生き方への不安や焦りは，子育て中から，女性の生活感情のなかに織り込まれているのです。母親としての自分が縮小したときにも連続する「私」をもち続けたい，そのために，子育て中も「私」のための時間をもち続けたい，という気持ちは，女性のわがままなどという個人的な問題ではなく，少子化と長寿命化という大きな変化のなかで生じていることがわかるでしょう。

●家事の簡略化や女性の高学歴化による「私」への関心

　ほかにも，「私」への関心を強める社会の変化があります。それは，家事が簡略化されたことと，女性が高学歴になり，社会の多様な領域に進出できるようになったことです。

　家電製品が普及する前は，家族がおいしいご飯が食べられるのも，清潔な服を着られるのも，すべて母親の腕前のおかげでした。しかし，家電製品の普及は，家事を，技術や能力が必要な仕事から，「だれでも」「簡単に」「同じように」できる仕事に変えました。"デパ地下"などで売られている調理済み総菜やドライクリーニングが一般的になるにつれて，家族が快適な生活を送る上での母親の家事の熟練度や能力の重要性は，さらに低くなってきています。つまり，家事が簡略化されたことで，家事だけに存在価値を求めて生きることはむずかしくなったのです。

　少人数の家族の家事はすぐ終わり，余剰時間が生まれます。その時間の使い道を考えるとき，よりよい子育てや子どもの教育という関係性の領域か，個としての「私」を活かす仕事に関心を向けるのが一般的ではないでしょうか。また，教育は経済的負担が大きいので，そのために仕事に就く女性も多いでしょう。仕事をもつ意味はひとつではないにせよ，多くの女性が仕事に関心をもっていることは，容易に推測できます。

　さらに，今日では高学歴の女性が増え，専門的職業や男性と同等の仕事を期

待されることも一般的になってきました。そのような仕事にフルタイムで就いた女性の場合，子育て後にも仕事で活躍できる「私」であり続けたいと願うでしょうし，そのためには，子育て中にも「私」の成長のための時間や心身のエネルギーが必要だと思うでしょう。それができないことに対するストレスは，女性が家庭外で働くことが一般的ではなかった時代や，補助的な仕事しかできなかった時代にくらべて，格段に高いものとなってきていることが想像できるのではないでしょうか。

5. 社会の変化と子どもの価値の変化

　女性の社会進出と伝統的な家族についての考え方の変化は，結婚や子どもを産み育てることの価値にも変化をもたらしました。

　女性が家庭の外で働くことが一般的でなかった時代には，女性は経済的基盤を家族に頼るほかはなく，生きがいも，楽しみも，自分自身の成長も，老後の安心も，すべてを家族に期待するほかはなかったのです。その時代の女性にとって，結婚と子育ては，自分の人生においてなにより重要な最優先の仕事であったに違いありません。また，その時代は，姓やお墓を継ぐ上でも子どもは重要であり，とくに，男児を産むことを周囲から期待されていました。それほどまでに，男児を産む価値が高かったのです。周囲の女性も一定の年齢に達したら結婚し，子どもを産み育てる人生を送っていたので，それが当然の生き方だと感じられたことでしょうし，親もそれを願ったことでしょう。つまり，その時代に子どもを産み育てることには，ほかのこととは比較できないほど高い価値があり，選択不可能な当然のことだったのです。

　では，今日の社会において，子どもを産み育てることは，どのような意味があるのでしょうか。

　「子どもが1人なら，男児と女児どちらがいいか」ということを聞いた調査によれば，1972（昭和47）年ごろに女児を希望する者は2割でしたが，2002（平成14）年には逆転し，女児希望者が8割弱になっています[*5]。ではなぜ，女児の人気が高くなったのでしょう。「女児は男児より育てやすい」「洋服などもかわいい」「男児ほど勉強や将来の心配をしなくていい」「大きくなれば話し相手になるし，一緒に買い物にも行ける」などが，その理由となっています。いまの女子大学生に聞いてみても，これとほぼ同じ答えが返ってきます。母親に

とって，子育ての負担が小さく，楽しみが多いのが女の子であるが，その性別の選択理由は楽しみや負担という個人的理由によるものだと言えるでしょう。

このような傾向は，子どもの性別だけでなく，「産むか産まないか」「産むならいつ何人がいいか」さらには，「結婚するかしないか」まで，家族にかかわる問題の全般に見られます。

家族という存在は，きわめてプライベートな事柄であるということで，個人的理由で選択するのが当然と考えられるようになってきたのでしょう。結婚や子どもに認める価値が，社会や家族からの期待や，社会で当然とされる生き方に女性がしたがっていた時代とは大きく変化していることがわかります。結婚や子どもにどのような価値を認め，それを自分の人生にどう位置づけるかは，女性が自分自身で選択して決めるようになったのです。

戦前に生まれた世代と女性の社会進出が進んだ世代とのあいだで，子どもにどのような価値を認めるかを比較した調査があります（図1参照）。調査の結果，「子どもがいると老後が安心」などの『情緒的価値』，「子育てを経験してみたい」などの『自分のための価値』は世代にかかわらず高かったのに対し，若い世代では「姓やお墓を継ぐのに必要」などの『社会的価値』が低下し，「自分のやりたいことに区切りがついた」などの『条件依存』が上昇していました。

『条件依存』に関する項目には，ほかに，「経済的にゆとりができた」「夫婦関係が安定した」「仕事が軌道にのった」などがありますが，いずれも，子どもを産む前にクリアすべき条件があり，それがクリアされたから，次は子ども

＊注）「＊」は統計的に有意差あり
縦軸の目盛りの数値は，「それらの価値をどのくらい認めるか」という，得点を示すものです。

図1　子どもを産む価値の世代差

出典：柏木惠子・永久ひさ子「女性における子どもの価値—今なぜ，子どもを産むか—」
教育心理学研究, 47(2), 1999, pp.170-179 より一部改変

を産むことにした,という内容の回答でした。

　若い世代も,子どもに価値を認めているからこそ産む選択をするのですが,どんな場合でも価値があるわけではないのです。「自分が望む子育てができる経済的状況ならば子どもをもつ価値がある」あるいは,「子育てだけでなく自分の生活も大事にできるならば子どもをもつ価値を認める」というように,条件つきの価値が高くなっていると言えるでしょう。つまり,今日の女性は,親としての「私」だけでなく,個人としての「私」も大切であり,その両方ともを大事にできる生き方に価値を認めていると言えるでしょう。　　（永久ひさ子）

【引用文献】
＊1　大日向雅美『母性の研究』川島書店, 1988.
＊2　岡本祐子『アイデンティティ生涯発達論の射程』ミネルヴァ書房, 2002.
＊3　厚生労働省「人口動態統計の年間推計」2010〈http://www.mhlw.go.jp/toukei/saikin/hw/jinkou/suikei10/index.html〉（2013年3月現在）
＊4　フォーラム女性の生活と展望（編）『図表でみる女の現在』ミネルヴァ書房, 1994.
＊5　国立社会保障・人口問題研究所『第12回出生動向基本調査』2002.

コラム　子どもはほしいけれど，自分の生活スタイルももち続けたい

　なぜ晩婚化や少子化が進むのでしょうか。若い世代の経済的問題など，さまざまな要因が指摘されていますが，それだけではありません。女性の場合は，非正規雇用者よりも正規雇用者の婚姻率の方が低いのです。正規雇用がより経済的に安定していることを考えれば，「お金がなくて結婚できない」以外の理由を考える必要があると言えるでしょう。

　厚生労働省の調査によれば，「結婚に犠牲は当然」「夫は仕事・妻は家庭」などの伝統的な考え方をもつ妻よりそうでない妻の方が，理想とする子ども数も，自分が産む予定の子ども数も，実際に産んだ子ども数も，少ないことが報告されています[*1]。予定する子ども数が理想子ども数を下回る場合の理由を見ると，もっとも高い理由は，「子育てや教育にお金がかかるから」でした。しかしその理由は，理想子ども数によって違っていることもわかりました。つまり，「お金がかかる」という経済的理由をあげるのは，理想は3人だが予定は2人という場合に高いのですが，理想は2人で予定は1人の場合には，「高齢で産むのはいや」など，年齢の理由が上昇し，理想は1人以上だが予定は0人の場合は，「ほしいけれどできない」に続いて「高齢で産むのはいや」が続きます。「ほしいけれどできない」理由はさまざまですが，高齢の女性ほど妊娠・出産がむずかしくなることを考えれば，少子化は，結婚が遅いことが大きな原因と言うことができるでしょう。では，なぜ結婚が遅くなるのでしょうか。

　未婚女性に結婚の利点をたずねた調査では，「精神的やすらぎの場がえられる」（29.7％），「愛情を感じている人と暮らせる」（17.6％），「社会的信用がえられる」（6.1％），などの価値は低下し，「子どもや家庭をもてる」（47.7％），「経済的余裕がもてる」（15.1％），「親や周囲の期待に応えられる」（19.1％）が上昇していました。なかでも，「子どもや家庭をもてる」は，もっとも支持が高い価値でした。一方，「結婚を考えたときに気になること」では，「自分の生活リズムや生活スタイルを保てるか」ということに対し，半数以上の未婚女性が不安に思っていることがわかりました[*2]。

（永久ひさ子）

[引用文献]
[*1] 国立社会保障・人口問題研究所「第14回出生動向基本調査－結婚と出産に関する全国調査－夫婦調査」2010
〈http://www.ipss.go.jp/ps-doukou/j/doukou14/doukou14.asp〉（2013年3月現在）
[*2] 国立社会保障・人口問題研究所「第14回出生動向基本調査－結婚と出産に関する全国調査－独身者調査」2010
〈http://www.ipss.go.jp/ps-doukou/j/doukou14_s/doukou14_s.asp〉（2013年3月現在）

Ⅲ-2. 親にとって子育てとは

1. 子育ては生活の一部

●親の生き方と育児ストレス

　子育てにともなうストレス，いわゆる育児ストレスには，複数の側面があります。子育てに関する否定的な感情について，ある調査では，
① 「子育てを離れて一人になりたい気持ちになる」
② 「自分の時間がとれないのは子どものせいだと思う」
③ 「子どもの世話をするのが嫌になることがある」
④ 「子育てのために自分のしたいことができずイライラすることがある」
⑤ 「だれも自分の子育ての大変さをわかってくれないと思う」
⑥ 「一人で子どもを育てている感じで落ち込む」
⑦ 「子育てで自分だけが苦労していると思う」
⑧ 「毎日子どもにふり回されて，心にぽっかり穴が開いている感じ」
⑨ 「毎日生活していて心に張りが感じられない」
というような，9つの思いを取り上げています[*1]。そのうち①〜④を「子育てへの嫌悪感」，⑤〜⑦を「（子育てへの）周囲の無理解」，⑧〜⑨を「こころの空虚感」として分類しています。つまり，育児ストレスには，子育てそのもののストレスだけでなく，子育てをする自分と周囲の人との関係，子育てを含めた親自身の生き方の問題についてのストレスという側面があると言えるでしょう。

　育児ストレスが，子育てそのもの以外のストレスも含んでいるというのは，考えてみれば当然のことです。なぜなら，親にとって，子育ては生活の一部であり，親の生活には，仕事など子育て以外の活動も，子ども以外の家族との生活も，子ども以外の家族との人間関係もあるからです。また，親は，現在のみに生きているわけではなく，将来の子どもの生活や自分の生き方も視野に入れて日常生活を送っています。それらについて，満足や不満，充実感や不安など，強い感情ではないものの，比較的持続的な感情を経験しつつ生活しているのです。

　このような感情を「生活感情」と呼びますが，これについて6歳以下の幼児をもつ大卒の母親を対象におこなった調査があります[*2]。調査の結果，生活感情は「生き方の肯定感情」「生き方の否定感情」「子への否定感情」「夫への否定感情」「サポートの否定感情」「日常への否定感情」の6領域に分類されました。それらをどの程度感じているかを得点化し，無職の母親「専業主婦群」とフルタイム[1]有職の母親「有職主婦群」で比較した結果，「生き方の否定感情」

---

*1　中村 敬『地域における子育て支援サービスの有効利用に関する研究－サービス利用に関する親の心理要因とサービス利用の積極性について－』子ども未来財団，2008，pp.5-7

1) フルタイム
常勤，または正社員として働く就労形態のことを言います。

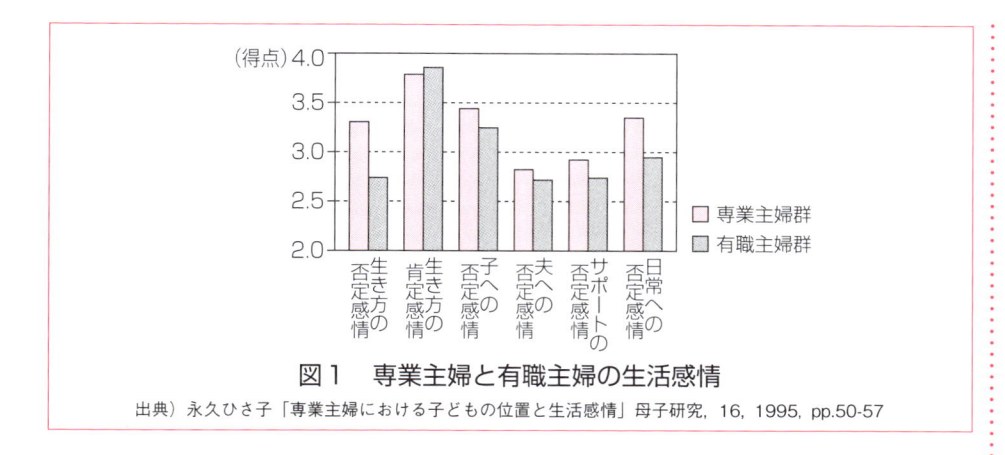

図1　専業主婦と有職主婦の生活感情

出典）永久ひさ子「専業主婦における子どもの位置と生活感情」母子研究, 16, 1995, pp.50-57

のみに大きな違いが見られ，無職の母親が有意に高いことが示されました（図1参照）。

　さらに，これらの得点と，子育てについての考え方との関連を分析したところ，無職で子育てに専念している母親の場合には，「育児によって自分が成長すると思う」「子どもを育てるのは楽しい」「子どもは家族の結びつきを強める存在だ」「次の社会を担う世代をつくるという社会的責任がある」「子どもの性格や態度にはしつけの影響が大きいと思う」など，子育てが自分にとっても家族にとっても，また社会にとっても意味があると，高い価値を認める母親ほど，「私は役に立っているという満足感」「日ごろ，はりのある生活を送っている」「いまの自分が大好き」「自分が必要とされていると満足」など，自分の存在の有意味感を中心とする『親自身の生き方への肯定感情』が高く，「将来なにかしたいが，そのなにかがわからず焦る」「いまのままの生き方でいいのかと不安」「自分が一人前でないようで焦る」「毎日の仕事にたいした意味を見いだせない」「社会から取り残されたようで不安」など，子育て後に社会のなかに自分の戻る場所があるか，子育てが社会のなかでの仕事と同等の価値であるのかといった，自己の将来目標やアイデンティティとかかわる『親自身の生き方への否定感情』が低いことが示されました。

　つまり，無職で子育てに専念している母親の場合には，いまの生活の中心である子育てに高い価値を見いだせる人ほど，自分は必要な存在で，いまのままの生き方でよいと言うように自分の生き方への満足感やアイデンティティへの確信が高いのですが，そうでない場合には，自分は役に立たない存在だと感じたり，いまのままの生き方でいいのか，将来なにをしたらよいのかと不安になったりする

のです。

　一方，フルタイムの場合，その人の将来目標やアイデンティティには，子育てと仕事の両方が関係していると考えられます。仕事が不調なときは子育てが支え，子育てがうまくいかないときは仕事が支える，ということもあるかもしれません。いまは子育てで充実していても，子育て後の目標は仕事に見いだすことも可能でしょう。そのため，たとえ子育てが楽しく感じられない，あるいは，しつけがうまくいかないような場合でも，だからと言って，自分が必要とされている満足感や将来なにをしたらよいのか不安などの『親自身の生き方への感情』までもが低下してしまうことにならないのだと考えられます。

2. 孤独な子育てはストレスが高い

　子育て中の母親の生活感情に，就業による違いがあることを見ましたが，母親の育児ストレスが就業と関連するとの報告はほかにもあります。

　育児ストレスを，「子どもに関して悩んでいること」「子どもへの満足度」のふたつの側面から見ると，フルタイムで働く母親にくらべて，無職の母親は「子どもに関して悩んでいること」が多く，「子どもへの満足度」が低いことが報告されており[3]，育児ストレスでも無職の母親の方が高いという結果が報告されています[4]。

　育児ストレスが，フルタイムの忙しい母親よりも，無職で子育て専業の母親の方が高いという結果となったのはなぜなのでしょうか。これは，同じ有職でも，パートではなくフルタイムという点が重要になってきます。なぜならば，パートは家事や子育てを自分でやりつつ働くことができる働き方ですが，フルタイムは，どうしても祖父母や保育所，父親など，子育てに自分以外の人の手を借りなければならないからです。

　逆の言い方をすれば，フルタイムの母親は，自分以外の人の手を借りて子育てをしているから，育児の悩みや育児ストレスが低いと言うことができます。フルタイムの母親は，否が応でも，子どもから離れて子育て以外のことを考える時間，自分1人の時間をもっているだけでなく，子どもの生活や発達を自分と同じ立場で見てくれている人がいるために，子育ての責任を1人で担う重さが軽減されるものと考えられます。保育所に通っていれば，保育者などの専門家に相談することもできるでしょう。つまり，複数の手で子育てをしているか

るかどうかが，育児ストレスの違いを生んでいると言うことができるでしょう。

●父親による育児と家族の絆

　母親以外に子育てにかかわる手として，まず，期待されるのは父親です。

　父親の子育て参加が母親の感情とどう関連するかを見た研究では，父親が育児に参加している母親はそうでない母親よりも，育児への肯定感情が高く，育児による否定感情が低いとの結果が報告されています[*5]。そのほかにも，父親の育児参加は，多くの面で重要な意味をもつと考えられます。父親が母親のかわりに子どもを見てくれれば，母親はそのあいだ，自分の時間をもつことができます。その時間は，母親のリフレッシュや休息だけでなく，ある程度まとまった時間であれば，勉強や仕事など，子育て以外の生き方や目標のために使うことができます。

　しかしそれ以上に，自分と同じ「親」という立場で，子どもを世話し，子どもの特徴や発達を知っていてくれることが重要なのではないでしょうか。子育てでは，うまくいかないこと，いらいらさせられること，心配なことが次々に出てきます。そのようなとき，ママ友に相談して解決することもあるでしょうし，保育者や祖父母もアドバイスしてくれるでしょう。でも，親としての立場や責任を共有している父親ほど，悩みを共有し，親身に相談できる相手はいないのではないでしょうか。しかし，これが，ほとんど子育てにかかわっていない父親では，自分の悩みに共感してもらうことができず，アドバイスされても的外れということになりかねません。子育てを1人でしているような孤独感や，子育て責任からの圧迫感は，父親が自分と同じ立場で子育てに参加していると感じられるか否かに左右されると言えるでしょう。このような事情が，父親の育児参加による母親の育児感情の違いとかかわるものと考えられます。

　最近では，「イクメン」と呼ばれる育児をする父親が注目をあびています。父親の育児参加は，遊び相手やお風呂など，部分的な場合が多いのですが，重要なのは，母親と同じように全面的に子育てにかかわるという点です。そうでなければ，子育てをまとまった時間担当することができないだけでなく，子育ての責任や悩みを共有，共感することもできないからです。もちろん，参加しないよりはずっといいのは言うまでもないことですが，子育て期に父親が母親の心理的サポートとして機能するか否かは，夫婦関係にも重要な意味をもってくるのです。

子どもの誕生によって，夫婦の絆が強まるどころか，結婚満足度が下がるという報告があります*6。子どもが生まれるだけでは，家族の要にはならないのです。子育てで大変な時期に，お互いのサポートとして機能した経験があってはじめて，子どもは家族の要になると言えるでしょう。

3．人間の発達と子育ての特徴

●子育てには多くの人が必要

昔にくらべて，いまは便利な育児グッズもあるのに，なぜ，育児に複数の人の手が必要なのかと思われるでしょう。でも，昔から，子育ては母親1人の手のみではなく，家族や親類，近所の人など，複数の手によっておこなわれてきたのです。

では，なぜ，子育てに多くの人の手がかかわってきたのでしょうか？　そこには，人間という種の特殊性，すなわち，未熟な状態で生まれてくるために，緊密で長期間の世話を要するという事情がかかわっています。多くの哺乳類のなかで父親が子育てをする種は少ないのですが，それらに共通する特徴として，子育てが重労働であり，長期間にわたる種ということがあげられると言われています。つまり，母親だけでは子育ての負担が大きく，母子ともに生存が困難だから，種の生き残り戦略として父親が育児に協力するということなのです。

子育ては，親にとって喜びや楽しさを与えてくれるものであると同時に，多くの心身のエネルギーや，時間，経済といった親のもつ資源を必要とするもの，悪い言い方をすれば，奪われるものでもあるのです。よく，動物の親子を例にあげて，母子間の愛情のあるべき姿が説かれることがありますが，それは見当違いです。動物にくらべて人の子育ては親の負担が大きく，しかも，長期間を要します。その理由は，人間の赤ちゃんが未熟で生まれることに加え，1人前になることの意味が違うからです。

人間の赤ちゃんは，馬などの動物の赤ちゃんとくらべ，非常に無力な姿で生まれます。生まれてすぐに立ち上がる子馬と違って自力で移動し，おとなと同じものを食べられるようになるまでに約1年もの時間がかかるのです。食事や排泄が自立し，ことばを話して自力で生活できるようになるには，さらに長い時間が必要です。動物ならば，このあたりで子育ては終わりですが，人間の場合は，さらに社会のルールを教えたり，安全への配慮をしたり，教育の心配をし

たりと，子育てはその後も延々と続きます。この間，親は，前述したように多くの心身のエネルギーや時間や経済という有限の個人的資源の多くを，子どものために使うことになります。それが，人間の子育ての特徴だと言えるでしょう。

●子育てと親の心理的発達

　さらに，人間の親は，ほかの動物と違って，生命が維持されれば十分というわけにはいきません。親自身も心理的に発達する存在なのです。親自身も成長している実感や，生き方への満足感がなくては，子どもに十分な愛情を向けることはむずかしいでしょう。負担の大きい子育てをしながら，自分自身も発達する存在として生きるためには，子育てを分担してくれるだれかが必要になります。

　複数の手で育てられることは，子どもにとってもメリットが大きいのです。子どもは赤ちゃんの時期から，お風呂はパパ，寝るときはママというように，内容によって相手を選んだり，相手によってかかわり方を変えたりしています。もう少し大きくなれば，いろいろなおとなの行動を観察して真似たり，おとなの考え方を知ったりしていきます。そのとき，母親が１人で育てているよりも，複数のおとながかかわっている方が，多様なかかわり方や行動パターンを学ぶことができます。また，母親１人にだけ愛着を形成しているよりも，複数の人とのあいだに形成している方が，愛着対象になにかがあっても大丈夫という心の安定にもつながることでしょう。

　赤ちゃんの時期から複数の人によって育てられることで，母親以外の人への信頼感や安心感を育てることができるのではないでしょうか。だからこそ保育者は，その「複数の人」のなかの１人に位置する存在として，重要だと言えるでしょう。

（永久ひさ子）

【引用文献】

* １　中村 敬『地域における子育て支援サービスの有効利用に関する研究－サービス利用に関する親の心理要因とサービス利用の積極性について－』子ども未来財団，2008．
* ２　永久ひさ子「専業主婦における子どもの位置と生活感情」『母子研究』16，1995，50-57．
* ３　山本真理子（編著）『現代の若い母親たち：夫・子ども・生活・仕事』新曜社，1997．
* ４　横浜市教育委員会・預かり保育推進委員会「文部科学省預かり保育調査研究最終報告書」2001．
* ５　柏木惠子・若松素子「『親となる』ことによる人格発達：生涯発達的視点から親を研究する試み」発達心理学研究，5，1994．
* ６　ベルスキー，J.・ケリー，J.（著）安次嶺佳子（訳）『子供をもつと夫婦に何が起こるか』草思社，1995．

Ⅲ-3. 育児不安・育児ストレス

1. 育児不安とはなにか

　1960〜1970年代の日本は，高度経済成長期，オイルショックを経て，社会が大きく変わりました。子どもを取り巻く環境も複雑化し，1970年代後半になると，「登校拒否」（現在の不登校）があらわれはじめました。1979（昭和54）年，精神科医の久徳重盛は，「登校拒否は『母原病』（母親に原因がある）だ」と主張し，社会に広まりました。そうした風潮から，多くの母親は「自分の育児が悪いのではないか」と不安になり，自責感をもつようになりました。このような社会情勢のなか，「育児不安」という用語は1970年代後半から使用されはじめ，1980年代になると数多く研究されるようになりました。現在も議論のつきない研究領域で，多くの社会的関心を集めています。育児不安とは，「子どもの現状や将来，或いは育児のやり方や結果に対する漠然とした恐れを含む情緒の状態また無力感や疲労感，或いは育児意欲の低下などの生理現象を伴ってある期間継続している情緒の状態，或いは態度を意味する[1]」と1982（昭和57）年の研究で定義され，以降，多くの研究がこの定義を参照しています。

　「育児ストレス」という用語は育児不安と同じ意味で使われることが多いため，本節では「育児不安」で統一することにします。

[1] 牧野カツコ「乳幼児をもつ母親の生活と育児不安」家庭教育研究所紀要 3, 1982, pp.34-56

2. 育児不安は日本だけの問題か？

　日本のみならず，全世界的に見ても，はじめて親となるときは，子どもにどのように接したらよいか，どのように世話したらよいか，戸惑うものです。そのため，どの国でも育児書が数多く出版されています。こうした状況を見ると，どの国でも，はじめて親になるときは不安を感じるのだろうということは容易に推測できます。

　育児不安には，それぞれの国や地域に根づいている文化や子ども観，価値観も影響します。育児書による育児の国際比較研究[2]によると，欧米では，親・おとな・社会が子どもを導く，体系的なしつけを好む傾向があります。赤ちゃんのうちからの親子別室での就寝や親の外出などを親が先導することで，子どもが親のペースに合わせて自立したり，がまんしたりすることをしつけられます。そのため，親が子どもをコントロールできないときに育児不安を感じると推測されます。

一方，日本では江戸時代から性善説的な子ども観があります。子どもは環境のさまざまな要素を取り入れながら自然に成長するものと考えられ，子ども自身が見よう見まねで学習していきますが，親やおとなの基準，考えから逸脱したときに親やおとなから正される傾向があります。現代の日本でも，子ども自身のペースで行動することを容認し，親は手を出したいところでも耐えてじっと見守り，子どもがまちがえたときに親が支えることがよしとされる傾向があります。そのため，親が子どもを見守ることに耐えられなくなったときに育児不安を感じると推測されます。たとえば，多くの育児書には，「1歳6カ月になると，ママ，パパ，ワンワンなど，意味のあることばをいくつか言えるようになります」とありますが，自分の子どもの発達がそこに到達していない場合は，「育児になにか問題があったのではないか」と自信を失ったり，子どもの成長に強い不安を感じたり，子どもの言動にいらいらしたりしやすくなります。

3. 育児不安の実態

育児不安に関する大規模研究として，「大阪レポート*3」「兵庫レポート*4」を紹介します。大阪レポートは1980（昭和55）年に大阪市で出生した子ども約2,000人を数年間にわたり追跡調査したもの，兵庫レポートは2003（平成15）年に兵庫県で出生した子ども約2,000人を，こちらも数年間にわたり追跡調査したものです。両者に共通して見られた特徴としては，①「子育てを大変だと感じる」母親が6割前後いること，②「子どもと一緒にいると楽しい」「赤ちゃん（子ども）は，かわいい」と9割以上の母親は答えると同時に，6割が「子育てでの負担感」も訴えていること，③「子育てで，いらいらする」ことは子どもの月齢とともに増加すること（図1参照）があげられます。

図2は，厚生労働省による大規模調査*5で「子育てに自信が持てないことがあるか」という問いに「はい」と答えた人の割合を示しています。

全体として，子どもの年齢が上がるにつれて，育児に自信がもてない人の割合が増加しています。乳児をもつ母親の約5人に1人，3歳以下の幼児をもつ母親の約4人に1人は，育児に自信がもてないことがわかります。

子どもの発達面から考察すると，生後3カ月というのは，子どもが母親を見つめたり，声を出したり，笑うようになり，母子相互作用[1]がさかんになり，子どもをより愛おしく感じやすくなる時期です。子どもの笑顔を見ることで，

*3 「大阪レポート」
服部祥子・原田正文『乳幼児の心身発達と環境－大阪レポートと精神医学的視点』名古屋大学出版会，1991

*4 「兵庫レポート」
原田正文『子育ての変貌と次世代育成支援－兵庫レポートにみる子育て現場と子ども虐待予防』名古屋大学出版会，2006

1）**母子相互作用**
子ども（または母）が声を出したり，ほほえんだりすると，母（または子ども）もまねしたり，反応的に声を出したり，ほほえんだりするやりとりのことを言います。このやりとりは，「子ども（母）→母（子ども）→子ども（母）…」と連続していきます。

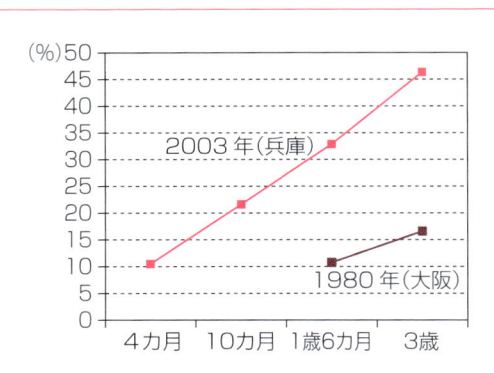

図1　子どもの年齢別「子育てで，いらいらすることは多いですか」の問いに「はい」と答えた割合

出典）服部・原田「大阪レポート」[*3] 1991，原田「兵庫レポート」[*4] 2006 をもとに筆者作成

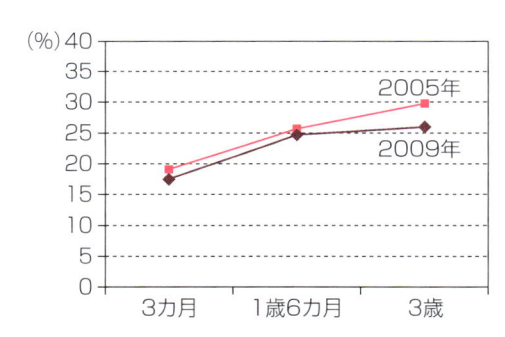

図2　調査時点・子どもの年齢別「子育てに自信が持てないことがあるか」という問いに「はい」と回答した割合

出典）厚生労働省「『健やか親子21』中間評価報告書」2006，「『健やか親子21』第2回中間評価報告書」2010 をもとに筆者作成

育児がうまくいっていると感じやすくなります。

　これに対して，1歳6カ月というのは歩きはじめたばかりで，子どもから目が離せなくなり手がかかる時期です。ことばが出るかどうかも気になる時期です。2，3歳というのは自己主張の激しい時期で，親が手伝うことをいやがり，なんでも自分でやりたがります。しかし，子どもはまだできないことも多く，かんしゃくを起こしやすくなります。こうした時期では，母親は育児の自信を失いやすいと考えられます。

4. 性別役割分業と育児不安

　育児不安の原因は，母親の不適切な育児ゆえに発生するのではなく，育児と家事の負担を母親に全面的に担わせている"性別役割分業"そのものが原因であると指摘されています。日本の家庭では，母が専業主婦であっても父母共働きであっても，男性は仕事が中心で家事育児への参加が少なく，家事育児は女性がおもに担うことが多いと報告されています。

　これは，母親が多重役割をどのように配分したら自分らしく生きられるかということにも関係しています。母親は，家族にとっては家事育児を担う家庭人ですが，社会のなかでは社会人・職業人として，あるいは，一個人としての自分といったさまざまな側面をもっています。

　たとえば，乳幼児をもつ母親657人を対象とした調査[*6]では，これらの家庭人，社会人・職業人，個人をどのような割合で生活しているのか（これを「現実自己」と言います），理想としてはどのような割合で生きたいのか（これを「理想自己」と言います）をたずね，その差を算出して理想と現実のギャップをあらわしています。

　調査結果では，平均的な理想自己は，全体を100%として，そのうち，「家庭人」39.0%，「社会人・職業人」27.6%，「個人」33.4%で，3つのほどよいバランスが理想の姿として示されていました。しかし，平均的な現実自己は，「家庭人」56.1%，「社会人・職業人」20.4%，「個人」23.5%となり，現実には「家庭人」に5割強を割き，残りを「社会人・職業人」と「個人」のふたつに分けている姿が示されました（図3参照）。

　このように，母親の理想と現実にはギャップがあり，このギャップが育児不

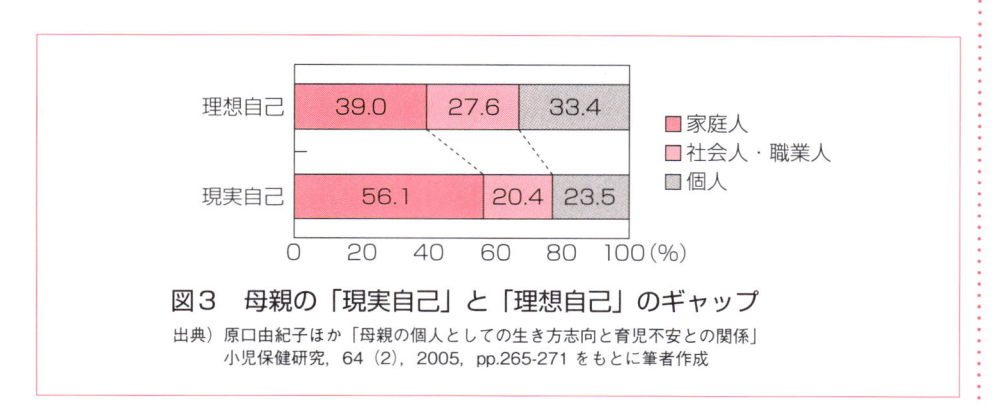

図3　母親の「現実自己」と「理想自己」のギャップ

	家庭人	社会人・職業人	個人
理想自己	39.0	27.6	33.4
現実自己	56.1	20.4	23.5

出典）原口由紀子ほか「母親の個人としての生き方志向と育児不安との関係」
小児保健研究，64（2），2005，pp.265-271をもとに筆者作成

安と関連していることもわかりました。現実自己の「家庭人」の割合が理想自己より多い母親は，少ない母親にくらべて育児不安が強い傾向が見られました。また，現実自己の「個人」の割合が理想自己より少ない母親は，多い母親より育児不安が強い傾向が見られました。つまり，母親にとって「家庭人」としての負担が多く「個人」として生きる時間が縮小している状態は，育児不安を強めているのです。母親は育児負担の重さを通して，母親自身の親となることの意味や価値を問い直し，母親自身の生き方を考えていくのです。

ところで，職業人（仕事役割）と家庭人（配偶者役割，親役割）といった多重役割は，互いに流出し合っています[2]。たとえば，仕事でうまくいくと家庭でも家事や子育てがうまくいく（仕事から家庭へのポジティブ・スピルオーバー），仕事でうまくいかないと家庭でも家族にトゲトゲしくなる（仕事から家庭へのネガティブ・スピルオーバー），家庭で家事や子育てがうまくいくと仕事でもうまくいく（家庭から仕事へのポジティブ・スピルオーバー），家庭で家事や子育てがうまくいかないと仕事でもうまくいかない（家庭から仕事へのネガティブ・スピルオーバー）といった4つの方向性があります。国内外の研究を押し並べて見ると，仕事から家庭へ，家庭から仕事へにかかわらず，ポジティブ・スピルオーバーが多いほど育児不安は少なくなり，ネガティブ・スピルオーバーが多いほど育児不安は多くなることがわかっています。

また，夫の家庭から仕事へのポジティブ・スピルオーバーが多くなると，妻の親としての成長が促進されることも報告されています。このように，夫，妻が個々にワーク・ファミリー・バランスを考えるだけでなく，夫婦という単位からもお互いのワーク・ファミリー・バランスを考えていく必要があります。

5. 育児不安を予防し軽減するサポート

前述したようなさまざまな先行研究から，育児不安や育児不安と対極の概念である育児肯定感は，サポートと関連が深いことがわかっています。たとえば，乳幼児をもつ母親において，夫からの育児サポート，保育所・幼稚園の先生からのサポート，友人からのサポートが少ないほど育児不安が高く，育児肯定感が低いことが示されました（図4参照）[*7]。

また，図5のように，子育てを通して近所と「より親密な付き合いがある」群では，7割の人が子育てをいつも楽しい，楽しいと感じるときの方が多いこ

---

2) "流出する" ことを，「スピルオーバー」と言います。そして，よいことが流出することを「ポジティブ・スピルオーバー」，悪いことが流出することを「ネガティブ・スピルオーバー」と言います。

図4 サポートと育児不安・育児肯定感の相関
出典）原口由紀子ほか「母親の個人としての生き方志向と育児不安との関係」
小児保健研究，64（2），2005，pp.265-271 をもとに作成

	いつも楽しい・楽しいと感じるときの方が多い	楽しいときと辛いときが同じくらい	辛いと感じるときの方が多い・いつも辛い	無回答
付き合いはない	53.6	35.7	7.1	3.5
通常の付き合いがある	59.3	32.5	8.2	0
より親密な付き合いがある	71.3	24.6	0.3	3.8

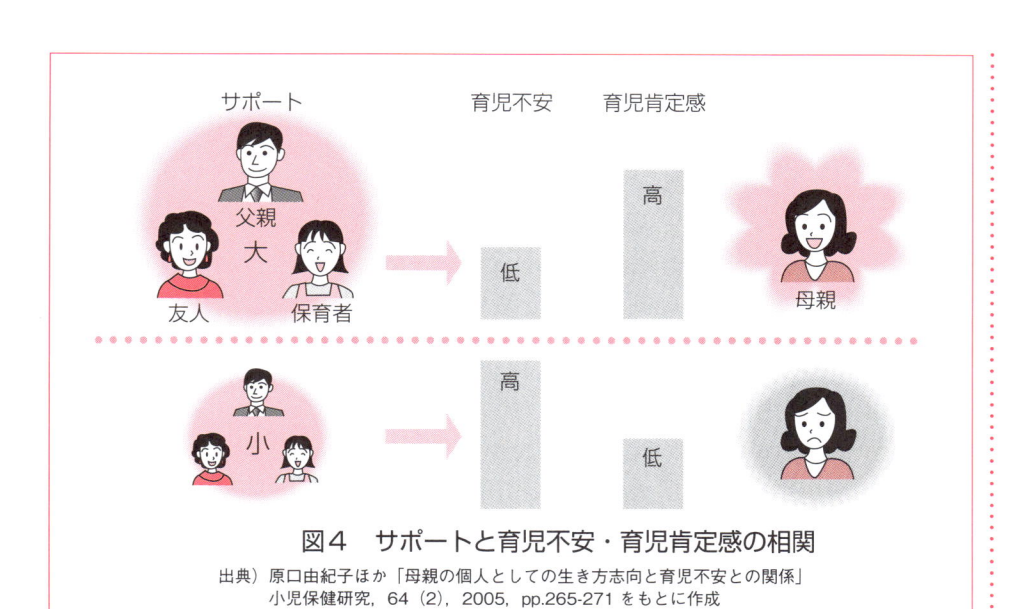

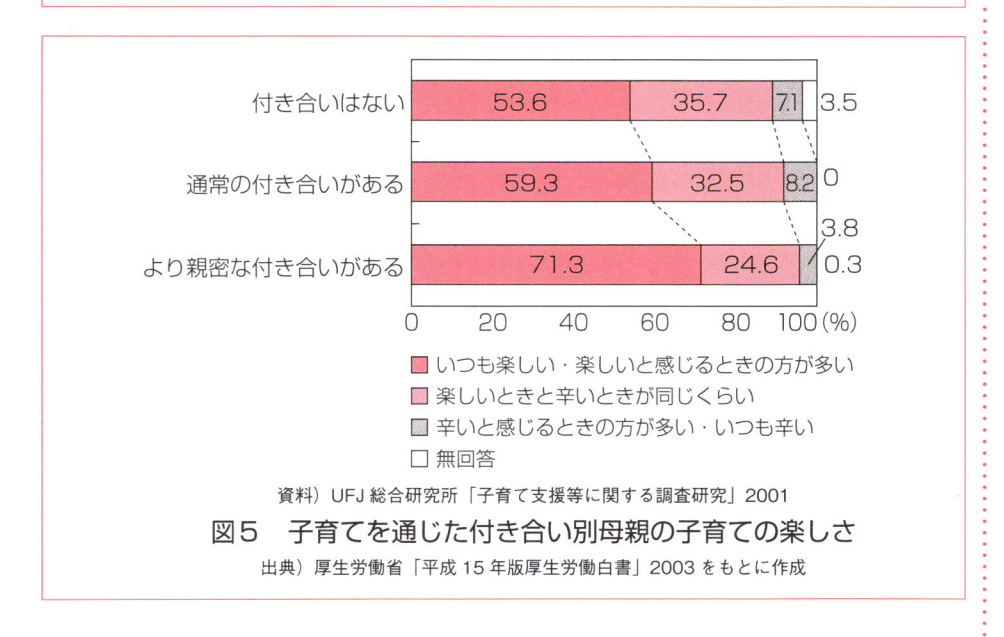

資料）UFJ総合研究所「子育て支援等に関する調査研究」2001

図5 子育てを通じた付き合い別母親の子育ての楽しさ
出典）厚生労働省「平成15年版厚生労働白書」2003をもとに作成

とがわかりました。他方，子育てを通しての「付き合いはない」群では，子育てを楽しいと感じるのは5割程度にとどまっています。

　これらの調査結果から，育児不安の予防・対処には，子育てを通した人間関係を広げて，困ったときに気さくにたずねたり，話し合えたりする仲間をつくることが大切だと言えます。近年，日本各地で自治体などが積極的に子育てサー

クルづくりを支援しており，母親の仲間づくりを進める機会になっています。

（小泉智恵）

【引用・参考文献】
＊1　牧野カツコ「乳幼児をもつ母親の生活と育児不安」家庭教育研究所紀要 3，1982，34-56．
＊2　恒吉僚子・S. ブーコック（編著）『育児の国際比較』NHK ブックス，1997．
＊3　服部祥子・原田正文『乳幼児の心身発達と環境 – 大阪レポートと精神医学的視点』，名古屋大学出版会，1991．
＊4　原田正文『子育ての変貌と次世代育成支援 – 兵庫レポートにみる子育て現場と子ども虐待予防』，名古屋大学出版会，2006．
＊5　厚生労働省「『健やか親子 21』中間評価報告書」2006 年発表「『健やか親子 21』第 2 回中間評価報告書」2010 年発表「健やか親子 21」公式ホームページ〈http://rhino.med.yamanashi.ac.jp/sukoyaka/index.html〉（2013 年 3 月現在）
＊6　原口由紀子ほか「母親の個人としての生き方志向と育児不安との関連」小児保健研究，日本小児保健協会，64（2），2005，265-271．
＊7　荒牧美佐子・無藤隆「育児への負担感・不安感・肯定感とその関連要因の違い―未就学児を持つ母親を対象に」発達心理学研究，日本発達心理学会，19（2），2008，87-97．
・柏木惠子『子どもが育つ条件』岩波書店，2008．
・柏木惠子（監修）『発達家族心理学を拓く』ナカニシヤ出版，2008．
・柏木惠子・平木典子『家族の心はいま』東京大学出版会，2009．

コラム　お母さんのホンネ

　筆者のカウンセリングには，育児ストレスをかかえたお母さんたちが多くやってきます。彼女たちは，よく次のような発言をします。
「子どもはかわいい。けれど，子どもが泣いたからと家事の手を止めて子どもに寄り添っていると，中途半端になった家事ばかりで，全然，片づかない。なにひとつ自分のペースで進められないことが苦しい」
「この先も子どものペースのまま，ずっと過ごすのかと思うと，絶望感に襲われる」
「子どもは愛おしい。けれど，子どもが何度も何度も抱っこをせがんだり，食事が子どものペースで全然進まないときに，だんだんいらいらして，つい，トゲのある言い方をしてしまう。それで，『ああ自分はダメな母親だ』と落ち込む。本当は，『ニコニコ優しいお母さん』になりたかったのに！」

　母親の子どもに対する愛情は強いものの，母親のペースで自由にならないことへのストレスも強いことが，こうした発言からうかがえます。子どものことを考えて24時間，365日動き続けること自体，とてもつらく大変なことですが，それに加えて，家事をしたり，ほかの家族の世話をしたりしているのです。子どもの食事の世話をしながら，洗濯機を動かし，買い物リストを考え…育児と家事は同時並行作業が多く，いろいろな作業をパズルのように組み合わせるようなものです。苦労して進めている家事も，子どもが泣くとすべて中断となると，母親自身のペースではなにひとつ進めることができなくなり，ストレスはとても強くなります。

　カウンセリングでは，まず，お母さんが子どもに対して愛情深いこと，子どもの世話や家事を一生懸命やっていることをねぎらいます。十分に共感し，ねぎらった上で，お母さんが望む「ニコニコ優しいお母さん」になるためのアイディアを話し合っていきます。日常生活を劇的に変えるアイディアは必要ありません。少しでも心身に余裕ができるような，家事のひと手間を削ったり，休める時間を増やしたりする方法を見いだしていきます。ときには，かわりに家事・育児を手伝ってくれる人を，公的サポートや私的なつながりから求めていきます。

　お母さんは，家事・育児も満足にできないと自分を責めたり，卑下したりします。だれかに手伝ってもらうことに，拒否感を強くもつことも少なくありません。カウンセリングでは，お母さんの罪悪感や自責感を軽減し，いろいろな人が子育てにかかわることが，子どもの成長によいことだと伝えていきます。

（小泉智恵）

Ⅲ-4. 子どもの権利から見た家族支援の必要性

1. 子どもの権利と家族

　子どもにとって家族は必要な存在だと一般的には考えられています。これは，一見するとあたりまえのように思えることですが，では，なぜ，子どもにとって家族が必要なのでしょうか。

　本節では，子どもの権利の視点から，子どもにとっての家族支援の必要性を考えていきます。

●子どもの権利条約とは

　子どもの権利について，ここでは「子どもの権利条約」を手がかりにして考えていきます。

　子どもの権利条約（外務省訳「児童の権利に関する条約」）は，1989年11月20日に国連総会において全会一致で成立し，1990年9月2日に発効しました。日本は1994（平成6）年4月22日に158番目の批准国となり，5月22日に国内発効しました。

　子どもの権利条約が制定された背景には，次のような子どもたちの現実があります。

　世界の子どもたちの多くが絶対的貧困[1]のなかで暮らし，ストリートチルドレン，人身売買，少年兵，性的搾取，薬物摂取，危険な労働により命を落とすなど，「子どもの最善の利益（the best interest of the child）」はおびやかされ続けています。このような状況は開発途上国においてとくに見られることであり，「開発途上国の子どもたちを救わなければならない」と一般的にはとらえられています。しかし，このような深刻な子どもたちの現実はその範疇を超えるもので，明らかな権利侵害だととらえなければなりません。子どもの権利条約は，条約という形で各国における子どもの最善の利益の保障を求めているのです。

　2015年現在，195カ国が子どもの権利条約を批准しています[2]。同条約は，前文と54カ条の条文から成っており，そのうち，差別の禁止（第2条），最善の利益（第3条），生命や発達に対する権利（第6条），意見表明権（第12条）を子どもの権利条約の一般原則として位置づけています。そのほか，家庭環境にかかわる権利や，教育，プライバシーにかかわる権利など，子どもが権利の主体として暮らし，育っていく上で必要な権利が規定されています。

1）**絶対的貧困**
1995年にコペンハーゲンで開催された社会開発サミットにて採択されたコペンハーゲン宣言では，「食べ物・安全な飲料水・衛生設備・健康・住居・教育・情報を含む，基本的な人間のニーズを剥奪する状況」と定義されています。

2）アメリカ合衆国（署名済み）とソマリアを除いた各国が批准しています。

III 家族支援はなぜ必要か？

　子どもの権利条約の大きな特徴は，一般原則にもある，「意見表明権」が規定されていることです。これは，子どもを「保護の客体[3]」から「権利の主体」へとらえ直していくことを示しています。それまで子どもは，「子供」という字が示すように，おとなの付属品，あるいは家や家業を続けていくための手段としてとらえられていました。このように救済・保護の対象としてのみ考えられていた子どもたちを，子どもの権利条約は，権利行使の主体としてとらえたのです。

●子どもの権利条約における家族観

　次に子どもの権利から見た家族の役割を理解するために，子どもの権利条約における家族の位置づけを確認します。ここでは，とくに条約のなかで家族に関する言及がなされている前文[4]の一部と第5条，第18条を中心に取り上げます[5]。

> **前文**
> 　この条約の締約国は（中略）家族が，社会の基礎的な集団として，並びに家族のすべての構成員，特に，児童の成長及び福祉のための自然な環境として，社会においてその責任を十分に引き受けることができるよう必要な保護及び援助を与えられるべきであることを確信し（以下，省略）
>
> **第5条**
> 　締約国は，児童がこの条約において認められる権利を行使するに当たり，父母若しくは場合により地方の慣習により定められている大家族若しくは共同体の構成員，法定保護者又は児童について法的に責任を有する他の者がその児童の発達しつつある能力に適合する方法で適当な指示及び指導を与える責任，権利及び義務を尊重する。
>
> **第18条**
> 　1　締約国は，児童の養育及び発達について父母が共同の責任を有するという原則についての認識を確保するために最善の努力を払う。父母又は場合により法定保護者は，児童の養育及び発達についての第一義的な責任を有する。児童の最善の利益は，これらの者の基本的な関心事項となるものとする。
> 　2　締約国は，この条約に定める権利を保障し及び促進するため，父母及び法定保護者が児童の養育についての責任を遂行するに当たりこれらの者に対して適当な援助を与えるものとし，また，児童の養護のための施設，設備及び役務の提供の発展を確保する。

---

[3] **客体**
「見られる」「守られる」という，受身的な存在だということです。

[4] 前文は，その後に続く条文とは違い，法的拘束力はないものの，子どもの権利条約を理解する上での方針が示されています。

[5] なお，前文以外の条文では「家族」ということばは使われず，「父母」や「法定保護者」ということばが使われています。ここでは，それらを便宜上，「家族」と置き換えて考えていきます。

> 3　締約国は，父母が働いている児童が利用する資格を有する児童の養護のための役務の提供及び設備からその児童が便益を受ける権利を有することを確保するためのすべての適当な措置をとる。

前文および両条文から，子どもの権利条約におけるいくつかの家族観をうかがい知ることができるでしょう。

ひとつ目は，「家族は子どもが権利を行使するために指示および指導を与える責任がある」ということです。つまり，子どもを親や家族の支配下に置くのではなく，子どもが権利を行使できるように，家族が子どもを支えることを求めています。

ふたつ目は，「家族は子どもの最善の利益を保障するための第１次的責任[6]を担っており，国は家族が責任をもって子どもたちを育てていくことができるよう制度や環境整備をしていくことを求めている」ということです。これは，子育ての責任を家族にのみ負わせるのではなく，子育ての責任や義務，権利を行使するために国は家族を支えなければならないということを示しています。また，母親や父親といった片方の親に責任があるのではなく，両親に共通して責任があるとしている点も重要です。

3つ目は，「家族の養育責任について，国や第三者がおびやかしたり介入したりすることを禁止」しています。上記の条文以外に，第9条の1項には，親の意思に反して親子分離をしてはならないという原則があります。例外として，権限ある機関が司法審査に服することを条件として適応可能な法律と手続きにしたがい，子どもの最善の利益のために必要であると決定された場合に限り，親子分離を認めています。

現在の日本では「子どもは幼く，力も弱く，知識も少ないために，家族による保護が必要だ」という父権主義的なとらえ方がなされることが多いと言えます。しかし，子どもの権利条約では，権利の主体として子どもをとらえ，その権利を行使するためには家族が必要であり，重要だととらえられているのです。

2. 子どもと子育て家庭に対する社会的支援の課題

では，どうしたら子どもの権利を実現することができるのでしょうか。現在の日本で，子どもと家族がどのような状況にあり，どういった支援が用意され

---

[6] **第１次的責任**
子どもの養育や発達に関して中核的な責任があるということを指します。

ているのかを次に見ていきます。

●家族の不利と子どもたちの権利

2012（平成24）年7月に公表された国民生活基礎調査によると，子どもがいる世帯の相対的貧困率[7]は全体で16.3％，そのうちひとり親世帯の相対的貧困率は54.6％であり，OECD加盟国中，日本は最悪の水準を占めていることが明らかになっています。

子どもの貧困は，子どもたちの最善の利益をおびやかすものであると，かなり多くの研究から明らかになっています。たとえば，社会的に孤立しやすいこと[8]，学力不振との関係，子ども虐待との関連を指摘する研究などがあります。

また，近年，子どもの自己肯定感の低下に対する関心が高まってきています。表1は，アメリカ，中国，韓国，日本の子どもたちの自己肯定感を比較したものです。日本の子どもたちの自己肯定感が，ほかの3カ国にくらべて低いことが明らかになっています。

さらに，国連の子どもの権利委員会第3回報告審査[9]においても，日本の子どものウェルビーイング[10]が国際的に見て，必ずしも満足のいくものではないことも指摘されています。

筆者がかかわった自治体の調査結果では，母子家庭の子どもと両親とともに暮らす子どもの自己肯定感を比較したところ，母子家庭の子どもの方が自己肯定感が低いという結果が明らかとなりました[*2]。これはある自治体における調査結果であり，全国的な動向であると，はっきりとは言えないものの，貧困と子どもたちの自己肯定感の間に，なにかしらの関係があるということをうかがい知ることができます。

[7] **相対的貧困率**
所得中央値の半分以下の所得を得ている人の割合のことを言います。

[8] たとえば，森田ら（2009）（＊1）を参照。

[9] 子どもの権利条約を批准した国は，この条約が効力を生じたときから2年以内に，その後は5年ごとに，この条約で認められた権利の実現のために取った措置，およびこれらの権利の享受についてもたらされた進捗に関する報告を，国連子どもの権利委員会（CRC）に報告することが求められています（日本弁護士連合会ホームページ〈http://www.nichibenren.or.jp/activity/human/child_rights/about.html〉2012.10.15アクセスより）。

[10] 国連の子どもの権利委員会第3回報告審査では，個人の権利や自己肯定感，身体的・精神的・社会的に良好な状態を「ウェルビーイング」としています。

表1 「自分はダメな人間だと思う」中高校生の割合

	中学生				高校生			
	日本	アメリカ	中国	韓国	日本	アメリカ	中国	韓国
とてもそう思う	20.8%	4.7%	3.4%	7.9%	23.1%	7.6%	2.6%	8.3%
まあそう思う	35.2%	9.5%	7.7%	33.8%	42.7%	14.0%	10.1%	37.0%
あまりそう思わない	31.8%	16.2%	24.3%	44.6%	25.5%	19.7%	34.1%	43.2%
全くそう思わない	11.5%	55.4%	63.6%	13.4%	8.0%	55.3%	52.7%	11.1%
無回答	0.7%	14.2%	1.0%	0.3%	0.7%	3.4%	0.5%	0.4%

出典）日本青少年研究所「中学生・高校生の生活と意識調査報告書」2009，p.14より筆者一部改変
〈http://www1.odn.ne.jp/youth-study/reserch/2009/tanjyun.pdf〉（2013年3月現在）

このように，子どもの育つ場として重要な役割を担う家族の不利な状態が，子どもの権利に大きな影響を与えてしまうということが，多くの研究から明らかになってきています。

●子どもの最善の利益を支えるための家族支援の現状

　国連子どもの権利委員会における日本政府第２回審査において，「権利基盤アプローチ（the rights-based approach）」の必要性が指摘されています。権利基盤アプローチとは，「(a) 国際人権法の目的および諸原則を充分に踏まえ，(b) 条約締約国としての実施義務・説明責任を前提として，(c) 条約および関連の国際人権文書の規定をホリスティック [11] にとらえながら，(d) 対話，参加，エンパワーメントおよびパートナーシップの精神にのっとって，(e) 子どもの人権および人間としての尊厳を確保しようとするアプローチ」 [*3] と定義されています。

　具体例をあげながら権利基盤型アプローチについて考えてみましょう。

　現在の日本においては，権利基盤型アプローチによる子ども支援策は明確には構築されていないと言えます。生活保護や社会的養護といったセーフティネット [12] が必要となったときにはじめて支援が展開されるのが，現在の日本の子育て支援策の現状です。それに加えて，セーフティネットを利用する前の，子どもの権利を保障する上で必要なサービスや環境自体も，子どもたちの地域生活のなかで不足しています。もちろん，地域子育て支援拠点事業や児童館など，地域における子どもと子育て家庭に対する社会資源はあります。しかし，支援を必要とする子どもや子育て家庭はそういった社会資源を利用しない傾向にあることが多く指摘されています [*4]。

　また，図１で確認できるように，就学前の子どもと子育て家庭に対する支援策は，保育や教育，母子保健など，一応は多様な支援が用意されていますが，就学期以降になると，子どもたちへの支援は学校現場がその大部分を占めるようになります。学校だけでかかえることのできない，たとえば，いじめの問題や発達障害がある子どもたち，外国籍の保護者をもつ子どもたちの生活問題などが，近年，増加していることが指摘されています。

　子どもの最善の利益を保障するという視点からの支援策が構築されにくい現状において，前述したような，いわゆる「しんどさ」や「生きづらさ」をかかえる子どもたちを支えているのは家族です。そして，家族であっても容易に解

---

11) **ホリスティック**
「全体的」「総体的」という意味があります。

*3　平野裕二「国連子ども特別総会における子どもの権利の争点」子どもの権利条約総合研究所（編）『子どもの権利研究』創刊号，日本評論社，2002，p.63

12) **セーフティネット**
親族による援助や各種支援制度を利用しても，生活困窮が改善されないときに利用する社会保障における最後の安全網のことです。日本では，生活保護がセーフティネットとして位置づけられています。

III 家族支援はなぜ必要か？

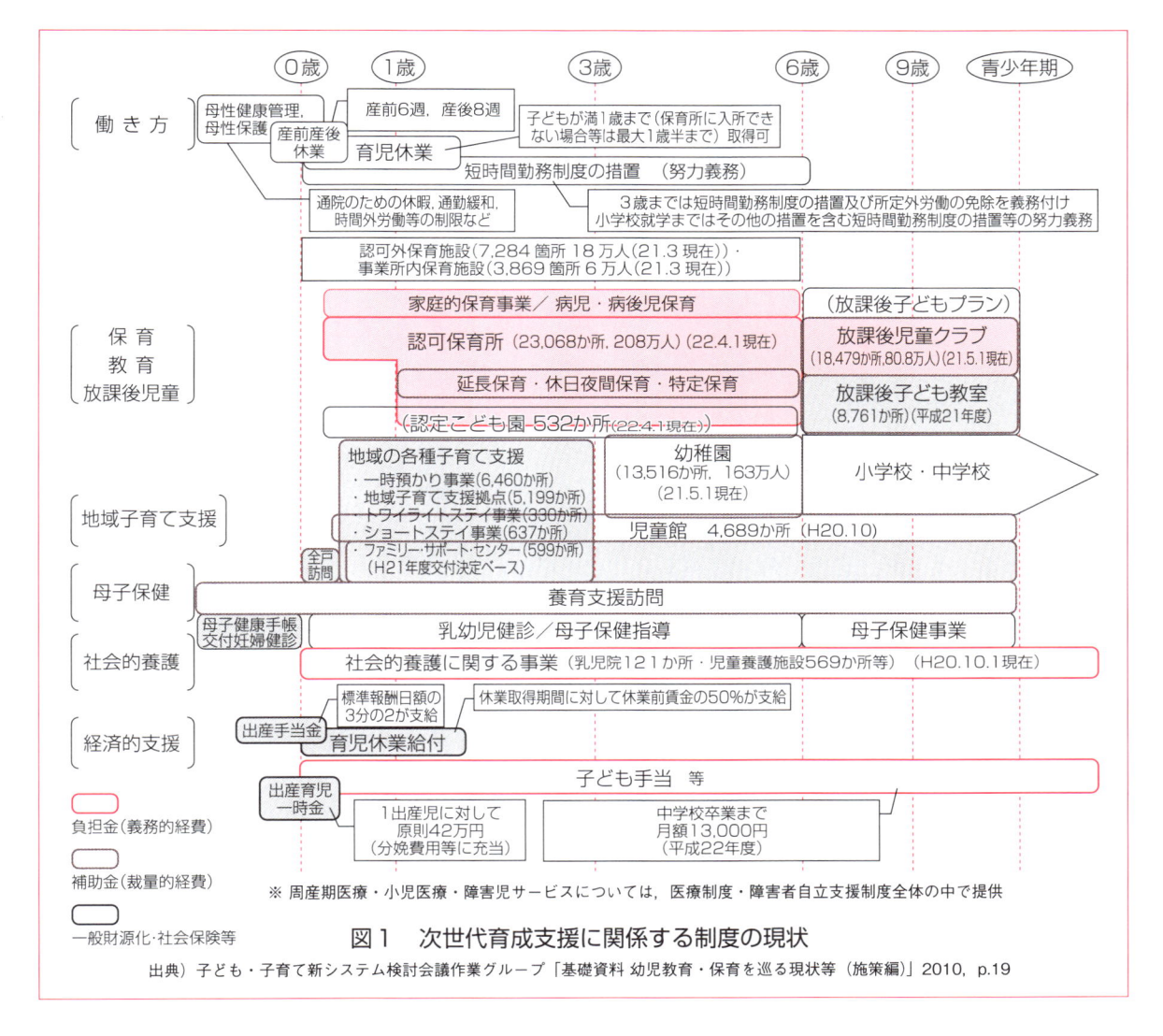

図1 次世代育成支援に関係する制度の現状

出典）子ども・子育て新システム検討会議作業グループ「基礎資料 幼児教育・保育を巡る現状等（施策編）」2010, p.19

決することができない，貧困，いじめ，障害などの生活問題を，家族の自助努力によって克服・解決しようと試みながら，なんとか今日まで暮らしているのです。

3. 子どもと家族を守るために

　子どもの貧困の問題が明らかになるなかで，これまで，ひとり親家庭に注目が多く集まることがありました。ひとり親家庭，とりわけ出現数が多い母子家庭は，支援対象というよりは，社会からつねに批判の対象として見られることが多かったように思われます。「離婚をしたのは母親のがまんが足りない」「離婚をするなんて身勝手だ」「子どもがかわいそうだ」といったことです。子ども虐待にしてみても，虐待をしてしまった親を責める論調が散見されます。いずれも，子どもの最善の利益をおびやかす問題として社会全体でしっかりと認

識しなければならないことなのですが，世間的には家族や個人の問題，あるいは自己責任としてとらえられることが少なくありません。

　子どもと向き合うということは，子どもの最善の利益を保障するために子どもを養育する権利を有する家族の問題にも同じように向き合っていかなければいけませんし，そうしないと，子どもの生活問題の全体をとらえることはできません。家族を批判するのではなく，どういった困難を除去したら家族が子どもの最善の利益を保障するための役割を担うことができるのかを考えて実践していくことが，社会および子どもにかかわる人々には求められます。つまり，子どもの権利の視点から家族を支えていかなければならないという立場を理解し，実践していくことが，保育者には求められるのです。　　　　　　　（清水冬樹）

【引用・参考文献】

*1　森田明美・清水冬樹「低所得母子世帯の生活実態から見る社会福祉課題の検討―千葉県八千代市生活保護受給母子世帯への調査から―」福祉社会開発研究，(2)，東洋大学，2009，93-104.

*2　清水冬樹「子ども支援の視点からみた母子世帯の現状と福祉支援の課題」教育と文化，(57)，アドバンテージサーバー，2009.

*3　平野裕二「国連子ども特別総会における子どもの権利の争点」子どもの権利条約総合研究所（編），『子どもの権利研究』創刊号，日本評論社，2002，63-67.

*4　David Olds., 2012. *Preventing child abuse and neglect with home visiting by nurse.* (＝西澤哲「子ども虐待の予防方法としての家庭訪問プログラム」子どもの虐待とネグレクト，14 (2)，2012，118-134.)

・苅谷剛彦『階層化日本と教育危機―不平等再生産から意欲格差社会（インセンティブ・ディバイド）へ』有信堂高文社，2001.

・松本伊智朗「子ども虐待問題の基底としての貧困・複合的困難と社会的支援」子どもの虹情報研修センター紀要，(8)，横浜博萌会子どもの虹情報研修センター，2010，1-11.

・子どもの権利条約NGOレポート連絡会議（編）『子どもの権利条約から見た日本の子ども（国連・子どもの権利委員会第3回日本報告審査と総括所見）』現代人文社，2011.

・喜多明人・森田明美・広沢明・荒牧重人『「逐条解説」子どもの権利条約』日本評論社，2009.

・喜多明人・森田明美・荒牧重人・李在然・安東賢・李亮喜『子どもの権利―日韓共同研究』日本評論社，2009.

・永井憲一・寺脇隆夫（編）『解説・子どもの権利条約』日本評論社，1994.

・小沢牧子『子どもの権利・親の権利―「子どもの権利条約」をよむ』日外アソシエーツ，1996.

コラム　社会的養護の必要な子どもたちと保護者の関係を見つめて

　筆者は，以前，児童養護施設に勤めていました。
　児童養護施設にやって来る子どもたちの多くは，家庭で保護者から虐待を受けた経験があります。みなさんがこういった話を見聞きすると，「子どもたちは虐待をした保護者を憎んでいるだろう」と想像する人が多いのではないかと思います。しかし，実際はそんなに簡単な話ではありません。
　虐待を受けてきた子どもたちは，虐待をした保護者のことを責めていないことが少なくありません。むしろ，子どもたちは，暴力やネグレクトを受けた原因が自分にあると思い込んでいます。「（自分が）いけないことをしたから」だとか「（自分が）悪いことをしたから」だと言うのです。そして，異口同音に，「保護者にふり向いてほしいからいい子になろうとがんばってきた」と言います。保護者にふり向いてもらいたくて，炊事・洗濯・掃除など，家のことを必死にがんばってきた子どもたちや，万引きをして家庭生活を支えようとしていた子ども，殴られたり蹴られたりしたあとにはお父さんやお母さんが許してくれると思っていた子どもなど，そういったエピソードに多くふれてきました。
　子どもたちは，生まれてくる家族を選ぶことができません。そして，生まれた家庭のなかで保護者からの保護を受けなければ，生きていくことや暮らしていくことができないということをわかっています。だからこそ，保護者から見捨てられたり無視されたりしないように，なんとか保護者にふり向いてもらおうと，必死に努力をします。ときにそれが悪いことだとわかっていても，反社会的な行動を取ってしまうこともあります。
　子どもたちにとって，なぜ，家族や家庭が必要なのか。それは，子どもたち自身が家族や家庭を必要としているからなのです。

（清水冬樹）

Ⅲ-5. 子ども虐待について

1. 子ども（児童）虐待とは

　児童虐待防止法[1]が2000（平成12）年5月に制定され，ようやく日本でも子ども虐待の定義が明確になりました。同法第3条に「何人も，児童に対し，虐待をしてはならない」と明文化され，子どもの人権を尊重して監護[2]をしていかなければならないことが法律として規定されたのです。

　子どもへの虐待とは，保護者[3]が，その監護する児童（18歳に満たない者）に対し，以下にあげる行為をすることを言います（同法第2条）。この第2条は，虐待と後述するマルトリートメント（不適切なかかわり）の違いを判断する根拠にもなります。

●身体的虐待

　身体的虐待とは，子どもの身体に外傷が生じる，またはそのおそれのある行為のことです。判断の根拠として，事故ではなく，偶然に起こったものでもなく，行為が反復し，継続するという特徴があげられます。具体的な例としては，顔や身体を叩く，つねる，熱源を押しつける，水風呂につける，はだかで寒い戸外に放置する，髪の毛を引っぱるなどといった行為があります。また，それにともない，やけど，骨折，脱水症（たとえば，夜尿に対する体罰としての強制的な水分制限によるもの），頭部外傷や眼周囲の出血，網膜出血，鼓膜破裂，腹部外傷などが生じることがあります。身体的虐待は，外傷をともなうので，周囲の人たちが気づきやすい虐待です。

●性的虐待

　性的虐待とは，子どもにわいせつな行為をすること，または子どもにわいせつな行為をさせることを言います。性的虐待にあたるものとは，子どもの発達段階に過度に刺激になるような行為のことで，たとえば，子どもがいやがるのにキスをする，はだかの写真を撮る，性的なことばを言わせたり姿勢を取らせたりしておもしろがる，マスターベーションをさせる，プライベートエリア[4]を触る，性器や肛門への挿入など，さまざまなことがあげられます。性的虐待は，ほとんどの場合，加害者が子どもに口止めしているので発見がむずかしく，虐待を受けた子どもには思春期以降に性的発達にかかわる心理的・身体的問題が起こりやすく，それをかかえながら成育していきます。性的虐待の発見は，子

1）児童虐待防止法
正式名称は，「児童虐待の防止等に関する法律」です。

2）監護
未成年者の権利，厚生を考えて保護，監督することを監護と言います。子どもの親権をもっている保護者には，その義務があります。

3）保護者
ここで言う保護者とは，親権をおこなう者，未成年後見人，そのほかの者で児童を現在，監護している者のことを指します。

4）プライベートエリア
他人に侵入されたくない場所のことを言います。たとえば，くちびるや胸，下腹部など，他人が触ると不快な気持ちになる部分のことです。

どもが発している通常ではない性化行動[5]に気づくおとな（保育者など）の存在がきっかけとなります。そのおとなとの信頼関係によって，子どもははじめて，性的虐待の事実を開示することができるようになるのです。

●ネグレクト（養育の放置・放棄）

ネグレクトは，法的には子どもの心身の正常な発達をさまたげるようないちじるしい減食，または長時間の放置，保護者以外の同居人による同様の行為，そのほか，保護者としての監護をいちじるしくおこたることを言います。妊婦健診をまったく受けない，母子健康手帳を取得していない，飛び込み出産[6]や墜落分娩[7]など，ネグレクトは妊娠・出産期から発生していることがあります。

ネグレクトは，保護者が子どもに対し，適切な衣食住の世話をしない，ミルクを薄めて与える，食事を与えない，風呂に入れない，季節に合わない衣服を着せる，住居がない，乳幼児健診・予防接種を受けさせない，病気になっても受診させない，家や車のなかに1人で放置する，登園・校をさせない，危険な場所に放置するなどをしてしまうため，日常生活が子どもにとっては安全でない環境になっています。そのため，子どもの成育が遅れ，低体重・低身長，虫歯の多さ，ことばや精神発達の遅れ，学習能力の遅れ，さらに養育放棄が進行すると栄養失調や脱水症などが生じ，ときには餓死することもあります。

子どもが健全に育つために，そしてネグレクトで死なせないために，乳幼児期の早期に発見しなければなりません。そうすれば，子どもの発育・発達も回復していきます。ネグレクトには，保健師，助産師，看護師，小児科医，保育士，幼稚園教諭など，子どもの健康や福祉にかかわる支援者の発見する目と支援が大変重要になります。

●心理的虐待

心理的虐待とは，法的には子どもに対するいちじるしい暴言，またはいちじるしく拒絶的な態度などのことを言います。さらに，子どもと同居している保護者に対する配偶者[8]からの暴力（DV[9]）など，保護者の身体に対する不法な攻撃で，生命または身体に危害をおよぼす行為，あるいはこれに準ずる心身に有害な影響をおよぼす言動も，子どもにいちじるしい心理的外傷を与えるものと考えられるため，心理的虐待にあたります。心理的虐待は，単独よりも身体的虐待やネグレクトにともなって重複して発生することが多くあります。た

---

[5] **通常ではない性化行動**
著明なマスターベーション，性的なことばを発する，性的な絵を描く，アダルト雑誌に異常に興味を示す，パンツに手を入れたがる，キスをしたがる，援助交際や売春をするなどの行動を指します。

[6] **飛び込み出産**
妊婦健診を受けないで，また予約もなしに，陣痛が来たら救急車などで産科病院に駆け込んでお産をすることです。

[7] **墜落分娩**
妊婦健診も未受診であるか，もしくは回数も少なく，きちんと受診もしないで，助産師の指導もなく，1人でトイレなどに産み落とすお産のことです。

[8] この場合の配偶者とは，婚姻届は出していなくても，事実上，婚姻関係と同様の事情にある者も含みます。

[9] **DV**
Domestic Violence（ドメスティック・バイオレンス）の略です。くわしくは，Ⅳ-6.「DVにさらされる家族」（p.160～）を参照。

とえば、「おまえなんか生まなければよかった」「死んでしまえ」「ばか」「だめな子」などのひどいことばでくり返し罵倒し子どもに屈辱感を与える、廊下に長時間座らせて子どもを説教する、無視をする、接触の拒否や冷たい視線や態度によって子どもの心を傷つける、きょうだい間でいちじるしく差別して育てる、などです。

　心理的虐待は、密室になりがちな家庭のなかでおこなわれる、保護者の意図的で否定的なかかわりです。子どもは、「自分が悪い」「自分がだめだから」などと自分を責めるだけで虐待されているとは気づかないことも多いので、発見も困難でわかりにくい虐待だと言えます。心理的虐待を受け続けていると、問題が先送りされて、そのひずみが思春期以降に生じるという特徴があります。自信がない、自己肯定感がない、いじめを受けやすい、対人関係において困難が生じる、子どもを愛せないなど、人格形成にも影響を与えていきます。

2. マルトリートメントと児童虐待の違い

　マルトリートメントは、児童虐待より広い概念で、15歳以上のおとな[10]が、18歳未満の子どもに対して、不適切なかかわりをすることを言います。たとえば、学校でのいじめ、教師や保育者による体罰やいじめ、施設内での年長児による年少児へのいじめ、安全に配慮しない養育、家庭での事故、おどかしなど、明らかに危険が予測されたり、子どもが苦痛を受けていたり、心身に問題が生じていたりするような状態を言います。

　保育現場でも、多忙な日々のなかでいらいらして子どもに危ないひと言を言ってしまうことがあるのではないでしょうか。「何回言ったらわかるの！」「いいかげんにしなさい！」「寝ないとおやつが食べられないよ」「またウソを言ってる」など、感情的になったり、おどかしたり、自尊心を傷つけたりする対応は、けっしておこなってはいけないことです。毎日子どもが楽しんで通う保育の現場は、子どもにとって安全で安心できる居場所であり、保育者には、子どもとの信頼関係を保持していくことが求められます。

　子どもへの虐待の発生には、図1のように「親の要因」「子どもの要因」「家庭基盤の脆弱さ、生活にストレス・危機」「家族の社会的孤立」の4つの要因が関連していると言われています。

　「親の要因」にある「親の被虐待歴」とは、親自身が子ども時代に親から十

---

[10] **15歳以上のおとな**
おとな、あるいは行為の適否に関する判断が可能な年齢の子ども（おおよそ15歳以上）のことを指します。

Ⅲ　家族支援はなぜ必要か？

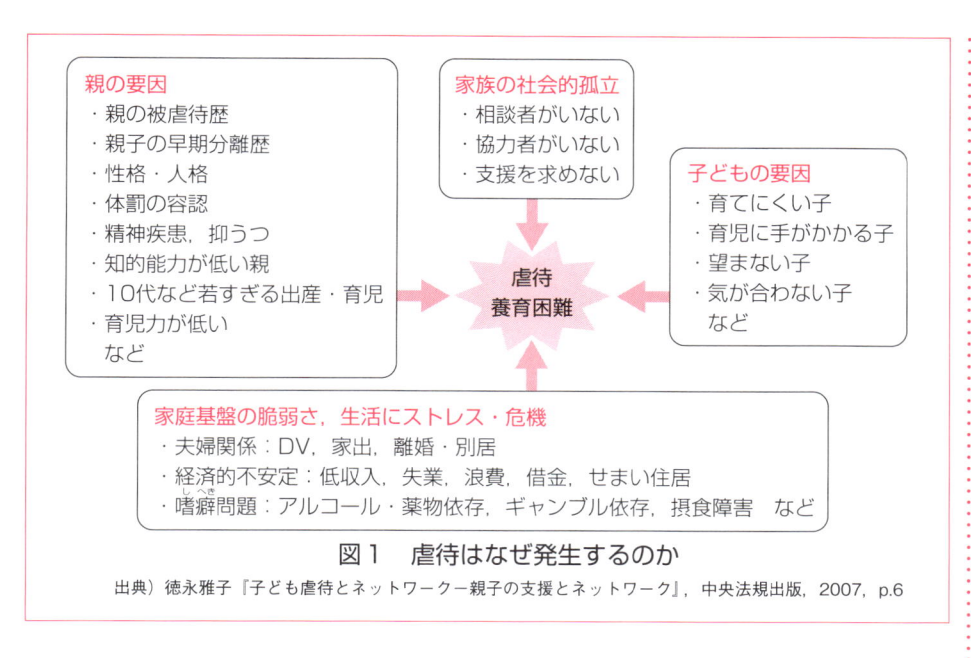

```
┌─────────────────────┐   ┌─────────────────┐
│ 親の要因             │   │ 家族の社会的孤立 │
│ ・親の被虐待歴       │   │ ・相談者がいない │
│ ・親子の早期分離歴   │   │ ・協力者がいない │   ┌─────────────────┐
│ ・性格・人格         │   │ ・支援を求めない │   │ 子どもの要因     │
│ ・体罰の容認         │   └─────────────────┘   │ ・育てにくい子   │
│ ・精神疾患，抑うつ   │          ↓              │ ・育児に手がかかる子│
│ ・知的能力が低い親   │    ┌──────────┐         │ ・望まない子     │
│ ・10代など若すぎる出産・育児│→│ 虐待     │←───│ ・気が合わない子 │
│ ・育児力が低い       │    │ 養育困難 │         │ など             │
│ など                 │    └──────────┘         └─────────────────┘
└─────────────────────┘          ↑
            ┌────────────────────────────────────────┐
            │ 家庭基盤の脆弱さ，生活にストレス・危機  │
            │ ・夫婦関係：DV，家出，離婚・別居        │
            │ ・経済的不安定：低収入，失業，浪費，借金，せまい住居 │
            │ ・嗜癖問題：アルコール・薬物依存，ギャンブル依存，摂食障害 など │
            └────────────────────────────────────────┘
```

図1　虐待はなぜ発生するのか

出典）徳永雅子『子ども虐待とネットワーク―親子の支援とネットワーク』，中央法規出版，2007，p.6

分な愛情やケアを受けてこなかったり，暴力や暴言にさらされて育ったりした経験をもつという意味です。被虐待歴のある人が親になると，健全な家族モデルの経験がないので，どのように子育てしてよいかがわからず，虐待につながることがあります。

　望まない子，親の意にそわない子，新生児期の長期母子分離によって愛着形成[11]阻害がある子，低体重児や多胎児，障害児など，育てにくい子であったり育児に手がかかったりする子どもは，虐待のリスクがかなり高いと見るべきでしょう。子どもとかかわるときは，家庭でどのように育てられているか，家族背景をしっかり見立てることが重要です。夫婦関係の危機（別居，親の失踪，DVなど），経済的不安定（借金，ギャンブル，収入が低い，失業など）や精神疾患や知的能力が低い親，あるいはアルコール・薬物依存などのある家族は，子育てにストレスをかかえやすいので，虐待のハイリスク家族としてアセスメント[12]（判断）をします。

　しかしながら，押さえておくべきは，虐待は特別な家族にだけ起こるのではなく，ごくふつうの家族にも起こりえるものだということです。現代の子育て世代は，夫婦間緊張や経済的不安などによるストレスが大きく，また，地域コミュニティの子育て機能も脆弱化していますので身近に頼れる人が少なく，社会的にも孤立してしまいがちです。そういうことが，虐待の背景となっているのです。

　さらにまた，東日本大震災のような大きな災害で親を失ったり，生活が一変したりすると，虐待やDV，アルコール問題などが浮上してきます。社会的な病理現象が進行することによって，さらに傷つく子どもたちが発生しますので，私たちはその影響を最小限にとどめられるように，行政も含めて，施策や対応をしていかなければなりません。

11) **愛着形成**
赤ちゃんは，泣いたり，笑ったり，目線を合わせたりして，接近・接触を求めたときに，それに応えてもっとも密に相互作用をしてくれた人を特定の人として選びます。ほとんどの赤ちゃんは，おもな養育者である母親を，その愛着の対象者とします。

12) **アセスメント**
把握した情報や事実関係から，問題や家族の状況などの理解を深め，判断した内容を言語化（記述）することです。

3. 気になる子どもの発見と通告の役割

　子どもたちが1日の3分の1を過ごす保育の現場は，子どもたちが集団生活をいとなむ場であるとともに，乳幼児期の発育・発達を支援するための地域の中核的な拠点でもあります。そのため保育者には，集団生活や集団行動のなかで見えてくる1人ひとりの子どもの個別性に注視しながら，不自然な発言や態度・行動，身体の変化などに気づく感性が求められます。

　くり返し起こる不自然な傷やあざ，子どもらしくない凍りついた表情，給食をがつがつ食べる，身体が臭う，何日も同じ服を着て来る，ウソをつく，盗癖がある，暴力的で乱暴な態度，発育・発達の遅れ，ことばの遅れ，多動，見知らぬ人にもべたべたとくっついていくような不自然な言動，家に帰りたがらない，親の顔を見るとおびえた表情になるなどは，子どもが発しているSOSのサインと見ていいでしょう。

　毎日送迎する保護者の言動にも注意しましょう。子どもを見る目が険しい，一緒にいても楽しそうでない，子どもを荷物のように乱暴にあつかう，家族のことを話すのを極端にいやがってガードが固い，こだわりが強い，保護者の子どもに対する冷たい視線や態度，「子どもがいや」と否定的なことばを発するなどは，保護者側のサインとなります。また，子どもが発するサインがある場合に面接すると，保護者の陳述が一貫せずにころころ変わったり，けがの状況と一致しない説明がなされたりすることもあります。さらに，近所づき合いもまったくない，家のなかがごみの山で足の踏み場もない，きょうだいが不自然な死に方をしていたり施設・身内に預けられていたりする，転居が多いなどからも，虐待がうたがわれることがあります。

　「へんだな」と気になったら，子どものサインを見のがさないで「なにがあったの？」「どうしたの？」と声をかけ，子どものことばに耳を傾けましょう。虐待がうたがわれる場合は，子どもの陳述はそのまま受けとめて，保育者が1人でかかえこまず，気になった事柄をことばにして保育所内で情報を共有しましょう。そして，市区町村の子ども家庭支援課[13]または児童相談所に早めに電話して，あとで通告書を送付するようにします。児童福祉法第25条では，子どもの虐待がうたがわれたら通告する義務が国民すべてにあると規定されています。通告は，孤立した家族の膠着した関係に風穴を開けることにつながります。

　子どもの虐待がうたがわれる場合に通告することは，その家族への支援を開

[13] 自治体により名称が異なる場合があります。Ⅴ－1.「家族支援のしくみ：行政が担う活動とシステム，NPOとの連携」の「市区町村」(p.188)を参照。

始することなのです。保護者によっては，通告されることに拒否感をもつかもしれませんが，「自分たちには法律によって通告義務がある」と率直に伝えましょう。また，子どもへの虐待に関する情報共有は，守秘義務違反にはならないと法的に規定してあります[14]。心配しないで自分たちが把握している情報は提供し，他機関からもきちんと情報を提供してもらいましょう。かかわっている関係者が集まって総合的に子どもや家族のアセスメントをしていくのが，虐待に対する地域ネットワークとしては望ましい対応です。

市区町村の子ども家庭支援課または児童相談所は，通告があったら原則として48時間以内に訪問調査をして，子どもの安全確認をするようにと，厚生労働省は指導しています。子どもが保育所に通っていれば，保育所で子どもに聞き取りをおこなったり，傷やあざがあれば写真を撮ったり，保育所でのようすを保育士から聞き取ったりして，必要な情報を集めていきます。児童相談所には子どもの生命や人権を守る役割があり，子どもに生命危機がある場合には法的な権限も備わっているため，一時保護や児童養護施設入所を措置[15]することもできますので，保育所・保育士も連携して協力しなければなりません。これらの対応は，保護者の主張に臆することなく，子どもの立場に立って，どうすれば子どもが安全なのかを検討し，おこなっていかなければなりません。

4. 虐待はチームアプローチとネットワークで対応

保育分野は，0歳から小学校入学前までの乳幼児を対象として保育することを目的としています。子どもの保育は，保育士など免許を取得した専門家がおこないます。子どもへの対応が保育者のおもな役割ですが，毎日送迎する保護者や身内の人とも出会い，子どものようすを伝え合うなどのやりとりを通して，お互いのコミュニケーションをよりよい状況にしていかなければなりません。子どもたちの多くは心身ともに健康でしょうが，近年は前述したような育児不安や虐待家庭で育てられている子どもも少なからず入所しています。そのため，親にかわる養育者としての役割も期待されるので，ときどき荷が重く感じることもあるでしょう。

虐待ケースに，保育者が1人で対応するのは困難であり，大変なことです。まずは職場内でチームを形成し，対応にあたるチームアプローチの手法を取らないと疲弊してしまいます。だれが保護者にかかわるのか，子どものサポート

---

[14]「児童虐待の防止等に関する法律」第6条に規定されています。

[15] **措置**
事態に応じて，必要な手続きをすることを言います。

はだれがするのか，行政や他機関との連携はだれがおこなうのか，それぞれの役割を話し合って分担し，情報を共有するようにしましょう。お互いが信頼し合い，助け合い，チームでかかわることによって，日々の負担感も軽減していきます。

さらに，保育所だけでケースをかかえ込まないようにすることも肝要です。虐待がうたがわれたら市町村の子ども家庭支援課や児童相談所へ通告し，地域の関係機関と連携してネットワークでかかわるように対応していきます。各市区町村には"要保護児童対策地域協議会"設置の努力義務が課せられており，代表者会議，実務者会議，個別ケース会議をそれぞれに開催し，地域の虐待に関する課題や虐待ケースなどの検討をおこなうことができます。これらの会議では参加者全員および参加機関に守秘義務が課せられるため，安心して情報提供や情報交換をすることができます。とくに，個別ケース会議では，要保護児童，要支援家庭，特定妊婦[16]に対する，対応や介入に困っているときや行き詰まったときに，方針や役割分担などを話し合うことができます。他機関との話し合いが必要だと感じた場合は，協議会の事務局である子ども家庭支援課に相談すれば，日程，集まってほしい関係者，場所，目的などを調整して会議を開催することができます。

かかわっている関係者が一堂に会して情報を提供し合い，どうすれば子どもや親を支援していけるか，知恵を出し合っていけば，困難な課題であってもなにかしらの出口が見つけられるでしょう。孤立している保護者に，「あなたは1人ではない。私たちが支援していきます」と声をかければ，孤立感もやわらぐのではないでしょうか。それには，保育者などの支援者自身が孤立しないで支援をすることが大切です。そうしないと，子育てに行き詰まったり，子どもへの虐待が発生したりしている家族は，さらに孤立していくことになるのです。

保育者が身近に使える社会資源や人的資源はどこにあるのか。要保護児童対策地域協議会に参加することも，その地域を知る機会になります。（徳永雅子）

16）**特定妊婦**
妊娠中から，子どもの養育について支援をおこなうことが，とくに必要と認められる，もしくは，家庭環境におけるハイリスク要因を特定できる妊婦のことです。具体的には，妊娠届未届，妊婦健診未受診，経済基盤が不安定，家族構成が複雑，妊婦自身の知的・精神的障害など，さまざまな要因でネグレクトや養育困難が予測される妊婦を言います。

【参考文献】
・徳永雅子『あなたにもキャッチできる児童虐待のSOS』新企画出版，1999．
・徳永雅子『応援します―あなたの子育て（パンフレット）』新企画出版，2001．
・庄司順一・徳永雅子ほか『見過ごさないで！子どもたちのSOS』学研，2002．
・徳永雅子『子ども虐待とネットワーク―親子の支援とネットワーク』中央法規，2007．

コラム　事故なのか虐待なのか

　愛ちゃんは2歳7カ月。父親と母親，小学1年生の兄の4人家族です。母親は，愛ちゃんを保育所に預けて近所のスーパーでパートタイマーとして働いています。

　ある日，保育士は愛ちゃんの右腕に細い線のようなやけどの跡があることに気づきました。きのうはなにもなかったのにへんだな？　と思って声をかけましたが，愛ちゃんは黙ったままでした。迎えに来た母親に，「このやけどみたいなのはどうしたのでしょう？　きのうは気づきませんでしたけど」とたずねると，「私がヘアアイロンで髪を整えているときに，愛がいたずらして自分で触ったんですよ」と答えました。小さい子がヘアアイロンを持てるかな？　と，不自然だと思いつつも，それ以上は聞きませんでした。愛ちゃんは以前にも，ベッドから落ちたり，タバコを誤嚥（誤って飲み込むこと）したりという理由で救急外来を受診したことがありましたが，そのときも，母親は「愛が自分でやった」と事故を主張していました。

　歩行ができるようになって動き回る幼児の場合，家庭のなかで起こる事故には親も気をつけないといけませんが，事故と虐待の鑑別はどうしたらできるのでしょうか？　むずかしい課題です。

　虐待を判断する際には，保護者の意図は関係ないということをしっかり頭に入れておきましょう。これは，たとえば保護者が「しつけだ」「愛している」などと言ったとしても，それは関係ないということです。子どもの立場に立って考えるようにしましょう。①子どもの安全がおびやかされていないか，②子どもは危険にさらされていないか，③子どもの成育に必要なものが与えられているか，についてからのみ状況を判断し，3つのうちひとつでも欠けているときは"虐待"と見なします。子どもの年齢，発達から，保護者の陳述に不自然さはないか，妥当性があるか，納得できるものなのかを慎重に判断していきます。

　虐待だと認めることはつらいかもしれませんが，少しでもうたがいをもったら，市区町村の子ども家庭支援課や児童相談所に通告をしましょう。通告がためらわれたら相談でもいいでしょう。最終的な判断をするのは，児童相談所です。虐待をうたがうことは，親を告発することではなく，支援をはじめることにつながることなのです。近隣ともつき合いがなく，支援も求められない保護者は，子育てで困っていてもみずから相談することはほとんどありません。まずは，気づいた人が話しかけてみたり，相談をうながしたりしましょう。

　転落，タバコの誤嚥，やけどをくり返すなどは，事故であったとしても，親が子どもの安全に配慮しない育て方をしていることのあらわれです。愛ちゃんのケースでは，保育士はやけどの件を所長や職員と話し合い，保育所だけでかかえ込まずに母親にも面接して，「心配している」と勇気をもって伝えました。そして，愛ちゃんへのかかわり方などは，保健師や児童福祉司に相談するように母親にすすめ，これらの機関につなぎました。

（徳永雅子）

考えてみよう

ⅰ 育児ストレスや育児不安の要因にはどのようなものがあるでしょうか。また，どのような環境や支援があれば，育児不安や育児ストレスを軽くすることができるでしょうか。

ⅱ 「子どもの権利」から見て家族・家庭の役割とは，また家族・家庭に対する社会の役割とはどのようなことか考えてみましょう。

ⅲ 子ども虐待の要因や背景となる家族や家庭の問題にはどのようなことがあるでしょうか。

IV. 支援を必要とする家族・子ども

どのような親子にも支援が必要だと言えますが，

ここでは，より困難な状況に置かれやすい家族の例を紹介します。

いわゆる「ふつう」の家庭の形とは違っている，あるいは社会のなかで少数派であるために

生きにくさをかかえている家族。世間の誤解や偏見のために苦境に立たされている家族。

育ってきた環境のために心に問題をかかえてしまう親。

予想外のできごとのために突如として日常生活がおびやかされる家族。

さまざまな困難さをかかえる，さまざまな家族や子どもがいることを知っておきましょう。

IV-1. ひとり親

1. 両親がいるのが正常な家族？

「ひとり親家庭」ということばは，母子家庭や父子家庭の総称として使用されています。「シングルマザー」「シングルファザー」と言う場合もあります。はじめて，このひとり親家庭ということばが使われるようになったのは1970年代で，それより前は「単身家庭」「欠損家庭」ということばが頻繁に使われていました。父親が外で働き，母親が家事と子育てを担うという性別役割分業社会においては，両親がそろっていることを正常な家庭とし，そうでない家庭を問題のある家庭としてとらえていたことがうかがえます。現代では，ことばの上ではこのような差別的な見方はされなくなったものの，いまなお，経済的な厳しさや暮らしにくさなど，多くの生活問題をかかえている場合が少なくありません。

本節では，ひとり親家庭の現状とひとり親家庭支援に対する保育課題を，2012（平成24）年9月に公表された「平成23年度全国母子世帯等調査結果の概要」（以下「全国調査」と表記）を手がかりにしながら考えていきます。

なお本節では，「ひとり親家庭」「母子家庭」「父子家庭」という用語を使用しますが，ほかの調査や研究などから引用する場合は，その研究等で使用されていることばを使います。

2. ひとり親家庭の現状

●ひとり親家庭の数

表1は，全国調査におけるひとり親家庭の数（推計値）の結果をまとめたものです。2011（平成23）年現在，母子世帯数は約1,237.7千世帯，父子世帯は約223.3千世帯となっています。世帯数の推移を見ると，ここ15年のあいだに母子世帯は急激に増加[1]し，父子世帯はゆるやかに増加していることがわかります。

戦後間もないころから高度経済成長期にかけて，戦争で夫を亡くしたり交通事故や海難事故によって夫を亡くしたりした死別母子家庭が多く存在しました。しかし，時代とともに離婚件数が増加し，表2にあるように，ひとり親家庭になった経緯のうち，離別が死別を上回るようになりました。このようなことから，現代においてひとり親家庭が増加した背景には，離婚の増加が指摘さ

---

1) 世界的に見ると，日本における母子家庭の出現率は低いことが指摘されています。くわしくは杉本(2008)（*1）参照。

Ⅳ 支援を必要とする家族・子ども

表1　ひとり親世帯数

	母子世帯		父子世帯**	
	世帯数*	全世帯に占める割合***	世帯数*	全世帯に占める割合***
昭和53年度	633,700	1.8%	—	—
昭和58年度	718,100	2.0%	167,300	0.5%
昭和63年度	849,200	2.2%	173,300	0.4%
平成 5年度	789,900	1.9%	157,300	0.4%
平成10年度	954,900	2.1%	163,400	0.4%
平成15年度	1,225,400	2.7%	173,800	0.4%
平成23年度	1,237,700	2.6%	223,300	0.5%

*　世帯数は推計値です。　**　昭和58年度調査より統計が取られるようになりました。
***　全国調査実施年の6月に集計された国民生活基礎調査から算出したものです。
*注）平成18年度の結果では推計値が算出されていないため、表からは省きました。
出典）厚生労働省「全国母子世帯等調査結果」をもとに筆者作成

表2　ひとり親になった経緯

	母子世帯		父子世帯	
	死　別	離　別	死　別	離　別
昭和58年度	36.1%	63.9%	40.0%	60.1%
昭和63年度	29.7%	70.3%	35.9%	64.1%
平成 5年度	24.6%	73.2%	32.2%	65.6%
平成10年度	18.7%	79.9%	31.8%	64.9%
平成15年度	12.0%	87.8%	19.2%	80.2%
平成18年度	9.7%	89.6%	22.1%	74.4%
平成23年度	7.5%	92.5%	16.8%	83.2%

出典）厚生労働省「全国母子世帯等調査結果」をもとに筆者作成

れています。

●仕事とお金のこと

　表3はひとり親家庭の収入を示したものです。直近のデータを見ると，就労収入のほか，児童扶養手当[2]，生活保護といった各経済的な支援を合わせた世帯の平均収入は，母子世帯で291万円，父子世帯で455万円となっています。このうち就労による収入は，母子世帯で181万円，父子世帯で360万円で，平均収入と就労による収入に大きな差があるのは，子ども手当（現，児童手当）による収入の増加が影響しているものだと考えられます。母子世帯の平均収入は，両親がそろっているいわゆる一般世帯の45％にも満たない水準であり，

2）1962（昭和37）年に施行されたもので、「父と生計を同じくしていない児童が育成される家庭の生活の安定と自立促進に寄与する」ことを目的としたもので、施行当時は母子家庭だけが対象でしたが、現在は父子家庭にも支給対象となっています。支給額は世帯所得に応じて約1〜4万円となっており、子どもの数に応じて5,000円が加算されます。

表3　ひとり親世帯の平均収入

	母子世帯	父子世帯
平成17年	213万円	421万円
平成22年	291万円	455万円
平成22年現在の児童のいる世帯を100とした場合の平均収入	44.2	69.1

出典）厚生労働省「全国母子世帯等調査結果」をもとに筆者作成

　経済的に相当厳しい状況であることがわかります。一方，父子世帯に目を向けると，男性は収入が高いということもあり父子世帯の方が母子世帯より収入が高いとは言え，一般世帯と比較すると，父子世帯の平均収入は一般世帯の70％程度しかありません。父子家庭の場合，親族と同居し，親族に子どもの世話や家事をしてもらっている場合が多くあります。しかし，そういった親族からのサポートがえられない場合，仕事の時間が長引き，夕食を外食したり総菜を購入したりしているため生活費が高くなり，母子家庭同様，子育てをしていく上で，経済的に困難な状況に置かれる場合が少なくありません。

　また，表4のひとり親家庭の働き方に目を向けてみると，母子世帯の場合80.6％の母親たちが働いており，父子世帯の場合は91.3％の父親たちが働いていることがわかります。わが国は，世界的に見ても母子世帯の母親の働いている割合が高いことが指摘されていますが[*2]，それでも母子世帯の収入が低いのは，働き方に特徴があるためです。就業上の地位を見ると，働いている母親のうち47.4％がパート・アルバイト等という働き方をしています。パート・アルバイト等という働き方では，社会保険に加入していなかったり，近年の経済状況の影響ですぐに契約を打ち切られてしまったりするため，暮らしや収入が不安定になりやすい状況に置かれてしまいます。

　収入が不安定であったり少なかったりするため，母子家庭の母親たちのなかには副業，つまりふたつの仕事を掛け持ちしている人もいます。全国調査では，

表4　ひとり親家庭の就業状況

	就業している	正規の職員・従業員	派遣社員	パート・アルバイト等	会社の役員	自営業	家族従事者	その他	不就業	不詳
母子世帯	80.6%	39.4%	4.7%	47.4%	0.6%	2.6%	1.6%	3.7%	15.0%	4.4%
父子世帯	91.3%	67.2%	2.0%	8.0%	1.6%	15.6%	1.4%	4.3%	5.3%	3.4%

※ 就業上の地位は「就業している」の内訳

出典）厚生労働省「平成23年度全国母子世帯等調査結果」をもとに筆者作成

母子世帯の7％近くが副業をしているということがわかりました。しかし，副業はけっして簡単なものではなく，それにより，母親が体調を崩してしまったり，子どもの勉強を見てあげられなかったり，親子で一緒に出かけるといった親子の暮らしが思うようにできなかったりすることも明らかとなっています*3。

●相談相手について

表5は，ひとり親家庭の相談にかかわる現状を示しています。特徴的なこととして，なにか困ったことがあったとき，相談をする相手がいると答えた人は，母子世帯の場合は76.9％であるのに対して父子世帯の場合は59.4％と，両者に差があることがわかります。父子家庭の相談相手が母子家庭にくらべて少ない理由として，ほとんどの父親は日中は仕事をしているため，親族と同居している割合が高く，家事や子育てを担うことが少ないことが背景にあると指摘されています*4。また，相談相手の内訳を見ると，母子家庭も父子家庭も親族がいちばん多く，次いで知人・隣人の順番となっていて，母子・父子自立支援員[3]等や公的機関[4]に相談をしている家庭の割合は大変少ないことも，特徴としてあげることができます。

母子家庭の親族との関係について，統計的には親族に相談をしているという結果ですが，これまでの先行研究からは，母親自身が子ども期に家庭崩壊を経験して，実家との関係を断っている場合があることも，一方で明らかになっています[5]。後述しますが，ひとり親家庭に対する公的な支援はけっして十分ではありません。たとえば，子どもが急な病気になり，職場から保育所にお迎えに行かなければならなかったり，ほかに子どもの面倒を見てくれる人がいない

[3] **母子・父子自立支援員**
各福祉事務所に配置され，ひとり親家庭の親に対し，自立に必要な情報提供や相談などを受けつけています。

[4] 全国調査では「母子福祉センター，福祉事務所等」と定義されています。

[5] たとえば，庄司洋子（1997）（*5）を参照。

表5　ひとり親家庭の相談相手の有無とその内訳

	相談相手あり	相談相手の内訳					
		親族	知人・隣人	母子自立支援員等	公的機関	その他	不詳
母子世帯	76.9%	66.1%	29.6%	0.5%	1.2%	2.5%	0.2%
父子世帯	59.4%	67.5%	28.2%	—	0.9%	3.4%	—

	相談相手なし	相談相手がほしい	相談相手は必要ない
母子世帯	23.1%	67.9%	32.1%
父子世帯	40.6%	53.8%	46.2%

出典）厚生労働省「平成23年度全国母子世帯等調査結果」をもとに筆者作成

め，親が仕事を休んで子どもの看病をしたりするなど，私的なサポートをえられない母子家庭は，親自身の負担が大変大きくなってしまうのが現状です。

● **若い母親たち**

表6は，ひとり親家庭になった当時の保護者の年齢と子ども（末子）の年齢の推移を示したものです。特徴的なこととして，母子世帯になったときの母親の年齢が1998（平成10）年を境に30代前半に近づいてきていること，母子世帯・父子世帯ともに末子の年齢が低年齢化してきていることがあげられます。

表6　ひとり親世帯になったときの母親と末子の平均年齢

	母子世帯		父子世帯*	
	母親の平均年齢	末子の平均年齢	父親の平均年齢	末子の平均年齢
昭和58年	41.5歳	―	43.2歳	―
昭和63年	40.8歳	12歳	43.5歳	―
平成5年	41.7歳	12歳	44.2歳	―
平成10年	34.7歳	5.4歳	40.2歳	7.8歳
平成15年	33.5歳	4.8歳	38.3歳	6.2歳
平成18年	31.8歳	5.2歳	37.4歳	6.2歳
平成23年	33.0歳	4.7歳	38.5歳	6.2歳

＊　父子世帯については，昭和58年にはじめて調査が実施され，末子の年齢は平成10年から数値が明らかにされています。
出典）厚生労働省「全国母子世帯等調査結果」をもとに筆者作成

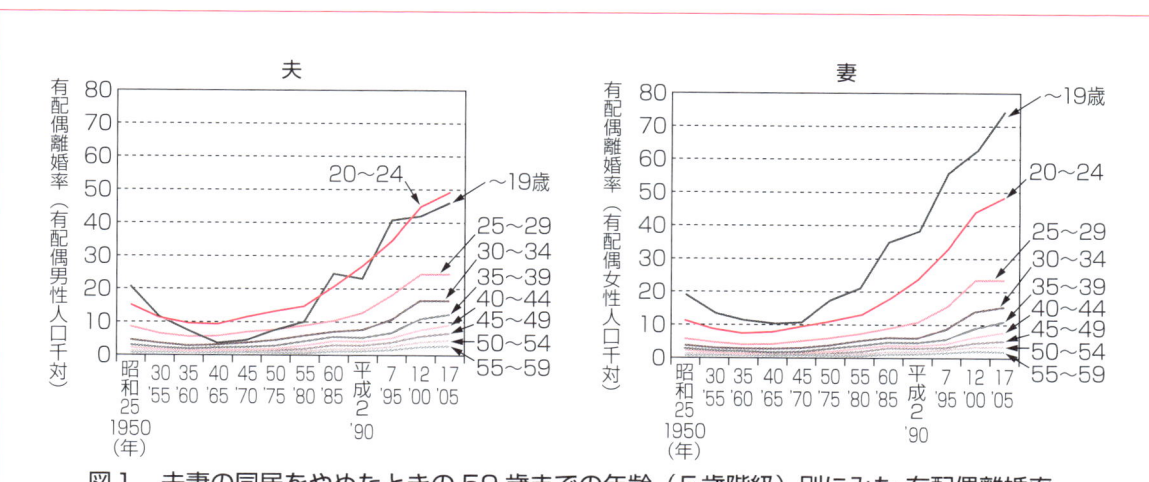

図1　夫妻の同居をやめたときの59歳までの年齢（5歳階級）別にみた 有配偶離婚率
　　　（有配偶人口千対，同年別居）の年次推移　－昭和25～平成17年－
出典）厚生労働省「『離婚に関する統計』の概況（平成21年度）」2009, p.3

IV 支援を必要とする家族・子ども

　先ほどものべたように，ひとり親家庭になる経緯を見ると，離別の割合が高いことが現代の特徴です。厚生労働省が公表している離婚統計によると，離婚するカップルの年齢がここ数年で大きく低下してきています（図1参照）。また，離婚したカップルのうち8割の母親が子どもの親権をもつことも明らかになっています。離婚件数自体も増加傾向にあることから，若くして離婚し，母子家庭となる母親たちが，今後さらに増加していくことが推測されます。

　また，仕事のことについて，若い母親たちの多くはパート・アルバイトや派遣などの形態で勤めている割合が高いのが現状です。先行研究によると，子どもの年齢が低いために働き方を抑えている一方で，働きながら子育てをしていくイメージがうまく描けていないということも指摘されています*6。

　さらに，若い母子家庭の多くは，母子家庭になって間もない場合がほとんどですが，そういった母子家庭になった直後から3年間の支援が，その後の母子家庭の暮らしに大きな影響を与えるという結果が明らかになっています*7。

● ひとり親家庭に対する支援

　2002（平成14）年に，「母子及び寡婦福祉法等の一部を改正する法律」と「母子家庭の母の就業の支援に関する特別措置法」6) が成立しました（施行は，2003〈平成15〉年4月1日）。これらの法改正は，それまでのひとり親家庭支援策のあり方を大きく転換するものでした。

　この改正のポイントは2点あります。ひとつは，それまでの中心であった児童扶養手当による経済的支援から，就労による自立をうながす就業支援を中心とした支援をひとり親家庭等に対しておこなうこと，ふたつ目には，それまで支援の対象ではなかった父子家庭が対象として含まれるようになったことです7)。

　現在展開されているひとり親家庭支援は，就労による自立支援をおこなっていくために，4つの視点から複合的に実施されています（図2参照）。具体的には，①保育所の優先入所8)やヘルパー派遣などをおこなう「子育てと生活支援」，②ひとり親家庭に対する就業支援やそのための相談窓口として設置された母子家庭等就業・自立支援センター事業やハローワークとの連携，職業訓練のための費用の補助，自立支援プログラムの策定などをおこなう「就業支援」，③養育費支払い努力義務の法定化や養育費相談支援センターの創設などをおこなう「養育費の確保」，④母子寡婦福祉貸付金や児童扶養手当の支給などをお

6) **母子家庭の母の就業の支援に関する特別措置法**
この特別措置法は，2008（平成20）年3月31日で期限が切れましたが，2012（平成24）年9月に恒久法として，「母子家庭の母及び父子家庭の父の就業の支援に関する特別措置法」が成立しました。これによって，父子家庭の父に対する就業支援が明文化されました。

7) ただし，気をつけなければならないことは，法律では母子家庭「等」と記されており，父子家庭と書かれているわけではないということです。自治体によって運用に違いがあるものの，母子自立支援員や自立支援プログラム，母子寡婦福祉貸付金などは「母子世帯」が対象とされており，父子家庭を対象とした支援は，「扶養義務の履行」「日常生活支援」「保育所の優先入所」だけとなっていました。くわしくは，湯澤直美「ひとり親世帯の貧困」『子どもの貧困白書』明石書店，2010，p.33（*8）参照。

8) 厚生労働省雇用均等・児童家庭局長通知「保育所の入所等の選考の際における母子家庭等の取扱いについて」（雇児発第0331011号）で，ひとり親家庭が保育所を利用したいと申し出たときは，優先的に入所できるよう配慮することが義務づけられました。

123

母子家庭の自立支援策の概要

○平成14（2002）年に母子及び寡婦福祉法, 児童扶養手当法等を改正し,「児童扶養手当中心の支援」から「就業・自立に向けた総合的な支援」へ転換し,「子育て・生活支援策」,「就業支援策」,「養育費の確保策」,「経済支援策」の4本柱により施策を推進。

母子家庭及び寡婦自立促進計画（地方公共団体が国の基本方針を踏まえて策定）

子育てと生活支援	就業支援	養育費の確保	経済的支援
●保育所の優先入所の法定化 ●ヘルパーの派遣などによる子育て, 生活支援策の実施 ●サテライト型施設の設置など母子生活支援施設の機能の拡充	●母子家庭等就業・自立支援センター事業の推進 ●個々の実情に応じた, ハローワーク等との連携による母子自立支援プログラムの策定等 ●準備講習付き職業訓練の実施 ●母子家庭の能力開発等のための給付金の支給	●養育費支払努力義務の法定化 ●養育費相談支援センターの創設 ●「養育費の手引き」やリーフレットの配布 ●民事執行制度の改正による履行確保の促進	●自立を支援する観点から母子寡婦福祉貸付の充実 ●児童扶養手当の支給

図2　母子家庭の自立支援策の概要
出典）厚生労働省「平成19年度　母子家庭の母の就業支援施策の実施状況」2008, p.6

こなう「経済的支援」です。また, 先にもふれましたが, 各福祉事務所には母子・父子自立支援員が配置されています[9]。

3. 保育の現場で出会うひとり親家庭への保育者の役割

ここまで, 統計的な資料やこれまでの研究を手がかりにしながら, ひとり親家庭の姿をとらえてきました。この項目のまとめとして, 保育の現場とひとり親家庭の実際について考えてみたいと思います。

●保育所を利用するひとり親家庭の増加

大幅ではないものの, ひとり親家庭の数は着実に増加しており, 今後も増加していくことが推測されます。そして, ひとり親家庭が若年化しているという現状から, 今後, 保育所を利用するひとり親家庭が増加していくことが考えられます。

先にも少しふれましたが, 2003（平成15）年から, ひとり親家庭からの申請があれば, 保育所に優先的に入所ができるよう配慮することが各自治体に義

---

9) なお, 2014（平成26）年に母子及び寡婦福祉法は「母子及び父子並びに寡婦福祉法」に改正され, 父子家庭も支援の対象として法的に位置づけられることとなりました。具体的には, 父子福祉資金の貸付けや父子家庭日常生活支援事業, 公営住宅の供給に関する特別の配慮, 父子家庭就業支援事業等, 父子家庭自立支援給付金, 父子家庭生活向上事業, また, 母子・父子福祉施設である母子・父子福祉センターと母子・父子休養ホームが利用できることとなりました。

務づけられました。子育てと仕事を両立させなければならない母親・父親や，たくさんの友だちと一緒に遊んだり良質な保育を受けたりすることが必要な子どもたちにとって，保育所の優先入所は，ひとり親家庭に対する重要な支援のひとつとしてとらえることができます。

●ひとり親家庭に対する保育所の位置づけ

　ひとり親家庭の親たちのなかには，自分自身が子ども時代に家庭崩壊を経験している人たちも少なからずいます。親や親族に子育てを手伝ってもらうことができない家庭もたくさんあります。また，親族や友人に自分だけではわからないことを相談できるような場合であっても，経済的な問題や，子どもの保育など，具体的な支援は受けにくいという場合も少なくありません。このように，私的な支えが期待できなかったり，私的な支えだけでは解決できない複雑な生活問題をかかえていたりするひとり親家庭にとって，公的な機関の支援は大変重要なものであると考えられます。しかし，ここで見てきた全国調査では，公的機関へ相談をしているひとり親家庭はほとんどないという結果となっています。

　保育所は，日常的にひとり親家庭にかかわる機会が多い場所です。母子家庭になってから3年間の支援が重要だとする研究結果からも，ひとり親家庭になって間もないときに利用することが多い保育所の役割を，一層，考えていく必要があります。

●ひとり親家庭に対する保育所・保育者の役割

　では，ひとり親家庭支援を考えていく上で，保育所はどのようなことを大切にしながら，日々，ひとり親家庭にかかわっていくことが求められるでしょうか。

　多様な生活問題をかかえるひとり親家庭の相談を保育者が一手に引き受けることは，保育所の多忙さを考えるとあまり現実的ではないでしょう。そして，保育者の専門性だけでは対応できないぐらい，ひとり親家庭の生活問題は複雑で，重層的です。

　私的にも公的にも支援を受けにくいことからも，保育所は，日々，子どもたちとかかわることができる唯一の場所だと言えます。子どもの成長のようすを親に伝えながら，親との信頼関係を形成していくことや，また，主任や施設長

などとチームを組んで支援を進めることは重要なことです。そして親には,「私たちはあなたの味方です」ということを理解してもらい,生活問題に関する相談をされたならば,傾聴しながら,ときに適切な機関へとつないでいくことが必要です。つまり,閉じられやすいひとり親家庭に対し,伴走者としての関係性を開いていくということです。そのためにも,保育者は,自分が勤務している保育所が置かれている地域にどのような社会資源があるのか,しっかりと把握しておくことが必要です。

　また,ひとり親家庭の母親は,将来的な見通しをもちにくいという調査結果を見てきました。ここではあまりふれませんでしたが,親たちの年齢が高くなるにつれて健康状態が悪化したり,収入が上げ止まってしまったりするという調査結果もあります。見通しが立ちにくい暮らしのなかで,多くの生活問題が起きてくることからも,ひとり親家庭には長期にわたる,継続的なかかわりが必要となってきます。

　①ひとりで子どもを育てるという暮らし方に共感して寄り添うという態度,②社会資源の把握と連携,そして,③子どもを一緒に育てる継続的なかかわりという視点をもって,日々の実践のなかでひとり親家庭と向き合っていくことが,保育者や保育所には求められています。
（清水冬樹）

【引用文献】
* 1　杉本貴代栄『女性が福祉社会で生きるということ』勁草書房, 2008.
* 2　周燕飛「母子世帯のいま―増加要因・就業率・収入等」労働政策研究報告書, (101), 労働政策研究・研修機構, 2008.
* 3　しんぐるまざあず・ふぉーらむ『母子家庭の仕事とくらし―母子家庭の就労・子育て実態調査報告書』(独立行政法人福祉医療機構子育て支援基金助成報告書), 2007.
* 4　中田照子・杉本貴代栄・森田明美（編著）『日米のシングルファーザーたち―父子世帯が抱えるジェンダー問題』ミネルヴァ書房, 2001.
* 5　庄司洋子「ひとり親家族の貧困」庄司洋子・杉村宏・藤村正之（編）『これからの社会福祉2　貧困・不平等と社会福祉』有斐閣, 1997, 85-112.
* 6　清水冬樹「若い母子世帯に対する社会福祉支援策の課題―八千代市子育て実態調査の再分析から」福祉社会開発研究, (5), 東洋大学, 2012, 29-38.
* 7　森田明美・清水冬樹「低所得母子世帯の生活実態から見る社会福祉課題の検討―千葉県八千代市生活保護受給母子世帯への調査から―」福祉社会開発研究, (2), 東洋大学, 2009, 93-104.
* 8　子どもの貧困白書編集委員会（編）『子どもの貧困白書』明石書店, 2010.

コラム　大阪2幼児餓死事件から考えること

　筆者は講義で，2010（平成22）年に大阪で起きてしまった「2幼児餓死事件」を取り上げています。けっしてあってはならない，起きてはならない事件でしたし，罪を犯した者は償うことが求められるということを，学生に必ず話した上で，この事件についてあまり報道されることのなかった話をします。

　この事件の母親は，中学生のときに両親が離婚し，実母に引き取られます。そこで，ネグレクトを受けます。その後，再婚した実父の元で暮らすことになりますが，そこでも，継母からネグレクトを受けます。また，中学生時代に強姦にあうという経験もしており，相当苦しい子ども期，青年期を過ごしていました。

　しばらくして，1人の男性と巡り会い，すぐに子どもを授かりました。けっして裕福ではなかったけれど，この母親は，子育てに対しては自分の理想を描きながら，一生懸命向き合いました。そのひとつの姿が，布おむつを使って子育てをしていたということにあらわれています。

　筆者にも現在，3人の子どもがいますが，3人とも布おむつで育ててきました。布おむつは本当に大変です。子どものようすを見ながら何度もおむつを替え，赤ちゃんとは言え，においが強い排泄物を洗って，干して，ということを妻と2人で毎日おこなっていました。2人であっても大変なことなのです。子ども時代をけっして豊かに育つことができなくとも，この母親には，母親として精一杯，子どもと向き合っていたときがあったのです。

　2人目の子どもを出産したあと，母親はパートナーと別れ，それまで住んでいた中部地区から大阪へ引っ越しをします。そして，児童扶養手当の受給のために役所を訪れたのですが，申請がうまくいかず，手当をあきらめてしまいました。収入のない母親は2人を養っていくために，給料の高い風俗店で勤めることとなります。住居は経営側が準備したアパートでした。しばらくして，複数の男性との交友関係が広がり，母親はいつからか自宅に帰ることがなくなり，ついには，2人の子どもが餓死してしまうという事件へとつながっていきます。

　講義では，母親の生育歴と子どもたちが死にいたった経過をのべた上で，学生とひとつ確認をします。ここまで話をしたなかで，この親子を支えようとする人，「元気にしている？」「大変なことがあったらなんでも言って」と，手を差し伸べてくれた存在がいたのだろうかと。最後は，本当に許すことのできない事件となってしまったけれど，そこにいたるまで，不遇な子ども時代を過ごしてきていたとしても，子育てをしっかりとやっていこうとしているときに，支えてくれた存在がいたのだろうかということです。先述のように，公的機関からの支援もつながりませんでした。

　私的な支えもなく，公的な支援も期待できず，孤立してしまった暮らしの最大の被害者は2人の子どもたちです。

　ひとり親家庭の孤立を防ぐため，保育者の専門性をどのように活用していくかは，今後の大きな課題と言えます。

（清水冬樹）

Ⅳ-2. 子連れ再婚

1. ステップファミリー（stepfamily）とは

　「ステップファミリー」とは，夫婦の一方あるいは双方が，前の配偶者との子どもを連れて再婚したときに誕生する家族のことを指します。この場合の「ステップ（step）」は，ダンスの"ステップ"やステップアップの"ステップ"とは意味が異なり，「継・義理」をあらわします。ですから，ステップファミリーということばは，「血縁のつながりのない継親子関係である家族形態」を事実通りに表現したことばということになります。

　その家族構成はさまざまです。たとえば，夫と離婚または死別し，これまでシングルマザーとして子どもを育ててきた女性と，子どもをもったことがない男性のカップルの家庭もあれば，シングルファーザーが出産経験のない女性と結婚したり，夫婦双方が子どもを連れて再婚したりする場合もあります。夫婦どちらも前の結婚で子どもがいるけれども，夫の子どもは元配偶者が引き取っているため，妻のみが子どもを連れて再婚しているといった家庭もあります。

　男女双方が初婚である夫婦（以下「初婚家族」と表記）の家族構成にくらべ，ステップファミリーは，夫婦が初婚か再婚か，再婚ならば前の結婚が死別か離別か，また，子どもの性別，年齢，人数，実親との面会の有無，再婚した2人のあいだの子どもの有無など，その構成となりたちが，各家庭によって大きく異なっています。

　子連れ再婚は，なにも珍しい話や，近年生じた現象ではなく，「後妻さん」や「後添い」といったことばがあるように，昔から日本にも存在しました。けれども，以前は死別を経た子連れ再婚，もしくは再婚者は夫であり，妻は初婚という組み合わせが主流だったのが，現代のステップファミリーは，離別を経た再婚が多いことが特徴的なことと言えるでしょう。

　現在，日本にどれだけのステップファミリーが存在するか，正確な統計はまだありませんが，ふたつの統計からその増加を推測できます。

　ひとつは，離婚数の増加です。この20年間に離婚数は年間約10万組（4割）増加し，離婚夫婦の6割に未成年の子ども（20歳未満の未婚の子）がいます。これは，1年間に約24万人の子どもたちが親の離婚を経験していることを意味します。もうひとつは，婚姻届を出すカップルの再婚者，初婚者の内訳です。1991（平成3）年にどちらかもしくは双方が再婚者であるカップル数は，全婚姻数の約18％でした。これが，2011（平成23）年には約26％に増加し，4組

図1 夫婦の初婚・再婚割合

	初婚夫婦	再婚夫婦*
1991年	82.2	17.8
2011年	74.1	25.9

4組に1組が再婚カップル

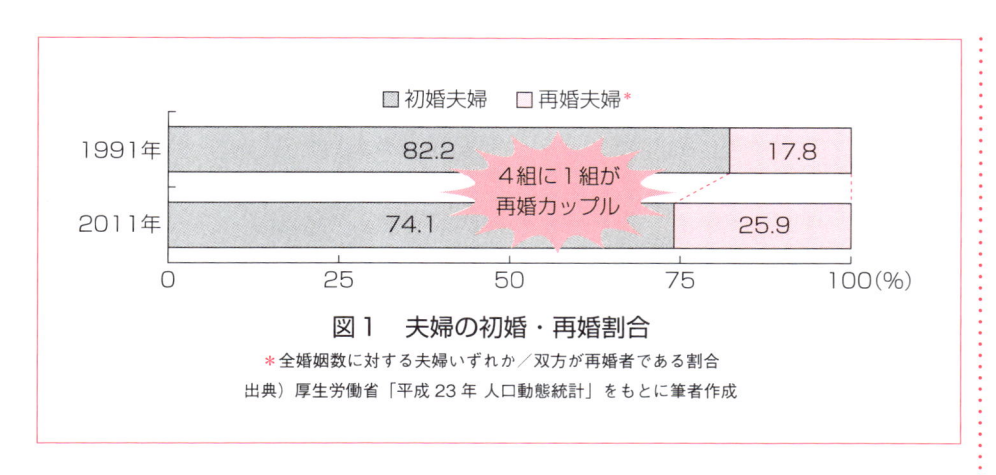

＊全婚姻数に対する夫婦いずれか／双方が再婚者である割合
出典）厚生労働省「平成23年 人口動態統計」をもとに筆者作成

に1組が再婚カップルであることがわかっています（図1参照）。

2. ステップファミリーの生活

　結婚を決めたとき，多かれ少なかれ，だれもが新しい結婚生活に期待をもちます。それは，再婚カップルであっても同じです。

　期待をもつのは悪いことではなく，前向きに，うまくやろうと思うのはよいことですが，その期待のなかには，ステップファミリーとしてやっていくには現実的とは言えない「ステップファミリー神話」とも言えるような思い込みが含まれていることもよくあります。たとえば，
・「一緒に暮らせば家族になれる」
・「パートナーを愛していれば，その子どももすぐに愛することができる」
・「私がママ（パパ）になってあげる」
などがそれにあたります。

　再婚者であるおとなのなかには，「片親（父・母）がいなくてかわいそうなひとり親の子どもたちに，新しい親（父・母）ができたなら，子どもも喜んですぐになじむことができるだろう」と考える人もいます。また，継親となる場合には，近親者からその結婚を反対されることも多く，なおさら，近くに相談できる人，助けてくれる人がいないままに「自分は大丈夫」と再婚に踏み出すこともあります。しかし，「今度こそ，幸せな家庭を築こう」「私が親になったのだから（この場合，自分が継親だとは意識していないことが多い），しっかり子育てしよう」と再婚を決意したものの，いざ生活がはじまると，予想して

いなかったできごとや自分自身の感情にふり回されることも珍しくありません。「継子のやることなすことにひっかかる」「どうしても受け入れられない」「パートナーと意見が合わない」「だれかに相談したくても、『だから言ったのに。わかっていて結婚したのでしょう』と言われるだろうと身近な人には相談できない」「『ああ、やっぱり（再婚だから、子どもに愛情がないのね。子育てできないのね）』と思われたくない」「思いきって相談してみたにもかかわらず、『親なんだから。子どもの身になって（あなたは文句を言う立場ではない）』と理解してもらえない」といった場面を、多くのステップファミリーが経験しています。だれにも相談できずに、うまくやれない焦りやいら立ちをかかえながらも、目の前にいる子どもの世話をしなくてはいけない状況では、優しさや思いやりも薄れていき、さらに、自分の言動に対して罪悪感をいだいたり自責の念にかられたりする悪循環におちいってしまうようなこともあります。

　非現実的な期待に固執してしまうと、自分の家族がステップファミリーとしては当然起こりえる問題にぶちあたったときに、「こうできないのは私がおかしい」「こうしてくれないのは、パートナーの努力不足だ」と、必要以上に失望したり、パートナーや子どもを責めてしまうようなことにもつながりかねません。そのため、ステップファミリーとはどのような家族であり、どのような特有の課題があるのかをよく理解しておくことが、家族・家庭支援の場において役立つでしょう。

3. ステップファミリーへの支援

　だれにも相談できずに孤立してしまっているステップファミリーの継親は少なくありません。けれども、保育者が相談を受けるチャンスは多々考えられます。園児の家族の、離婚→ひとり親→再婚という経緯にずっと立ち会うこともあるかもしれません。また、ある日を境に突然大きな子どもの母となった出産経験のない継母にとっては、未知である子どもの発達、養育について、毎日会う園の先生に相談できることは大きな安心と支えになるでしょう。

・「自分がつくる食事を継子が食べてくれない」「継子の問題を実親に伝えようとしても悪口と取られてしまう」「子どもがかわいいと思えない」
・「子どもにパートナーの前の配偶者の影を見てしまう」「パートナーの前の配偶者を思い出す」

- 「一日中家事ばかりしていて，まるで家政婦のよう」「家庭内に自分の居場所がない」
- 「自分がいつもパートナーにとって，二番目（継子の次）の存在だと思う」
- 「ステップファミリーだと知らない子どもに，どう告知するか」
- 「（再婚前は祖父母が子育てをしていることも多いため）祖父母が子育てに口を出してきて困る」

などのことばを，保護者から聞くことがあるかもしれません。本人の自覚はないままに，しんどさをかかえているようなこともあります。ステップファミリーが，このような思いをいだきやすい環境であることを保育者が理解していれば，保護者が日々のストレスを口に出せる機会が増えるでしょう。なにかがあったときに相談でき，「どうしたの？ 大丈夫？」と声をかけてくれる人がいる，その存在が支えになります。指導係が必要な保護者もたしかにいますが，それより，多くの保護者は，保育者がいてくれることから生まれるほっとできる気持ちを求めています。保護者にも寄り添い，温かい味方であり続けることが大切です。そして保育者に「聴いてもらえた，わかってもらえた」とほっとした優しい気持ちになれて，その優しさが子どもに向き，それが子どもの利益になる，というのが子育て支援の本質ではないでしょうか。

●ステップファミリーへの支援のポイント
＜子どもの発言を打ち消さず，気持ちを受けとめる―喪失への理解＞

　ステップファミリーは喪失のあとに生まれるものです。子どもたちは，実親との別れを必ず経験していますし，再婚にともない引越しや転所をし，友人・親せき関係といった多くの慣れ親しんだものを手放していることもあります。子どもは以前の家族や環境について何度も話し，くり返し表現し，残念な気持ちを消化していることもあります。「僕は前は○○（姓）だったけど，□□になったんだ」と，同じことを何度もくり返したり，「前はこうだった」と，以前の生活を懐かしむような発言が増えたりするかもしれません。子どもたちがそのような変化についてくり返して話すのを聞くと，保育者もつい，早く気持ちを切り替えさせようと焦ってしまいがちです。けれども，「新しいパパができたじゃないの」「今度のママだって，○○ちゃんのこと，とってもかわいがってくれるでしょう？」「お友だちがいっぱいできていいじゃないの」などと切り替えをうながす前に，そのような発言があるのは当然のことと考え，「そ

うだね，寂しいね。不安だね。心配だね」と，まずは，その気持ちに寄り添ってあげましょう。その上で新しい環境のよいところを示すことができれば，それは子どもにとって新しい視点をえる機会となるでしょう。子どもは自分の感情を抑えることなく表現することによって，ゆっくりと，避けられない変化を受け入れ，新しい家族を，喪失ではなく新たに獲得したものとして見ることができるようになります。

＜子どもの問題行動＞

親の再婚を機に，子どもたちがこれまでにない癇癪(かんしゃく)を起こしたり，じろっとおとなを見るなど目つきが変わったり，声かけに対して否定的な返答が増えたりするかもしれません。攻撃性が強くなり，乱暴なふるまいや落ち着きのない行動が増えることもあります。あるいは，過剰なスキンシップを求めるように感じられることがあるかもしれません。けれども，再婚にともなう環境の大きな変化を経験するなかで，不安定な気持ちが言動にあらわれることは，よくあることです。困った行動を「問題行動」と考えて叱ってしまうのではなく，「問題をかかえている行動」ととらえ，毅然(きぜん)とした態度で対処しながらも，いま，子どもたちがどのような気持ちをいだいているのか，聴いてあげましょう。それが，子どもの安心感につながります。

また，継親は「継子はもう〇歳なのに，□□ができない（のはおかしい）」と，継子自身や実親のしつけを責めたくなる気持ちをいだきやすいものですが，そのときこそ，子どもの発育・発達についてのプロである保育者の出番です。子どもの成長・発達には個人差があり，その子のペースでできることが増えていくことを応援していけるようサポートしましょう。

＜ステップファミリーの親たちへ保育者が助言できること＞

ステップファミリーの多くは，継親子関係がよい関係になるよう奮闘しています。お母さん（お父さん）が幸せになることはよいことで，それは子どもの幸せにつながることです。けれども，そのために乗り越えるべきプロセスがあり，それをあきらめずにていねいに進めていくことが家族全体の利益へとつながっていくことを辛抱強く応援してあげられるとよいでしょう。

園での子どもの変化をよく観察しながら，保護者と連携し，子どもとのかかわり方について話し合える関係を築いておきましょう。そのためには，次の情報が役立ちます。

①おちいりやすい関係性に注意すること

　初婚家族では，夫婦の関係が親子の関係に先立って存在しますが，ステップファミリーでは，夫婦よりも先に親子関係があります。このあたりまえのことが，ステップファミリー内では，つねにだれかを取り合ったり，愛情や関心の分配を気にかけていないといけなかったりするような日々の連続となってしまい，争いにつながりかねません。子どもが，実親の関心が新しいパートナーに向かっていることを寂しく感じてしまうような場面も出てきます。夫婦関係に先立ち，親子関係があるがゆえに，「親子＞夫婦」「夫婦＞子ども」といった家庭内での比較におちいりがちであることを保護者に伝え，パートナーとの関係構築を支援しましょう。そして，愛情や関心というものは「一定量しかなく，分配しないといけないもの」ではないこと，「あなたを愛している」と子どもやパートナーへ伝え続ける作業を惜しまないことも，ステップファミリーにとって非常に重要な心がけのひとつであることを知っておくとよいでしょう。まずは，家族のメンバーそれぞれが家庭内に自分の居場所があると感じられる生活となっているかが重要です。親の再婚という大きな波に巻き込まれた子どもが，自分の生活に対して無力感を感じていることもあります。その場合は自分の生活にコントロール感をもてるような工夫，たとえば，家庭内での役割分担を話し合って決めたり，家族の予定を立てるときには話し合いに子どもも参加させたり，あらかじめ子どもにもよくわかるように説明しておくことなどを心がけ，子どもが，自分が家族の一員であり，ここが自分の家だと実感できる環境を整えることが，家族内の安定した関係構築に役立ちます。

②継子との絆と継親の役割─タイミングを考慮すること

　離れて暮らす（もしくは死別した）実親の記憶が鮮明である子どもにとって，継親が実親の場所に取ってかわるようなことがあると，多くの場合，混乱と怒りを招きます。そして，「本当のお母さんならこんなことはしないはず，本当のお父さんならわかってくれるはず。助けてくれるはず」というように，この場にいない実親を恋しく思うと同時に，一層美化し，理想化することもあります。ですから，子どものしつけは実親が担い，継親はサポートにまわることがすすめられています。これは，けっして責任放棄ではなく，「親だから」と継親が子どもに接するよりも，「一緒に暮らすおとな」として，子どもの態度に対して注意すべきときは注意するという姿勢で接するということです。継親は，近くにいるおとなとして子どもの成長のためにどう接することができるかを

パートナーと考え，役割分担を確認し合った方が，有益だということです。家族としての一体感を早くえられるようにと家族全員で行動することにこだわることもありますが，それよりも，なるべく親と子が1対1で楽しむ時間を意識的に取るよう配慮する方が，かえって家族がひとまとまりになることに役立ちます。

③「初婚家族のように暮らす」ことをゴールとしないこと

　ステップファミリーは，一見，父親・母親・子どもという初婚家族に外観，形態が似ています。そのため，周囲が初婚家族のように暮らすことを求めたり，本人たちも，初婚家族のように傍から見られることを目指してふる舞おうとしたりすることもあります。けれども，ステップファミリーと初婚家族との違いや，ステップファミリー特有の課題を意識せずに，初婚家族に由来する考え方（母はこうあるべき，父はこうあるべき）で考えたり，あてはめたりすると，必ず無理がきます。既存の家族観にとらわれるのではなく，「自分たち家族のおのおの全員が居心地のいい関係性とはどんなものだろう？」というところに焦点をあて，ともに生活し，思い出を積み重ねていくなかで，家族の新しい伝統とオリジナルな関係が築かれていくものです。そして，けっして，再婚が以前の結婚生活の欠けた部分（いなくなった実親の1人）を継親で補完するものではない，ということを忘れてはいけません。初婚家族のように暮らすことをゴールとしない方がよいでしょう。

4. ステップファミリーに寄り添うために

　昨今，ステップファミリーが要保護家庭にあてはまるハイリスク家族だとして注目されることも増えてきました。継親子間で起きた卑劣な虐待事件がセンセーショナルに報道されることもあります。けれども，その一部の事件に惑わされて，「初婚家族以外の家族は危険だ」と非難の目が高まり，偏見が強化されることは，初婚家族以外の家族を追いつめかねません。家族の形態として，初婚家族が主流ではありますが，現状は，そのほかの形態の家族の存在もけっして少数ではないことを知っておきましょう。

　親との離・死別，再婚が子どもに影響を与えることは事実ですが，その親たちの選択が，子どもにとってプラスとなるよう，保育者は，保護者とともに一緒に考えていく者として，ステップファミリーの身近な支援者になることがで

きる存在です。だからこそ，最初から「再婚なんてうまくいくわけがない」「子どもにとって悪影響だ」というような偏見の目で見ることなく接したいものです。同時に，ステップファミリーが，なにかうまくいかなさをもって保育者の前にあらわれたとき，ステップファミリーの特徴に注意を向けずに初婚家族と同一視して問題を考えようとすると，解決にはつながらないことがあるという点を理解しておくことも必要でしょう。 （桑田道子）

【参考文献】
・SAJ『LEAVESテキスト』SAJ，2002．
・SAJ『SAJハンドブック』SAJ，2002．
・桑田道子「家族の再構築～子連れ再婚とその支援から見えてくるもの」女性ライフサイクル研究，(22)，女性ライフサイクル研究所，2012．53-60．
・野沢慎司・茨木尚子・早野俊明・SAJ（編著）『Q&A ステップファミリーの基礎知識―子連れ再婚家族と支援者のために』明石書店，2006．

Ⅳ-3. 障害をもつ子どもの家族（家庭）

1. 障害をもった子どもの家族・家庭

「障害をもった子ども」，あるいは「障害児の家族」「障害児のいる家庭」などと聞いたときに，みなさんはどのようなことを思い浮かべるでしょうか。

次の文章は，障害児と言われる子どもと暮らしているある父親が，「きっと自分たちの家族・家庭はこんなふうに思われているのだろうな」と想像して書いたものです[*1]。

＊1　名児耶清吉「みんな違ってみんないい」手をつなぐ(507), 1998, p.18, 19

…精神的，肉体的，経済的に負担が大きく，家族は暗く陰鬱になり，近所や親類縁者にも肩身が狭い。障害のある子は病気がちで，多くは小さいうちに死亡する。よしんば成長しても受け入れてもらえる場所がない。保育所・幼稚園には断られ，学校は，養護学校へ長時間かけて通うか，寄宿舎に入ることになる。卒業しても企業就労など及びもつかず，せいぜい作業所で子どもの小遣いにもならないカネをもらってくるくらいで，家計の足しにもならない。入所施設に入れればよし，入れないときは在宅障害者となって，家族が重いお荷物を一生抱えていかなければならない。

いかがでしょうか。「ああ，自分もこんなふうに想像していたかもしれない」と思った人は，少なくないのではないでしょうか。障害児の家族・家庭に対して，どちらかというと，「暗い」とか「陰気」といったイメージをいだいている人が多いようです。障害児の家族・家庭に対する印象は，「明るさ」や「陽気さ」とは結びつきにくい，というのが一般的な傾向ではないでしょうか。

では，実際はどうなのでしょうか。もちろん，障害児の家族・家庭と言っても千差万別です。一概にこうだと言いきるのはむずかしいし，言いきってしまうのは危険ですらあります。しかし，一般に考えられているほど「暗く」もなければ「陰気」でもない，ということは言えると思います。障害をもった子どもがいない家族・家庭と同様に，子どもの成長・発達を喜び合い，子育ての苦労・苦悩をわかち合い，ときにけんかや仲たがいもし，ときに一致団結したり，絆を確かめ合ったりしています。

乱暴にまとめてしまえば，障害をもった子どもがいても，「ごくふつう」の家族・家庭だということです。「ふつう」の喜怒哀楽を経験している，ということです。「ふつう」というのはあまりにも大ざっぱすぎるので，このあと，

IV 支援を必要とする家族・子ども

少し具体的に紹介してみたいと思います。

2. 障害・しょうがい・障碍・しょう碍・障がい

　その前に，ここで，あらためて用語の問題を考えてみましょう。
　「障害」という文字は，かつては「障礙」や「障碍」と書いていたようです。戦後の漢字制限で「礙」「碍」の字が表外漢字になってしまったことで，かわりに「害」という漢字を用いることにしたと言われています。しかし，「障害」と書くと，「さまたげ」とか「さしさわり」，果ては「害虫」にまで連想が広がってしまい，いわゆる障害をもった人がほかの人の邪魔になっていたり，世の中に害を与えていたりするような印象をもたらす，という批判があります。とくに，「害」という漢字に関しては，「害になる」「害をおよぼす」というような使い方をしますので，あまり評判はよくありませんでした。
　そこで，「害」ではなく，昔のように「碍」を使おう，いっそ全部ひらがなにしてしまおう，ということになり，現在では，この項の見出しのように「障害」「しょうがい」「障碍」「しょう碍」「障がい」と，さまざまな表記がなされています。
　ここでは，もっとも一般的な表記として「障害」を使うことにしますが，上記のような用語をめぐる問題があるということを，ぜひ知っておいてほしいと思います。障害者と呼ばれる人々や，障害児と言われる子どもの家族から見た場合，「害虫」と同じ漢字というのは，やはり違和感を覚えるはずです。当事者から見た場合にそれがどのように見えるのか，当事者の目にはどのように映るのか，ということを考えることは，用語問題に限らず大事なことです。

3. 障害をもった子どもが生まれる

　障害とひと言で言っても，実にさまざまです。生まれてすぐにそれとわかる先天的な障害から，生まれたあとで事故や病気によって障害をもつ場合，あるいは，先天的ではあっても生まれてすぐに気づかれることはなく，育てていくなかで障害をもっていることがわかる場合，などなど。現在では，生まれる前に，すでに診断がついていることもあります[1]。

　生まれた子どもに障害があることを知ったときの親の心理は，先が見えない

1) IV-3.のコラム「出生前診断-夫婦のつらい決断」(p.144, 145)を参照。

不安と言うより、ふつうの生活が奪われる恐怖と言ってもいいようなものです。生まれてすぐにそれとわかる先天的な障害の場合、出生直後に事実を告げられた多くの親は、「頭が真っ白」になり、「目の前が真っ暗」になります。「どうして？」と「どうしよう！」が渦巻きます。

先天的な障害をもった子どもの出生を、「対象喪失[2]（object loss）」という概念を用いて説明することがあります。思い描いていた健康な子ども、という対象を、ときには一瞬にして喪失するからです。多くの親は、思い描いていた健康な子どもという対象を失い、身近な人を亡くしたときと同様に「喪の仕事[4]」という心の作業をすることになります。

「うちの子だけがどうして」と嘆き悲しみ、「いったいこれからどうしたらいいのだろう」と途方に暮れ、「すべてを犠牲にしなければならない」と悲壮な覚悟をします。とくに母親は、「満足に産んでやれなかった」と自分を責め、あれがいけなかったのか、これが悪かったのかと、延々と悔み続けることもあります。「心は冬の日本海」だったということばでふり返った母親もいます。「自分たちはこの先、一生ふつうの生活はできず、人並みの幸福を経験することもないだろう」と思ったと言う人もいます。

4. 障害をもった子どもを受け入れる

多くの親たちは、わが子がいわゆる障害児であるという事実を、どのようにして受け入れていくのでしょうか。一般に「障害受容」と言われるその心理過程については、これまでさまざまに論じられてきました[*2]。

よく知られているのは、「段階説（段階モデル）」と呼ばれるものです。これは、障害受容というよりも、キューブラー・ロスによる「死の受容における五段階説（モデル）」として有名です。

先天的な病気をもった子どもに関しては、ドローターによる「ショック・否認・悲しみと怒り・適応・再起」が、医療関係者を中心に比較的よく浸透しているようです（図1参照）。

障害をもった子どもの存在を親として引き受けていく過程を説明しているのは、「段階説」だけではありません。「慢性悲嘆説（慢性悲嘆モデル）」もあります。これは、ショックから立ち直ることができずに嘆き悲しみ続けるというよりも、成長・発達の節目などで健常児といわれる子どもとの差異を突きつけられたと

2）対象喪失
精神分析で有名な"フロイト'（3））が、自分の父親の死をきっかけにして、身近な人を亡くしたときの正常な反応としてのうつ状態と病的なそれとを対比させて論じたことからはじまった考え方です。

3）精神分析で有名な"フロイト'
精神分析療法をはじめたことで有名なオーストリアの精神科医です。

4）喪の仕事
英語の「mourning work（モーニング・ワーク）」の訳。類似した概念に「grief work（グリーフ・ワーク）」があり、こちらは「悲嘆の仕事」と訳されています。「仕事」と言っても、どちらも職業という意味ではなく、身近な人を亡くした事実を悲しんだり、喪に服したりしながら、時間をかけて事実を受けとめていく、心の作業のことを指しています。

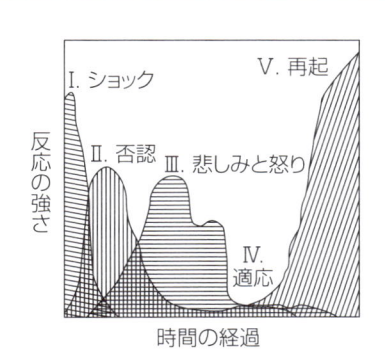

図1　先天奇形をもつ子どもの誕生に対する
　　　正常な親の反応の継起を示す仮説的な図
　　　（Drotar, et al.1975）
出典）中田洋二郎「親の障害の認識と受容に関する考察－受容の段階説と慢性的悲哀」早稲田心理学年報，(27)，1995，pp.83-92

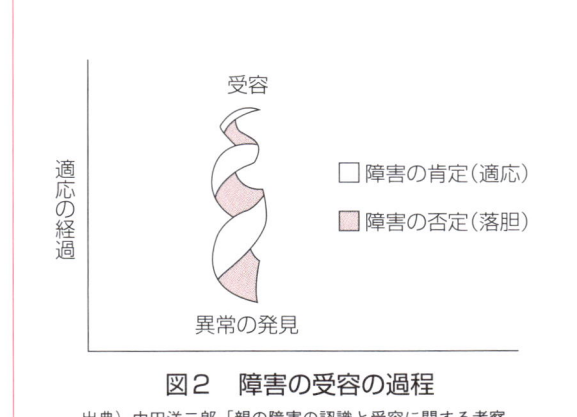

図2　障害の受容の過程
出典）中田洋二郎「親の障害の認識と受容に関する考察－受容の段階説と慢性的悲哀」早稲田心理学年報，(27)，1995，pp.83-92

きに，衝撃，落胆，困惑など，その事実を受けとめる心の作業は，一定の段階を経て受容したらそれでおしまい，ということではないという点に着目したものです。

　両者を統合した「らせんモデル」（図2参照）を提唱している研究者もいます[*3]。これは，「親の内面には，わが子の障害を肯定する気持ちと否定する気持ちの両方の感情がつねに存在し，それらは表と裏の関係にある」というものです。そのため，表面的にはふたつの感情が交互にあらわれ，言わば，落胆と適応の時期をくり返すようにも見えるし，また，その変化を一次元の平面で見れば，否定から肯定へと段階を経て変化していくようにも見えます。

　このように，いくつかの説（モデル）があるにはあるのですが，どれがどれだけ障害受容の心理過程をうまく説明しているか，という問いを立てるよりも，いまここにある受容の姿に真摯に向き合うことの方が大切であるように，筆者は思います[*4]。

5. 障害をもった子どもの親

　わが子がダウン症であることを告げられた直後の心境として，ある父親は，「ギュウギュウ」ときしむ胸のなかで渦巻いていた想いを，詩の一節で次のように表現しています[*5]。

[*5] 石長孝二郎・石長恭子『ダウン症の藍は，愛 父の想いを詩にのせて』エスコアール，2008，p.9，10

> どうしたんだ　僕の勇気　こんちくしょう　こんちくしょう
> すべてをうけいれる僕の勇気よ　出て来い
> 頭でわかっていても　僕の心が受け入れない

　このように，頭では理解していても気持ちがついていかない，とふり返る親は少なくなくありません。

　最近では，インターネットの子育てブログで，たくさんの障害児の親が子育ての悲喜こもごもをつづっていて参考になります。多くの親は一時のショックや混乱の時期を乗りきると，子どものちょっとしたしぐさやなにげない動作を通して成長を実感したり，家族で想いを共有したり，同じ（似た）障害の子どもをもつ親と出会ったり，また，専門家の助言を受けたりすることで，徐々に立ち直っていきます。

　一方で，医療や，教育・福祉の関係者が，親の気持ちを傷つけている例も数多く記録されています。「若いんだからまた産めばいい」「次はいい子を産んで」や，双子のうちの1人が障害をもっていたときに「1人だけでも健康でよかった」など，善意でかけたことばであっても，親にとっては一生の心の傷になる場合もあるということを，支援者側は肝に銘じておかなければなりません。こちらがなにかをするというよりも，むしろ，障害をもった子どもの親の気持ちから学ぶという姿勢を忘れずに，家族に寄り添うことができる支援者になりたいものです。

（玉井真理子）

【引用文献】

*1　名児耶清吉「みんな違ってみんないい」手をつなぐ，(507)，全日本手をつなぐ育成会，1998, 18-19.
*2　田島明子『障害受容再考―「障害受容」から「障害との自由」へ』三輪書店，2009.
*3　中田洋二郎『子どもの障害をどう受容するか―家族支援と援助者の役割』大月書店，2002.
*4　南雲直二『障害受容―意味論からの問い 第2版』荘道社，1998, 179.
*5　石長孝二郎・石長恭子『ダウン症の藍は，愛―父の想いを詩にのせて』エスコアール出版部，2008, 9-10.

コラム　障害児の母親も職業をもちます

　子どもの障害の種類や母親の職業はさまざまです。これを書いている筆者は，獣医師として働いてきました。子どもを産んだときには，大学院の学生でした。

　生まれた子どもは，生後1カ月のときにダウン症[1]と診断されました。いまから21年前のことです。当時は，障害のある子が生まれた場合，母親が仕事への復帰について悩むケースが多かったように思います。障害のある子を受け入れる保育所が少なく，また障害児の受け入れに慣れている保育者もいまより少なかったからです。加えて，「子どもは母親が育てるべきである」という社会的な圧力は，障害児の親に一層，強くはたらいていました。これは，いまでもそうかもしれません。

　筆者の場合は，幸いにも息子を受け入れてくれる保育所があり，子育てをしながら職もえて，働くひとり親家庭の母親としていまにいたります。息子は保育所から学校に上がり，学童保育も利用して，地域にたくさんの知り合いや支援してくださる方ができました。

　筆者の仕事の関係で，息子とともにアメリカ中西部のアイオワ州に滞在したことがあります。アメリカでも，仕事をしながら現地の生活を経験することができました。息子も現地の学校生活を楽しめ，親子でアメリカの人情と広大な自然に触れてこられたのは，ひとえに仕事を通じて，そのような機会をえられたからでした。

　地方格差はあるものの，障害のある子どもを受け入れる保育所は増えてきています。また，受け入れのノウハウも蓄積されてきているようです。最近の親御さんの悩みは，仕事を続けていくことを前提に，子育てと仕事の両立をどのように成し遂げていくか，というものが多いように思います。

　筆者も子どもと一緒に育ち，いまでは職場で指示を出す立場になりました。どちらの経験も，それぞれの役に立っています。障害のある子どもを育てるということが，物事の多様なとらえ方に大きく影響しました。また，人様の助けをえながら仕事とプライベートのバランスを取ってきた経験が，子どものこれからの自立生活のイメージづくりにも，とても役に立っています。

　子どももおとなも，社会とかかわることで成長し，また，そのかかわりによって支えられます。そして，その社会との大きな接点のひとつが，仕事をもつということです。仕事と子育て，どちらもがんばって取り組んできて本当によかったと思っています。

（岩本聖子）

▲筆者と息子でリンゴ狩り（アイオワ州）。

▲クリスマスの友人宅にて，ゲームをしながら楽しいひととき。

1）ダウン症：くわしくは，Ⅵ－3.「看護のアプローチ：母子保健・医療から見た家族支援」（p.261）を参照。

コラム　障害児のきょうだいの葛藤

——きょうだい[1]児が，あるとき，「僕にはどうして夏休みがないの？」と保育士にたずねました。友だちが，お母さんの仕事が休みの日には保育所を休んで旅行に行ったことを，彼は知っていました。彼の家では，両親は自閉症[2]の兄への対応に忙しく，家族で旅行に出るような余裕はまったくありませんでした。——

障害や慢性疾患のある兄弟姉妹[1]がいる子どもを「きょうだい児」と言います。子どもに障害があるとわかったとき，家族みんなが不安定な日々を送ることが考えられます。両親の負担は大きく，夫婦げんかが続くこともあるかもしれません。そのようななかで，きょうだい児は，幼いころから「自分の兄弟姉妹がほかの人とは違うこと」や「自分の家族がまわりとは違う暮らしをしていること」に気づいています。「両親は大変なのだから，自分はいい子でいるようにしよう」と心がけるきょうだい児もいます。

——病気が治らないで弟は死んでしまうのかな？　自分も同じ障害をもつのではないだろうか？　お母さんが悲しんでいるけど大丈夫かな？——

きょうだい児はそういったことを心配したり，おびえたりしながら，だれにもその気持ちを話せずにいることがあります。兄弟姉妹の障害や病気のことを口にしてはいけないと思っていたりもします。両親がそのことで深く悩んでいることや，そのことをきょうだいが話すのを聞くとまわりのおとなたちが顔をしかめたり，「かわいそうに」と慰めたりという，変なとらえ方をされてしまうことを知っているからです。

——ずっと楽しみにしていた遊園地だったのに，着いた途端にお兄ちゃんの調子が悪くなってしまい，すぐに帰ることになりました。お母さんは「仕方ないでしょ。わかってよ」と言います。いつもがまんしなきゃならないのは僕ばかりで，そう思うとくやしくてたまりませんでした。——

障害や病気のある兄弟姉妹の体調や機嫌の変化で，予定の変更がくり返される場合，きょうだい児は自分が親から大事にされていないように思ってしまうこともあります。転居や入院[3]といった家族の生活にかかわる大きな決定もあとから聞かされ，急な変更もがまんしなくてはならず，家族のなかでも寂しさや孤独を感じていることもあります。

きょうだい児には情報が必要です。子どもは，自分の力ではうまく情報を集めることができません。そのため，まちがった想像をして，変に不安が強くなることもあります。まだ幼いからわからないだろうとごまかすのではなく，おとなが正しい情報を伝えることが，きょうだい児の不安を減らすことにつながります。また，きょうだい児には思いを分かち合うことができる仲間と出会う場も必要です。きょうだい会が組織されている地域[4]もあります。彼らを気にかけてくれるおとなの存在がきょうだい児の助けとなり，自分を大事に考えるための基盤となればと思います。

（柳田めぐみ）

1）障害児の兄弟姉妹をもつ健常児のことを「きょうだい（児）」，その障害をもつ兄弟姉妹のことを「兄弟姉妹」と書き分けています。
2）自閉症は，次の3つの特徴をもつ障害で，3歳までには何らかの症状がみられます。
　（1）対人関係の障害　（2）コミュニケーションの障害　（3）限定した常同的な興味，行動および活動
　最近では，症状が軽くても自閉症と同質の障害のある場合，自閉症スペクトラムと呼ばれることがあります（スペクトラムとは「連続体」の意味）。
　出典）発達障害情報・支援センター＜http://www.rehab.go.jp/ddis/ 発達障害を理解する／各障害の定義／＞（2013年3月現在）より抜粋
3）子どもにとっては，入院は母親がかかりきりになるため，家のなかでの大きな変化となります。
4）地域だけでなく，親の会や大学で組織されているものもあります。

コラム 「うちの子，障害児」と自己紹介したあとで

　息子は知的障害をともなう自閉症児です。3歳になって保育所に入園しました。

　なによりもありがたかったのは，ほかの親御さんや子どもたちが息子の存在を意識してくれるように，園のみなさんにクラスの雰囲気をつくってもらえたことです。と言っても，息子は集団や集団がつくるざわついた雰囲気がやや苦手で（自閉症によく見られる特徴です），その雰囲気自体から離れたがることがあったのですが，それも許容してもらいつつ，ぽつねんと孤立することなく3年間を過ごすことができました。

　集団行動や広い部屋で響く音が苦手な子どもにとっては，しんどいことの連続である運動会や劇の発表会も，担任の先生と対応方法を細かく話し合いつつ，なんとか楽しく乗り越えられたときには，「さすがプロだな」と感動したものです。

　こちらもその空気に調子づいて，家での息子のようすなどを先生にざっくばらんに話すこともありました。また，ほかの子どもたちが息子に興味をもってくれたのをいいことに，集まって来たほかの子どもたちと話したり遊んだりしました。父親は，ああいう場では母親よりも人気者になり，いい思いをすることが多いようです（おかげで，子ども嫌いだと思っていた自分が，実はかなり重症の子ども好きだということに気づくことができました）。

　障害児の幼児期の子育ては精神的なアップダウンをともなうもので，ある日は妻がしょげているかと思えば，翌日は私がはしゃいでいたり，そのへんの波がありすぎだったかなと，思い出してみると恥ずかしくなることもありますが，それもひっくるめて園で親子ごと受け入れてもらったことには，いまでも感謝しています。

　とまあ，このように基本的にはなごやかな関係でしたが，息子に問題行動があったときに，私たちにその経緯を詳しく知らせてくれなかったことがありました。

　たとえば，「なぜあのとき息子は園を脱走し，車の往来が激しい場所で保護されたのか」「なぜあのときクラスの子が息子に頬を引っかかれ，しかもその子は息子をかばうようなことを言ってくれていたのか」……こうしたことを知ったのは，ずっとあとの同窓会の席においてでした。

　こちらとしては単純に前後関係を知り，場合によっては相手の親御さんに直接謝罪するなど，対応をしたかったのですが，先生はひたすら自身の監督不行き届きを謝るだけだったり，こちらになにも知らせてはくれなかったり，ということがありました。園内できちんと処理しなければという使命感だったり，トラブル当事者の親同士が不和になることを避ける安全策だったり，先生なりのさまざまな配慮があってのことだったと思いますが，よいことばかりではなく，悪いことも，可能な限りすべて知らせてほしいと思います。

　そのような不満はありましたが，子どもと親の双方に対し，先生たちが，リラックスした態度でありながら，綿密なコミュニケーションを取ってくれたおかげで，大げさではなく，子育てのスタートをうまく切ることができたと思っています。その後，子育てでつまずいたときも，この時代のことを思い出しては，励みにしているほどです。　　　（福田基徳）

> **コラム** 出生前診断——夫婦のつらい決断

1．望んだ妊娠，そして…

　その夫婦は妊娠がわかったとき，幸せいっぱいでした。赤ちゃんに会える妊婦健診の超音波検査は，「楽しみ」な時間で，小さく動くその姿に思わず顔がほころびました。ところが，妊娠3カ月を過ぎたある日の健診で，医師から，「赤ちゃんには染色体の異常[1]があるかもしれない」と言われました。胎児には，NT[3]と呼ばれる首の後ろのむくみが見られたのです。NTは，その厚さに比例して胎児の染色体異常や先天性の心疾患が出現する頻度が高くなると言われています。夫婦は「羊水検査[4]で赤ちゃんの染色体を調べることができる」という医師の説明を聞き，検査をしようと考えました。

2．出生前診断はだれのため？

　夫婦は，遺伝カウンセリングを受けるために病院を訪れました。遺伝カウンセリングとは「遺伝性疾患（染色体や遺伝子の変化が原因で起こる疾患）をもつ患者やその可能性のある患者，家族に対して，必要な情報の提供や検査をおこない，生活設計の選択をみずからの意思で決定し，行動できるように支援する医療」のことを言います。

　夫婦は，医師に妊娠中の子どものためにどうすればよいかと訊ねました。赤ちゃんの染色体を調べる羊水検査は，【出生前診断】と言って「生まれる前に胎児の情報をえて診断すること」であり，検査でわかるのは染色体の数や形の大きな変化です。染色体の変化は生まれつきの体質であり，治療できるものではありません。羊水検査はお腹に針を刺す検査であり，流産の危険があるので，どんな子どもであっても産むことを決めている場合には，「準備をしておきたい」という理由があったとしても検査を勧めることはありません。つまり，出生前診断の羊水検査は，その結果で「妊娠を継続するか否かを決める検査」とも言えるのです。

　夫は「子どもが障害をもって生まれるのはかわいそうだ」と言いました。妻は"産みたい"と思っていましたが，出産までこのまま過ごす自信もありませんでした。「（産みたいと思う気持ちが）自分のわがままでしょうか」とも言いました。

　「生まれてくる子が健康であってほしい」と，どの親も願うでしょう。しかし，検査でえられる情報は限られていて，染色体の変化がないことが，胎児の健康全般を保障するものではありません。また，染色体の変化があってもなくても，さまざまな病気や障害をもって生まれてくる子どもは，全体の3〜5％いるという事実もあります。

3．羊水検査，そして…

　夫婦は検査の当日まで悩んだあと，羊水検査を受けました。検査の結果，胎児には染色体異常があり，夫婦は妊娠中絶を決めました。日本の法律では「胎児の病気を理由とした中絶」は認められていないため，「経済的理由」とされました[5]。夫婦は死産した子どもの足型をとって，母子手帳に貼りました。母子手帳は棺桶に入れる予定でしたが手放すこ

とができず，準備していた小さなぬいぐるみと花を入れました。そのしばらくあとで，妻は，「今度妊娠したら検査はしない」と言いました。

4．出生前診断をどう考えるか

　この夫婦のようなことは特別なことではなく，だれにでも起こりえることです。私たち1人ひとりが，出生前診断における「自己決定権」「胎児の人権や生命の尊厳」「生命の選別」といった問題を真剣に考えておく必要があります。

　ある母親はこう言っています。「子どもに障害があるということよりも，その子を連れている私を世間がどう見るのかをおそれていた」と。

　どのような障害をもっていても祝福され，社会に受け入れられ，両親が安心して子育てできる社会をつくっていくことで，出生前診断の考え方もまた，変わるのかもしれません。

（山下浩美）

1) 染色体および染色体異常症：染色体には身体の設計図である遺伝子が集まっています。ヒトは父親から23本，母親から23本の染色体を受け継ぎ，計46本の染色体をもっています（1〜22番までの常染色体が2本ずつ44本，X・Yの性染色体が2本，計46本）。染色体異常症はこの染色体の数や形の変化による特徴で，一般新生児集団の約0.4%に見られます。数的な変化ではダウン症候群（21トリソミー[2]）・18トリソミー・13トリソミー・ターナー症候群などがあり，形の変化（構造異常）では欠失・重複・転座などがあります。
2) トリソミー：通常は一対2本ずつの染色体が3本ある状態のことです。21番染色体が3本ある場合を21トリソミー（ダウン症候群）と言います。
3) NT (nuchal translucency)：妊娠10〜14週の胎児超音波検査所見としてみとめられる胎児の後頸部の皮下浮腫で，正常な胎児にも見られるものですが，その肥厚が染色体異常や心疾患，奇形，遺伝性疾患など，多くの先天異常症との関連があると報告されています。正確なNT計測には経験や訓練が必要であり，日本では標準的検査とはなっていません。
4) 羊水検査：妊娠15〜18週に超音波で確認しながら母親のお腹から子宮へ針を刺して羊水を採取し，羊水中に浮かんでいる胎児の細胞を検査するものです。検査による流産率は0.2%程度と言われています。染色体検査の結果がえられるまでには，2〜3週間を要します。
5) 人工妊娠中絶に関する法律：母体保護法の第14条に記載されている人工妊娠中絶の要件は，「1．妊娠の継続又は分娩が身体的又は経済的理由により母体の健康を著しく害するおそれのあるもの」「2．暴行若しくは脅迫によつて又は抵抗若しくは拒絶することができない間に姦淫されて妊娠したもの」とされていて，そこには，胎児の状態を理由とする条項はありません。

［参考文献］
・福嶋義光（監修），玉井真理子（編）『遺伝医療と倫理・法・社会』メディカルドゥ，2007．
・福嶋義光（編）『遺伝カウンセリングハンドブック』メディカルドゥ，2011．

Ⅳ-4. 私の子育て
―障害をもつ保護者の子育て

　みなさんが実際に保育の現場に出たとき，障害児をもつ保護者に出会うことがあると思います。その場合，保護者とともに，その障害をもつ子どもがよりよく生きるためにはどうすべきか，ともに考え，協力していくことが考えられるのではないでしょうか。
　では，保護者が障害者である場合はどうでしょう。
　ここでは，筆者自身の経験をもとに，障害をもつ保護者とその子ども，そして，保育者とのかかわりについてのべてみたいと思います。

1. 子育てに対する心構え

●出産を決めるまで

　私が子育てをしたのは，1980年代なかばから90年代前半にかけてです。私は幼いころポリオ[1]にかかり，その後遺症として四肢に麻痺が残りました。そのため，身体の機能は，上半身がなんとか使える程度です。そうした私に子どもができて，産むか産まないかの決断にせまられたのは，30代のなかばでした。さんざん迷い，考えた末に産む決断をしました。
　この迷いの背景にあったのは，自分自身にもあった，「障害のある私」にきちんと子どもを育てられるのか，という疑問でした。この同じ思考回路をぐるぐる回る逡巡にピリオドを打つことができたのは，「障害のない女性の子育てを基準にするから，できる，できない，で迷うのであって，視点を変えて私なりの子育ての方法を編み出していけばいいのではないか」と思いいたったからです。

●出産を決めてから

　産む決心をしてからの私の不安は，「体幹にコルセットをして前屈で車いすに座っている私の姿勢では，赤ちゃんを押しつぶすことになりはしないか」「こんな私のお腹で赤ちゃんはちゃんと育つのか」ということでした。あるとき，私はそのことを担当の産科医にたずねました。するとその医師は，「赤ちゃんはそんなに柔なものではない。そういう心配よりも，産んでからの方が大変かもしれない」と言いました。
　おそらく子育てをしてきたであろう女性産科医の経験，つまりは障害のない女性の子育てを踏まえての答えだったのでしょう。けれどもこれを聞いた私は，

---

1) **ポリオ**
脊髄性小児麻痺のことを言います。ポリオウイルスによって発症し，5歳以下の子どもの罹患率が高い病気です。日本では1960年代にポリオワクチンによる予防接種がはじまり，1980年代には，ほぼこの病気は根絶しました。

「赤ちゃんはそんなに柔なものではない」というひと言の方に，むしろ安心を見いだしました。子育てに関しては，私なりの方法を編み出していくしかない，と覚悟はできていましたから。そして，少しずつ準備をしていきました。

2. 子育てのはじまり

●準　備

　まず取りかかったのは，四畳半の一部屋全体を，私の車いすと同じ高さの高床にすることでした。こうすれば，あまり力のない私の両手でも，座布団に寝かせた赤ちゃんを座布団ごと引きずり上げて，私の膝に乗せることができます。またこの部屋なら，自力で車いすから移乗できます。そして，赤ちゃんがはいはいできるようになったら，高床から落ちないように入口に柵をつければ，赤ちゃんはそこで動き回れると考えました。

　そしてもうひとつ，これを機に，ヘルパーさんに来てもらう時間と回数を増やすことにしました。私にできることは自分でやる，私にできないことはだれかにやってもらう，それが私の生活スタイルでしたから，その延長線上に子育てを置けばよいと思いました。

●実　際

　そうしてはじまった私の子育てに大きく貢献してくれたのは，週に3回，6時間，休むことなく来てくれたヘルパーさんでした。私の出産を機に新たに来てくれるようになったこのヘルパーさんは，私よりほんの少し年上の，とても気さくな方でした。いまに思えば，業務外のことでも，個人的な関係として手を貸してくれたこともありました。これは，本当にありがたいことでした。

　そのころの私は，子育てだけでなく，翻訳を仕事にするべく修行中の身でもありましたから，娘が満1歳を迎えたら，保育所に預けようと考えていました。そして娘が1歳になったときから，知り合いの人たちが運営している共同保育所に通わせました。そこを選んだのは，私やパートナーのことを知っている人たちがいる，という安心感からだったと思います。それは言いかえれば，私たち家族について多くの説明をしなくてすむ場所を選んだ，ということでもあります。この保育所には，松葉杖を使用していたパートナーが，基本的に，車で娘の送り迎えをしていました。保育所は，車の通りからかなり奥まっていると

ころにあったので，保育士が車のところまで娘の送り迎えをしてくれました。パートナーが時間通りに迎えに行けないときは，友人や知人に電車で迎えに行ってもらいました。

3. いくつかの発見

●子どもの力

　こうして子育てを続けるなかで，私はいくつかの発見をしました。娘も歩けるようになると体重も増えます。私の力では彼女を抱き上げることができません。ところが，彼女は抱っこされたくなると，自力で私の膝の上にはい上がってきました。私はそこに手を添えるだけで彼女を抱き上げることができたのです。

　あるとき，同じ階に住む娘と同い年の子どもが遊びに来て，高床にした四畳半で遊んでいました。しばらくして飽きたのか，そこから下に降りようとしたので，いつものように，わきの下を支えて娘を降ろしました。次に遊びに来ていた子どもも同じように降ろそうとしました。すると，その子は私にはやけに重たいのです。無事に降ろすことはできましたが，この感触の違いに私はびっくりしました。

　なぜだろうと，ずっと考えていました。そして，はたと気づきました。私の娘は，私という母親の状況に合わせて，自分の力を調節していたのだと。遊びに来ていた子どもは，自分の母親に身体をすべて預けることができていたから，いつも通り私のところでもそうしたのだと。

●子どもにとっての車いす

　こんなこともありました。『ポリアンナ』[2]の絵本を読んでいたときに，車いすの出てくる場面があったのです。すると，娘は玄関に行き，たたんである外出用の私の車いすをぽんぽんとたたいて，「おんなじだねー。おかあしゃんも，持ってるんだもんねー」と，自慢そうに言ったのです。そのとき，私は思いました。彼女にとって，車いすで生活している私の状況は，なんの色もついていない，ごくあたりまえの事実としてあるのだと。それを知って，私はなんだかとてもうれしくなったのを覚えています。

　娘の小学校入学を機に，私は外出に電動車いすを使うようになりました。電

2）『ポリアンナ』
エレナ・ホグマン・ポーター原作。孤児となった主人公の女の子「ポリアンナ」が，叔母に引き取られ，なにごとにも前向きに「よかった探し」を続けながら逆境を乗り越えていく，という物語です。このなかで，ポリアンナは車いすの少年ジェーミーに出会います。

動車いすなら，近くでの用足しに自分で行けるし，彼女と散歩にも行けます。家の近くに多摩川の土手があったので，よく一緒に散歩をしました。と言っても，彼女はすぐに，「おかあさん，待って。後ろに乗るから」と言って，電動車いすの後ろに出っ張っているバーに足をかけて立つだけで，あまり歩きませんでしたが。それでも，通りがかった人たちは，「あら，小さいのに車いすを押してえらいのね」といったようなことを言いました。それを聞いた私は苦笑してふり向き，娘に言ったものです。「ほら，あんた，えらいんだって」。娘は，「乗っけてもらってるだけなのにね」と，返したものです。

●親と子の関係性

　子どもが小学校に入ってしまえば，物理的に手のかかる子育てもほぼ終わりです。そこからは，親として子どもとどう向き合うか，という精神的な問題が重要になってきます。それまでに築いてきた親子の関係をもとにした「親という個人」「子どもという個人」の関係をどう切り結んでいくのかという問題です。この段階になると，親に障害があるかどうかは，ほとんど関係がないと言っていいでしょう。私が心がけたのは，ただひとつ，自分の頭で考えて，自分のことは自分で決められる子になるように，ということです。つまり，親は親として自立し，子どもは子どもの世界で生きていくということです。

4. 障害のある者が親になるということ

●それぞれの子育て

　それでも，障害のある者は，障害のない者に面倒を見てもらうものだ，という見方が世間の大勢です。それが，障害のある者は親にならないものだ，という暗黙の決めつけを生み，「親の車いすを押すけなげな少女」という構図を人に思い描かせるのでしょう。けれども，実際はまったく別です。

　子育てには親の価値観が反映されるようで，少なくとも私に育てられた娘は，おとなになったいまも，「障害」という事実にひるむことも，うろたえることもないようです。そして，私には私なりの子育てがあったように，目の見えない人には目の見えない人なりの，聴こえない人には聴こえない人なりの子育てがあります。障害のない親たちにも，その人なりの子育てがさまざまにあると思います。どのような子育てにもだれかの支援が必要になる場面が必ずありま

す。そう考えれば，どんな子育てにも，それなりの支援が必要でしょう。ただ，親になんらかの障害があれば，それに合わせて支援の形も変わってくるということだと思います。

● 原　則

　2006年の国連総会で採択された「障害者権利条約[3]」の第23条，家庭と家族の尊重の項には，「婚姻できる年齢に達したすべての障害者に，両当事者の自由かつ十分な合意に基づく婚姻をし，家族を形成する権利を保障する」[*1]とあります。日本はこの条約をまだ批准するにはいたっていませんが，国際的には，障害のある者が親になることは「障害者の権利の行使」として認められている，ということになります。

　大事なことは，親たちのなかには障害のある親もいる，ということを，事実として認識しておくことでしょう。その上で，そうした親がどのような子育てを望んでいるのか，そして，そのためにどのような支援が必要なのか，それを当事者と支援する側とで，心を開いて話し合える環境を整えることだと思います。

（青海恵子）

【引用文献】

*1　障害児を普通学校へ・全国連絡会（編），大谷恭子（講演），青海恵子（訳）『障害者権利条約　わかりやすい全訳でフル活用！』千書房，2007，23．

3）**障害者権利条約**
正式名称は，「Convention on the Rights of Persons with Disabilities」で，日本政府では，「障害者の権利に関する条約」と仮訳されています（2012年12月現在）。

*1　障害児を普通学校へ・全国連絡会（編），大谷恭子（講演），青海恵子（訳）『障害者権利条約　わかりやすい全訳でフル活用！』千書房，2007，p.23

メモ欄

Ⅳ-5. 育児不安や虐待に悩む親への支援

1. 育児不安への支援

　子どもの数は，年々減っています。一方で，育児不安や虐待に悩む親は増え続けています。高学歴社会，情報化社会になって，雑誌やテレビからだけでなく，パソコンや携帯電話からでも，だれもが手軽に自分がほしい情報を入手できるようになりました。情報とは密につながる一方で，人間関係を見ると都市では核家族がほとんどを占め，高層マンションやアパート生活では，近隣との交流もないに等しいのが現状です。このように情報が溢れているなかで育児をしていると，「果たして自分の子育てはこれでいいのだろうか？」と不安になることが多々あると思います。育児雑誌に取り上げられていることの多くは，平均値の子どもの発育・発達や育て方で，子どもの個別性についてはあまり論じられていません。身近な人に相談するのではなく，育児マニュアルに頼りすぎたり，なにかあると，インターネットで検索し，答えを求めたりするような育児になってしまうと，ますます1人で不安を増幅させる結果になってしまいます。

　一般的な育児不安と"産後うつ病"による育児不安は，鑑別[1]をしなければ対応を誤ることになります。

　産後うつ病は，出産後1週間から数カ月以内に発症する精神疾患のひとつですので，病気としてとらえることが必要です。市区町村が実施している新生児訪問には，子どもの育て方などの支援のみならず，助産師や保健師が産後うつ病をスクリーニング[2]して発見し，メンタルサポートをして対応する親支援としての役割があります。産後うつ病は産婦の約15〜20％に発症します。初期対応が大事で，ていねいな傾聴，不安なことや困っていること，つらいことなどの訴えに共感していくことと，無理に母親業をさせないでゆっくり休養を取ることに気をつければ，ほとんどは改善していきます。この時期になにも支援がなく，孤立したまま子育てをしなければならない家庭環境の場合，まれですが，母子心中や自殺企図も起こりえるので，早期発見をして慎重に対応していかなければなりません。

2. 子どもを愛せず拒否したくなる親

　女性は妊娠し，子どもを産めば母親になるのだから，だれにでも母性は備わっている，というのは幻想です。結婚して家庭を築き，子どもがいれば理想の家

---

[1] **鑑別**
物事を鑑定して，判別することを言います。

[2] **スクリーニング**
条件に合うものを選び出す，あるいはふるいにかけることを言います。

族がつくれると思って産んだとしても，現に，目の前にいる子どもが愛せないという親もいます。そういう親は，子どもから「お母さん，一緒に遊ぼう」「抱っこして」などと要求されると，わずらわしくていやになると訴えます。ほとんどの場合は，子どもに暴力をふるったりはしないので，目に見える傷やあざはないのですが，母親の冷たい視線，いやいやながらの対応，ときには「あっち行って，1人で遊んで」などと言うような拒否的な態度が続けば，それは心理的な虐待になります。

　ある母親は，子どもと一時でも長く離れていたいので，朝早くから夕方まで保育所に預かってもらいました。それでも夕食後に子どもが寄ってくると，声をかけるのもいやだなと思ってしまうそうです。このように，身体的な虐待はしていないし，養育を放棄するようなこともないけれど，心理的な拒否感があったり，子どもと愛着関係を育てることができない親もいるのです。

　心理的虐待はある意味，密室である家庭内で起こっているので，発見や対応は，身体的虐待をしている親よりもむずかしいものです。親としてやらなければならない養育はできているので，子どもの発育・発達は順調です。目に見える傷やあざがないと，父親や身内でも，ましてや保育所で元気に遊んでいる姿を見ている保育士たちには，発見することは困難でしょう。

　心理的虐待を受けた子どもは，幼いころには被害症状を表出させることはほとんどありませんが，思春期以降に問題を先送りしてしまうことがあります。心の奥底に秘めていた，なんとなく母親から拒否されているように感じる思いや否定された記憶は，「自分なんかいない方がいいんだ」「生まれなきゃよかった」など，生きる希望や自信を失わせ，自己肯定感も低くなり，他者を信頼できなくなったり，いじめを受けやすくなったりと，次第に社会のなかで生きづらいと感じるようになります。

　母親も，どうして子どもを愛することができないのか，罪悪感で悩んでいます。人の生い立ちのなかで，とくに実母との関係は重要です。実母から抱っこされたり，認めてもらったり，ほめてもらったりといった記憶や，愛情を感じるできごとが少しでもあれば，「自分は親から愛されていた」という実感につながります。母親が幼いころにいなかった場合は，身内のだれか，祖母やおば，あるいは保育者，学校の先生，児童養護施設の指導員など，母親にかわるおとなから愛情や肯定的なメッセージを受けていれば，親になったときにわが子を拒否するようにはなりません。家庭が子どもにとって安全な環境でない場合は，

保育所などで社会的に養育をすることが，次世代への虐待や暴力の連鎖を予防することにつながります。

3. 子どもを私物化しない子育てを

赤ちゃんには生まれたときから1人の人間としての人権があると，だれもが思っているとは限りません。ときには，わが子を私物化する親もいます。「わが子をどうしようと親の勝手だ」とか，「しつけだ」と言って長時間廊下に座らせて説教したり，食事抜きにしたりする親もいますが，子どもがつらい状況になっていれば，これは虐待です。しつけ[3]と虐待は異なるということを理解しておきましょう。

また，子どもの人権に危惧を感じることとして，最近はブログなどで自分の子育ての状況や子どもの顔写真を掲載しているものを時折見かけることがあげられます。果たしてこれは安全な子育てをしていると言えるのでしょうか。

正直なところ，疑問に思います。子ども自身が自分の顔写真を掲載してよいと了解していればよいのですが，生まれたばかりの赤ちゃんは意思表示ができません。このような行為は，子どもの立場に立ってみれば，プライバシーや人権と安全を侵害することになるのではないでしょうか。子どもは親の所有物ではありません。生まれたときから人権を認め，尊重して，成長につき合っていかなければならない存在なのです。

4. 父親の役割と育児ストレスの解消

子育ては母親だけの役割ではなく，現在は社会的にも父親の育児参加が推奨され，"イクメン"ということばも流行しています。両親学級に父親が積極的に参加するケースも増えています。精神的なサポートとして父親の声かけとフォローがあるかないかで，母親の育児ストレスの強弱は決まります。父親が「子育ては母親がするのは当然だ」という考えで，自分は仕事で忙しいからと，会話も「めし，はし，ふろ」しかないと訴えた母親もいました。これでは育児ストレスがたまり，子どもが言うことを聞かなくなったときには，手を上げたくもなるでしょう。

日本のサラリーマンは帰宅が21時，22時はあたりまえで，欧米とくらべて

---

[3] しつけ
監護権をもっている者が，子どもが成長し，自立していくために教えていかなければならない道標を指し示す行動のことです。

一般的に遅いという現状があります。しかし，母親の育児ストレスが強い場合や虐待の危機がある場合には，母親の話を 10 分でも 20 分でもしっかり傾聴するよう父親に助言する必要があります。

話の聴き方としては，「なんでそうなんだ」というような否定する言い方はせず，また「こうすればいい」などと自分の意見は言わないことが大切です。「大変だったね」「よくがんばったね」「そうか，大丈夫だよ」など，ねぎらいのことばや肯定する言い方で，傾聴と共感を示す努力をするように助言しましょう。父親が自分の話をちゃんと聞いて，受け入れてくれていると思うようになると，母親の子どもへの怒りも徐々に収まっていくものです。

家族内の決めごとは，家族で話し合いをして決めていくようにするのも大事なことです。なんでも実家の母親に頼ったり，相談したりするような父親を"マザコン"と言いますが，こういう父親の場合，母親は自分の存在が無視されているように感じるので，怒りの根源になります。親の親離れ，子離れは，家庭を築いていくためには重要なことなのです。

また，子育てにパーフェクトはないので，それを望まないというのも大事でしょう。自分の望み通りの子育てをすることは危険です。人生と同じように，うまくいかないことが多いというのを実感し，ときどきは手抜き，息抜きをしながら，"いいかげんさ"を身につけて子育てをすることができれば，育児ストレスは軽減されると思います。子どもから一時でも離れて，自分の時間をもつようにし，息抜きもしながらかかわると，子育ての喜びも見つけられます。親ができることは最善を尽くすことであり，ときには助けてもらうことも必要です。完璧をめざしてエネルギーを消耗しないように，子どもを愛し，子どもといることを楽しみ，できるだけのことをしたら，これでいいんだと親が思えるように導きましょう。

5．ネグレクト家族への支援

養育を放棄したり，放置したりする親は，程度の差はあれ，どの地域にもいます。最近は 10 代での妊娠も増えています。"できちゃった"が望まない妊娠で育児知識もないため，どう育てたらいいのかわからない，あるいは育てられないと，児童相談所に駆け込んでくる家族もいます。ネグレクトは，若年だけでなく，精神疾患をかかえている親や，知的障害や発達障害がうたがわれる親，

放任されて育ちネグレクトの連鎖がある親の場合もハイリスクであり，適切な子育てができるかどうか心配です。親の背景は同じではないので，どのような課題をかかえているのか，家族背景，生育歴・生活歴，育てる気があるのか，病歴などの情報を収集し，アセスメントすることが必要です。

ネグレクトは経済状況ともリンクしていることが少なくないので，低収入，失業，借金などによる経済的に不安定な家庭についても，必要に応じて親の育児態度が適切かどうかアセスメントをして対応しなければいけません。まれですが，DVが隠れており，歪んだ育児観をもっていたり，かたくなに行政の支援を拒否し，子どもと会わせないような態度を取ったりすることもあります。このような家族は，SOSを出さないというのが特徴です。むしろ「大丈夫」とか，なにに困っているのかがわからないために「困っていない」と答えたりするので，支援をおこなう際には一歩踏み込んだ対応をしなければいけません。

ネグレクト家族を行政や地域住民が見のがすと，子どもは基本的な生活の維持ができなくなって生理的欲求を充足することができず，成長・発達が阻害されます。発見のいちばんのメルクマール[4]は，同じくらいの歳の子とくらべての子どものいちじるしい低身長，低体重です。乳幼児期になんの支援もなく，「やせ」のままで成長すると脳機能が十分に発達しないため，学習能力も低下してしまいます。

ネグレクトが疑われる家族は，「社会で養育」という方針で対応します。学齢期前の乳幼児にとっていちばん安全な場所は，保育所です。保育所に来なければ，子どもの安全確認をすることはできません。遅れてもよいから，毎日通所してもらうことが重要です。時間を守れとか，早く迎えに来いとか，忘れ物を指摘するとか，親を責めるような言い方や指導は控えて，通所を受け入れる対応をしましょう。

保育者は，親にかわる養育者としての役割があることを認識し，子どもの安全を確保して成長を助け，生活習慣の確立，他者とのコミュニケーションなどを子どもが習得できるようにかかわることが大切です。

> 4) メルクマール
> 物事を判断する基準や目印のことを言います。

6. 虐待された子どもへの支援

虐待されている子どもへの支援が在宅支援になるのは，虐待の状況として命にかかわるまでの重症度が低い，中等度，またはうたがいの場合です。市区町

村の子ども家庭支援課や児童相談所は，家族や身内だけで子育てしないように方針を決めるので，乳幼児であれば保育所入所は在宅支援の条件になります。つまり，乳幼児における在宅支援の場合は，保育所がネットワークのキーステーション[5]になることが多いということであり，保育者に対する役割も期待されています。

保育者の役割としては，子どもの観察と陳述に耳を傾けることが最優先です。虐待のうたがいがある場合は，「この傷はどうしたの？」「なにがあったの？」など，いつ，だれが，どのようにしたのかについて，子どもが安心して話ができるように場を設定し，聞き取りをします。うたがいをもったときは，見て見ぬふりをしないようにしましょう。陳述は，子どもが話した通りに記録します。あざや傷，やけどがある場合は，場所，大きさ，形や色などをスケッチするか，できれば写真を撮っておくことが望ましいでしょう。注意しなければいけないのは，子どもに不安感をもたせないように，安心して話ができるように対応することです。

[5] **キーステーション**
虐待されている子どもの観察や見守りなどができる関係機関ネットワークの中心になる機関のことを言います。

7. 虐待する親への支援

保育の現場は子どもとのかかわりがおもですので，親への対応や支援は二次的な役割ではありますが，保育者は親と日常的に顔を合わせるので，親とのかかわりも求められます。親とかかわる上で配慮しなければいけないのは，虐待は発生要因さえそろえばどの家庭でも起こりえることなので，虐待がうたがわれる家族を差別，特別視しないこと，そして，虐待の事実を無理につきとめようとしないことです。最終的な事実確認は，児童相談所がおこないます。保育者は，親を責めない，批判しない，とがめないで，全面的に受け入れることが大切です。親の陳述も率直に受けとめて，子どもの陳述とのあいだに不自然さはないか検討しますが，一機関だけで虐待かどうかを判断するのは危険です。迷ったときは，保健師に相談するか，早めに児童相談所へ通告をしておきましょう。

母親に対しては，母性を押しつけないような対応が大切です。「母親だからがんばれ」「母親はこうあるべき」「だれでも子どもは育てている」というようなことばは禁忌です。母親を追い詰めないようにするために，保育者は自分自身が母性幻想をもっていないかどうか，ふり返ることが必要です。親に不自然

な陳述や気になる行動があるときは,親自身に注目してもらいたい気持ちが強いことが多いので,子どものことを話すよりも,「困っていることは?」「どうしましたか?」などと登降園の際に声をかけて,親の話を聴きましょう。親のことばに耳を傾けて,悩みや苦しみ,現在のストレス状況,子どもへの不満や期待などを率直に聞いていきます。ある程度,親との信頼関係を築いたら,親がかかえている課題は保育現場だけで解決できるのか否かを検討し,なるべく一機関でかかえ込まないように対応します。

なお,保健師と連携する必要がある場合としては,乳幼児に対する虐待やネグレクトがうたがわれる家族,親の精神疾患・人格障害やアルコール・薬物などへのアディクション[6]が考えられる家族,児童相談所の関与を拒否する家族などが考えられます。支援をスムーズに進めるためにも,日ごろから保健師とは顔合わせをして,よりよい連携をおこないましょう。　　　　(徳永雅子)

> [6] **アディクション**
> アルコール・薬物依存症,摂食障害,ギャンブル依存症,ネット依存症,性依存症,共依存症などの総称です。

【参考文献】
- 徳永雅子『あなたにもキャッチできる児童虐待のSOS』新企画出版,1999.
- 徳永雅子『応援します―あなたの子育て(パンフレット)』新企画出版,2001.
- 庄司順一・徳永雅子ほか『見過ごさないで!子どもたちのSOS』学研,2002.
- 徳永雅子『子ども虐待とネットワーク―親子の支援とネットワーク』中央法規,2007.

コラム　育児不安や虐待に悩む親―頑固なネグレクト母への支援

　ケースワーカーから保健師に，ひとり親から生活保護の申請が出たので「一緒にかかわってほしい」と連絡がありました。25歳の母親と1歳の子どもが，母子生活支援施設（以下「母子ホーム」と表記）に入所していました。保健師が家庭訪問し，部屋をノックしても，母親はなかなかドアを開けてくれません。ねばってノックし続け，ようやく部屋に入ってみると，1カ月ほど前に入室したばかりなのに，8畳一間には冷蔵庫，布団，茶だんす，衣類などの生活用具があふれ，足の踏み場もない状態でした。母子ホームの職員が部屋に入るのも，手伝いをするのも拒否していたようです。「子どもはどこにいるの？」とたずねると，男の子が，布団のあいだの座布団に寝かされていました。

　部屋を片づけなければ食事もできないし，休むこともできないので，職員も手伝うことを承諾してもらい，また，子どもは安全な環境で育てないとあぶないということを話しました。

　母親は未婚のまま出産し，しばらく実家にいたのですが，ほとんど親がかりの生活で，行動が遅くて頑固な性格の上，子どもの面倒はあまり見ないので，実家でも「これ以上は無理」と音を上げ，母子ホームに出されたそうです。母親は高校は卒業していましたが，精神を患っており，性格も粘着気質で自分の考えに固着し，他人をなかなか受け入れようとはしませんでした。

　母子2人で過ごすのはあぶないと判断し，ケースワーカーと話し合って，子どもは保育所に預けるように説得しましたが，彼女は自主保育がよいと主張します。それを根気強く説得して，ようやく承諾してもらいました。しかし，子どもに朝の支度をさせ，保育所に毎朝送迎することができるかが問題でした。そこで，母子ホームには，朝は職員がドアをノックして起こし，準備をさせるようにと，また保育所には，到着は10時や11時になるかもしれないが，受け入れてほしいと，それぞれお願いをして経過を見ていきました。

　母親は炊飯器でご飯を炊く気はないのでコンビニで弁当を買ってくるなどしましたが，そのうちにうどんに人参を入れて煮たり，銭湯に週に数回通ったり，洗濯もきちんとたたむまではしなくても，子どもを着がえさせたりするようになりました。でも，部屋はまだ雑然としていました。服薬も自分1人では忘れるので，毎朝職員室で飲むように指示し，精神科の受診は職員が同行するようにし，生活保護費は週払いにして，買い物したレシートはケースワーカーが確認するようにしました。さらに，保健師は全体の調整をおこなうとともに，ときどき訪問してがんばっていることを認めてほめ，励ますなど，役割分担をしてネットワークで対応していきました。

　母親と子どもはまわりの関係者に支えられて，保育所の送迎も少しずつ早められるようになり，登園日数も増えていきました。母親は，コミュニケーションも朴訥ながら，自分から職員や保健師にも話しかけるようになり，表情も最初のころとは見違えるように明るくなりました。子どもはことばも増え，発達も同じくらいの月齢の子どもと同じ程度となり，発達段階に応じた要求を示すことも多くなりました。

　この事例のように，基本的な信頼感を構築していけば，ネグレクトの親でも，子どもとの愛着を深め，生活を改善していくことは可能なのです。

（徳永雅子）

IV-6. DVにさらされる家族

1. DV家庭と子ども

● DVということばの意味

　DVとは，「ドメスティック・バイオレンス（Domestic Violence）」の頭文字を取って略したことばです。ドメスティック・バイオレンス（以下「DV」と表記）は，「夫や恋人など親密な関係にある，またはあった男性から女性に対してふるわれる暴力」のことを言いますが，わが国ではあえて訳さず，DVという略語で一般に浸透し，使われています。

● DV家庭と子ども

　DV家庭の多くには，子どもがいます。「児童虐待の防止等に関する法律」（以下「児童虐待防止法」と表記）では，DVは心理的虐待のひとつとして定義づけられています。DV目撃[1]は，子どもにとってトラウマ（心的外傷）となるような苦痛をもたらします。DVは，本来，子どもが健全に成長・発達するために不可欠な「安全基地」を家庭から奪い，子どもの安全感，安心感をおびやかします。さらに，DV家庭で育つ子どもには，直接的に身体的・心理的・性的虐待を受けるリスクが存在することもわかっています。

　児童虐待防止法では，児童の福祉にたずさわる援助者は，①児童虐待の発見，②児童や保護者に対する虐待防止のための教育や啓発，③児童の保護や自立支援に関する機関との協力，に努めるよう明記されています。子どもの育つ家庭でDVがうたがわれるときは，子ども（児童）虐待として理解し，被害者である子どもと母親の両方の安全を守ることを優先し，対応していく必要があります。そのためには，DVという問題について正しく理解し，被害者への影響を理解することが必要です。

2. DVという問題

● DVのとらえ方

　DVは女性への暴力のひとつであり，社会文化的問題です。1979年に「女性差別撤廃条約」が，1993年に「女性に対する暴力撤廃宣言」が，国連総会で採択されて女性への人権意識が高まるなかで，「女性への暴力は，社会・文化や階級を問わず世界のいたるところで起きており，国際的に取り組むべき課題」

---

[1] DV目撃
DVを見聞きすること。また，その状況にさらされることを言います。

として位置づけられました。女性への暴力が起こる根本には，女性の地位の低さや女性差別，ジェンダーの問題があります。

　わが国では，2001（平成13）年4月に，「配偶者からの暴力の防止及び被害者の保護に関する法律」（以下「DV防止法」と表記）が成立し，DVは「犯罪となる行為を含む人権侵害」として明記されました。

　内閣府の「男女間における暴力に関する調査」[*1]によると，女性の約4人に1人は配偶者から被害を受けたことがあり，約10人に1人は何度も受けています。また，被害を受けた女性の約9人に1人は，命の危険を感じた経験があります。

　さらに，「被害女性の自立支援に関する調査」[*2]では，暴力を受けたあと，けがや精神的不調をきたした女性は90.1％で，そのうち医師の診察を受けたことがある人は67.2％にのぼります。DVは長期的に健康被害をもたらすことがわかっており，公衆衛生の観点からも重大な問題となっています。

　2015（平成27）年の調査[*1]結果では，女性から男性への暴力も見られますが，件数，頻度・程度から，女性への暴力はより深刻な問題です。男性への暴力も取り組まれるべき問題ですが，社会構造を背景としているDVとは区別して取り扱う必要があります。

● DVという暴力の特徴

　DVという暴力には，特徴があります。ドゥルース・モデル[2]では，「パワーとコントロールの車輪」という理論的枠組みを使ってDVを説明しています。この「車輪」によれば，加害者が暴力をふるうのには意図があり，「パワーとコントロール」が車輪を動かす原動力となります。その手段には，8つの心理的暴力があります（表1参照）。心理的暴力を使っても思うようにいかないときに，最後の手段として，身体的暴力，性的暴力が使われます。たった一度の身体的暴力であっても，「また起こるかもしれない」という恐怖感・無力感によって，女性は服従を強いられます。「怒らせないように」と相手の機嫌をうかがいながら生活するなかで，「自分が悪いから」と自責感や恥辱感をかかえ，しだいに孤立していきます。

　このようにDVは，パワー（権力）によってコントロール（支配）される関係性のなかで，女性の主体性がしだいに奪われていく暴力であることを理解する必要があります。

[2] ミネソタ州ドゥルース市にあるDomestic Abuse Intervention Programs（DAIP）のこと。「パワーとコントロールの車輪」は暴力を受けた女性の経験をもとに開発されたもので，現在，40カ国語以上で翻訳され国際的にも認められています。
〈http://www.theduluthmodel.org/〉（2013年3月現在）

表1　心理的暴力の種類と具体例

威嚇する	物を叩き壊す，ペットを虐待する
精神的暴力	おとしめる，罵る，「私はダメな人間だ」と思わせる
孤立させる	嫉妬心を言い訳にして行動を制限する，社会活動を制限する
矮小化・否認・責任転嫁	暴力はなかったと言い張る，暴力の責任を転嫁し被害者のせいにする
子どもを利用する	自分の言いたいことの伝達役に子どもを使う，子どもを取り上げるといっておどす
男性の特権をふりかざす	女性を召使いのように使う，重要な決定はすべて自分がくだす，暴君のようにふる舞う，男女の役割の違いを強調する
経済的暴力	女性が仕事をもつことを妨害する，わずかな金銭しか渡さない，女性の金銭を取り上げる，収入や財産についてなにも知らせない
強制・脅迫	危害を加えるといっておどす，別れる・自殺すると言っておどす

出典）エレン・ペンス，マイケル・ペイマー（編著），波田あい子（監訳）『暴力男性の教育プログラム――ドゥルース・モデル』誠信書房，2004，pp.170-255をもとに，筆者作成

●**加害者対策**

　DV加害者側の最大の問題は，自分には「暴力の責任はない」と考えていることです。そのため，暴力はくり返されます。加害者が暴力の責任を引き受け，暴力性を克服するのはとてもむずかしいことです。克服できたとしても長い時間がかかります。欧米では，司法，警察，福祉サービスなど，地域社会での連携のなかで，裁判所の命令として加害者更生プログラムが実施されています。わが国でも加害者更生プログラムが試行されていますが，民間レベルにとどまっています。法的システムは異なりますが，わが国における加害者への対応策，予防策は，地域社会の課題となっています。

3. DVの被害家族への影響

● DVが子どもに与える影響

　DVが子どもに与える影響は，情緒面・行動面・発達面と多岐にわたります。DVにさらされている子どもは，ほかの子どもにくらべて仲間に対して攻撃的な態度を取りやすく，一般に問題行動が多くなります。とくに男子の場合，加害者の行動が学習モデルとなり，「攻撃者に同一化」しやすいと言われます。

Ⅳ 支援を必要とする家族・子ども

　精神面では，多動，不安，自分の殻への閉じこもり，学習困難などをかかえます。DV目撃やDVにさらされる生活は，トラウマ（心的外傷）となりえる体験です。子どもは複雑性トラウマ[3]（長期反復性トラウマ）の影響として，PTSD[4]（心的外傷後ストレス障害），感情コントロール不全，DVが起こるのは「自分のせい」「自分が悪い子，ダメな子だから」ととらえるなどの自己否定感，罪悪感，自責感，恥の感覚，孤立感などをかかえてしまいます。

　発達段階によってあらわれ方は変化しますが，幼児期の子どもの場合はもっとも無力であり，どう対処していいかわからず，日常生活のなかですぐに混乱状態になりやすいでしょう。たとえば，泣く・かんしゃく，腹痛・下痢などの胃腸の不調，夜泣きなど，身体の症状のような形であらわれやすいものです。保育所などで子どもを見ていて「あれ？」と思うような違和感や不自然な反応，心身の症状や問題行動は，子どものSOSのサインであるかもしれません。ようすを見ながら，まずは安全・安心感を増やせるよう寄り添ってあげましょう。

● **DVが家族に与える影響**

　DVは，母子関係にも影響を与えます。加害者は子どもの前で母親に暴力をふるい，おとしめるため，母親の権威が失墜します。そのため，子どもは母親を侮辱し，母親との関係が悪くなることがあります。また，加害者は，子どものしつけの邪魔をします。たとえば，母親が子どもに家のお手伝いをさせようとするとき，「おもしろいテレビ，いま，やってるよ」「お母さん，なまけ者だね。自分でできないの」「先に宿題しなさい」などと言うので，子どもは言うことをきかなくなり，子育ては通常の何倍も大変になります[5]。

　DVは，きょうだい関係にも影響を与えます。加害者はある子を溺愛し，別の子はスケープゴート[6]にしていじめるなど，きょうだい間での扱いが違うことがよくあります。そうすると，きょうだいの仲も悪くなります。

　このようにDVは，家族関係をばらばらにし，家族の絆を壊してしまいます。

● **DVにさらされる子どものレジリエンス**

　「レジリエンス」とは，回復力や逆境を生き抜く力のことを言います。
　子どもの回復力を高めるためには，まず，よい親，あるいは親にかわる存在がまわりにいるかどうかが重要ですが，DV家庭で育つ子どもの場合は，愛情をもって育てようとする母親との関係が鍵になることが多いものです。そして，

3）**複雑性トラウマ**
虐待やいじめなど，長期にわたって「外傷的出来事」がくり返されることによって生じるトラウマのことを指します。

4）**PTSD**
PTSD（心的外傷後ストレス障害）の症状には，①再体験（思い出したくないのにくり返し思い出す，悪夢を見る，遊びのなかで「外傷的出来事」を再現する），②回避・麻痺（考えないようにする，場所・人を避ける，ぼーっとする），③過覚醒（いらいらして落ち着きがない，些細なことに驚きやすい，警戒心が強い，睡眠障害など）の3つがあります。

5）DV加害者の意図は，「力と支配」です。また，DV加害者は一貫性がない傾向にあるため，「しつけ」について話し合うことができません。

6）**スケープゴート**
「身代わりの山羊」という意味で，ある特定の個人に罪を着せて排除し，非難・攻撃することを言います。

ほかのおとなとの良好な関係や友人関係など，社会的なつながりをもち，肯定的価値観や社会的スキルを学び，長所・能力を伸ばすことによって，さらに回復力を高めることができます。

4. DVにさらされる家族への支援―保育所・保育者ができること

●母親への支援

　先にのべたように，DV被害にあっている女性が，被害についてだれかに相談するなど，みずから助けを求めるのはむずかしいことであり，時間がかかります。しかし本当は，自分の味方になって支持してくれる人や助けを求めています。そのため，もし，母親が被害についてほのめかし，保育者に打ち明けたなら，しっかりとその話を受けとめて聴くことが大切です。そして，母親と子どもの両方の安全を確認した上で，状況やニーズに応じてDV被害者相談窓口の情報を提供し，ほかの支援につなぐことも必要です。そのためには，日ごろから地域にあるDVにかかわる社会資源について把握し，ネットワークづくりを心がけておく必要があるでしょう。

　加害者と別れる・別れないなど，母親の気持ちは揺れるものですが，どのような選択であれ，当事者の意思を尊重しましょう。たとえ時間はかかっても，当事者が自己決定することがもっとも大切なことです。

　バンクロフトは，「DVにさらされた子どもを助けたければ，子どもの母親を心から支援しなければならない」と言います[*3]。被害者である母親もまた，トラウマを受け，うつ病やPTSD，自殺企図など，メンタルヘルスの問題をかかえていることも多いものです。子どもが母親との絆を修復し，回復していけるよう，まずは保育者が母親に敬意を示し，温かく支援する気持ちで母親を支援することが求められます。

●子どもへの支援

　DVにさらされている子どもにとって，保育所は安全の基地となりえる場所です。家庭が安全でない子どもたちにとって，家庭以外の生活空間において安心の基盤が広がり，安全・安心感が増すことは重要なことです。保育所で毎日の決まったスケジュールや生活リズムに合わせて生活することも，安心の基盤として役立ちます。子どもを温かく見守る保育者や友だちとのかかわりを強め

ること，子どもの長所や興味・関心を伸ばし，発展させる機会を提供することも，レジリエンスを高めるために役立ちます。保育所での生活と遊び，保育者との信頼関係の絆そのものが，子どもが逆境を生き抜くための支援となります。

● 子どもの話を聴く

　DVにさらされている子どもは，その秘密をかかえている限り，自分は1人ぼっちだと感じ，孤立しています。絵本『パパと怒り鬼─話してごらん，だれかに─』[*4]では，DV家庭に育つ子どもの気持ちが描かれており，子どもは助けを求めていること，だれかに話す場が必要なことを訴えています。

　子どもとかかわる保育者は，子どもにとってもっとも身近にいるおとなの1人です。なにが起きているかわかっていることや，子どもの気持ちを気にかけていることを子どもに伝えましょう。「あなたはとても大切な存在だよ」「家のなかでのことについて話したくなったら，いつでもいいから話してね」など，コミュニケーションが取りやすくなるよう，声をかけてあげましょう。そして，子どもがDVのことを打ち明けたり，DVを目撃していると明らかにわかったりした場合には，「それ（DV）はあなたのせいではないよ」というメッセージを伝えることが必要です。

出典）グロー・ダーレ『パパと怒り鬼
　　　─話してごらん，だれかに─』
　　　ひさかたチャイルド，2011

● 別居・離婚後の家族への支援

　母親がDVからの脱出を決意し，周囲の助けや支援をえるなかで別居・離婚を決意するとき，多くの場合は，安全な場所に転居し，新たな生活をスタートさせます。しかし，別居・離婚後も，離婚調停や裁判，面会交渉などに時間がかかり，DVの余波が継続することも多いものです。母子が安全に安定した生活が送れるようになるまでには時間がかかります。ようやく安定し，落ち着いたと思った途端，子どもが問題行動を起こすことも多くあります。子どもが問題を表現するのは，「いつ，なに（DV，虐待など）が起こるかわからない」という緊張・恐怖から解放され，「いま」が安全だと感じているからこそであり，母子の関係の絆を回復し，子どものトラウマに手当てをする機会としてとらえましょう。別居・離婚後も母子が地域から必要な支援を受けられるよう，支援

機関と連携しながら，息長く母子を見守っていくことが求められます。

（西　順子）

【引用・参考文献】
- ＊1　内閣府男女共同参画局「男女間における暴力に関する調査報告書」2015.
- ＊2　内閣府男女共同参画局「配偶者からの暴力の被害者の自立支援等に関する調査結果」2007.
- ＊3　ランディ・バンクロフト『DV・虐待にさらされた子どものトラウマを癒す―お母さんと支援者のためのガイド』明石書店，2006.
- ＊4　グロー・ダーレ作，スヴァイン・ニーフース絵『パパと怒り鬼―話してごらん，だれかに―』ひさかたチャイルド，2011.
- ・ランディ・バンクロフト，ジェイ・G・シルバーマン『DVにさらされる子どもたち』金剛出版，2004.
- ・ランディ・バンクロフト『DV・虐待加害者の実体を知る』明石書店，2010.
- ・エレン・ペンス，マイケル・ペイマー『暴力男性の教育プログラム―ドゥルース・モデル』誠信書房，2004.
- ・村本邦子『暴力被害と女性』昭和堂，2001.
- ・西順子「DV被害者のトラウマからの回復」現代のエスプリ，(524)，2011.
- ・NPO法人FLC安心とつながりのコミュニティづくりネットワーク・DV子どもプロジェクト『DV家庭に育った子ども支援の試み～派遣プログラムの展開～報告書』2007.
- ・NPO法人FLC安心とつながりのコミュニティづくりネットワーク・DV被害女性サポートチーム『女性の安全と健康のためのガイドブック』2009.

コラム　DVからの脱出と秘密保持

　母親がDVからの脱出・避難を決意するとき，地域社会からどのような保護や支援を受けられるのでしょうか。ここでは，DV防止法による支援を中心に自立への支援の流れを理解し，連携の際に留意が必要な秘密保持について確認しておきましょう。

　被害女性が加害者から離れようとするとき，危険がもっとも高まります。脱出時に暴力がエスカレートする可能性があるからです。緊急に避難する場合は，最寄りの警察や交番に駆け込むことができます。警察で保護されると，婦人相談所に設置されている一時保護所に避難することができます。一時保護は，厚生労働大臣が定める基準を満たす民間シェルターに委託されることもあります。

　一時保護・シェルター入所中は，ケースワーカー，カウンセラー，生活支援員などの支援を受けながら，ニーズに応じて次の行き先を検討し，新しい住まいの確保やそのための手続きなどが進められることになります。自立して生活をはじめるために，婦人保護施設，母子生活支援施設を利用することもできます。

　被害者が加害者からつきまとわれる可能性があり，生命や身体の安全がおびやかされるおそれが大きいときには，加害者が近づかないように「保護命令」を地方裁判所に申し立てることができます。DV防止法の保護命令には，接近禁止命令と退去命令があり，「子どもや親族等への接近禁止命令」も同時に申し立てることができます。申し立てにあたっては，ケースワーカーや弁護士が相談に応じて支援を提供してくれるでしょう。

　こうして母子が家から脱出・緊急避難し，別居生活がはじまるとき，加害者が突然いなくなった母子を探して，保育所や学校など，関係機関に問い合わせをすることがあります。DV防止法では，関係機関の相互の連携と協力を明記していますが，保育所においても避難している母子の個人情報の秘密を保持し，被害母子の安全を守ることが大切です。加害者に居場所や情報を伝え，母子の安全をおびやかすようなことがないよう留意する必要があります。

　　　　　　　　　　　　　　　　　　　　　　　　　　　　　　　　　　　（西 順子）

［参考資料］
・内閣府男女共同参画局「配偶者からの暴力被害者支援情報」< http://www.gender.go.jp/e-vaw/ >
　（2015年9月現在）

Ⅳ-7. ことばも，文化もさまざまな子どもたち

1. さまざまな外国人

●日本で生活している外国人は，どのような人？

　日本には現在，およそ217万人[1]の外国人が住んでいます。それぞれ法務省入国管理局が認めた在留資格をもっており，その資格の範囲内で活動（仕事，勉学など）をしています。たとえば，大学生ならば「留学」，専門的知識・技能が必要とされる業務ならば「人文知識・国際業務」，日本でビジネスを展開する人ならば「投資・経営」，といった在留資格です。

　在留資格のなかでいちばん多いのは，「永住者」というくくりの人たちです。これは，日本生活が長く，このまま日本に住み続けることを認められた人たちのことです。この範疇では，中国籍の人がいちばん多く，全体の約30％を占めます。

　次いで数が多いのは，「特別永住者」です。そのほとんどは，朝鮮半島を日本が植民地として統治していた時代[2]に日本へやって来た，あるいは，来ざるをえなかった，または連れて来られた人たちの子孫で，日本に住み続けており，日本国籍を取得（帰化）しない人たちです。

　これに続くのが，日本人と結婚した外国人で，「日本人の配偶者等」という滞在資格をもつ人たちです。

　そして，その次が「定住者」になります。なんらかの理由（事由）によって日本で1年以上住むことを認められている外国人のことで，その数は，およそ16万人にのぼります。

●定住外国人とかかわる上で知っておきたいこと

　こうした外国人家庭の子どもたちは，日本の保育所，幼稚園に通い，小・中・高校で学び，さらには専門学校や大学へ進むことにもなります。では，そのような子どもたちと接するとき，どのようなことに気を配ればいいのでしょうか。ここでは，とくに配慮すべき点を3つあげたいと思います。

　まず，保護者たちは「どこ（国籍国）から」「いつ」「どのような事情（目的）」で日本へやって来たのか，来日の動機と背景，あわせて，出身国の事情を理解する必要があるでしょう。

　次に，「どのような種類の在留資格をもっていて」「日本でどんな仕事に従事し」「どのように生活を営んでいるのか」を把握してほしいと思います。

---

[1] 2015（平成27）年6月の法務省入国管理局「在留外国人統計」をもとにしています。以下，同じ。

[2] 日本による韓国併合（1910〈明治43〉年）から，日本の敗戦（1945〈昭和20〉年）までの時代です。

3つ目は，これは個人的な事情もからんで，微妙，かつ聞き出すことがむずかしい場合もあるでしょうが，その外国人一家が，「早々に母国へ帰ろうと考えているのか」「当分は日本で暮らそうと思っているのか」，あるいは「このまま日本に腰を据え，永住するつもりなのか」，それぞれ，子どもたちを含む，自分たち家族の将来像をどのように描いているのかについて，知る努力をしてほしいと思います。

2. 日本をめざす人たち

　在留資格「定住者」の枠でくくられる外国人の国籍を見ると，フィリピンがおよそ4万5,000人といちばん多く，2番目はブラジルで約4万4,000人です。

　ちなみに，「定住者」の枠にとらわれず，日本で外国人登録をしている人たちを国籍別に見ると，中国籍の人がいちばん多く，およそ65万人にのぼります。韓国・朝鮮籍の人がおよそ50万人でこれに続きます。3番目がフィリピンで約22万人，4番目がブラジルで17万人となっています。

　中国あるいは韓国・朝鮮籍の人たちの場合は，それぞれ長い歴史をもつコミュニティが日本にあり，子どもたちの教育についても，独自の民族教育機関を運営しています。ここでは，それ以外の国からやって来た人たち，とくに，比較的最近来日した，いわゆる「ニューカマー」（新たにやって来た人たち）の家族・子どもたちに焦点をあてて説明していきたいと思います。

● ニューカマーの家族・子どもたち①－日系外国人の場合

　なぜ，日本に住むブラジル人が多いのでしょうか？

　それは，現在の日本の「出入国管理及び難民認定法」では，ブラジルやチリなど南米諸国に住む，かつての日本からの移民の子孫である日系人の入国・滞在が，比較的簡単に認められるからです。ただ，日系人と言っても，日本人が移民として南米に渡ってからすでにかなりの歳月が経っており，三世，四世の時代になっています。ですから，日本に働き場所を求めてやって来る人たちのほとんどは，日系人とは言っても，日本語のできない人たちです。

　子どもたちについて言えば，来日時の年齢によっても異なりますが，小・中学生ぐらいの年齢で来日したとすれば，日本語でおこなわれる授業についていくのがむずかしいといった問題が起こります。日本で生まれた，あるいは，ま

だ物心つかない幼児のうちに来日した場合は，日本語には適応できるでしょう。しかし，その場合は逆に，両親や同国人のコミュニティのなかで，母国語（ポルトガル語）でコミュニケーションを取るのがむずかしくなります。また，両親の日本語能力が不十分なため，家庭と保育所・幼稚園，学校との連絡に問題が生じやすくなります。

　日本語ができない子どもたちについては，たとえば，群馬県大泉町や静岡県浜松市など，日系ブラジル人たちが多く住んでいる地域の学校では，日本語補習のための特別授業をおこなうといった努力がなされています。逆に，母国語ができない子どもたちには，学校や日系人コミュニティ，それにNGOなどによって，ポルトガル語の講座を開くなどの工夫がなされています。

　そのようななかで，日本語ができる，できないにかかわらず，日系人の子どもたちが，容貌や日本語の発音のせいで仲間外れにされたり，いじめられたりするケースがあることにも，気を配る必要があるでしょう。これは，日系人以外の外国人の子どもたちについても言えることです。

●ニューカマーの家族・子どもたち②－日系人以外の外国人の場合

　仕事を求めて来日するのは，フィリピン人など日系人以外の外国人も同じです。このような人々について言えるのは，日本への入国，就労（報酬を受ける仕事をすること）が，大変むずかしい状況にあるということです。日本は，日系人以外の非熟練（単純）労働者の入国を，基本的には認めていません。

　そのため，日本で稼ごうとやって来る外国人の多くは，とりあえず「短期滞在」のビザを取得して来日します。観光や親族訪問などの理由で出されるこの資格は，滞在期間が1～3カ月と限定されており，就労資格もありません。しかし，少子高齢化の進む日本では，とくに，いわゆる3K[3]と表現されるような小規模な工場，建築現場，清掃業，飲食店などの労働現場では人手不足が生じていますから，就労資格がない外国人を雇うことは珍しくありません。外国人の方からすれば，そうした仕事であっても，本国で働くのとは比較にならない額の賃金を手にすることができます。そうして働いているうちに滞在期限が過ぎてしまうことは，よく起こります。オーバーステイ（滞在期限超過者）になってしまうわけです。こうしたいわゆる非正規滞在者を，法務省は「不法滞在者」として摘発し，国籍国へ強制送還（退去強制）することになります。しかし，オーバーステイではあっても，職場でまじめに働き，地域社会の人たちとも仲よく

---

[3] 3K
きつい，汚い，危険な，の頭文字「K」を取って「3K」と言います。

暮らし，子どもを育てながら税金を納め，非正規滞在であることを除けば法律を守って，日本に住み続けている外国人は少なくありません。

3. 子どもの権利と出入国管理

　2006（平成18）年から2007（平成19）年にかけて，日本のメディアは「カルデロン・のり子」事件を大きく報道しました。これは，日本で生まれ育ち，埼玉県にある公立中学校の2年生だったカルデロン・のり子さんと両親を，国籍国であるフィリピンへ送還するか，日本での在留を認めるかが争点となった事件でした。

　両親は，1990年代のはじめに偽造旅券（他人名義の旅券）で日本に入国しました。これは不法入国となり，その後の滞在は不法滞在にあたります。退去強制令が出された両親は，その取り消しを求めて裁判を起こしましたが，敗訴しました。日本の国内法によれば，この段階で，一家はフィリピンへ送還されることになります。しかし，そのとき，のり子さんのクラスメートや先生たち，それに地域社会の人たちが声をあげました。「日本で生まれ育ち，日本の中学校に通っているのり子さんを，母国だからといって，いきなりフィリピンへ送り返すのはおかしいではないか」というものでした。両親は日本で教育を受けさせたいとの思いから，「のり子」という日本風の名前をつけ，家庭でも日本語を話すようにして育ててきたと言います。フィリピンのことば（タガログ語）がほとんどできないのり子さんがフィリピンへ帰れば，苦労するのは明らかです。

　支援者たちは，「子どもの権利条約（児童の権利に関する条約）[4]」に依拠して，一家を送還すべきではないと主張しました。日本を含め，世界のほとんどの国が批准しているこの条約の第3条では，「児童に関するすべての措置をとるに当たっては，公的若しくは私的な社会福祉施設，裁判所，行政当局又は立法機関のいずれによって行われるものであっても，児童の最善の利益が主として考慮されるものとする」と定めています。これに則って「のり子さんをフィリピンへ送還するのは，彼女の最善の利益にはあたらない」と支援者たちは主張し，一家の在留を求めたのです。

　このケースの決着は，玉虫色のものとなりました。法務大臣は，「温情を示して」のり子さんの日本在留（在留特別許可）を認めました。一方，両親の本国送還はそのまま実施されました。法務省が明らかにしている「在留特別許可

[4] 子どもの権利条約については，Ⅲ-4.「子どもの権利から見た家族支援の必要性」（p.100～）参照。

に係るガイドライン」では，10年以上日本に在住し，小・中学校に通学する実子を養育している場合などは，在留を許可する方向で検討がなされる旨の説明をおこなっています。しかし，のり子さんの両親には「不法入国」という過去があったため，認められなかったものと考えられます。結果として，公権力によって家族がばらばらになりました。これもまた，子どもの「最善の利益」とは相反するものだと批判する論調が多くありました。こうした世論に配慮したのか，法務大臣は，「強制送還された人物は，その後，5年間は再来日できないという法律の規定はあるものの，事情に鑑みて，両親の早い時期の来日を認める用意がある」と，ここでも「温情」を示しました。

　この例からもわかるように，子どもを含む在日外国人の人たちとなんらかの接触をもつ場合は，「子どもの権利条約」や「世界人権宣言」，また，国際人権規約などについても，知識をもっておくことが望まれます。ちなみに，日本の法曹界では，国際的な条約や規約は，日本国憲法に次いで尊重されるものであり，憲法以外の国内法よりも上位に置くと見なすのが一般的です。そうした国際的な条約のひとつである難民条約（「難民の地位に関する条約及び難民の地位に関する議定書」）も，在日外国人にかかわっています。

4. 不安のなかで

●日本における難民認定のむずかしさ

　ブラジルからの日系人やフィリピン人ほど多くはありませんが，日本には，1万2,000人ほどのミャンマー（ビルマ）人が住んでいます。

　ミャンマー国籍者で「定住者」にあたる人々には，大きな特徴があります。難民として認定された人たちがおよそ300人，難民とは認定されなかったものの，人道上の配慮から在留を認められた人が約1,600人を数えるということです。ここで言う「難民」とは，いわゆる「条約難民」を指します。難民条約に加盟している日本は，条約の定義に該当する人たち，すなわち，「人種，宗教，国籍若しくは特定の社会的集団の構成員であること又は政治的意見を理由に迫害を受けるおそれがあるという十分に理由のある恐怖を有する」人たちを庇護する義務があります。たとえば，国籍国で反政府活動に加わったために逮捕されそうになって逃げて来た，というような人たちです。

　1988年，ビルマ（当時）で広がった民主化運動は，軍の実力行使によって

鎮圧され，その後も軍事政権による弾圧が続きました。そうした弾圧を逃れて外国へ出る人は多く，日本へやって来る人たちも増えてきました。そのような人たちの多くが，難民認定を申請しました。しかし，日本政府の難民認定基準はきわめて厳しく，認められずに異議を申し立てたり，「難民として認めない処分の取り消しを求める」訴訟に訴えたりする人は，少なくありませんでした。

そうした裁判中の身分は，正式な在留資格をもたない「仮放免」です。いつ，何時，拘束されるかもしれないという不安のなかで，それでも生活のために，就労資格なしで働くことになります。こうした家庭では，両親のかかえる不安が幼い子どもたちの情緒にも影響をおよぼすことは言うまでもありません。日本には，そのような不安定な立場で難民認定申請の結果を待っているミャンマー人が，いまなお1,700人ほどいると推定されています。そうした人たちに，新しい制度がさらに追い打ちをかけています。

● **日本における新在留制度**

2012（平成24）年7月から，日本では「在留カード」制度が導入されました。3カ月以上の在留資格をもつ人に入国管理局が発給するものです。この制度によって，これまでの「外国人登録証」はなくなりました。

外国人登録証は，市区町村の役所が発行していたもので，在留資格がなくても発給されていました。登録証には「在留資格無し」と記載はされても，居住する市区町村では，行政からは「住民」と見なされていたのです。たとえば，「仮放免」の立場であっても，就学年齢に達した子どもがいれば，市区町村の教育委員会から就学できる旨の通知が届きました。新制度においてはそれがなくなるわけですから，こうした非正規外国人は，一層，不安をつのらせています。

5. 多文化共生社会の実現に向けて

● **尊重すべき，それぞれのアイデンティティ**

日本で生活している外国人コミュニティが，本国の動きに敏感なのは当然です。

たとえば，在日のミャンマー人社会は，いま，揺れています。本国では軍事政権の支配がなくなり，いわゆる民主化に向けての動きが加速しています。軍事政権の迫害を逃れて日本へやって来た人たちのあいだでは，「なつかしい母

国へ帰れるのでは」との期待が高まっています。しかし，それでも，日本に残る人もいます。

　理由のひとつには，子どもに日本の教育を受けさせたいという両親の思いがあげられます。もちろん，これはなにもミャンマー人家庭に限ったことではありません。ブラジル人であれ，フィリピン人であれ，どの外国人家庭にもありうることです。

　保育所や幼稚園の段階から日本で育った子どもたちであれば，その後も日本の学校で学ぶことに不安はないでしょう。問題は「アイデンティティ」なのです。日本に生まれ，あるいは育ち，教育を受けた子どもたちは，自分たちをいったいどう規定するのでしょうか。自分は両親と同じ，ミャンマー人，ブラジル人，フィリピン人であるとの自覚をもつようになるのでしょうか。それとも，両親の国籍はともかく，自分はほとんど日本人だとの自覚をもつにいたるのでしょうか。

　両親は，ミャンマーならミャンマーの文化や伝統を継承したミャンマー人に育ってほしいと願っているでしょう。たとえば，東京都北区中板橋にある在日ミャンマー人たちがお金を出しあって設立した通称「ビルマ僧院」では，毎週末，在日ミャンマー人の幼い子どもたちがやってきます。そして，僧侶が仏教をもとに「人としてあるべき姿」を教え，在日ミャンマー人の有志がミャンマー語やミャンマー文化を教えています。

　日本で教育を受けても，民族固有の言語・文化を継承し，ミャンマー人としてのアイデンティティを確立する人はいるでしょう。

　一方で，そうした自覚が薄れてしまう人が出てくることも否定できません。アイデンティティをどうもつかは，日本で育つ外国人の子どもたちがおとなになったとき，それぞれに決めることになります。

●日本社会に望まれる「多文化共生社会」

　みずからのアイデンティティについての濃淡はあるにせよ，このような立場の人たちをきちんと受け入れていくことが，日本社会に望まれています。よく言われる「多文化共生社会」の実現です。単に労働力が不足しているから外国人を迎え入れるというのではなく，さまざまな国・地域の貴重な，価値ある文化に目を向け，そうした人たちと分け隔てなく，ともに生き，ともに働くことによって，日本の社会をより豊かなものにしていくという発想と，そのための

環境づくりが必要です。

　外国人の子どもたちと接する立場にある人たちは，たとえ年齢は幼くとも，「この子たちが，いずれ多文化共生社会の担い手になるのだ」という将来の可能性への期待を込めて，接していってほしいと思います。　　　　　（田辺寿夫）

【参考文献】
・法務省入国管理局「在留外国人統計統計」2015年6月.
・石川えり「日本における難民定住受け入れの現状と問題点」法律時報，84（12），日本評論社，2012，22-27.
・シュエバ・田辺寿夫『負けるな！在日ビルマ人』梨の木舎，2008.

Ⅳ-8. 震災下の子どもと家族への支援

　2011（平成23）年3月11日，東北・関東地方を襲った東日本大震災では，最大マグニチュード9の大地震と大津波により，1万8,000人を超える多くの人が亡くなり[*1]，家屋が倒壊したり津波によって流されたりする大きな被害がもたらされました。

　被害を受けた地域には，多くの保育所や幼稚園もありました。保育所や幼稚園は家庭から子どもたちの命を託されている場であり，なによりも大切なことは，子どもたちの生命と身体を守ることです。

　震災発生時，福島県いわき市にある保育所も，地震，津波の大きな被害に遭いましたが，そのようななかで，子どもたちをなんとか無事に避難させました。しかし，震災直後に事故を起こした福島第一原子力発電所から近い距離にあるため，現在も放射性物質による不安に直面しています。

　予想をはるかに超える大災害に直面したとき，保育者はどのように行動したのでしょうか。また，保育者にはなにが求められるのでしょうか。

1．地震と津波が来たとき―保育所は？

●発生時の対応

　震災発生時の保育者の対応は，子どもの生死を分ける非常に重要なものとなります。ここでは，いわき市の保育所の事例を紹介しながら考えていきたいと思います。

> **＜事例①＞子どもたちをカートに乗せて坂を駆け上がった**
>
> 　いわき市の小名浜地区，海岸から200m足らずの場所にあるK保育所からは，地震の大きな揺れを感じた直後，第一波の比較的小さな津波が見えました。「次は，大きいのが来るかもしれない」と判断し，その場にいた職員全員で，子どもたちを移動用のカートに乗せました。通常は1台，4～5人で乗るところに10人をつめこむようにして乗せ，みんなで必死にカートを押して坂を駆け上がり，40人の園児を避難させました。
>
> 　高台までのぼったところで，カートの重さに疲れ，立ち止まって動けなくなりました。後ろをふり返って見たら，津波がすぐそこまで押し寄せて来ていました。地震発生から30分後のことでした。あと少しでも逃げるのが遅

IV 支援を必要とする家族・子ども

かったら，津波に飲み込まれていたかもしれません。一瞬の判断が，子どもたちを津波から救ったのでした。

「日ごろから隣の高校の先生方が避難訓練をしてくださっており，前日にも地震があって，津波の予測ができたことが生かせました」と，K保育所の園長先生は，当時をふり返って話しました。

▲津波で全壊したK保育所と，避難するために駆け上がった裏山。海は手前側。

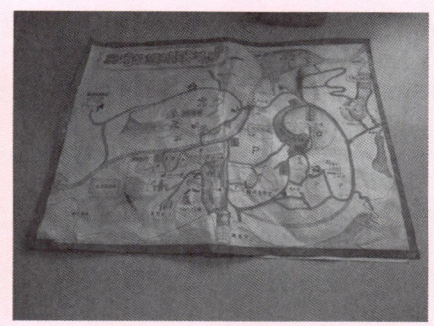

▲K保育所の壁に，いつも貼ってあった避難地図。津波で流され，全壊した保育所から，後日，見つけ出されました。

いわき市の沿岸部では，津波で壊滅状態になった地区もありましたが，幸いなことに，保育所や幼稚園にいた園児は全員，先生方が避難させて無事でした。しかし，海水浴場近くでは，地震後に保護者が迎えに来て，帰った先の自宅で園児が津波に巻き込まれて亡くなるという悲劇がありました。

＜事例②＞子どもたちに布団をかぶせ，その上に覆いかぶさる

津波で流されたK保育所から北西の位置にあるM保育所は，やや高台にあるため，津波の被害はまぬがれましたが，地震当日の午前中，子どもたちと先生たちは，小名浜港そばの海の目の前にある水族館に遠足に出かけていました。そこから帰ってきて，子どもたちを午睡させていた午後2時46分に地震が起きたのです。「数時間前だったらと思うと，ゾーっとします」と，M保育所の園長先生。「寝かせていたところに大きな揺れが来たので，子どもたちに布団をかぶせて，職員みんなでそこに覆いかぶさりました」。

余震が続くなか，高い天井につけられていた蛍光灯を職員が手分けして必死ではずし，子どもたちに少しでも危険がおよばないようにしました。

●震災直後の問題

被災後の混乱のなかで，保育所はさまざまな問題に直面しました。子どもたちやその家族を守るために，保育者はどのように対応したのでしょうか。

> **＜事例③＞地震の不安と原発事故のために外で遊べないストレス**
>
> 　K保育所は津波で流されてしまったため，子どもたち，職員たちはM保育所に身を寄せることになりました。余震が続くなか，M保育所ではしばらくの期間，K保育所の職員と協力して，K保育所の子どもたちも一緒に保育をおこないました。大地震から1カ月後の4月11日の余震は本震よりも大きく，さらには雷も鳴っていて，地震，雷，停電，断水が一気に起こる事態となりました。長引く余震に，子どもたちは「怖い，怖い」と叫んでいました。このような生活が続くなかで，子どもたちは家でも夜中に起き上がって泣いたり，不安がったりするなどの急性ストレス症状が見られたようです。
>
> 　なによりいちばん困ったことは，原子力発電所の事故による放射線被害のため，子どもたちを屋外で遊ばせることができないということでした。そのため，室内のみで保育する毎日が続きました。

　いわき市の公立の保育所だけで，38園のうち，津波で2園が流され，地震・余震による建物倒壊や地盤劣化により8園の施設が使用不能になり，計10園が閉鎖となりました。被害が比較的少なく開園できていた保育所に，閉鎖された園に通っていた子どもたちを分けて入所させたので，各保育所では，定員に対してかなりの人数超過で子どもたちを預かる状態が数カ月続きました。同時に，春からは，新たに入園する子どもの受け入れもおこなわれました。

> **＜事例④＞他園の子どもたちの受け入れ**
>
> 　H保育所では，まだ，なにが起こるかわからないようななかで，通常預かっている子どもたちに加えて，他園から来た子どもたちを預かることになりました。通常の定員からは30人余りも超過となりましたが，それでもなんとか受け入れようと，園で一丸となって奮闘しました。十分な連絡手段もないような状況だったので，保育者は，毎朝，子どもを送りに来た100人以上の保護者全員と，子どもの迎えの時間，保護者の緊急連絡先などを，詳しく打ち合わせをするという状態でした。

3月15日に起きた原子力発電所の爆発事故直後は，いわき市からも市外に避難する人が少なくありませんでした。しかし，これらの保育所の保育者たちは，子どもを預かるという使命感から職場を守り続けたということです。

●現在進行形の問題

　震災から2年以上が過ぎ，被災地復興の段階に入っている現在においても，福島県などの原発被災地では，「放射能汚染から，子どもたちをどう守るか」という，現在進行形の深刻な問題をかかえ続けています[1]。

1) くわしくは，Ⅳ-8.のコラム「放射線被害下の子どもたち」(p.180～)を参照。

> **＜事例⑤＞放射線被害についての学習会や除染，放射線量の測定**
>
> 　M保育所では，子どもや保護者の「心のケア」や放射線被害について，正しい知識をもつための勉強会を，保護者と職員を対象に，専門家を招いておこなってきました。また，行政による除染だけでなく，保護者も協力して，保育所内の草むらや雨どいの下，滑り台の下など，放射線量が高い場所の除染を実施しています。
>
> 　保育所内の放射線量については，決まった時間に園内数カ所のポイントで測定し，パソコンに数値を入力して情報を集約するところに送るという時間のかかる作業を，職員が毎日おこなってきました。現在では，園内に放射線測定器が置かれ，線量が表示されるので，保護者もいつでも園内の線量を知ることができるようになっています。

　あの大震災から2年が経ちましたが，また，同じような災害が起こる可能性はつねにあります。震災の体験から，保育所や幼稚園では，一層，避難訓練に力を入れたり，常備のおんぶ紐を増やしたり，いつ，なにがあっても対応できるように関係諸機関や保護者との連携を密にしたりと，日ごろの備えをしっかりしたものにするための努力を重ねています。
　　　　　　　　　　　　　　　　　　　　　　　　　　　　（草野いづみ）

【引用文献】
＊1　厚生労働省「人口動態統計からみた東日本大震災による死亡の状況について」2011.

コラム　放射線被害下の子どもたち

1．福島で起こったこと

　2011（平成23）年3月11日，未曾有の大震災が東日本を襲いました。さらに福島第一原発の事故によって膨大な量の放射性物質が放出され，福島県に住む人々の暮らしに大きな打撃を与えました[1]。5年ほどが経過した後の現在は，放射線量も生活も落ち着いてきていますが，まだまだたくさんの問題を抱えています。本コラムでは，福島市[2]の子どもたちの状況を中心に，福島県の子どもたちに関して書きたいと思います。

　事故後，福島第一原発周辺は避難指示区域となり，住民は，ほとんどなにも持たずにバスに乗り，（慢性疾患や障がいの治療で服薬している子どもの）常備薬がない，家にも戻れない，とさまざまな苦労をされていました。強制避難地域に指定されなかった地域でも，突然の「被爆」を余儀なくされ，小さな子どもを抱える家庭では，大きな不安を抱えて生活することとなりました。政府や専門家は「ただちに（健康に）影響はない」とくり返しました。でも，医師を含め，大半の県民は放射線のことをほとんど知らない状況にあり，園や保護者が入手できる放射線情報のなかにはネガティブなものも少なくありませんでした。

　震災から1カ月後の4月には福島市内の幼稚園・小学校の多くが再開しましたが，保護者は，「（県外へ）避難する・しない」と想定しなかったような災害への対応を迫られ，就学前の子どもたちの約1割は県外へと避難しました。その後も避難者は続き，幼稚園・保育所では，クラスから1人，また1人…と，友だちが避難していきました[3]。園児が激減し，閉園した園もあります。一方で，放射線から子どもを守りたいと思っても，容易には，避難を選択できない人々もいました。

　事故から数カ月後，福島市では，各保育所・幼稚園にモニタリングポスト[4]が設置され，一般のドラッグストアやスーパーでも簡易版線量計が売られるようになりました。ショッピングモールの室内の遊び場や幼児の室内施設には，子どもたちがあふれていました。おとなたちは，「子どもたちのために」外出時にはマスクをさせ，必死に外遊びを制限しました。

　それから5年が経過した現在は，除染[5]が進み，子どもたちは，以前のように散歩やプールなど，外遊びをしています。普通に生活していれば，原発事故後の追加被爆線量は年間1ミリシーベルトに達しないことが科学的に分かってきたからです。そのようななかで，多くの人は，自分なりに放射線への不安や事故への怒りと折り合いをつけて生活しています。避難先から戻ってきた子どもたちも増えています。しかし，被爆不安の個人差は大きく，事故から時間が経つにつれて，被爆を話題にできなくなっているという現状も見逃せません[6]。

2．データから見えてくる子どもたちのストレスの状況

　震災直後からこれまでの5年間，福島県内の子どもたちのストレスを調べています（福島大学災害心理研究所）。その結果によると，「イライラ」や「不安・甘え」といったストレスを示す子どもたちが多いことがわかりました。また，震災から10カ月時の調査では，興味の低下や頭痛・

吐き気などの身体症状を訴える子どもの割合がもっとも増えていました。その後，時間の経過とともにストレスは低下しましたが，他県の子どもたちと比較すると，まだストレスが有意に高いまま，改善傾向が止まったことがわかります（図1）。

さらに，子どもたちのストレスは，母親のストレス[7]との関連が強いこともわかりました。母親の慢性的なストレスは，育児態度にネガティブな影響を与え，ときに虐待的な養育行動に陥りやすくすることも指摘されています。

図1　福島市の母親のストレス得点の推移
資料）2015年9月30日付「朝日新聞朝刊」
「原発事故による親子のストレス，改善傾向止まる　福島大研究所，今年の調査／福島県」より

このようなことから，子どものストレスという問題を考える際には，長期的な視点が欠かせないこと，また子どもだけでなく保護者（とくに母親）のストレスに寄り添うケアが大切であることがわかります。

3．保育者ができること・してきたこと

保育者たちは，事故直後から大きく2つのことを行ってきました。ひとつは，室内でも，子どもたちが思い切り身体を動かせる機会を作ること，もうひとつは，保護者との信頼関係を大切にすることです。このいずれも，災害時でなくとも重要なことなのですが，有事においては，とくに，この2つによって，徐々に日常が取り戻されていったことを，多くの保育者が教えてくれました。以下に，このことがわかるような事例をあげてみましょう。

＜事例1　外遊びができない＞

「お外のブランコで遊べるようになりますように」というのが，A子ちゃん5歳の七夕のお願いでした。事故後，外遊びを制限された子どもたちは，ストレスで泣きわめいたり，騒いだり，イライラして暴れたりと大変な時期もありました。乳児や3歳未満児よりも，3〜5歳児クラスに，その変化は強く見られました。当時，砂や土はもちろん，石や虫，どんぐりも「さわっちゃだめ」と教えていたことも，その理由にあるのかもしれません。

そのようななかで，保育者たちは知恵をしぼり，園内に砂場を作ったり，ほかの園と協力して園舎を行き来したり，学童保育の広い場所を日中は幼児に貸してもらったり…といった工夫をしました。NPOの力を借りて，線量の低い県内外の公園にバス等で移動教室をした園もありました。

事故後1年が経過し，あるデータが発表されました。福島の子どもの肥満率が全国1位で，その原因が運動不足や食生活の乱れと考えられるというものでした。上記のような保育者たちの努力がある一方で，やはり，放射線への不安から外遊びを制限した結果，子どもたちの

身体の発達がネガティブな影響を受けていたのでした。この後，小学校や園での外活動が再開されていきました[8]。

＜事例2　まず飲み水と食材の安全性，保護者の不安を受け止めて＞
　「子どもに，ぞうきんを触らせないで」。保護者からのこのような一言ひとことに，最初は，びっくりしました。なぜならば，今まで，子どもたちに普通のこととして園の掃除のお手伝いをさせていたからです。さらに，詳しく話を聞くと，「放射性物質は砂に含まれるから，拭き掃除で砂が体内に入ったら大変」という思いからの訴えであったことがわかりました。
　K保育所では，「ミルクや給食に使用する水や食材は安全なの？」という保護者の声が強く，対応せざるを得なかったと言います。最初の3年間は，毎日モニタリングセンターに食材1kgを持参し，9時半に放射性物質の「検出なし」を確認してから，調理を始めていました。5年がたった今でも，週に1回は検査をしてもらっていますが，今まで，流通しているもので放射性物質が検出されたことはありません。今思えば，数値に振り回されていた行動だともいえるのですが，やはり，保護者のみなさんの不安な気持ちに寄り添えるよう，当時は，できる限りの対応をしたということなのです[9]。
　ある園長は，「震災直後は，子どものための対策を…と必死だったけど，あるとき，しかめっつらした保護者の方を笑わせようと思った。子どもって，親の笑顔がいちばん好きだから」と言われました。そして，今も，保護者とのコミュニケーションを大事にされています。

4．まとめ―これからに向けて―

　震災後，調査を通してたくさんの保護者の声を聞きながら，大変な状況にあっても大切なのは，「子どもたちがのびのびと身体を使って遊べる場所」と「保護者が安心できる居場所」だと確信しました。
　今後はますます「放射線教育（知識はもちろん，被爆に負けない丈夫な身体を作る生活習慣を学ぶこと，など）」とともに，「エネルギーについてみんなで知恵を出し合うこと」が必要とされてくるものと思われます。おとなは，あの事故からなにを学び，子どもたちに伝えていくことができるのかが，問われていると思います。被災地で暮らす子どもも，避難した先で暮らす子どもも，心身ともにたくましく育ち，そして，本当に住みやすい社会をつくっていってくれることを願わずにはいられません。

（富永美佐子）

1) 東京電力福島第一原発の事故にともなう避難指示区域では，約8万8,000人が避難を強いられ，2015（平成27）年現在も，多くの人たちが自分の家に戻れずにいます。福島県では，地震・津波の被災や原発事故にともなう避難により，避難者数の推移は16万4,865人（2012〈平成24〉年5月）から10万7,734人（2015〈平成27〉年8月）（福島県ホームページの福島復興ステーション参照）。
2) 筆者が住む福島市は，福島第一原発から60km以上離れているが，事故直後のこの地域の放射量は17.2μSv/h（事故以前の約430倍）で，1年半経過後でも0.69μSv/hと高い値を示しました。5年半経過後の現在は0.16μSv/hと，

だいぶ数値も落ち着いてきています。しかし，東京 0.03μSv/h や京都 0.07μSv/h と比較すると福島北部は下がりきらず，毎日の天気予報とともに各地の放射線量も報道されるなど，日常的に放射線を意識せざるを得ない状況にあります（参考資料：福島県放射能測定マップ http://fukushima-radioactivity.jp/）。

3）国が避難指示を出している区域以外から自主的に避難した人たちを「自主避難者」と呼びます。自主避難者は，現在も全国に3万人と発表されています。自主避難者への住宅の無償提供が2年後の2017（平成29）年3月に打ち切られることが決まり，今後，それにともなう問題がクローズアップされてくるものと思われます（NHK　2015年7月21日放送）。

4）モニタリングポスト：上気中の放射線量を，定期的に，または連続的に監視測定する据え置き型の装置のことです。

5）除染：住宅やその周りの土や草木に付着した放射性物質から出てくる放射線の量を減らすことです。主には，放射性セシウムが吸着した土ごと取り除く方法で，その土はフレキシブルコンテナなどに入れ，仮置き場で管理されています。除染の結果，生活の空間線量は下がってきています（参考資料：福島復興ステーションホームページ〈http://www.pref.fukushima.lg.jp/site/portal/list272-846.html〉2015年9月28日）。

6）出典：朝日新聞 2014 年 11 月 17 日付「福島のお母さんの心」参照。

7）福島大学災害心理研究所ホームページ（http://cpsd.sss.fukushima-u.ac.jp/）参照。

8）東日本大震災を境に現在まで，福島県では子どもの肥満傾向が高止まりしています（文部科学省，2015）。

9）事故から数カ月後，ようやく子どもたちが通う場所や公共機関から優先的に，0.23μSv/h を超える場所が除染されました。しかし，実際には，園だけを除染しても空間線量は下がりきらず，周囲の家や庭，道路が除染されて，やっと線量が下がったという園が少なくありません（http://kodomozenkoku-news.blogspot.jp/2015/10/930.html）。

考えてみよう

ⅰ シングルマザーやシングルファザーがかかえる困難さとは，具体的にはどのようなことですか。

ⅱ 子連れ再婚などのステップファミリーにおいて，子どもがかかえやすい問題とはどのようなことですか。

ⅲ 障害をもつ子どもとその家族について，また，障害をもつ親の出産・子育てについて，わかったことを整理してみましょう。これまで誤解していたこと，気づかなかったことはどのようなことでしたか。

ⅳ DV被害を受けている母親と子どもを支援する上で，保育者がとくに留意することとはどのようなことでしょうか。

V. 家族支援の現場から

家族では解決できない問題をもつ親子を支えるしくみはどうなっているのでしょうか？

さまざまな子どもと家族の問題に対応する児童相談所などの行政機関，

犯罪や事故から子どもを守る警察，乳幼児を預かり生活の場となる保育所，

子育てを応援する地域の子育て支援センター，

事情のある養育者にかわって子どもの育つ家庭となる児童養護施設や里親…

これらは家族支援の最前線の現場です。具体的な支援の内容や，これらの専門機関の連携が

どうなっているのか理解しておきましょう。

V-1. 家族支援のしくみ：
行政が担う活動とシステム，NPOとの連携

　保育現場では，家族支援をめぐり対応困難な問題に直面することがあります。とりわけ，複雑にからみ合った諸問題をかかえる子どもや家族・家庭を支援していくためには，関係機関が有する専門性をうまく活用していくという視点が欠かせません。
　ここでは，おもな行政機関との協働・連携を，一層，円滑に進められるようになるために必要な知識を身につけていきましょう。

1．行政機関が担う活動の実際

　家族支援にかかわるおもな行政機関と，それぞれが担っている実際の活動をまとめると，およそ以下のようになります。

●児童相談所

　児童相談所は，身近な地域では解決が困難な，高度で専門的な問題に対応をする行政機関です。児童福祉法にもとづく子ども（0～18歳未満）のための福祉の窓口として，都道府県や政令指定都市に設置されており，2014（平成26）年4月現在，全国に207カ所の児童相談所があります。
　おもな業務内容としては，①子どものさまざまな問題についての相談，②児童福祉施設への入所措置，③養育里親（養育家庭）などへの委託措置，④緊急に保護を要する場合などの児童の一時保護，⑤療育手帳（愛の手帳）[1]の手続きなどに関すること，⑥養育里親（養育家庭）の支援，などがあります。
　ここでは，児童相談所がおこなう一時保護と，実際に相談を受けつけてから援助方針を決定するまでの，児童相談の流れを理解しておくことにしましょう。

<一時保護>

　一時保護とは，子どもの福祉のために，児童相談所長に認められている権限です。子どもの一時保護は，以下のような場合におこなわれます。

緊急保護

・迷子，置去りなど，適当な保護者または宿所がないとき。
・保護者の死亡，病気，逮捕，家出，離婚などの理由により適当な保護者がいないために，子どもが家庭で生活することに困難な状況が生じたとき。
・保護者による虐待，放任などの理由により，子どもを家庭から一時的に引き離す必要があるとき。

---

[1] 療育手帳（愛の手帳）
知的障害のある人が，いろいろな支援を受けるため，都道府県が交付している手帳です。障害の程度は，知能測定値，社会性，日常の基本生活などを，年齢に応じて総合的に判定し，区分されます。
国の制度として「療育手帳」があり，東京都の「愛の手帳」は，この療育手帳の制度の適用を受けます。

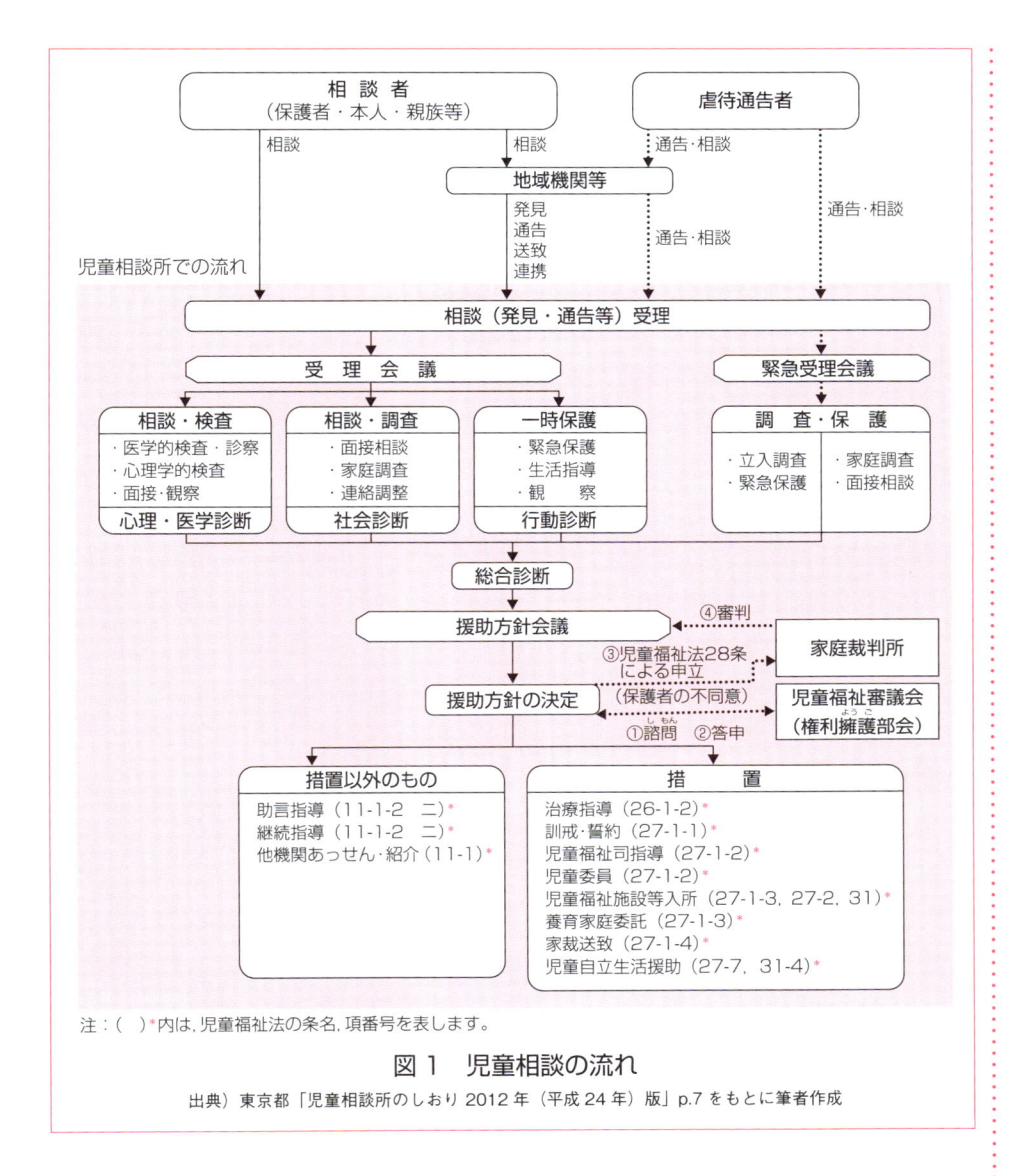

図1　児童相談の流れ
出典）東京都「児童相談所のしおり 2012年（平成24年）版」p.7 をもとに筆者作成

行動観察
・十分な行動観察と行動診断をおこない、問題解決の方法を検討する必要があると判断されるとき。

短期入所指導
・短期間の心理療法、生活指導などが有効と判断され、かつほかの方法による支援が困難なとき。

<児童相談の流れ>

児童相談所では、相談を受けつけたあと、子どもとその家庭についての必要な調査・診断・治療・指導などをおこない、それらを総合的に判断して援助方針を決定します。児童相談の流れを図で示すと、図1のようになります。

●市区町村（子どもと家庭に関する福祉の総合相談窓口）

市区町村には，子どもと家庭に関する福祉の総合相談窓口があります。東京都の例をあげると，「子供家庭支援センター[2]」がその役割を担っています。

2004（平成16）年の児童福祉法改正により，市区町村が児童相談の一義的窓口[3]となり，児童相談所とともに，児童虐待の通告先として位置づけられました。最近では，地域ネットワークの拠点としての役割も担っています。

①児童虐待に関することや，②地域連携を必要とするケースの相談，③保育所の利用，④ショートステイや育児支援ヘルパーの派遣，④緊急一時保育など，在宅サービスについて，子どもと家庭の相談相手となることが，おもな業務内容となります。

●福祉事務所

市区町村に設置されており，生活保護や母子福祉，ドメスティック・バイオレンス（DV）についての相談などを受けつけています。

経済的な理由などによる養育困難ケースについては，生活保護のケースワーカーと連携して，保護者対応をおこなうことができます。また，女性相談員が窓口となり，母子生活支援施設への入所手続きもおこなっています。

●保健センター

地域住民に対して，健康相談，保健指導や健康診査，そのほか，地域保健に関して必要と考えられる事業全般をおこなっています。乳幼児の健康診査や保健師による訪問指導などのほか，保護者に統合失調症などの精神疾患がある場合や，アルコール依存症などの相談にも応じています。

●主任児童委員

地域における民生委員・児童委員[4]（以下「児童委員」と表記）が担う役割への期待が高まるなか，区域を担当せずに，主として子どもの福祉に関する事項を専門的に担当する児童委員として設置されているのが「主任児童委員」です。

主任児童委員は，都道府県知事の推薦を受けて，厚生労働大臣が児童委員のなかから指名します。その役割は，区域を担当する児童委員との連絡・調整や，児童委員に対する援助・協力などをおこなうことにあります。

2）V-3.「地域における子育て支援拠点の活動」(p.205～) を参照。

3）一義的窓口
児童相談所運営指針に定められている用語であり，「第一の」あるいは「主要な」窓口という意味です。

4）民生委員・児童委員
民生委員は，民生委員法（昭和23年法律第198号）によってその設置が定められ，また，児童福祉法（昭和22年法律第164号）によって，同時に児童委員を兼ねることになっています。そのため，「民生委員・児童委員」と呼ばれています。民生委員・児童委員は，地域住民のなかから選ばれ，厚生労働大臣の委嘱を受けて，無報酬で地域の人々の福祉向上のために活動するボランティアです。任期は3年で，「社会奉仕の精神」「基本的人権の尊重」「政党・政治目的への地位利用の禁止」を基本姿勢として，地域住民の立場に立って活動をおこなっています。また，行政とのパイプ役としての役割も果たしています。

Ⅴ 家族支援の現場から

●医療機関

子どもの状況によっては，専門的医学診断や，治療が必要となる場合があります。これには，子どもの精神科外来などを活用することが考えられます。

公立病院や大学病院などの総合病院には，「MSW（医療ソーシャルワーカー）[5]」が配置されているところが少なくありません。そのような医療機関においては，必要に応じて，まず，MSWに相談してみるとよいでしょう。

●保育所，放課後児童クラブ（学童保育）

市区町村の児童家庭主管部署が窓口となっています。子どもと日々接する機関であり，児童虐待の早期発見や，継続的な見守りが可能であることから，日ごろから，支援を必要とする子どもへのフォローが早期に図られるような体制づくりが求められています。

●幼稚園，小学校，中学校

公立の小・中学校には，スクールカウンセラーや養護教諭がおり，ケースによっては，個別対応もおこなってくれます。また，警察OBなどによるスクールサポーター[6]の活用が可能であれば，非行のおそれのある子どもへの対応を，協力しておこなうこともできるでしょう。

私立の場合は，それぞれが法人格をもって運営されているため，その法人の責任者を窓口とするなど，組織として対応します。

●療育センター・発達障害者支援センター

運動発達，ことば，日常生活で気になることなど，発達が気になる子どもの相談を受けつけています。これらの機関は，児童デイサービス（通園や機能回復訓練など）を設けていることが多いので，知っておくと，必要に応じて連携・活用することができます。

●教育相談センター

子どもの学校でのいじめ，不登校，高校への進級・進路などに関する相談を受けつけています。心理職[7]や教育経験者などが配置されており，通所による継続相談などをおこなっているところもあります。

---

5) **MSW（医療ソーシャルワーカー）**
保健医療分野におけるソーシャルワーカーであり，おもに病院において患者や家族のかかえる諸問題の解決・調整を援助し，社会復帰の促進を図る専門職です。

6) **スクールサポーター**
警察と学校・地域のパイプ役として，少年の非行防止や児童等の安全確保対策に従事する専門知識を有する人材のことを言います。学校への訪問指導や学校周辺のパトロール，非行防止教室などの活動をおこなっています。

7) **心理職**
心理学の知見を有し，福祉や医療，教育などの分野で，心理学の専門性を活用することが求められる職業およびそれに従事する者のことを言います。児童相談所や教育センター，最近では，児童養護施設などにも配置されています。

●警察署

触法少年やぐ犯[8]少年の通告や棄児，迷子，虐待を受けた子ども，そのほか警察署で発見した児童の通告（児童福祉法第25条），一定の事由に該当する触法少年の送致（少年法第6条の6）などを児童相談所に対しておこなうことができます。最寄りの警察の少年係が窓口となります。

●少年サポートセンター

少年の非行化や，少年の被害等に関し，少年自身や保護者などからの相談に対して，専門の相談員が心理学的診断などを通じて適切な助言指導をおこないます。2013（平成25）年4月現在，全国に191カ所あります。

2. 連携を進める上で大切な視点

関係機関との連携を進める上で，理解しておかなければならない大切な視点がふたつあります。

①関与できる行政機関は変化するということ

ひとつめは，子どもの年齢や発達状況などによって，関与できる行政機関が変わってくるという視点です。たとえば，3歳の子どもであれば，保育所や保健センターなどが，関与できる行政機関ということになります。

「子どものライフステージから見た関係機関の関連図」（図2）を参考にして，どこの行政機関と連携を図ることが適当なのか考えていきましょう。

②課題分析（アセスメント）をふまえた支援をおこなうこと

もうひとつは，子どもや家庭の生活全般を包括的にとらえた課題分析（アセスメント）をおこない，その結果を根拠として，支援を組み立てていくという科学的な視点です。

かたよった特定の情報だけで判断してしまうのではなく，できるだけ多くの情報を網羅しておくことが，1人ひとりの子どもの状況に応じた最適な支援（計画）を組み立てていくことにつながります。

これについては，表1に示すような課題分析の視点をまとめた「課題分析（アセスメント）標準項目」と，それをもとに作成した「課題分析（アセスメント）シート」（図3）を参考にしてみるとよいでしょう。

8）ぐ犯
万引きや喫煙などの不良行為があって，かつ，その性格または環境に照らして，罪を犯し，または触法行為をするおそれがあることを，ぐ犯と言います。

図2 子どものライフステージから見た関係機関の関連図

子ども(学齢)	おもな関係機関(一部,通称名を含む)
0才	子ども家庭支援センター(市区町村の児童福祉の相談窓口)／ショートステイ・ヘルパー派遣など／福祉事務所(生活保護／ケースワーカー／DV相談・女性相談員)／保健所・保健センター(保健師)／主任児童委員・民生委員(親族等の支援)／精神疾患・アルコール依存症などの相談／医療機関(小児科外来／精神科病棟／思春期外来)／保育所／療育センター／児童デイサービス／警察(身柄通告など)
1才	
2才	
3才	
4才(年少)	幼稚園／教育相談センター
5才(年中)	
6才(年長)	
7才(小1)	学童クラブ／放課後児童クラブ／小学校(スクールカウンセラー・養護教諭)／身障学級(通級)・養護学校／適応指導教室／少年センター
8才(小2)	
9才(小3)	
10才(小4)	
11才(小5)	
12才(小6)	
13才(中1)	中学校
14才(中2)	
15才(中3)	
16才(高1)	高校／養護学校／ハローワーク
17才(高2)	
18才(高3)	

表1 課題分析(アセスメント)標準項目

1．基本情報に関する項目

	標準項目名	項目のおもな内容(例)
1	基本情報	児童番号，受付番号，児童相談所，児童氏名，生年月日，受付時年齢，性別，保護者住所，学校等，受付地区，国籍，外国人登録，在留資格，連絡先
2	家族構成	氏名，続柄，生年月日，国籍・外国人登録，在留資格，健康状況，同居の有無
3	相談内容	受付年月日，相談経路，相談主訴，主たる虐待者
4	保護者および児童の意向	保護者の意向，児童の意向
5	身体情報	身長，体重，頭囲，胸囲，視力，利き手，足のサイズ，栄養状態

表1 課題分析（アセスメント）標準項目（つづき）

2．アセスメント（課題分析）に関する項目

領域	標準項目名	項目のおもな内容（例）
1 子ども	1 生育状況	胎生期，出生期，乳幼児期，学齢期
	2 情緒・発育	首のすわり，始歩，始語，障害（障害の内容）
	3 健康	既往症（アレルギー体質，アトピー，ぜん息，適応障害，心的外傷ストレス障害，自傷・他害など），予防接種，通院・服薬状況
	4 生活習慣	衣食住（着脱衣，衣類管理，食習慣，夜尿，整理整頓），IADL[9]（調理，掃除，買い物，金銭管理，服薬状況），生活リズム
	5 趣味・興味	好きな遊び（玩具，ゲーム），習いごと，スポーツ，本
	6 学習・進路	学校・職場の状況，教育，進路，アルバイト
	7 社会性	対人関係，協調性，安全（危険回避），マナー，自立できる力
	8 行動・性格	わがまま，落ち着きなし，習癖（チックなど），不登校，いじめ
	9 愛着関係	保護者との関係，援助者との関係
	10 特別な状況	虐待，心理療法，触法，外国人登録，障害者手帳の取得
2 家庭	1 保護者の状況	生育歴，経歴，相談歴，性格行動（養育態度，衝動コントロール）
	2 健康	既往症（身体疾患・障害），嗜癖・依存（アルコール，薬物，ギャンブル），精神疾患（うつ，パニック障害，人格障害），ストレス
	3 養育能力	IADL（調理，掃除，買い物，金銭管理，服薬状況）監護能力（しつけ，安全配慮，医学的管理），情緒的なぬくもり
	4 家庭の特徴	離婚・死別・別居，ひとり親，内縁関係，再婚，世帯構成
	5 親族の支援	経済的支援，育児支援
	6 経済的状況	収入，借金，就労，失業中，生活保護
	7 住環境	住環境（間取り，不衛生，危険箇所の有無など），住所不定
	8 対人関係	近隣関係（近所付き合い，近隣トラブル），援助者とのつながり
	9 手続き関係	出生届，外国人登録，母子健康手帳，保険証，収入申告
	10 特別な状況	夫婦間暴力（DV），離婚調停中，不法滞在
3 地域	1 子育て支援機関	保育所，学童クラブ，育児ヘルパー派遣
	2 学校・通所施設	幼稚園，小学校，中学校，高校，専門学校，通所施設
	3 専門機関の連携	市区町村，福祉事務所，保健所，教育相談所，少年サポートセンター，医療機関，弁護士
	4 地域環境	繁華街，自然の豊かな場所や公園，利便性
	5 インフォーマルな支援	友人・知人の支援，児童委員，子育てサークル

[9] IADL
日常生活を営む上で，ふつうにおこなっている行為や動作のことを言います。「日常生活化動作」と訳されます。

課題分析(アセスメント)シート

<基本情報>

児童情報	児童氏名	学年	性別	国籍	児童の意向	相談意欲　有・無

相談内容	相談主訴(　　　　)	保護者の意向	相談意欲　有・無
	過去の相談歴　有・無	児童相談所の援助方針	

<課題分析(アセスメント)>

領域	標準項目	項目のおもな内容	課題 有	課題 無	不明	具体的な状況(課題有の場合)
子ども	1 生育状況	□胎生期, □出生期, □乳幼児期, □学齢期	□	□	□	
	2 情緒・発育	□首のすわり, □始歩, □始語, □障害(障害の内容), □情緒, □衝動コントロール	□	□	□	
	3 健康	□既往症　□アレルギー体質, □アトピー, □ぜん息, □適応障害, □PTSD, □予防接種, □自傷・他害, □通院, □服薬	□	□	□	
	4 生活習慣	□着脱衣, □衣類管理, □食習慣, □夜尿, □整理整頓, □IADL(□調理, □掃除, □買い物, □金銭管理, □服薬管理), □昼夜逆転	□	□	□	
	5 趣味・興味	□好きな遊び(□玩具, □ゲーム), □習いごと, □スポーツ, □読書	□	□	□	
	6 学習・進路	□学校での状況, □職場での状況, □教育歴, □希望する進路, □就労・アルバイト	□	□	□	
	7 社会性	□対人関係, □協調性, □危険回避, □マナー, □自立できる力	□	□	□	
	8 行動・性格	□わがまま, □落ち着きなし, □習癖, □不登校, □いじめ	□	□	□	
	9 愛着関係	□保護者との関係, □援助者との関係	□	□	□	
	10 特別な状況	□虐待, □心理療法, □触法行為, □外国人登録, □愛の手帳	□	□	□	

図3 「課題分析(アセスメント)シート」の例

領域	標準項目	項目のおもな内容	課題 有	課題 無	課題 不明	具体的な状況（課題有の場合）
家庭	1 保護者の状況	□生育歴，□経歴，□相談歴，□養育態度，□衝動コントロール	□	□	□	
	2 健康	□既往症（□身体疾患，□障害），□嗜癖・依存（□アルコール，□薬物，□ギャンブル），□精神疾患（□うつ，□パニック障害，□人格障害），□ストレス	□	□	□	
	3 養育能力	□IADL（□調理，□掃除，□買い物，□金銭管理，□服薬管理）□情緒的なぬくもり □監護能力（□しつけ，□安全配慮，□医学的管理）	□	□	□	
	4 家庭の特徴	□離婚，□死別，□別居，□ひとり親，□内縁関係，□再婚，□複雑な世帯構成	□	□	□	
	5 親族の支援	□経済的支援，□育児支援	□	□	□	
	6 経済的状況	□収入状況，□借金，□就労不安定，□失業中，□生活保護	□	□	□	
	7 住環境	□住環境（□狭隘，□不衛生，□危険），□住所不定	□	□	□	
	8 対人関係	□近隣関係（□孤立，□近隣トラブル），□援助者との関係	□	□	□	
	9 手続き関係	□出生届，□外国人登録，□母子健康手帳，□保険証，□収入申告	□	□	□	
	10 特別な状況	□夫婦間暴力（DV），□離婚調停中，□不法滞在	□	□	□	
地域	1 子育て支援関連機関	□保育所，□学童クラブ，□児童館 □ヘルパー派遣	□	□	□	
	2 学校等	□幼稚園，□小学校，□中学校，□高校，□専門学校，□通所施設	□	□	□	
	3 専門機関等との連携	□子ども家庭支援センター，□福祉事務所，□保健所，□教育相談所，□少年サポートセンター，□医療機関，□弁護士，□家裁	□	□	□	
	4 地域環境	□繁華街，□利便性 □自然の豊かな場所や公園	□	□	□	
	5 インフォーマルな支援	□友人・知人の支援，□児童委員，□フレンドホーム[10]，□子ども会，□子育てサークル	□	□	□	

図3 「課題分析（アセスメント）シート」の例（つづき）

3. NPOとの連携

近年，児童虐待や少年非行などの問題に取り組んでいるNPOや民間団体が増えており，行政機関と連携して相談援助活動を進めている例も見られるようになりました。

児童虐待の防止等に関する法律（いわゆる「児童虐待防止法」）には，第4条に，「国及び地方公共団体と民間団体との連携の強化」が規定されています。

たとえば，東京都では，児童相談所と民間団体である社会福祉法人子どもの虐待防止センターにおいて，児童虐待ケースの解決に向けた，積極的な連携を進めています。そのひとつに，「虐待する母親のための治療グループ（MCG）」という取り組みがあります。

虐待する親への援助は，児童相談所として取り組む課題となっています。しかし，実際には，なかなか児童相談所に足が向かない拒否的な親もいます。このような場合，子どものケアは児童相談所がおこない，親のケアはMCGで受けもつというように役割分担をおこない，解決に向けた取り組みを進めています。

また，電話相談や児童虐待防止に向けた広報・啓発活動など，民間団体としての「強み」を生かした柔軟で積極的な取り組みは，児童虐待防止に向けた機運醸成におおいに役立っています。

（外川達也）

10）**フレンドホーム**
Ⅴ-6.「里親」（p.231）を参照。

【参考文献】
・児童自立支援計画研究会（編）『子ども・家族への支援計画を立てるために―子ども自立支援計画ガイドライン―』日本児童福祉協会，2005．
・東京都「社会福祉の手引」2014．
・東京都「児童相談所のしおり―2014年（平成26年）版―」2014．
・前田信一（監修），木下茂幸『児童養護とは何か―木下茂幸の養育論』明石書店，2007．

コラム 子ども虐待に思う

　虐待により子どもの尊い命が奪われています。国が把握しているだけでも，年間，およそ50名もの子どもたちが虐待で死亡しています。このことは，1週間に1人は，全国のどこかで虐待を受けて死亡にいたる子どもがいるということを意味します。強調すべきは，この50名という数字に大きな変化がないということです。

　現在，こうした事態になんとか歯止めをかけなければと，関係機関は必死になって取り組みを進めています。行政だけではなく，民間団体や市民協働による取り組みもあいまって，虐待を見のがさない機運の醸成は着実に前進しています。「最悪の事態になる前に命だけは救いたい」。これが，私たちの切実なる思いです。そして，みなさんには，実際に「救った命」もたくさんあるという事実を，ぜひとも理解してほしいと思います。

　ひどい虐待を受け続けてきた子どもたちとかかわるなかで，筆者がいつも思うことは，「自分なんか生まれてこなければよかった」「おとななんか信じられない」と言うような，悲鳴にも近いことばが多く聞かれるということです。自己評価が低く，自分に自信がもてない，おとな不信の子どもたちがいかに多いかということを，いつも感じています。

　物心ついたときから，いちばん身近にいるおとなに叱られてばかりで，ほめられたことなど一度もないというような子どもたちに，「自信をもて」「おとなを信じろ」と言う方がきびしい話なのかもしれません。

　こうした子どもたちを支え，励ますためには，子どもの可能性を信じて，決して否定をせず，少しでもよいところがあれば，それを見いだし，ほめてあげられる，そのようなかかわりを粘り強くおこなうことのできるおとなが，1人でも多くいることが望まれます。

　この本で学んでいるみなさんが，子どもから頼られる存在となることを切に願っています。

（外川達也）

メモ欄

V-2. 保育所における家族支援

　近年，家族や家庭の子育てに関する支援機関は，公的な機関，非営利機関など，少しずつ増えてきてはいますが，どの家族，家庭もが近所で気軽に相談したり，活用したりするには，まだ，いたっていません。そのようななかで，身近で公的な機関である保育所での子育て支援は，在園する子の家族支援としてはもちろん，在園していない子どものいる地域における家族への支援としても，とても重要になってきていると言えます。

1. 在園する子どもたちの家族・家庭への支援

　子育ては，喜びや楽しさがあるとは言え，外からは正当に評価されにくく，ことあるごとに家庭に責任が問われ，なかでも，母親は子育ての責任のすべてを問われかねない状況にあります。そのなかで，「いい母親にならなければいけない」「いい子に育てなければいけない」という母親みずからの心のなかにある固定観念に縛られてしまいやすい現状があります。

　まして，子どもを保育所に預けている家庭，母親に対しては，子育てを放棄しているかのような批判がいまだに存在します。このような背景のなかで，多くの働きながら子育てをしている家族，とりわけ母親は，子どもと過ごす時間もあまり取れないような忙しい毎日のなかで，仕事を続けていけるのだろうかと，仕事と子育ての両立に悩んでいるというのが現状です。

●園と家庭が協力し合って子どもを育てる

　保育所における家族支援の基本は，まず，保育所が「子どもが安心して生活でき，育ちが保障される」「保護者が安心して預けられる」場となるということです。家族支援と言うと，ともすると「専門的な知識をもつ保育者が専門的な立場から家族・家庭を指導する」「子どもにとって家族・家庭はこうあるべき」と考えやすいのですが，保育者には，基本的には，保護者と一緒に子育てをしていく共同者としての姿勢が求められます。保護者は，子どもの示すさまざまな姿から子育ての喜びや楽しさを感じることが多い一方で，悩みや負担感，焦燥感を感じることも多いのです。その喜びや悩みも含め，保護者が子育てを通して保護者らしく成長していき，保育者もまた，保育を通して子どもから多くのことを学び，保育者として成長していきます。このように保護者と保育者は，子どもを一緒に育てることを通してともに学び合い，励まし合う関係とも

言えます。そしてこの関係は，保育や子育てをしていく上で，保護者にとっては，「1人でかかえ込まなくていい」「互いに相談し合っていけばいい」という，保育者からのメッセージともなりうるものと言えるでしょう。

●保護者と保育者が，お互いの思いをわかり合う

　保育者が保護者と一緒に子育てをしていくという関係をつくる上でもっとも大事なことは，保護者の子どもへの思いを知ることです。その思いの深さにふれたとき，子どもたち1人ひとりがかけがえのない存在であることに，改めて気づかされることでしょう。仕事と子育ての忙しさのなかで，不安やストレス，悩みなどをかかえながら日々生活している現実にもふれることでしょう。保育が目の前の子どもの姿から出発するように，家族支援は，保護者を知ることからはじまります。

　そのためにも，まずは保育者は，園での子どもの姿や保育について保護者に伝え，一緒に子育てをしていると実感してもらえるような努力をしたいものです。

　保護者にとっては，朝夕の送迎時の会話や日々の連絡帳が，保育者がわが子をしっかりと見ていてくれるという安心感につながったり，保育所でのわが子の姿に新たな一面を発見し，子どものことがよりかわいいと感じることにつながったりもするでしょう。

　また，保護者がなにかに悩んだ際に，困ったことや疑問に思ったことを気軽に話せたり，連絡帳で伝えられたりするような雰囲気をつくることで，保護者の思いにふれることができます。保護者会なども，園からの一方的な報告やお願いとならないように，むしろ，保護者の方からいろいろなことを話せるような場とする工夫が必要です。

●園からのたよりや行事の活用

　「園のたより」「クラスだより」は，保育所での子どもたちのようすやお知らせを伝えるものですが，保護者にとっては園の保育に対する姿勢や取り組みを理解する機会にもなります。そのため，保護者に読んでもらえるような内容となるように工夫しましょう。

　「たより」を読むことで，保護者はわが子のことだけでなく，年齢の違う子どもたちやクラスの子どもたちのこと，わが子の友だちのことを知ることにな

ります。ほかの子どもたちとのかかわりのなかでわが子が育っている，ということが感じられるように伝えていきたいものです。また，年齢の違う子どものことを知ることで，子育てへの見通しや期待がもてるようにもなり，保護者への励ましにもつながるものとなるでしょう。

　そして，運動会や卒園式など，保護者も参加する行事は，一緒に子どもの育ちを見つめ合う絶好の機会です。当日の「できた」「できない」だけではなく，保育所のそれまでの取り組みも含めて，保護者と，子どもを見る目を共有したいものです。

　しかし，このような取り組みも，ときには思わぬ誤解や思い違いを生じさせ，信頼関係に大きな困難をもたらすことがあります。たとえば，園で子どもの困った行動が目につくような場合，その原因や背景を理解することや保育のあり方を見直してみることなく，「家庭で○○するようにしてください」と，責任を一方的に家庭に転嫁することのないように注意しましょう。連絡帳やおたよりを書くときには，子ども同士の関係やトラブルに関しての記述，また，子どもの評価につながりかねない記述には，誤解を招かないような配慮が必要です。それでも誤解や思い違いが生じたときには，誠意をもって対応すると同時に，担任保育者１人でかかえ込まず，先輩や主任・園長に相談しましょう。

●子育て仲間づくりを支える

　入園の際，「卒園までには，お母さん同士，お友だちをつくりましょう」と提案する保育所も多いことでしょう。不安や悩みをかかえているときに，「うちの子もそうよ」と言われてほっとしたり，共感したり，先輩家族の話を聞いて，「○歳になると，そんなふうになるんだ」と安心できたり，子育て仲間は，保護者にとって子育ての心強い味方となります。

　また，両親が働いていて地域との結びつきがもちにくい在園児の家庭には，とくに，保育所内での子育て仲間づくりは欠かせません。保育所時代は保護者が送迎をしますが，小学校に上がると子どもは親元から離れ，１人で登下校することになります。働く母親は，子育て仲間がいなければ情報もなかなか入ってきません。地域で生活し，地域とつながる上でも，保育所時代に卒園してからも続く子育て仲間をつくっておくことは，きわめて大事なことだと言えます。

　ですから，毎日の送り迎え，保護者会や行事の際などに，そのようなかかわりが生まれるような配慮をしていきましょう。保護者交流会の開催なども有効

でしょう。子どもが卒園してからも，子ども同士のみならず，保護者同士でも助け合い，つながりがずっと続いているという例はたくさんあります。

●父親の育児参加にも一役買う存在に

仕事が忙しく，なかなか育児や子育てに関心をもったり，具体的にかかわったりすることの少ない父親は多くいます。

保育所の行事は，そのような父親たちが父親デビューする機会でもあります。夏祭りや運動会など，行事に協力をお願いすることで，保育所に「目」と「足」を運んでもらいましょう。

行事で知り合ったことがきっかけで，父親同士の交流に発展することもあります。「○○君のお父さん」と，わが子の友だちから声をかけられることは，どの父親にとってもうれしいことだと思います。なかには，「おやじの会」ができたり，フットサルや音楽のバンドなど，趣味でつながって在園児の父親のサークルができたりという例もあります。子どもを通じてのおとなのつながりなので，当然，そこでは子どもの話題も多く出ることでしょう。わが子やその友だちに父親の関心が高まることは，家庭における子育ての大きな力になっていきます。

●ひとり親家庭や困難な家庭への支援

親の離婚・再婚で家庭環境が変化したり，失業，転職などで経済状態が変化したりすることは，子どもの生活や子育てに大きく影響します。家庭におけるそのような問題が保護者からすぐに伝えられることは，そう多くはありません。率直に話してもらえるかどうかは，日ごろから，気軽になんでも話せる信頼関係が保護者とのあいだに築けているかどうかにかかっています。しかし，ほとんどの場合，子どもの家庭環境の変化は，最初に子どもの姿から感じ取ったり，知ったりすることになります。

虐待がうたがわれる子どもの場合も同じです。子どもが不安定になったり，気になる行動が出てきたりした場合には，子どもの気持ちを受けとめた上で，さまざまな手立てをていねいに考えたいものです。また，保護者の事情に応じて，保育所でできること，他機関と連携した方がいいことを見きわめ，適切な支援をすることも必要です。

2. 在園児以外の家庭への支援（地域支援）

　保育所における地域支援としては，園庭解放や行事への参加の呼びかけ，一時保育，子育て広場，子育て相談事業などが実施されています。これらは，専業主婦など，保育所に子どもを預けていない保護者が，家庭のなかだけでの孤独な子育てにならないようにと配慮されて実施されているものです。

　「一時保育」事業は，保護者が子育てから少し離れてほっとする時間をもつため，あるいは，保護者自身の通院や家族の看護などを安心してできるようにするためにおこなわれているもので，利用する人は増え続けています。また近年では，保育所に入れない待機児童の受け皿になっている一面もあります。一時保育によって，はじめて保護者から離れた生活を経験する子どももいます。このような，はじめてほかの子どもたちと過ごす子どもが安心感をえられるような環境や保育も，保育所には求められています。

　「子育て広場」など，親子で参加するものは，参加している保護者にとっては安心できる保育の場であり，子どもと安心して一緒に過ごせる時間ともなります。また，ゆったりした気持ちで，ほかの子どもたちや保護者と知り合える場でもあります。そのため，そこで子育て仲間ができるような配慮や工夫をする必要があります。

　「子育て相談」に来た保護者に対しては，在園児の保護者と同様の相談援助がおこなわれます。

3. 家族・家庭支援に向けた保育所としての体制

　子どもの保育はもちろん，家族支援においては，その子どもに直接かかわっている担任保育者だけがおこなうのではなく，園全体で話し合い，共通の理解をもって対応できる体制が必要になります。これは，地域支援についても同様です。保育所のスタッフの役割分担も含めての体制づくりが必要となります。

　さらに，保育所および保育者は，「子育てや家族支援にかかわる機関にはどのようなものがあるのか」「それらの各機関は，どんな支援ができるのか」についても熟知しておくことが必要です。また，いざというときのために，日ごろから関係機関と交流をもったり，連絡を取り合ったりしておくようにしましょう。

そのほかにも，民生委員や児童委員[1]，町内会などの地域の人的資源とつながっておくことも，地域でともに生活し，子育てをするという意味からも，大事なことと言えるでしょう。　　　　　　　　　　　　　　　（関根美保子）

[1] **民生委員・児童委員**
Ⅴ-1.「家族支援のしくみ：行政が担う活動とシステム，NPOとの連携」の脚注「4)」(p.188) 参照。

V-3. 地域における子育て支援拠点の活動

1. 子育て支援センターとは

　核家族化や少子化，地域のつながりの希薄化と言うように，地域と家族のあり方の変化にともない，子育てにおける不安感や負担感は大きくなり，子育て家庭の孤立が広がっています。また，子ども自身も，多様なおとなや仲間とかかわる機会が減ってきています。

　このような背景をふまえ，子育て家庭を地域全体で支える取り組みとして，さまざまな活動がおこなわれています。

　国では，親子が気軽に出かけて集うことのできる拠点づくりを目指し，育児不安などについて専門的な相談ができる「地域子育て支援センター」や，親子が気軽に集まって交流ができる「つどいのひろば」の設置を推進してきました。2007（平成19）年には，これらの事業に児童館の活用も加わり，地域子育て支援拠点事業（ひろば型，センター型，児童館型：表1参照）として再編され，さらなる拡充を図っています。

　この地域子育て支援拠点事業は，2011（平成23）年度には，全国ですでに5,700カ所以上で実施されています。実施主体は市町村ですが，社会福祉法人やNPO法人などに委託することもできます。おもな事業は，①子育て親子（おおむね3歳未満の児童および保護者）の交流の場の提供と交流の促進，②子育てなどに関する相談・援助の実施，③地域子育て関連情報の提供，④子育ておよび子育て支援に関する講習などの実施です。実施場所としては，公共施設や保育所，児童館，さらには商店街の空き店舗なども利用されています。

▲子育て親子が遊べるひろば。

　子育て親子にとって，地域のごく身近な場所に気軽に出かけて子育てについての疑問や悩みをスタッフに相談したり，ほかの子育て親子と気持ちを共有したり，あるいは必要とする情報を収集したりすることが，その地域で安心して子育てをおこなう上での大きな支えになります。

　実際に利用者からは，「赤ちゃん連れで出かけられる場所が少ないので，こういう場所があると気軽に外出できる」「子育てしていると毎日のことで精いっぱいだけど，ママ友や先輩ママと情報をやりとりすることで，ずいぶん気持ち

V 家族支援の現場から

表1 地域子育て支援拠点事業の実施形態

形態 (実施か所数)	ひろば型 (1,965か所)	センター型 (3,201か所)	児童館型 (355か所)
機能	常設のつどいの広場を設け,地域の子育て支援機能の充実を図る取組を実施	地域の子育て支援情報の収集・提供に努め,子育て全般に関する専門的な支援を行う拠点として機能するとともに,地域支援活動を実施	民営の児童館内で一定時間,つどいの場を設け,子育て支援活動従事者による地域の子育て支援のための取組を実施
実施主体	市町村(特別区を含む。)(社会福祉法人,NPO法人,民間事業者等への委託も可)		
基本事業	①子育て親子の交流の場の提供と交流の促進 ②子育て等に関する相談・援助の実施 ③地域の子育て関連情報の提供 ④子育て及び子育て支援に関する講習等の実施		
実施形態	①〜④の基本事業を子育て親子が気軽に集い,うち解けた雰囲気の中で語り合い,相互に交流を図る常設の場を設けて実施	①〜④の基本事業の実施に加え,地域の関係機関や子育て支援活動を行う団体等と連携して,地域に出向いた地域支援活動を実施	①〜④の基本事業を児童館の学齢児が来館する前の時間を活用し,子育て中の当事者や経験者をスタッフに交えて実施
従事者	子育て支援に関して意欲があり,子育てに関する知識・経験を有する者(2名以上)	保育士等(2名以上)	子育て支援に関して意欲があり,子育てに関する知識・経験を有する者(1名以上)に児童館の職員が協力して実施
実施場所	公共施設空きスペース,商店街空き店舗,民家,マンション・アパートの一室等を活用	保育所,医療施設等で実施するほか,公共施設等で実施	児童館
開設日数等	週3〜4,週5日,週6〜7日 1日5時間以上	週5日以上 1日5時間以上	週3日以上 1日3時間以上

出典)こども未来財団『目で見る児童福祉2012』2012,p.16をもとに一部改変

が楽になった」などといった声が聞かれています。

　今後は,地域の子育て支援拠点として,さらに多様な子育て支援活動を実施し,関係機関と連携を取りながら,子育て家庭へのきめ細かな支援をおこなうといった機能拡充を図ることが期待されています。

2. 東京都独自の取り組み「子供家庭支援センター」

　前述の子育て支援事業とは別に,東京都では独自の取り組みとして,「子供

家庭支援センター事業」をおこなっています。

　これまで，児童相談所が対応をしてきたさまざまな児童相談だけではなく，育児不安などといった子育て相談のニーズが増えてきたことから，より身近な地域での，迅速で効率のよい，きめ細かな対応が求められるようになりました。そのため，子育てに関するどのようなことでも気軽に相談でき，適切な援助や在宅支援サービスを受けられる体制の構築を目的として，1995（平成7）年からこの事業は開始されました。現在では，いくつかの島しょを除くほとんどの区市町村にセンターが設置されています。実施主体は区市町村で，社会福祉法人などに委託することもできます。

　子供家庭支援センターはその事業内容により，先駆型[1]，従来型，小規模型[2]の三種に区分されます。具体的な事業内容は，子どもと子育て家庭のあらゆる相談に応じるほか，ショートステイや一時預かりなどの在宅サービスの提供や調整，サークル支援やボランティア育成，地域の子育てに関する情報提供などとなっています。また，2004（平成16）年の児童福祉法の一部改正の際に，区市町村が児童相談に対応することが法律上明確化されたことから，児童虐待の未然防止・早期発見を中心に，さらに積極的な取り組みが求められています。

　センターの規模や実施内容などは，それぞれの自治体で，その地域に合ったニーズに応じた形で決められ，さまざまな特色を生かして実施されています。地域における子育て支援拠点として，福祉，保健・医療，教育の各分野の関係機関と連携しながら，子どもと家庭に関する支援のネットワークの中核機関として，その役割が期待されています。

3. 調布市「子ども家庭支援センターすこやか」の取り組み

　ここでは，子供家庭支援センターの具体的な取り組み例として，調布市の「子ども家庭支援センターすこやか[3]」（以下「すこやか」と表記）について紹介しましょう。

　調布市は，2001（平成13）年4月に「すこやか」を設置し，2011（平成23）年4月で10年目を迎えました。運営業務は，社会福祉法人 調布市社会福祉事業団が受託しています。駅前でアクセスしやすい立地条件の上，施設の延べ床面積が1548.68㎡と広いのが特徴で，施設設備や環境面がとても充実しています。

---

[1] 先駆型センターは，①子ども家庭総合ケースマネジメント事業（総合相談，在宅サービスの提供・調整，関係機関との連携・調整），②地域組織化事業（住民の自助・互助活動などの推進），③要支援家庭サポート事業（虐待家庭などに対する見守りサポートなど），④在宅サービス基盤整備事業（養育家庭制度に関する活動）の各事業を実施するほか，⑤専門性強化（虐待対応や心理的側面に対する専門的な取り組みの強化）を実施することができます。

[2] 従来型および町村部においてのみ実施可能な小規模型センターは，脚注「1）」において説明した先駆的センターの①②の事業を実施するほか，④および⑤の事業を実施することができます。

[3] 東京都では「子供家庭支援センター」が正式な事業名称ですが，調布市では「子ども家庭支援センターすこやか」が正式な表記となります。

- 施設開放事業「屋根のある公園」
- 乳児交流事業「コロコロパンダ」
- 幼児交流事業「にこにこパンダ」「すくすくパンダ」
- ショートステイ事業
- すこやか保育事業
- トワイライトステイ事業
- ファミリー・サポート・センター事業
- 子ども家庭総合相談
- 児童虐待防止センター事業
- 産前産後支援ヘルパー事業「ベイビーすこやか」
- エンゼル大学

親子で遊びたい　子どもを預けたい
すこやか
情報交換の場が欲しい　いろいろ相談したい

図1　「すこやか」のサービス

出典）社会福祉法人 調布市社会福祉事業団「調布市子ども家庭支援センター すこやか」ホームページ〈http://www.jigyodan-chofu.com/sukoyaka/〉より一部改変

　「すこやか」では図1にある通り、子どもや子育て家庭の相談事業をはじめ、多くの在宅支援サービスなどを同じ施設内で実施しています。そのため、周産期から児童福祉法で定義づけられている18歳未満の児童まで、事業間が連携しながら、切れ目なく多彩な子育て支援のサービスを提供できることが大きな特徴です。2004（平成16）年には、従来型から先駆型センターに移行し、新たに児童虐待の予防や対策にも積極的に取り組んでいます。

　現在、勤務している職員数は約65人で、そのうち社会福祉士や精神保健福祉士、保育士、臨床心理士などの専門職が9割ほどを占めています。

　各事業について、もう少しくわしく見てみましょう。

＜施設開放事業＞

　「施設開放事業」では、だれでも遊びに来られる「ひろば」を常設しているほか、季節のイベントや父親の育児参加を支援するため、パパと子どもだけが遊べる「パパひろば」の設置、あるいはパパと子どもの外出企画などをおこなっています。「ひろば」には、毎日、200〜300人ほどの親子が遊びに来ています。

▲「ひろば」の和室のようす。

＜乳幼児交流事業＞

　乳幼児交流事業は、乳幼児の月齢に応じ、親子遊びなどを通して、参加者同

士の交流や情報交換を図るもので，市内のほかの会場にも出張して実施しています。

<一時保育事業>
　一時保育事業（ショートステイ，すこやか保育，トワイライトステイ）は，目的に応じて，子どもの預かりをおこなっています。

▲一時保育中の食事のようす。

<ファミリー・サポート・センター事業>
　ファミリー・サポート・センター事業は，子どもの預かりなどの援助を受けたい人と援助をおこないたい人との市民相互援助活動で，センターが連絡や調整をおこなっています。

<子ども家庭総合相談>
　子ども家庭総合相談では，子どもやその家庭にかかわるあらゆる相談に心理・医務などの専門相談員が応じています。

<児童虐待防止センター事業>
　児童虐待防止センター事業では，市の児童虐待の通告窓口を担っているほか，必要に応じて関係機関と連携しながら，児童虐待の未然防止，早期発見，緊急対応をおこなっています。

<産前産後支援ヘルパー事業>
　産前産後支援ヘルパー事業「ベイビーすこやか」では，産前産後で家事や育

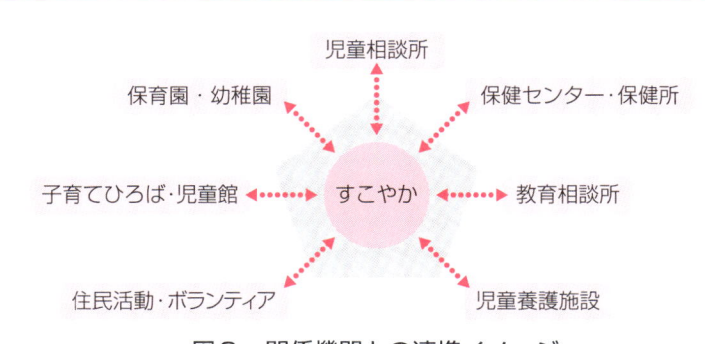

図2　関係機関との連携イメージ

出典）社会福祉法人 調布市社会福祉事業団「調布市子ども家庭支援センター すこやか」ホームページ〈http://www.jigyodan-chofu.com/sukoyaka/〉より一部改変

児の手伝いを希望する人に，ヘルパーの派遣を実施しています。

　そのほか，さまざまな子育ての情報の提供や協力医（小児科医）による健康相談など，多くの事業を実施しており，これらが有機的に連携しながら，子ども自身や子育て家庭を支援しています。また，前でもふれたように，図2のように，必要に応じて保育所や学校など，さまざまな関係機関と緊密な連携を図りながら，地域における子育て支援の中核機関としての役割を担っています。

（坂口　井）

【参考文献】
・厚生労働省雇用均等・児童家庭局総務課少子化対策企画室「地域子育て支援拠点事業―実施のご案内」2007，裏表紙，3-4，23-26．
・厚生労働省ホームページ
・東京都「子供家庭支援センター事業実施要綱」（2010.7一部改正）
・東京都福祉保健局ホームページ
・厚生省児童家庭局長通知「特別保育事業の実施について」1998.4．
・東京都福祉保健局少子社会対策部「子ども家庭支援センターガイドライン」2005.3，はじめに，1．
・こども未来財団『目で見る児童福祉2012』2012.3，16．
・社会福祉法人　調布市社会福祉事業団「調布市子ども家庭支援センターすこやか　パンフレット」2006．
・社会福祉法人　調布市社会福祉事業団「調布市子ども家庭支援センター　すこやか」ホームページ〈http://www.jigyodan-chofu.com/sukoyaka/〉（2013年3月現在）

コラム　赤ちゃんとはじめての外出

　赤ちゃんが生まれて最初の1～2カ月は，とにかくゆっくり寝たいというお母さんも少なくないはず。赤ちゃんが眠っているあいだに，少しでも一緒に身体を休ませながら，少しずつ生活のペースをつかんでいきます。

　調布市子ども家庭支援センターすこやか（以下「すこやか」と表記）では，赤ちゃんの首も座って，お出かけしやすくなる3カ月ごろからおすすめなのが，乳児交流事業の「コロコロパンダ」です。「おうちで赤ちゃんとどうやって過ごしたらよいかわからない」「なかなかお出かけする場所がない」「同じくらいの月齢の赤ちゃんのママ友がほしい」なんて言うお母さんたちに大好評です。

　アクセスしやすいように「すこやか」のほか，調布市内5会場でも実施しており，予約も必要ないので気軽に参加できます。

　この事業で活躍しているスタッフは，おもに保育士や看護師といった専門職の人たちです。

　では，ある日の「コロコロパンダ」のようすを見てみましょう。

　親子遊びやグループワークのテーマは毎回変わりますが，基本的には，表に示すような流れで活動をしています。いつも，会場はとてもなごやかな雰囲気です。

　平日にはなかなか参加できないお母さんやお父さんのための日曜日版コロコロパンダ「サンデーコロパン」も開催しています。

　なお，これらは調布市「子ども家庭支援センターすこやか」の取り組みですが，全国の市町村においても同様の活動が実施されています。
　　　　　　　　（坂口 井）

時　間	内　容
10：00	受付開始
10：15	はじまりのあいさつ，季節に合わせた配慮事項など
10：20	親子遊び 　（わらべうたやリズム体操など）
10：45	グループワーク① 　「テーマ：離乳食」 　～どんなものが水分補給に適切か？～
11：05	グループワーク② 　「テーマ：口腔衛生」 　～歯ブラシをしていれば，虫歯にならないか？～
11：20	おわりのあいさつ，イベント情報などの提供
11：30	体重計測（希望者）

◀親子遊びのようす。

▶グループワークのようす。

メモ欄

V-4. 警察は家族支援にどうかかわるか

1. 警察とは

　私たちが警察に対してもつイメージは，おまわりさんが道を教えてくれる，犯罪が起きたときにすぐに駆けつけて助けてくれるという好意的なものがある一方で，社会公共性の安全秩序に対する障害を除去するために，権力で命令されたり，強制されたりと，ややこわいイメージをいだく場合もあります。警察との最初の出会い方により，この組織に対してのイメージは分かれるようです。
　警察には，以下の目的と責務があります。

> **警察法第1章　総則**
> **＜この法律の目的＞**
> **第1条**　この法律は，個人の権利と自由を保護し，公共の安全と秩序を維持するため，民主的理念を基調とする警察の管理と運営を保障し，且つ，能率的にその任務を遂行するに足る警察の組織を定めることを目的とする。
> **＜警察の責務＞**
> **第2条**　警察は，個人の生命，身体及び財産の保護に任じ，犯罪の予防，鎮圧及び捜査，被疑者の逮捕，交通の取締その他公共の安全と秩序の維持に当ることをもつてその責務とする。

　警察法でこのように定められていますので，たとえ幼児，児童であっても，生命，身体の保護や安全の保証がなされなければなりません。しかし現実には，多くの子どもたちが，犯罪被害や生命を奪われるような事件に巻き込まれています。

2. 子どもと犯罪被害・事故

　2011（平成23）年に警察が把握した幼児，児童の被害や不慮の事故死の件数は，以下のような状況でした。

●子ども（少年を含む）が刑法犯の被害者となった犯罪件数

　刑法犯にかかわる13歳未満の子どもの被害件数は，2002（平成14）年以降，減少傾向にあります（図1参照）。2011（平成23）年中は2万8,500件と，前

V 家族支援の現場から

年より3,332件（10.5％）減少しました。子どもの被害件数の割合が高い罪種を見ると，略取・誘拐が56.5％（83件），強制わいせつが14.8％（1,019件），公然わいせつが10.9％（83件），殺人が7.3％（76件）となっています（図2参照）。略取誘拐事件の被害者の半数強は子どもでした。

図1　刑法犯に係る13歳未満の子どもの被害件数の推移（平成14～23年）
出典）国家公安委員会・警察庁（編）「平成24年版 警察白書」ぎょうせい，2012，p.94

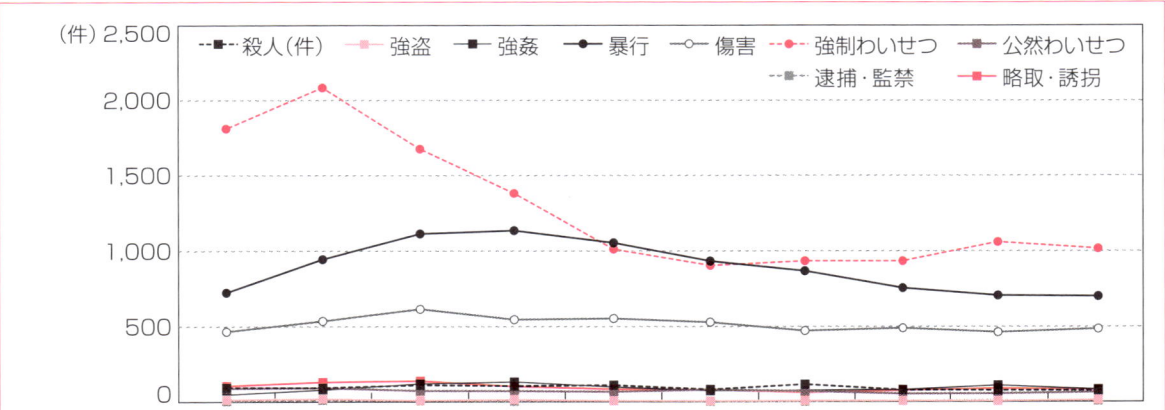

区分＼年次	14	15	16	17	18	19	20	21	22	23
殺人（件）	94	93	111	105	110	82	115	78	77	76
強盗	16	21	11	16	8	7	8	7	7	14
強姦	90	93	74	72	67	81	71	53	55	65
暴行	724	945	1,115	1,136	1,055	933	867	754	705	700
傷害	467	536	615	546	553	529	472	490	463	488
強制わいせつ	1,815	2,087	1,679	1,384	1,015	907	936	936	1,063	1,019
公然わいせつ	48	79	120	132	98	73	76	80	109	83
逮捕・監禁	6	12	8	4	8	3	2	7	9	7
略取・誘拐	108	133	141	104	86	82	63	77	91	83

図2　13歳未満の子どもの罪種別被害状況の推移（平成14～23年）
出典）国家公安委員会・警察庁（編）「平成24年版 警察白書」ぎょうせい，2012，p.94より一部改変

213

なかでも，性にかかわる犯罪（強制わいせつ・公然わいせつ）のうち，被害の1割以上を子どもが占めていることに，暗澹たる思いがします。

●子どもや若者における不慮の事故死の件数

　2010（平成22）年，不慮の事故により，子どもや若者（0歳～29歳）の2,001名が亡くなっています。このなかで，0～4歳までの乳幼児が264名（13.2%），5～9歳までの幼児・児童が125名（6.2%）を占めています（表1参照）。0～4歳の死亡でいちばん多かったのは，不慮の窒息死の113名で，ついで交通事故死が53名と続いています。5～9歳の死亡では，いちばん多いのが交通事故死56名，次いで不慮の溺死および溺水が34名でした。乳児の窒息死は，「食物をつまらせて」「ベッドのなかなどでの不慮の窒息死」がもっとも多くなっています。子どもや若者の不慮の事故死について年次推移を見ると，1989（平成元）年をピークに減少傾向が続いています（図3参照）。

表1　年齢階級・性別不慮の事故による死亡数（平成22年）　　　（人）

区分		計（0～29歳）	0～4歳	5～9歳	10～14歳	15～19歳	20～24歳	25～29歳
不慮の事故	男	1,480	168	87	93	312	425	395
	女	521	96	38	28	112	128	119
	計	2,001	264	125	121	424	553	514
交通事故	男	794	35	35	36	214	269	205
	女	233	18	21	9	78	63	44
	計	1,027	53	56	45	292	332	249
転倒・転落	男	137	17	7	11	20	36	46
	女	54	6	3	—	7	21	17
	計	191	23	10	11	27	57	63
不慮の溺死及び溺水	男	214	26	28	30	40	52	38
	女	50	12	6	4	5	10	13
	計	264	38	34	34	45	62	51
不慮の窒息	男	115	67	6	6	9	12	15
	女	77	46	4	5	7	9	6
	計	192	113	10	11	16	21	21

＊注）ここにおける交通事故死者数は，発生の場所の如何を問わず自動車等（船舶および航空機を含む）が関与した交通事故により，1年以内に死亡した者の数をいう。
資料）厚生労働省「人口動態統計」

出典）内閣府「平成24年版 子ども・若者白書」p.40

図3 子ども・若者の不慮の事故による死亡数の推移
出典）内閣府「平成24年版 子ども・若者白書」p.40

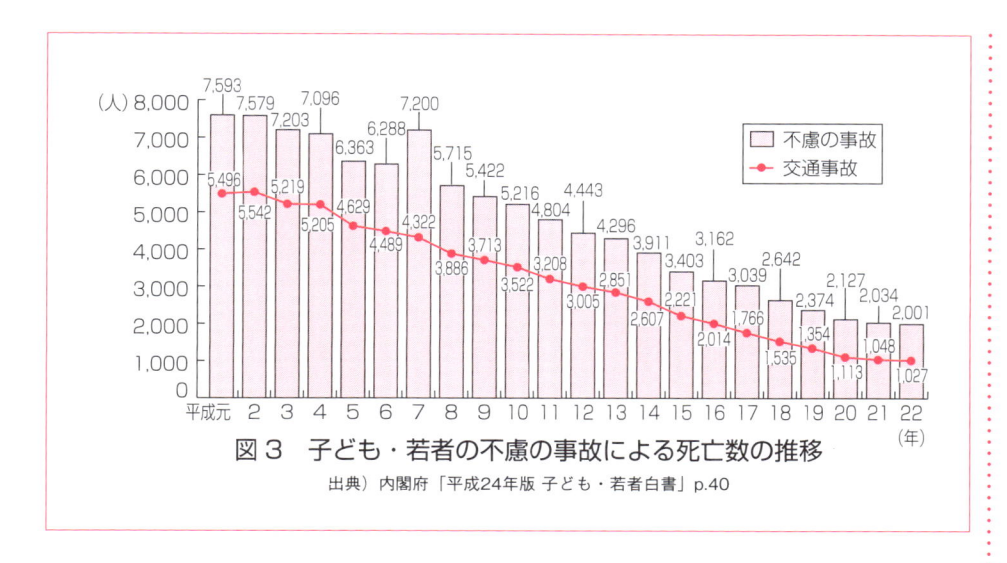

●交通事故死の状況

　2010（平成22）年の交通事故による29歳以下の死亡者数は、1,027名でした（表1参照）。いちばん死亡事故が多かった年代は20～24歳で332名（32.3％），次に15～19歳で292名（28.4％）です。0～4歳の53名と，5～9歳の56名を足すと，乳幼児と児童で1割強（10.6％）を占めることになります。6歳以下の事故死は，自動車乗車中および歩行中に多く発生しています。

●少年の刑法犯の犯罪被害状況

　また，2011（平成23）年中に20歳未満の少年が被害者となった刑法犯の認知件数は，22万8,025件（前年比2万8,190件〈11％〉減）でした（図4参照）。包括罪種[1]別に見ると，凶悪犯被害が962件，粗暴犯被害が1万2,010件でしたが，前年にくらべ，いずれも減少しています。被害者を学職別に見ると，高校生がもっとも多くを占めていますが，高校生も中学生も減少傾向にあるのに対して，小学生および未就学児については，ほぼ横ばい傾向にあります。

●児童虐待で警察が事件としてかかわった検挙件数

　2011（平成23）年中に警察が検挙した児童虐待事件件数は384件（前年比32件〈9.1％〉増）で（図5参照），検挙人員は409人（前年比24人〈6.2％〉増）でした。被害児童は398人（前年比38人〈10.6％〉増）であり，そのうち，死亡児童は39人（前年比6人〈18.2％〉増）でした。年次推移を見ると，最

[1] 包括罪種
犯罪情勢を把握し，警察活動などの分析に用いるため，刑法犯をその罪種の類似性などにより分類したものです。凶悪犯・粗暴犯・窃盗犯・知能犯・風俗犯・その他の6種類に分けられています。

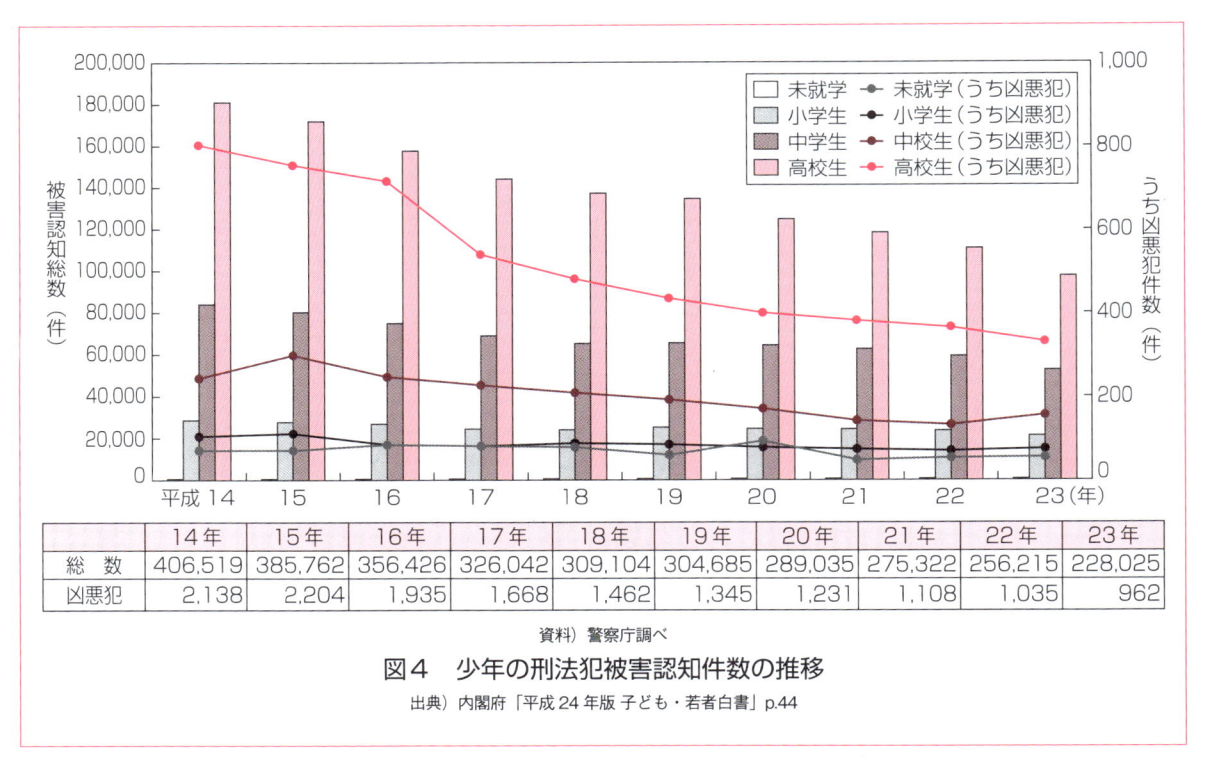

図4　少年の刑法犯被害認知件数の推移

	14年	15年	16年	17年	18年	19年	20年	21年	22年	23年
総　数	406,519	385,762	356,426	326,042	309,104	304,685	289,035	275,322	256,215	228,025
凶悪犯	2,138	2,204	1,935	1,668	1,462	1,345	1,231	1,108	1,035	962

資料）警察庁調べ

出典）内閣府「平成24年版 子ども・若者白書」p.44

図5　児童虐待事件検挙件数の推移

＊注）無理心中，出産直後の殺人及び遺棄を含まない。
資料）警察庁調べ

出典）内閣府「平成24年版 子ども・若者白書」p.47

近の5年間で検挙件数は約1.3倍になっています。

　子どもや若者にかかわる刑法犯の被害者件数が減少しているなかで，児童虐待事件件数が増加していることが際立っています。

●少年の福祉を害する犯罪被害

　児童に淫行[2]をさせる行為のように，児童の心身に有害な影響を与える「福祉を害する犯罪」（以下「福祉犯」と表記）の被害者となった少年は，2011（平

2）淫行
「みだらな行為」「わいせつな行為」「みだらな性交」のことを指すと同時に，これらの行為を教えたり，見せたりする行為などのことも指します。

図6 福祉犯の法令別検挙人員（平成23年）

- 覚せい剤取締法 108人（1.4％）
- 労働基準法 55人（0.7％）
- 未成年者飲酒禁止法 232人（3.0％）
- 職業安定法 49人（0.6％）
- 児童福祉法 417人（5.3％）
- 売春防止法 35人（0.4％）
- 出会い系サイト規制法 443人（5.6％）
- 毒物及び劇物取締法 20人（0.3％）
- その他 29人（0.4％）
- 風営適正化法 588人（7.5％）
- 青少年保護育成条例 2,805人（35.8％）
- 未成年者喫煙禁止法 1,387人（17.7％）
- 児童買春・児童ポルノ禁止法 1,678人（21.4％）
- 総数 7,846人

出典）国家公安委員会・警察庁（編）「平成24年版 警察白書」ぎょうせい，2012, p.95

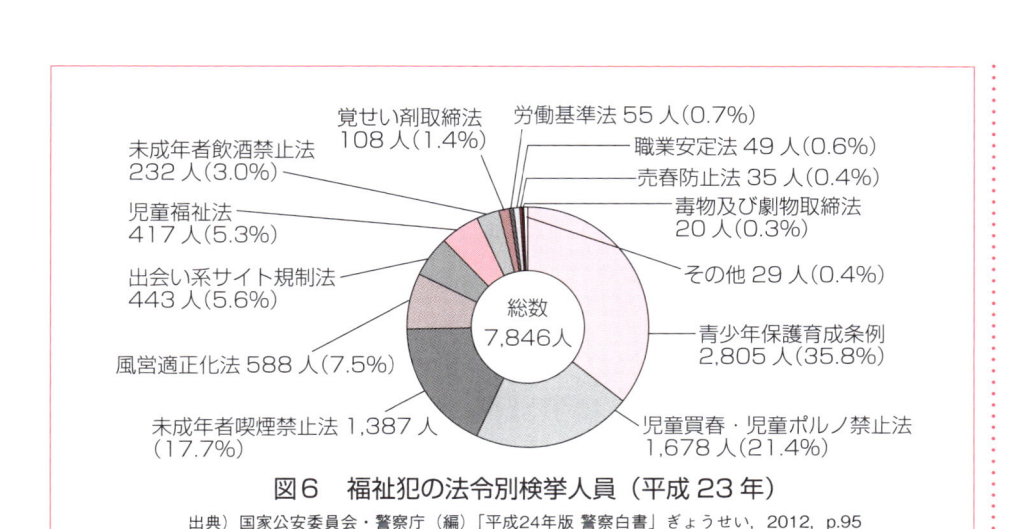

表2 福祉犯の被害少年の学職別状況（平成22, 23年）

区分/年次	総数	未就学	学生・生徒 小計	小学生	中学生	高校生	その他の学生	有職少年	無職少年
23年（人）	7,332	23	5,466	122	2,030	3,243	71	630	1,213
構成比（％）	100.0	0.3	74.5	1.7	27.7	44.2	1.0	8.6	16.5
22年（人）	7,340	33	5,451	122	2,044	3,199	86	611	1,245
構成比（％）	100.0	0.4	74.3	1.7	27.8	43.6	1.2	8.3	17.0
増減数（人）	△8	△10	15	0	△14	44	△15	19	△32
増減率（％）	△0.1	△30.3	0.3	0.0	△0.7	1.4	△17.4	3.1	△2.6

出典）国家公安委員会・警察庁（編）「平成24年版 警察白書」ぎょうせい，2012, p.95

成23）年では7,332人でした。福祉犯の法令別検挙人員は7,846人で，いちばん多かった罪種は，青少年保護育成条例違反の2,805人（35.8％），2番目は児童買春・児童ポルノ禁止法の1,678人（21.4％），3番目は未成年者喫煙禁止法1,387人（17.7％）の順になっています（図6参照）。被害者の学職を見ると，高校生44.2％，中学生27.7％，無職少年16.5％となっていますが，小学生122名，未就学児23名もいました（表2参照）。

●児童ポルノ事犯の被害状況

　2011（平成23）年中の児童ポルノ事犯[3]の検挙件数は1,455件，検挙人員は1,016人と，それぞれが，前年より113件（8.4％），90人（9.7％）増加しています（図7参照）。検挙件数のうち，インターネットを直接利用した児童ポルノ事犯（サイバー犯罪に該当するもの）は883件で，前年より100件（12.8％）

[3] 児童ポルノ事犯
日本においては，18歳未満の少年少女を被写体としたポルノグラフィを頒布，販売または公然と陳列する事犯のことを言います。

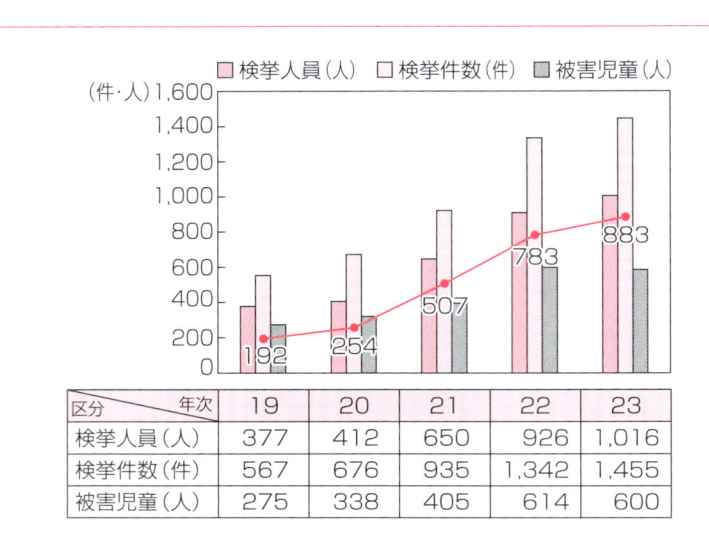

区分	年次	19	20	21	22	23
検挙人員（人）		377	412	650	926	1,016
検挙件数（件）		567	676	935	1,342	1,455
被害児童（人）		275	338	405	614	600

＊注）折れ線の数値は児童ポルノの提供等の手段としてインターネットを直接利用した児童ポルノ事犯の検挙件数（内数）

図7　児童ポルノ事犯の検挙状況等の推移（平成19～23年）
出典）国家公安委員会・警察庁（編）「平成24年版 警察白書」ぎょうせい，2012，p.96

の増加と，過去最多を記録しており，きわめて深刻な情勢にあります。とくに，最近の児童ポルノ事犯については，低年齢児童を対象とした児童ポルノ愛好者グループによる製造事犯，プロバイダによる閲覧防止装置（ブロッキング）を回避するファイル共有ソフト利用事犯，プロバイダや拠点を短期間で頻繁に変える組織的なDVD販売事犯など，悪質かつ巧妙な手口で，広域にわたって敢行されているというのが現状です。

3．警察が子どもを犯罪被害から守る取り組み

　多くの子どもが犯罪に巻き込まれたり，不慮の事故で亡くなったりしている現状に対し，関係する諸機関は，おのおのの立場で対策をおこなっています。警察では，「犯罪から子どもを守るための対策」「子ども女性安全対策班による活動の推進」「少年の福祉を害する犯罪への取り組み」「少年相談活動」「児童ポルノ対策」「児童虐待対策」「少年の犯罪被害者への対応」をおこなっています。

＜犯罪から子どもを守るための対策＞
（1）学校周辺・通学路等の安全対策
（2）被害防止教育の推進
（3）情報発信活動の推進
（4）ボランティアに対する支援
などをおこなっています。

＜子ども女性安全対策班による活動の推進＞
　性犯罪などの前兆と見られる声かけ，つきまといなどの段階で行為者を特定

し，検挙，指導警告などの措置を講じる活動に専従する「子ども女性安全対策班」を，全国の警察本部に設置しています。そして，検挙活動や防犯活動，専制・予防的活動を積極的に推進し，子どもや女性を被害者とする，性犯罪などの未然防止に努めています。

<少年の福祉を害する犯罪への取り組み>

児童に淫行をさせる行為のように，少年の心身に有害な影響を与え，少年の福祉を害する犯罪の取り締まりと，被害少年の発見・保護を推進しています。また，日本国民が国外で犯した児童買春・児童ポルノ事犯などの取り締まりや国際捜査協力を強化するため，警察庁では，2002（平成14）年以降，毎年，東南アジア各国の捜査関係者，非政府組織（NGO）関係者を招いて，児童の商業的・性的搾取対策に関する取り組みについて，意見交換をおこなうセミナーや捜査会議を開催するなどしています。

<少年相談活動>

警察は，少年相談窓口[4]を開設しています。少年や保護者，学校などの関係者からの困りごとや悩みなどに対し，相談の対応を担当するのは，心理学や教育学の専門知識を有する職員や，少年非行の取り扱いについて経験豊富な職員です。相談に対しては，親身になって，助言や指導をおこなっています。また，面接による相談のほか，気軽に相談できるように，フリーダイヤルの電話や電子メールによる相談にも応じています。

[4] 少年サポートセンター，少年相談センターなど，各県警察によって名称はさまざまです。

<児童ポルノ対策>

警察では，犯罪対策閣僚会議で取りまとめられた「児童ポルノ排除総合対策」などにもとづき，関係行政機関・事業者などと緊密な連携を図りながら，取り締まりの強化や流通，閲覧防止対策などの諸対策をおこなっています。

<児童虐待対策>

警察活動を通じて児童虐待事案の早期把握に努めるとともに，児童相談所・学校・医療機関などの関係機関との緊密な連携を保ちながら，児童の生命・身体の保護のための措置を積極的に講じています。また，児童虐待のうたがいのある事案では，速やかに児童相談所に通告するほか，厳正な捜査や被害児童の支援など，児童の安全の確認や確保を最優先した対応を図っています。

<少年の犯罪被害者への対応>

警察では，被害少年に対し，少年補導職員を中心に継続的なカウンセリングをするなどの支援をおこなっています。また，そのほかに，大学の研究者，精

神科医，臨床心理士などの専門家を「被害少年アドバイザー」として委嘱し，被害少年の支援を担当する職員が専門的な立場からの助言を受けられるようにしています。

4. 警察は家族支援にどうかかわるか

　警察は，だれもが安心して安全に暮らせる社会を目指して，日夜仕事に励んでいますが，それを達成できるほど，いまの世の中は単純ではありません。子どもを食い物にするおとなや，子どもを自分の趣味嗜好の対象とするおとな，わが子であっても虐待してしまう親などがいて，目をおおいたくなるような問題が多発しています。また，乳幼児を保育している保育士や子どもの教育を担当している教師，養護施設で子どもたちの養育にかかわっている指導員などが子どもたちに性的な行為をおこなったり，児童ポルノを作成したりする性的虐待事件も，珍しいことではなくなってきました。身近で信頼して接してきたおとなからそのような被害を受けたときの子どもの被害感情は，立ち直れないほどの深い心の傷となってしまいます。

　子どもを守るべき立場のおとなに虐げられている子どもを，いかに早く発見し，保護するかが，子どもにかかわる仕事に従事している人に課せられた課題です。そして，そのような子どもにかかわったときには，1人でかかえ込まず，適切な機関につなげていくことがとても大切なことです。とくに，犯罪に巻き込まれている子どもや，命にかかわる状況にある子どもに遭遇した場合には，すみやかに警察に連絡をしてください。確信がもてない段階であっても，相談をすれば警察がきちんと調査・捜査をし，対応してくれますし，命にかかわる緊急な事態の場合は，組織をあげて対応します。なによりも，子どもの個人の生命，身体を守ることが最優先されるべきです。

（新倉アキ子）

【参考文献】
・国家公安委員会「平成24年版 警察白書」2012.
・内閣府「平成24年版 子ども・若者白書」2012.

コラム　親が逮捕された子どもの保護

　覚醒剤使用事件を捜査していた，A警察署の刑事課の担当者は，K（41歳），Kの妻（38歳）の容疑の確認が取れたので，逮捕状を準備していました。書類を整えているなかで，この夫婦

家　族
父　親	K	飲食店経営	41歳	覚せい剤使用容疑
母　親		家業手伝い	38歳	〃
長　男	A男	中学2年	13歳	
次　男	B男	小学5年	11歳	
長　女	S子	保育所	5歳	

住　居　店　舗　　　借　家（弁護士が調整）

には，子どもが3人いることがわかりました。長男が中学2年生，次男が小学5年生，長女は保育所の年長でした。この家族には，近隣に子どもたちを預かって養育してくれる親戚・知人は見あたりませんでした。しかし，中学2年生の長男が，弟，妹の面倒を見ながら自分の生活を維持していくことはできません。逮捕状を執行するには，子どもたちが安心して生活ができる落ち着き先を見つけなければ…。担当している刑事は，児童相談所に行き，この子どもたちの保護を依頼しました。しかし，1度に3人のきょうだいを保護するには，所内の受け入れ態勢を整える時間が必要とのことでした。担当者は，児童相談所の受け入れを待つしかありませんでした。

　児童相談所からは，今後，子どもたちを何日間保護しなければならないのか問われましたが，親たちについてはこれから裁判がはじまり，検察庁と裁判所の扱いとなるため，警察署の警察官が答えられることではありませんでした。

　親の弁護については弁護士が担当しますが，子どもたちのいまの生活についての交渉は，扱った警察署の担当者が，関係機関と調整をしていかなければなりませんでした。児童相談所は，相談を受けても，この子どもたちの両親からくわしく話を聞くこともできず，家族の生活史，個々の子どもたちの成育史はわからないまま，保護がはじまりました。

　このことは子どもたちにとっては晴天の霹靂であり，学校にも登校できず，気持ちの整理がつかないままに，知らない環境での見通しのない生活を強いられることになったのです。とりわけ，長男である兄A男は，頼ってくるB男やS子の不安を受けとめなければならず，一層つらい立場に立たされていました。親の所在や処遇については，児童相談所の一時保護所には伝わらず，児童相談所の担当者ですら，警察署や検察庁，弁護士をたずね歩いても，きちんとした見通しが立てられる情報はえられませんでした。

　子どもたちが保護されて3カ月後に，一時保護所から養護施設に措置し，義務教育を受けさせる方針が児童相談所から出されました。きょうだいは養護施設に移されましたが，きょうだいであっても3人が同じ施設に入ることはできず，A男は1人，B男，S子は2人でと，離れ離れになりました。その時点でも親の裁判は続いており，この家族が一緒に生活ができる見通しは立ちませんでした。養護施設から学校に登校するA男には，笑顔は見られなくなりました。

（新倉アキ子）

Ⅴ-5. 児童養護施設

1. 児童養護施設の役割

●入所理由の変遷

　子どもを養育する責任は，第一には，家庭における保護者にありますが（家庭養育），保護者が家庭で子どもを育てられないようなきびしい状況にある場合，国や地方公共団体は，子どもを健全に育成する責任を負っています（児童福祉法第2条）。このように，「保護者のない児童又は保護者に監護させることが不適当であると認められる児童」に対して社会が責任をもって育てることを，「社会的養護」と言います。社会的養護が必要か否かの判断は，専門行政機関である児童相談所がおこないます。そこで，「保護[1]」や「措置」の必要があると判断された子どもについては，児童福祉施設のひとつである児童養護施設や乳児院などへの入所となり，必要な期間を，そこで生活することになります。

　児童養護施設で生活する子どもたちの入所理由としては，かつては戦災孤児や置き去り児[2]など，「保護者がいない」「経済的な理由で育てられない」という，いわゆる「単純養護」の場合がほとんどでした。子育て支援の仕組みが確立されていない少し前の時代においては，たとえば，「未婚の母親が子どもをかかえて働けない」「母親が家出して，父親が子どもの世話を十分に見ることができない」などが，入所理由の多くを占めていました。

　もちろん，これら「単純養護」は，現在でも引き続きニーズがあるものですが，1990年代に入ると，状況が少し変わってきました。保護者がいても，虐待や保護者の精神疾患などの原因により，子どもを育てることができないという理由での入所が増えてきているのです。

　20数年前までは虐待がなかったというわけではありません。虐待ということばが一般的でなかったので，「養育困難」という理由のなかに含まれ，それほど大きな割合も占めてはいませんでした。しかし，現在では虐待が入所の最大の原因となっており，明確に虐待を理由としたものが5〜6割，背景に虐待が隠れているケースを含めると7〜8割を占めています。目に見える身体的虐待のほかに，心理的虐待や子育てに必要な世話をしないネグレクトのケースも少なくありません[3]。

　これには，ふたつの要因が関連しています。ひとつは，社会環境の変化などにより，実際に虐待の件数が増加していることです。2002（平成14）年度の児童虐待相談対応件数は2万3,738件でしたが，2011（平成23）年度では5万9,862

---

1) 保護
くわしくは，Ⅴ-1.「家族支援のしくみ：行政が担う活動とシステム，NPOとの連携」（p.186，187）参照。

2) 置き去り児
養育者のかかえている課題によって，育てられないと判断され，やむをえず置き去り，放置されてしまった子どもたちがいました。

3) くわしくは，Ⅲ-5.「子ども虐待について」（p.108〜）を参照。

件（速報値）と，10年間で約2.5倍となっています*1。もうひとつは，子育てに関する社会の意識が変化してきたことです。子どもの権利条約[4]をきっかけに「子どもの権利」への認識が国内外で高まり，虐待が社会問題となってきたのです。わが国では，2000（平成12）年に児童虐待防止法[5]が成立して虐待に対する国民の意識が喚起されたのと同時に，保護，措置により児童養護施設に入所する子どもが年々増えてきています（図1参照）。

図1　児童養護施設の入所児童数
出典：厚生労働省「社会的養護の現状について（参考資料）平成24年11月」p.3

平成7年10月　27,145人
平成23年10月　29,744人（1.10倍）

[4] **子どもの権利条約**
Ⅲ-4.「子どもの権利から見た家族支援の必要性」（p.100～）参照。1989年国連総会採択。日本は1994（平成6）年に批准しました。

[5] **児童虐待防止法**
Ⅲ-5.「子ども虐待について」（p.108）参照。2004（平成16）年，2007（平成19）年に，それぞれ改正されました。

●子どもが安心して暮らせる場として

　子どもが育つべき家庭が機能しなくなったのは，子どもの責任ではなく，保護者や保護者を取り巻く環境によるものです。「いつ暴力をふるわれるかわからない」「いつ食事ができるかわからない」というような状況で，おとなの顔色をうかがいながら暮らしてきた子どもたちにとって，家庭は安心できる場ではなかったことでしょう。

　したがって，児童養護施設に求められるのは，まず，子どもが安心して生活できる場であるということです。安心してかかわれるおとなの存在と安定した暮らしとを子どもが体感し，こういう生活もあるのだと気づくことが，おとなとの信頼関係を取り戻していくための第一歩となります。「次になにが起こるかわからない」というような不安定な生活ではなく，ある程度見通しがつく，同じような毎日の積み重ねが大切なのです。

　子どもは自分が育った家庭しか知らないため，たとえ虐待を受けていても，いざ保護者と離れるとなると抵抗を示したり，不安を感じたりすることが多いものです。とくに年齢が低い子どもほど，それまでの生活をあたりまえだと思っており，虐待を受けていても，「自分が悪いからだ」と思っていることが少なくありません。しかし，中学生以上になり，虐待がおかしいことだと理解でき

るようになってくると，自分から学校や児童相談所に助けを求めてくるケースもあります。

　こうした子どもたちは，総じて自己評価が低く，自分を大事にできにくいという面をもっています。このため，施設は，子どもが安心して暮らしていくなかで，年齢をさかのぼって改めて育つことができるような「育ち直し」の場ともなります。また，子どもたち１人ひとりがもっている潜在能力を引き出すために，学習やスポーツ，文化的活動などの支援もおこなわれます。たとえば，踊りやピアノ，英語などの習いごとや，柔道や地域のサッカーチームに入るなどのスポーツ活動，また，ボーイ（ガール）スカウトに所属するなど，さまざまな機会が提供されています。学習については，学習塾の先生（大学生など）がボランティアで教えに来たり，中学生には，公的な制度のもとで塾に通ったりすることもできるようになってきました。こうした経験を通じて，子どもたちが自分に自信をもって生きていけるようにエンパワーメント（力を与える）するのも施設の役割です。

　また，児童養護施設で暮らす子どもたちのなかには，保護者との関係のなかから生じたと思われる，心理的なトラブルをかかえている子どもも多くいます。たとえば，愛着形成の不全など，基本的な人間関係にハンディキャップをもってしまうこともあり，それはその後の人間関係に影響を与えることも少なくありません。

　そこで施設では，心理職[6]のスタッフが中心になって，心理療法的なアプローチをおこなうこともあります。また，子どもたちの毎日の生活自体が，保護者との関係における心理的問題をやり直すプロセスでもあります。そのため，本来は保護者とやり直していくべきところを，保護者のかわりである職員にぶつけてきます。親から愛情をもって育てられてきていないため，「自分はなにをしても許される」「自分は特別な存在なんだ」といった極端な認識をもつ子どもの反社会的な行動をどう理解して受けとめていくか，また，親に「もっとしっかりしてほしい」「やるべきこと（子育て）をしてほしい」といったことを直接言ってしまうと，関係そのものが崩れてしまうのではないかといった不安からか，直接のかかわりをもつケアワーカーに無理難題をぶつけてくる子どもがいるなど，なかなかむずかしい面もあります。一方で，施設における人とのかかわりを通じて，保護者とのあいだではえられなかった力をつけ，人との信頼関係を取り戻し，自立していく子どもたちもたくさんいます。

6）心理職
児童養護施設に入所している子どもへの心理的支援を目的として，1999（平成11）年から「心理療法担当職員」が配置されるようになりました。児童養護施設での心理職の配置目的は「虐待等による心的外傷のための心理療法を必要とする児童に，遊戯療法やカウンセリング等の心理療法を実施し，児童の安心感・安全感の再形成及び人間関係の修復を図り心的外傷を治癒すること」となっています。

2. 家族への支援

●親子の交流のためのプログラム

　児童養護施設に入所しても，子どもと家族との縁が切れるわけではありません。多くの場合は，将来的に家庭復帰することを目標として，保護者との交流がもたれます。その方法は児童相談所との協議により，子ども1人ひとりの自立支援計画を策定することからはじまります。その計画のなかで，ケース-バイ-ケースですが，家族の再統合を目指して1年後，3年後，5年後などの目標が設定され，面会からはじまり，親子一緒の外出，自宅への宿泊など，段階的に親子の交流のためのプログラムが進められていきます。

　とくに，ひとり親や経済的理由など，保護者の事情で子どもの世話ができない単純養護の場合は，親子関係さえ良好であれば，週末は家に帰るなど，なるべく家族（家庭）で過ごせる時間をもてるようにします。

　一方，虐待が背景にある場合には，慎重に検討する必要があります。子どもが保護者との交流を望む場合と望まない場合とがあり，望む場合は，児童相談所が保護者との面接をおこなうのと並行して，徐々に親子の交流を進めていきます。保護者と子どもが会っても大丈夫だと客観的に判断された場合には，まず，児童相談所や施設の面接室などに保護者に来てもらい，面会交流を進めます。職員が同席，あるいはようすを観察し，適宜介入しながら，次のステップへと進めていきます。

　親子の交流においてもっとも大事なのは，保護者が虐待をしてしまったことを理解し，状況の改善に向けて変わること，つまり，保護者として成長することです。そうでなければ，一定期間子どもを保護者から離しても，家庭に戻せば，また同じことがくり返されてしまう可能性があります。ですから，施設においても，保護者の相談にのったり，子どもへの接し方のアドバイスをしたりするなどの保護者支援をおこなっています。

　また，施設には親子で寝泊りできる部屋（家族室）があり，そこを家族訓練室として活用し，保護者が子どもとの適切なかかわり方を学べるようにしています。たとえば，精神疾患をもっているなど，子どもを自宅に泊まらせることがむずかしい保護者の場合には，このような家族室に親子で泊まってもらい，そこに併設されているキッチンで夕飯をつくって子どもと一緒に食べ，お風呂に入り，布団を敷いて寝る，というような，家族として生活をする練習をします。

このような環境では，状況に応じてスタッフが夕飯づくりを手伝ったり，子どもとの橋渡し役になれたりするため，親子は安心して一緒にいることができるのです。

あるシングルマザーは，自力での子育てがむずかしいため，3人の子どもを施設に預けていました。自宅が狭いこともあって，子どもたちが自宅に宿泊するのはむずかしい状況でしたが，きれいで設備も整っている施設の家族室を利用することで，誕生日やクリスマスなどには，家族水入らずの時間を過ごすことができるようになりました。

●さまざまな保護者の状況と支援

子どもを入所させる際の保護者の状況は，さまざまです。たとえば，保護者自身が自分のことで精一杯で，子どもの世話をする余裕がなく，子どもの顔を見るだけでもつらいというように，むしろ，保護者の方から，「施設を利用したい」「子育てを手伝ってほしい」と求めてくる場合もあります。一方で虐待のケースのように，「自分は一生懸命やっているのに，なぜ，子どもと引き離されなければならないの」と，子どもと引き離されることに納得できない保護者もいます。

また，保護者自身が育った家庭に問題があり，虐待を受けたり，いわゆるふつうの家庭環境では育てられなかったりした過去をもっている場合もあります。あるいは，夫婦関係のいざこざをかかえていたり，自分の親やパートナーの親，また保育所などからいつも子育てを批判されて，保護者として認められていないと感じていたりするなど，保護者自身がさまざまな問題をかかえ，ストレスをためていることも多いのです。

子どもが家庭に帰り家族再統合を目指すには，子どものケアだけでなく，こうした保護者の支援プログラムが欠かせません。人生のある時期，自分が困難をかかえているという弱さを認めつつ，子育てをだれかに手伝ってもらってもいいのだという認識をもってもらい，一緒に子育てをしながら，保護者自身が育っていくことが大切なのです。

●ファミリー・ソーシャルワークの導入

そのような意味で導入されたのが，「ファミリー・ソーシャルワーク[7]」というアプローチです。これは，まず，子どもの入所時に，あるいは，それ以前

---

[7] ファミリー・ソーシャルワーク
くわしくは，Ⅵ－1.「福祉のアプローチ：家族支援のソーシャルワーク」(p.238〜)を参照。

から，施設担当者が児童相談所の担当児童福祉司から家族や親族の状況について説明を受け，親子の交流の方法や家庭復帰の見通しについて協議します。

　入所後は，子どもと家族双方の状況に応じて，面会や外出，外泊などの親子交流を図っていきます。施設のガーデンパーティやバザー，クリスマス会といった季節の行事や，授業参観，運動会，学芸会，入園式や入学式，卒業式など，幼稚園や学校の行事への参加を保護者に呼びかけます。また，保護者会をおこなったり，親子で参加するファミリーキャンプを企画したりもします。子どもの進学や就職などの進路選択についても，子ども本人の意志と保護者の希望との両方を聞くために，ときには親子のミーティングなどを設定しながら進めていきます。

　こうした家庭復帰，家族再構築支援を強化するために，2004（平成16）年から，ファミリー・ソーシャルワーカー（FSW：家庭支援専門相談員）が，児童養護施設や乳児院など1施設につき1名配置されるという制度がはじまりました。FSWは，虐待など，家庭環境上の理由で入所している子どもがなるべく早期に家庭復帰できるように，また，養育里親[8]希望家庭へのスムーズな委託ができるように，ほかの施設職員と協力しながら，保護者の相談・指導，関係機関との調整などの家庭復帰プログラムを進めていきます。

　このように児童養護施設は，子どもの養育が困難な保護者にかわって子どもが安心して生活できる場を提供し，子どもを育てる役割を果たすと同時に，保護者を支え，子どもが再び家庭の場で育つことができる家族再構築を支援するという役割も担っています。ですから，児童養護施設における家族支援においては，子どもを施設に預けざるをえなかった保護者自身の過去や生活状況などを理解し，互いに子どもを一緒に育てるパートナーとして付き合っていくことが大切です。

　必ずしも子どもが家庭復帰できるケースばかりではありませんが，一緒に住むことだけが家族の形ではなく，別々に暮らしていても「親子だ」という，気持ちの上での家族再構築を図っていくことも，家族・家庭支援のひとつの形だと言えるでしょう。

（石田芳朗）

[8] **養育里親**
くわしくは，Ⅴ-6.「里親」(p.230～)を参照。

【参考文献】
・厚生労働省雇用均等・児童家庭局総務課「児童相談所での児童虐待相談対応件数」2012.

コラム　施設の助けを借りながら，子どもを育てる

　児童養護施設には，子どもたちが入所して必要な期間生活するという以外に，1週間以内の期間で滞在する「子どもショートステイ事業」があります。

　中学生と3歳の女の子，1歳の男の子の3人の子どもをもつEさんは，持病の精神疾患の症状が悪化して精神的に不安定になっていたため，地域の子ども家庭支援センターからの紹介で，3歳の女の子をショートステイで児童養護施設に預かってもらいました。ショートステイしている子どもは，施設の職員が保育所の送り迎えもしてくれるので，子育てを「ちょっと休みたい」と思っていたEさんには心強いサービスでした。

　しかし，ショートステイは1週間までの期限つきのため，子どもが帰ってきては，またショートステイに預けるというくり返しとなったので，児童相談所の勧めにより，その施設に入所させることになりました。

　Eさんは精神状態が悪くなると子どもにあたり，虐待に近い行動を取ってしまうのです。再婚家庭であり，いちばん上の子はEさんの連れ子，下の2人の幼児は現在の夫との子ども，という複雑さもかかえていました。夫は帰宅が遅く，夜勤も多いので，家事育児を助けてもらうことは期待できないことによるストレスもありました。

　入所してはじめのうちは，子どもの世話について，施設に対し，「虫さされには，こういう手あてをしてほしい」「栄養ドリンクを飲ませてほしい」など，細かい要求をしていたEさんですが，施設の職員との信頼関係ができてくるにつれて，安心して子どもを任せるようになりました。

　しばらくして家庭状況が安定すると，その3歳の子どもは帰宅しました。それと入れ替わりに，Eさんは「家で2人の幼児を見る自信がないので，今度は1歳の男の子の方を預かってほしい」との要望を出しました。1歳の子を預かっているあいだも，3歳の子がショートステイで短期滞在するなど，Eさんの2人の子どもは，施設と家庭を行ったり来たりして育ちました。

　Eさん自身もときどき施設に来ては，「聴いてください」と，夫の愚痴や自分の親との確執など，Eさんの親と同年齢くらいの職員に話すようになりました。「ここが実家だと思っていいですか？」と言うほど，施設はEさんにとって安心できる場になっていました。

　このように，精神疾患や自身の親との関係について深い問題をかかえる保護者にとって，1人で子育てをすることが非常にむずかしい場合があります。そのようなとき，この事例のような形で子育てを助けてもらうことで，子どもとの距離を適度に保ち，家庭を維持することができるケースもあります。こうした保護者にとって安心できる場があることは，子どもの虐待を未然に防ぐことにもつながっているのではないでしょうか。　（石田芳朗）

コラム　保護者同士のつながり

　児童養護施設と言うと，保護者のいない子どもだけがいる場所を想像してしまうのではないでしょうか。しかし実際には，本節でも見たように，母親や父親がいても一緒に暮らせないというケースが多く，施設ではガーデンパーティや運動会などの行事に保護者の参加をうながしたり，料理教室やヨガ教室，各種の地域のクラブへの参加など，保護者同士の交流や保護者と地域との交流の機会をつくったりしています。

　A施設では，保護者からの提案で，ファミリーキャンプが毎年恒例の行事となりました。近くの河原で，いくつかの家族が合同でキャンプをするのです。母子家庭も父子家庭も，施設の職員たちも一緒にテントを張り，子どもたちとバーベキューをしたり，夜になるとビールを飲みながら，保護者と職員たちが話し込んだりするのがつねです。父親たちが話すさまざまな人生経験に共感したり，子どもとうまくかかわれない悩みを話す保護者に「大丈夫ですよ，一緒に過ごすことが大事ですよ」と慰め合ったりするピアカウンセリング[1]に発展することもあります。

　また，保護者会が率先して「施設になにか貢献したい」と声を上げ，バザーを開くことになりました。いろいろなアイディアを出し合い，ある父親の会社が扱っている雑貨を提供してもらったり，地域に住むお年寄りが手づくりのグッズを持って来てくれたり…。

　バザーの準備から当日の販売係まで，保護者が一生懸命働く姿を子どもたちも見ています。こうした保護者参加のイベントは，家ではだらしなかったり頼りなかったりする親の別の姿を，子どもたちが見直す機会にもなっています。

（石田芳朗）

1）ピアカウンセリング：同じような背景や課題をもつ人同士や共通の関心をもつ人が集い，喜びや悲しみ，つらさなどの悩みなどに共感し，お互いに理解し合うことで，支え合う場として発展していくカウンセリングの方法です。ピアカウンセリングを通して，それぞれのもつ問題や課題が解決，あるいは縮小の方向へと進んでいくことを目指します。

V-6. 里 親

1. 養育里親とは？

　子どもがすこやかに成長するためには，なによりも温かい雰囲気のなかで，豊かな愛情に包まれながらはぐくまれることが大切です。

　しかし，2013（平成25）年4月現在，親の病気や離婚など，さまざまな事情で親と一緒に暮らすことのできない子どもは，全国に約4万6,000人います。そのなかには，家庭のぬくもりさえ知らない子どもたちもいます。

　こうした子どもたちを，一定の期間，家庭に迎え，心身ともにすこやかに育てようとするのが，養育里親（養育家庭）（以下「養育里親」と表記）です。

　一例として，東京都では，「ほっとファミリー」というなじみやすい愛称を用いて，制度の普及啓発に努めています。

2. 里親制度について

　「里親」とは，保護者のいない子どもたち，または保護者に監護されることが不適当であると認められる子どもたちを養育することを希望する者であって，都道府県知事が適当と認める者のことを言います。このことは，児童福祉法第6条の4に規定されています。

　里親は，上記で説明した「養育里親」と，養子縁組を前提とする「養親（養子縁組里親）」に区分されます。さらに，養育里親は，2002（平成14）年の「里親の認定等に関する省令」によって，①養育里親，②短期里親，③専門里親，④親族里親の4種類に区分されています。それぞれの関係性を図式化すると，図1のようになります。

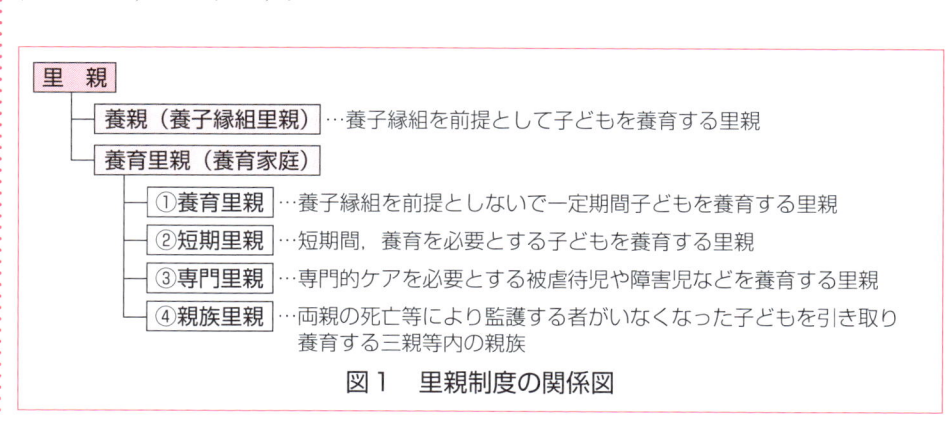

```
里 親
├─ 養親（養子縁組里親） …養子縁組を前提として子どもを養育する里親
└─ 養育里親（養育家庭）
    ├─ ①養育里親 …養子縁組を前提としないで一定期間子どもを養育する里親
    ├─ ②短期里親 …短期間，養育を必要とする子どもを養育する里親
    ├─ ③専門里親 …専門的ケアを必要とする被虐待児や障害児などを養育する里親
    └─ ④親族里親 …両親の死亡等により監護する者がいなくなった子どもを引き取り養育する三親等内の親族
```

図1　里親制度の関係図

3. 社会的養護について

　さて，ここで，少し視点を変えて里親制度を見ていくことにしましょう。

　さまざまな事情で親と一緒に暮らすことのできない子どもたちを，家庭にかわって社会全体で育てるしくみを「社会的養護」といいます。社会的養護には，①「施設養護」と②「家庭的養護」があり，家庭的養護の代表的なものが，養育里親になります。2008（平成20）年の児童福祉法改正により，「ファミリーホーム（小規模住居型児童養護事業）」という，養育者の住居で5～6人の子どもを養育する事業が誕生しましたが，同事業も家庭的養護に含まれます。しかし日本の現状を見ると，圧倒的に多い（およそ9割）のが施設養護です。では，さらに掘り下げて，施設養護の実情を見てみましょう。

　敷地内に家屋が点在し，子どもたちがそれぞれの家屋でご飯をつくったり，お風呂に入ったり，家庭的な暮らしを展開している「小舎制養育」は，施設養護全体の3割程度しかありません。多くの子どもたちは，旧態依然として大きな建物に収容され，食事は食堂に集まって食べ，銭湯のような大風呂に入るという，まるで寄宿舎生活のような「大舎制養育」のもとで生活しています。このため，施設によっては，地域に「グループホーム」をつくって，6人程度の子どもを地域のなかで養育する体制を整えているところもあります。

　また，週末や夏休みなどの一定期間，施設で生活している子どもたちを家庭に迎え入れて，家庭生活を体験させる「週末里親（フレンドホーム）」を開拓している施設もあります。

　これら各施設の関係性をあらわしたものが，図2になります。

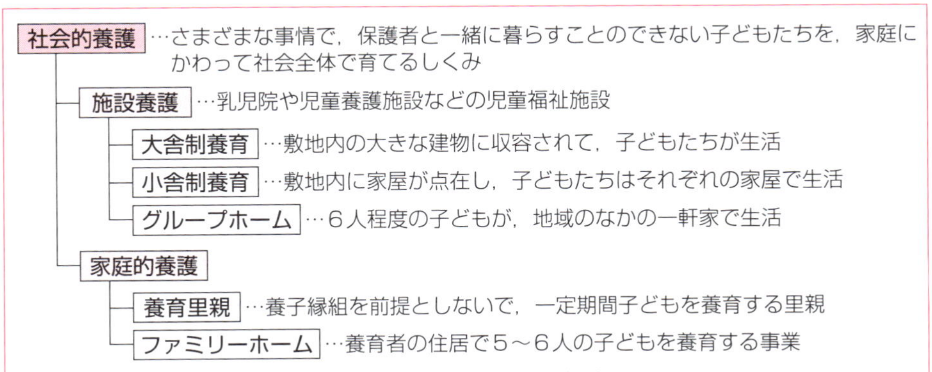

- **社会的養護**…さまざまな事情で，保護者と一緒に暮らすことのできない子どもたちを，家庭にかわって社会全体で育てるしくみ
  - **施設養護**…乳児院や児童養護施設などの児童福祉施設
    - **大舎制養育**…敷地内の大きな建物に収容されて，子どもたちが生活
    - **小舎制養育**…敷地内に家屋が点在し，子どもたちはそれぞれの家屋で生活
    - **グループホーム**…6人程度の子どもが，地域のなかの一軒家で生活
  - **家庭的養護**
    - **養育里親**…養子縁組を前提としないで，一定期間子どもを養育する里親
    - **ファミリーホーム**…養育者の住居で5～6人の子どもを養育する事業

図2　社会的養護の体系

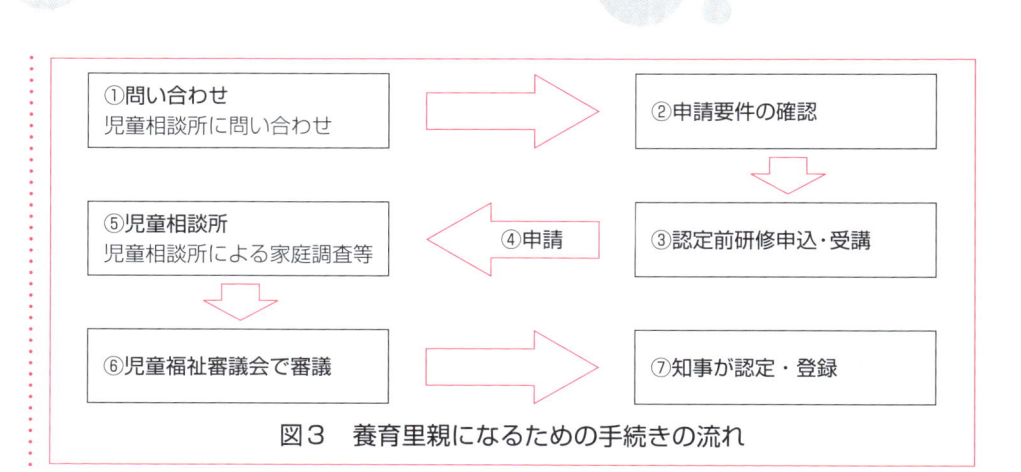

```
①問い合わせ              →    ②申請要件の確認
児童相談所に問い合わせ              
                                    ↓
⑤児童相談所          ←  ④申請   ③認定前研修申込・受講
児童相談所による家庭調査等
    ↓
⑥児童福祉審議会で審議     →    ⑦知事が認定・登録
```

図3　養育里親になるための手続きの流れ

4. 養育里親になるには

養育里親になるためには，養育里親になれるかどうかの資格要件を満たす必要があります。相談の窓口は，最寄りの児童相談所になります。養育里親になるための手続きのおもな流れは，図3に示す通りです。

5. 子どもが措置委託されるまでの流れ

図3の流れのように，知事による認定・登録が完了すれば，その日から養育里親となり，児童相談所と一緒になって，地域における里親制度の普及啓発の取り組みや，里子の子育てをおこなっていくことになります。地域には，里親会のような里親同士の集まりもあり，連携先のひとつとして，把握しておくとよいでしょう。

養育里親に子どもが措置委託[1]されるまでの流れは，図4の通りとなります。

6. 制度についての理解

●生活全般に関すること

家庭に迎え入れた里子（委託児童）の住民票の続柄は，「縁故者」になります。養育里親の健康保険には加入できませんが，児童相談所が発行する受診券を用いれば，健康保険の範囲では医療費はかかりません。また，養育里親に，里子との生活のなかで不安なこと，わからないことなどが生じた場合，その相談全

---

[1] **措置委託**
児童相談所が，社会福祉事業を経営する者に施設入所などの行政措置を委託することを，措置委託と言います。

```
①子どもの紹介                          ②引き合わせ
児童相談所から連絡があります。担当の    担当の児童福祉司と一緒に子どもと面会
児童福祉司が子どもの状況を説明します。  をします。

④措置委託                              ③交流
児童相談所と一緒になって，里子の子育    面会や外出などを重ねて子どもとのマッ
てに奮闘します。                        チング（関係構築）をおこないます。

⑤措置解除
社会自立などの理由により，里子（委託児童）の委託措置が解除されます。
```

図4　養育里親に子どもが措置委託されるまでの流れ

般を引き受けるのは児童相談所になります。他人の子どもを育てるということは，並大抵のことではありません。それを社会全体で応援していくのが，社会的養護のしくみなのです。

　児童相談所には，担当の児童福祉司だけではなく，心理職や医師もいます。また，養育里親の仲間たちが集う里親会であれば，同じ目線での支えや励ましが期待できます。このような家庭を支援する際には，保育者も，養育里親が不安や悩みをかかえ込まないよう，目の前にある社会資源をうまく使っていけるような体制を整えておきたいものです。

●養育に関すること

　養育里親がおこなう養育は，里子の自主性を尊重し，基本的な生活習慣を確立するとともに，豊かな人間性や社会性を養い，将来の自立を支援することを目的としておこなわれるものです。

　養育里親には，つねに，家庭的養護を担う一員としての自覚をもち，里子に対する体罰にあたるような行為は厳に慎むとともに，都道府県が企画する研修などを積極的に受講するなどして，資質向上に努めることが求められています。当然のことながら，虐待などがあってはいけません。

　そのため，保育者としては，家庭的養護が子どもの成長・発達にとってより一層，実りあるものとなるよう，支え，励まし，あたたかく迎え入れる姿勢が大切になります。

7. 市民協働による里親普及の取り組み

●「子どもNPOセンター福岡」について

　福岡市における里親委託率は，2005（平成17）年の6.9％から3年後の2007（平成19）年度末には15.63％と驚異的な伸びを見せ，全国でも大きな注目をあびました。新聞報道やニュースによると，これは市民と行政の協働による里親普及の取り組みが功を奏した結果であると言われています。この取り組みは，現在，各地で進められている里親支援機関事業の草分け的な存在であると言ってもいいと思います。

　2012（平成24）年4月現在では，「子どもNPOセンター福岡」として引き継がれ，さまざまな取り組みを展開しています。ブログ[2]を立ち上げていますので，興味・関心のある人はそちらをご覧ください。

●「里親ひろば・ほいっぷ八王子」の実践

　東京都八王子市では，地域の里親や里子たちが気ままに集い，思う存分おしゃべりをしたり，食事をしたり，ときには子育て支援をしている人から話を聞いたり，というように，リラックスして楽しめる活動を続けています。

　活動の中心となっている坂本洋子さんは，テレビドラマ化された『ぶどうの木―10人の"わが子"とすごした，里親18年の記録』（幻冬舎，2003年）[*1]という本の作者でもあり，これまで里親制度の普及啓発に多大な貢献をされています。こちらの活動もブログ[3]を立ち上げています。興味・関心のある人は，ぜひご覧ください。

（外川達也）

【引用・参考文献】
* 1　坂本洋子『ぶどうの木―10人の"わが子"とすごした，里親18年の記録』幻冬舎，2003．
・東京都福祉保健局「東京都のほっとファミリーとは」2011．
・東京養育家庭の会みどり支部（監修），坂本洋子（編）『わたしたち里親家族！―あなたに会えてよかった』明石書店，2008．
・東京都福祉保健局少子社会対策部「養育家庭（ほっとファミリー）体験発表集」2011．

2）「子どもNPOセンター福岡」のURLは〈http://www3.ocn.ne.jp/~kodomocf/〉です（2013年3月現在）。

3）ブログのURLは〈http://blog.canpan.info/satooya/〉です（2013年3月現在）。

コラム　養育里親を支え励ます力となるために

　東京都の児童相談所では，毎年，10〜11月の里親月間に，地域の子供家庭支援センターと協力をしながら養育家庭体験発表会をおこない，里親家庭の普及啓発に努めています。

　東京都の各地域で開催される体験発表会の年間予定については，インターネットでも確認できます。また，そのようすを報告集として取りまとめています。東京都の最寄りの児童相談所で入手できますので，興味・関心のある人はぜひご覧ください。

　施設養護が圧倒的に多いという日本の現状をふまえると，養育里親をもっともっと増やしていきたいという思いを強くするとともに，こうした取り組みを重ねれば重ねるほど，私たちが養育里親を支え，励ます存在となること，そして，地域において養育里親というしくみが理解され，受けとめられる機運を醸成していくことが大切であることを，深く考えさせられます。また，こうした思いをもって取り組みを進めていくことが，養育里親のみなさんの力となり，ひいては，子どもたちの福祉向上に連なっていくものと考えます。

　子どもたちは，親から受け続けてきた虐待の影響で，なかなかおとなと打ち解けることができなかったり，人間関係がうまくいかなかったり，試し行動といって，いたずらや悪さをくり返して，おとなのようすをうかがうような行動を取ることもあります。養育家庭体験発表会で垣間見る，そうした里親家庭の日常のようすは，まさに，子育て奮闘記と言った感じであり，「私たちにお手伝いできることがあれば，なんでも言ってください」と言うような思いにかられます。

　地域では，里親会も精力的な活動を進めており，このような頼もしい存在があること自体，本当に心強い限りです。

　地域に根差した里親活動を，今後より一層くり広げられるよう，里親のみなさんと一緒になって，子どもたちの福祉向上に向けた取り組みを前進させていきたいものです。

（外川達也）

考えてみよう

❶ 家族支援を担う行政機関にはどのようなものがありますか。なかでも児童相談所の仕事の流れについて知っておきましょう。また，関連機関が連携する上で大切なこととはなにか，考えてみましょう。

❷ 自分の住む地域の子育て支援センターなど，子育て支援拠点の活動について調べてみましょう。

❸ 児童養護施設は家庭のかわりに子どもを育てるだけでなく，保護者への支援もおこなっています。それはなぜでしょうか。また，家族・家庭支援の具体的な方法についてもまとめてみましょう。

VI. 家族を支える方法

保育者には保育をおこなうだけでなく，日常的に家族を支援する役割があります。

その際に，どのような考え方や知識が役立つのでしょうか。

家族ソーシャルワークなど福祉のアプローチ，家族療法といった心理のアプローチ，

母子保健や医療における看護のアプローチの3つを紹介します。

それぞれの理論や方法を知ることは，実際の家族支援の際の助けになるでしょう。

VI-1. 福祉のアプローチ：
家族支援のソーシャルワーク

1. ソーシャルワークの視点からの家族支援

　2008（平成20）年に改定された保育所保育指針により，保育所が担うべき家族支援と保育士の役割および業務が，より明確に示されました。保育士は子どもたちへの保育をおこなうとともに，ソーシャルワーク[1]の視点をもって子どもを含めた家族全体を支援することが求められるようになったと言えます。

　ソーシャルワークは人間の福利（ウェルビーイング）の増進を目指して，利用者の人権を尊重しながら，さまざまな社会資源やサービスを活用して支援することに特徴があると言えます。家族支援を実現するためのソーシャルワークとして，近年，ファミリー・ソーシャルワーク（家族ソーシャルワーク）のアプローチが有効な方法として注目されています。

　家族支援ソーシャルケースワーク[3]の起源は，イギリスにおける慈善活動運動にあると言われています。貧困家庭を訪問し，その家族へはたらきかけをすることからはじまりました。20世紀初頭，リッチモンド（Richmond, M.E.）は，全体としての家族（family as a whole）の概念を用いて，個人の家族背景の重要性を説きました。ファミリー・ソーシャルワークは，「家族全体を援助の目標に，家族構成員それぞれの持つ能力や機会を養成・活用し，問題の解決から課題の追求までを，合理的かつ効果的に可能としようとする特徴ある援助方法」[*2]と言えます。

2. ファミリー・ソーシャルワークの原理の考え方

　子どもと家族との関係が密接につながっているということは，保育の現場で保育者が日常的に実感していることだと思います。

　子どもとのかかわりだけに力を注いでも，なかなか問題が解決していかないということはよくあります。ある子どものようすがなにかおかしいと感じ，保護者から話を聞くと，「きのう，両親が大げんかをした」とか「親戚が亡くなった」とか，なんらかの事情があることがわかることがあります。

　ここでは，このように日々の保育実践のなかで起こるさまざまな問題に対し，保育者が家族支援を考える基盤となる，ファミリー・ソーシャルワーク固有の原理[*3]の考え方を理解しておきましょう。

---

1) ソーシャルワークの定義
「ソーシャルワーク専門職は，人間の福利（ウエルビーング）の増進を目指して，社会の変革を進め，人間関係における問題解決を図り，人々のエンパワーメント（2)）と解放を促していく。ソーシャルワークは，人間の行動と社会システムに関する理論を利用して，人々がその環境と相互に影響し合う接点に介入する。人権と社会正義の原理は，ソーシャルワークの拠り所とする基盤である。」国際ソーシャルワーカー連盟（IFSW）より（2000）。

2) エンパワーメント
相談者がかかえる問題に対し，相談者が本来もっている主体的に解決しようとする能力を引き出し，みずから改善していけるよう心理的，社会的に支援することです（*1）。

3) ソーシャルケースワーク
個別援助技術の総称。ケースワーカーが援助を必要とする個人や家族との面接や家庭訪問などをおこなったり，社会資源の活用を含めた問題解決のための助言や情報提供などの支援をおこなったりします（*1）。

*2 太田義弘「家族ソーシャルワーク」京極高宣（監修）『現代福祉レキシンコン』雄山閣出版，1993

＜個人および家族の主体性尊重の原理＞

子どもの主体性が家族のなかでどのように認められているのかを理解し，子どもの主体性が尊重され，反映されるよう家族を支援します。個人の主体性を家族が受け入れるように強要するものでも，家族の意向を個人が受け入れるように強要するものでもありません。ファミリー・ソーシャルワークは，個人の自立性を家族が尊重する過程を支援するという考え方によるものです。

＜家族の歴史尊重の原理＞

家族の生活は多様で，すべての家族が，社会通念上期待するような家族生活を維持できるものではないでしょう。家族は世代を超えて，考え方や生活習慣，慣習といった家族文化を継承しています。ファミリー・ソーシャルワークでは，現象としてあらわれる生活困難，個人病理[4]また社会的逸脱行動[5]などを否定的にとらえるのではなく，家族の歴史や文化として家族の関係性に理解を示しながら，支援が展開されなければなりません。

＜家族集団全体の生活尊重の原理＞

個人の生活の尊重は，家族それぞれの社会的な生活機能が保持されてはじめて可能になります。ファミリー・ソーシャルワークでは，家族成員それぞれの発達段階に合わせた社会生活が機能するよう，家族全体を視野に入れた支援を展開します。

＜家族の関係性尊重の原理＞

家族は，夫婦，親子，きょうだいなどといった単位を基本として成り立ち，それぞれに関係性が生まれます。夫婦の関係性が親子やきょうだいの関係性に派生して影響するように，関係性は相互に影響を与え合います。また，それぞれの関係性は，家族の誕生から発達といった家族の履歴性（結婚，子どもの誕生，教育，就労，疾患などのライフイベント）や個人の特性によって異なります。同じ家族内でも，良好な関係性もあれば，葛藤をかかえた関係性が継続している場合もあります。ファミリー・ソーシャルワークでは，いかなる関係性についても尊重し，受容する支援が求められます。

＜家族生活周期尊重の原理＞

家族は，誕生から消滅まで，個人の自立性を支援する集団です。子どもが親の濃密な援助を必要とする乳幼児の時期や介護を必要とする老年の時期，疾病・傷病・障害は，常時，家族の支えを必要とします。家族生活周期では，家族の生活課題と同時に個人の自立的課題や自己実現が達成されることを尊重しなけ

4）**個人病理**
個人の病気の原因・発生からの過程に関する理論的な根拠を示したものです（＊1）。

5）**社会的逸脱行動**
社会や集団の規範や価値観に反する行為や状態のことで，具体的には，犯罪，アルコール依存，薬物依存などを指します（＊1）。

ればなりません。親の自己実現を充足するために子どもの自立的課題や発達が阻害されてはいけません。ファミリー・ソーシャルワークでは，家族生活周期における課題達成を尊重する実践を目指した支援をおこないます。

これらの原理は，保育現場での実践や相談援助を通して，日々のなかで意識的に身につけていくことが必要です。

3. 家族支援のためのマッピング技法

家族支援をする際には，子どもを含む家族を取り巻く環境を把握しておくことが重要です。ソーシャルワークでは，家族と環境との関係性と相関性を一定の様式で図示する「マッピング」という方法が用いられます。これは，クライエント[6]を取り巻く環境とクライエントとの関係を可視的に表現し，支援のプロセスをより有効に進める手段として知られています。マッピングの代表的なものとしては，ジェノグラム[7]（家族関係図：世代間の関係を図示），エコマップ[8]（生態地図：クライエントおよび家族と環境との関係を図示）などがあり，家族支援を進めるひとつの技法としても習得しておきたいものです。

ジェノグラムは，単に家族の世代関係の構造をあらわすだけではなく，そこに情報を盛り込み，書き加えることも可能で，家族関係が一瞬で把握できるという利点があります。

エコマップは，利用者や家族とあらゆる社会資源との関係を，地図のように図式化したものです。

私たちの生活や人生は，みずからを取り巻く環境のなかの人や組織と，多様な関係を通して成り立っているとも言えます。

次のページに，A家族の事例を用いて，澤の発案したジェノグラムとエコマップを合わせたマッピングの方法を紹介します*4。

この事例では，保育所の会議で検討した結果，父親が戻ってきたときに母親と祖母も含め，子どもたちのお迎えについての話し合いの機会をもつことになりました。

保育相談のときの保育者の対応のようすについては，次でのべたいと思います。

---

6) **クライエント**
福祉関係の施設や機関で，さまざまな福祉サービスを利用する者を意味し，「利用者」とも言います。

7) **ジェノグラム**
1970年代後半のボーエン（Bowen,M.）の「家族システム論」以来，広く臨床場面で利用されており，多くはケース記録の情報収集や事例研究のために活用されてきました。

8) **エコマップ**
1975年にハートマン（Hartman,A.）により考案されました。援助活動の記録やスーパービジョン，事例研究などに活用できるだけでなく，クライエントがその作成にかかわることでみずからの状況を客観視できるといった利点から，面接の道具としても用いられます。

9) **拡大家族**
親子関係やきょうだい関係にある複数の夫婦が同居した家族形態のことを意味します（*1）。

Ⅵ 家族を支える方法

ジェノグラムとエコマップを用いたマッピングの方法
― A 家族の事例をもとに―

■ジェノグラムの作成

①紙面の中央に対象の家族を記入する。その家族を中心とした拡大家族[9]の成員も書き入れ，年齢などの情報も記入する。

②そのまわりに問題に関係する家族を取り巻く人間を書き入れる。同居家族同士は線で囲む。子どもは第1子から順番に配置する。

■エコマップの作成

①家族を取り巻く社会環境を配置する（就労先，保育所や学校など教育機関，行政機関など問題の改善に向けて関与している関係機関など）。

②家族成員と関係する人間や社会環境との関係性を適切な線で表現する。

③双方の関係性（期待，助言，指示など）を，エネルギーの流れる方向に向けて矢印で記入する。

④図に表現しきれない情報は補足的に文書で記入する。

■基本の表記方法

記号	意味	記号	意味	記号	意味
□	男性（中に年齢記入）	□─○	結婚	────	普通の関係
○	女性	□/○	別居	━━━	強い関係
◎	相談対象者	□//○	離婚	………	弱い（希薄な）関係
△	性別不明	□┄┄○	同棲 恋愛関係	┼┼┼┼	ストレスがある関係
×	死亡			───▶	エネルギーの方向

モニカ・マクゴールド＆ランディ・ガーソン
（＝石川元・瀧澤田鶴子（訳）『ジェノグラムの話―家系図と家族療法』東京図書，1988（*5）をもとに筆者作成

＜A家族の事例＞

Aちゃん（5歳男児）の父親（26歳）は地方都市で育ち，中学卒業後，建築の仕事につきました。18歳で上京し，仕事をしながら定時制高校に通いました。母親（23歳）も父親と同じ定時制高校に通い，そこで2人は知り合い，妊娠を機に結婚しました。結婚してからも，母親は近くにある実家に行くことが多かったようです。実家には祖母（47歳）と異父兄（28歳）が住んでおり，20歳の妹は遠方に住んでいて疎遠になっています。

Aちゃん出産後，年子で女児と男児が生まれ，3人目が3歳になってから母親はパートに出るようになり，子どもたちは保育所に入所することになりました。ほどなくして父親が単身赴任をすることになり，そのころから母親の保育所へのお迎えが遅れることが増え，夜8時過ぎまで来ないこともあって保育所は困っていました。そこで，職員会議に諮（はか）るために，家族のジェノグラムとエコマップを作成することにしました。

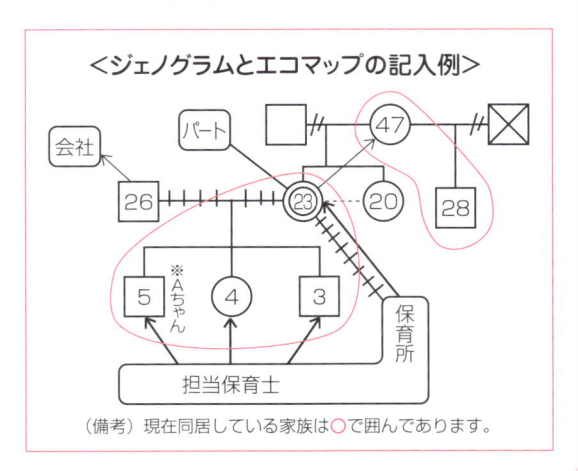

＜ジェノグラムとエコマップの記入例＞

（備考）現在同居している家族は○で囲んであります。

241

4. 家族支援のための保育相談

　保育者には，子どもへの保育のほかに，保護者を対象とした保育相談支援をおこなうことも求められています。そのため，保育に関する専門的知識や技術を背景に，保護者が求める子育ての問題や課題に対して相談援助をする際の面接技術の基本原則を理解し，身につけておくことが大切です。

　「バイステックの7原則」[10]は，面接技術の原則として広く使われているものです。先ほどのA家族の事例を交えながら，保育者と保護者とのあいだに望ましい支援関係を成立させるための保育相談のあり方を考えてみましょう。

①個別化

　保育者は，保護者の独自性，個性に即した支援をおこないます。

　たとえ，A家族のかかえる困難や問題が，保育者にとって，これまでに経験したケースと似たようなものであっても，先入観をもたずに，父親，母親，祖母，それぞれの個人の意見を尊重して話を聞くようにします。

②意図的な感情表現

　保護者が自己の感情（とくに憎悪，敵意などの否定的感情）を自由に表現することを認めることで，自己をふり返り，冷静に問題に対処することができるように助けます。

　A家族の母親は，お迎えが遅くなることを父親から責められ，とても落ち込んでいました。まずは，母親が遅れるようになった理由や気持ちを保育者が受けとめることで，母親の心の枷を取り払うことを助け，どのような支援が必要かを話し合います。

③統制された情緒的関与

　保育者には，保護者の感情や態度の本当の意味を理解した上で，個人的感情を統制し，保護者が表出する感情表現に巻き込まれない冷静さが必要です。

　A家族との話し合いは，父親がどなって母親が号泣し，祖母が2人を責めるという修羅場になっていました。その際に，保育者自身がA家族3人の感情にのみ込まれないようにそれぞれの言い分を理解し，問題を整理していかなければなりません。

④受容

　保護者の行動や態度を保育者の価値観で判断するのではなく，あるがままに受けとめ，共感的理解をすることが重要です。

---

[10]「バイステックの7原則」アメリカのケースワーカーで社会福祉学者のフェリックス・P・バイステックが『The Casework Relationship（日本語訳：ケースワークの原則）』にて著した概念で，現在においてはもっとも基本的なケースワークの作法として認識されています。

保育者はＡ家族の母親のことをけっして頭から否定せず，どうしてそういう考え方になるのかを理解するよう努めましょう。その母親への共感的理解を足掛かりとして，父親と祖母も，問題解決へと話し合いを進めていけるようになります。

⑤**非審判的態度**

　保育者は，みずからの倫理観，価値観にもとづいて，保護者の行動や態度を批判したり，決めつけたりしてはいけません。

　Ａ家族に対しては，保育者はあくまでも補佐的存在としての立場を貫き，家族で解決していけるよう見守る姿勢を示します。保護者は，保育者がよし悪しを審判する態度で臨むとそのことを敏感に感じ取り，結果として心を閉ざして相談意欲を失いかねません。

⑥**自己決定**

　自己決定とは，保育者が支援を必要とする人の人格を尊重し，保護者みずからの問題はみずからが判断し，決定していく自由があるという理念にもとづいておこなわれるものです。保護者が問題解決のための決断を迷っているときは，十分に話し合いができるような支援関係のなかで，保護者の自己決定能力を引き出していけるような支援が必要となります。

　保育者は，Ａ家族が実現可能な解決法を見いだしていけるように忍耐強く見守り，自己決定できるよう必要な情報提供をしていくことが大事です。

⑦**秘密保持**

　保育者の秘密保持は，保育者が保護者との信頼関係を築く上での基礎となります。情報が外部に漏れた場合は，保護者との信頼関係を失うと同時に，新たな問題を引き起こす可能性も出てきます。けっして漏らされることがないことがわかってはじめて話せることがあり，それによって，より適切な問題解決の道が明らかになることがあります。

5. 家族支援の今後に向けて

　子どもと家族の幸福の実現に向けて，保育者は，保健所・保健センターや児童相談所，福祉事務所，家庭児童相談室[11]など，さまざまな専門機関と連携（チームアプローチ）して家族支援をすることも必要です。家族のニーズに合わせて，ふさわしい多職種の専門機関が連携して取り組むことで，より効果的に解決し

11) **家庭児童相談室**
自治体により名称が異なる場合があります。

ていけるようになります。

　また，ソーシャルワークには，相談者の欠点や病理に焦点をあてるのではなく，潜在的にもっている強さに焦点をあて，それを発揮できるようなはたらきかけや環境改善を重視する「ストレングス・モデル」や，問題を生み出す環境を改善していくために，相談者のもっている力（パワー）を強めることを目指す「エンパワーメント・アプローチ」などがあります。

　保育者には，子どもの最善の利益を考慮した上で，さまざまなアプローチを援用し，家族みずからが問題を乗り越えていけるよう家族支援を展開することが期待されています。　　　　　　　　　　　　　　　　　　　　　　　（森　和子）

【引用・参考文献】

*1　中央法規出版編集部（編）『社会福祉用語辞典』中央法規出版，2012.

*2　太田義弘「家族ソーシャルワーク」京極高宣（監修）『現代福祉レキシンコン』雄山閣出版，1993.

*3　倉石哲也『ワークブック社会福祉援助技術演習③家族ソーシャルワーク』ミネルヴァ書房，2004.

*4　澤伊三男『ソーシャルワーク実践事例集－社会福祉士をめざす人・相談援助に携わる人のために』明石書店，2009.

*5　モニカ・マクゴールド＆ランディ・ガーソン（著）石川元・瀧澤田鶴子（訳）『ジェノグラムの話－家系図と家族療法』東京図書，1988.

　・山縣文治「家庭支援が求められる背景と意義」橋本真紀・山縣文治（編）『よくわかる家庭支援論』ミネルヴァ書房，2011.

メモ欄

Ⅵ-2. 心理のアプローチ：
家族療法における家族の見方・問題のとらえ方

　家族を対象とした面接相談と，その研究の過程で生まれた家族療法とは，「つながり」と「変化」を非常に重視する，心理療法（カウンセリング）の一種です。ひと口に家族療法と言っても，そこには，実にさまざまな見方や考え方，相談方法があります。

　ここでは，家族療法，ならびに家族療法から発展した方法を含め，代表的な見方や考え方，相談方法のごく一部のみをご紹介します。

1. 家族療法の見方や考え方の代表例

●「人」でなく，「人々」のつながり

　家族療法では，人と人はつながりをもっていて，互いに影響を与えているということに注目します[*1, *2]。1人の人間のなかに「問題」があるとは考えず，人々が影響し合う"関係"のなかで「問題」と呼ばれるなにかが起きてくるものと考えるのです。そのため，たとえば，「問題がある」とされる子どもの場合も，その子どものなかに問題があるのではなく，父親・母親・きょうだい・祖父母などの家族と，互いに影響をおよぼし合うなかで問題が生じるのだと考えます。また，家族の枠を超え，この子どもや家族とかかわる保育者の影響，かかわりのあるほかの専門家の影響，ときにはかかわりのある近所の人やその地域全体の，さらには広く社会や文化の影響を考えることもあります。こうした家族療法の考え方は，広く全体をとらえる「システム論」[1]にもとづくものです。

　仮に，ある子どもが保育所で友だちに乱暴な行動をしていることが「問題」だったとします。個人に焦点をあてる場合は，その子どもの行動や考え方，心理状態や性格などを見ることになるでしょう。しかし，家族療法では，子どもを取り巻く人々の影響を中心に考えます。たとえば，母親の不安やいらいらが，子どもに影響しているかもしれません。父親が仕事に没頭し，家庭を留守にしていることが影響しているかもしれません。ほかにも，きょうだいのいじわるな行動，祖父の甘やかすような行動，母親と祖母のけんか，さらには地域にいる荒っぽい行動をするおとなの存在，攻撃的な描写のあるアニメ，「男の子は乱暴なくらいがよい」といった社会的風潮なども影響しているかもしれません。保育者がとてもていねいで細やかに子どもを指導していた場合，それがほかの子どもや保護者からは評判がよかったとしても，乱暴な子どもにとっては細かすぎる指導のように感じられ，かえって乱暴な行動を増大させるといった影響

1）**システム論**
広辞苑によると，「複雑な現象を一つのシステムとして捉え，要素間の全体的連関を考察しそのあり方を解明しようとする理論的方法。生物学・工学・社会科学の分野で応用されている」（『広辞苑 第六版 DVD-ROM版』，岩波書店）と説明されています。家族療法では，家族やそれにかかわる人々を，ひとつのまとまりをもった「システム」とし，相談の対象とします。

を与えているかもしれません。

　もちろん実際の相談では，その「問題」の発生に影響がある人すべてを検討の対象にはできないため，とくに重要な影響を与えていると考えられる人々に限定し，相談対象とします。ただし，このように相談対象を限定したとしても，幅広い人間関係から問題を考えようとする家族療法の本質は変わりません。「問題」とされる事態にかかわる人々が互いに影響をおよぼし合っている状態を十分考慮しながら，相談を進めていきます。

●「原因」と「結果」のつながり

　家族療法では，「ある原因が，一方向的にある結果を生む」という見方（直線的因果論）よりも，「原因と結果が互いに影響している」といった見方（円環的因果論）をします[1, 2]（図1参照）。かかわりをもち続けている人々を見れば，互いに影響をおよぼし合っていることはすぐにわかります。

　先ほどの乱暴な行動をする子どもの例で考えましょう（図2参照）。父親は会社の仕事に没頭して家庭を留守にしがちで，それが母親の不安やいらいらの増大につながり，結局，母親は子どもに（父親にも）きびしくあたることになるかもしれません。

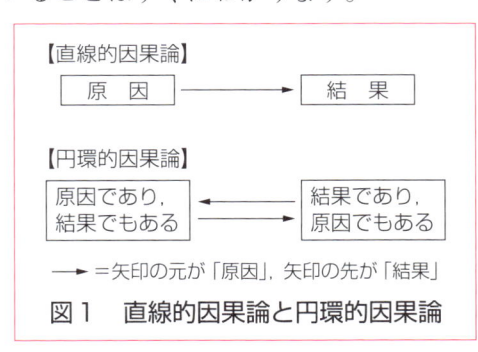

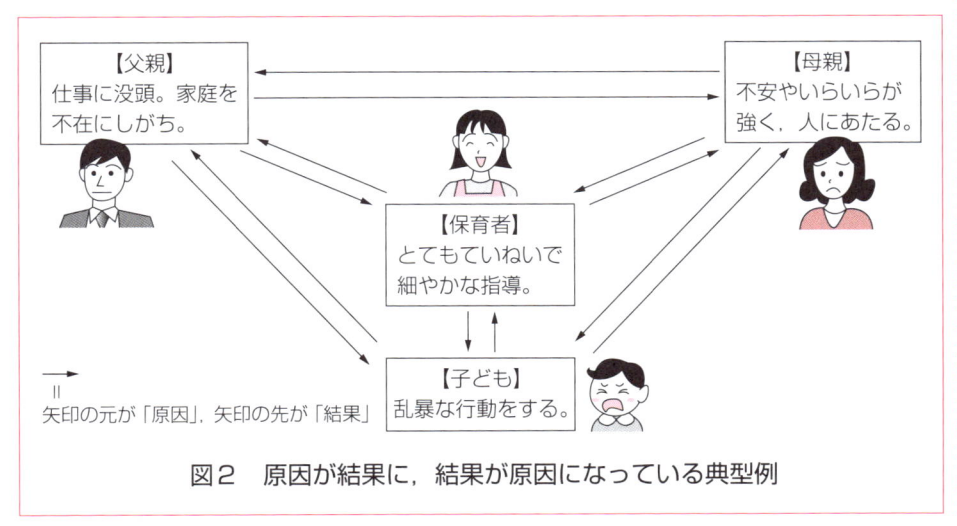

【直線的因果論】
原　因　→　結　果

【円環的因果論】
原因であり，結果でもある　⇄　結果であり，原因でもある

──＝矢印の元が「原因」，矢印の先が「結果」

図1　直線的因果論と円環的因果論

──＝矢印の元が「原因」，矢印の先が「結果」

【父親】仕事に没頭。家庭を不在にしがち。
【母親】不安やいらいらが強く，人にあたる。
【保育者】とてもていねいで細やかな指導。
【子ども】乱暴な行動をする。

図2　原因が結果に，結果が原因になっている典型例

こうした父親不在の状況や母親の不安などにより，子どもの乱暴な行動が増大するかもしれません。反対に，子どもの乱暴な行動が，母親の不安やいらいらを増大させたり，父親が，家庭の状況に嫌気がさして仕事へと逃げることに一役買ったりしているかもしれません。また，保育者のていねいで細やかな指導も，この子どもには細かすぎてストレスとなってしまい，乱暴な行動を増大させているかもしれません。そして，子どもの乱暴な行動が増大したとき，これを「なんとか改善してあげたい」と願う保育者は，前にも増して，ていねいで細やかな指導をおこなうかもしれません。もし，保育者が子どもだけでなく父母にもていねいな指導をした場合，父母はさらにストレスを感じてしまい，父親はますます家庭から離れて仕事に没頭し，母親は不安がさらに増して，子どもに一層，きびしくあたるかもしれません。

　このように，人々にまったく悪意がなく，仕方なく取った行動やよかれと思ってとった行動だけが積み重なった場合でも，物事がよくない状態に発展することがあるのです。

　家族療法では，こうした原因が結果に，そして結果が原因に影響するようなプロセス全体に注目します。

●変　化

　家族療法では，「変化」に着目します。個人の心のなかの変化も重要ですが，人々の「いつものやりとり（コミュニケーション）」において起こる変化を非常に重視します。これは，「問題」とされるものは，人々が日常的に互いにやりとりしながら影響をおよぼし合うなかから立ちあらわれる，と家族療法においては考えられているためです。このため，「問題」に関係するやりとりに変化が起これば，「問題」そのものが変化することになると考えるのです。したがって，家族療法では，さまざまな方法でやりとりの変化を導入します[*1]。

　また，家族療法では変化を導入するだけでなく，すでに起きているよい変化や人々がもつプラス面（リソース[2]）を活用することを積極的におこないます[*3, *4]。人々がやりとりする場合，一見，いつも同じやりとりをしているように見えたとしても，実際にはまったく同じだということはなく，多少なりとも違いがあります。その「違い」のなかに，人々にとって小さいながらもよい変化が生じていると考えることができます。加えて，人々のなかにはさまざまな側面・部分があり，そのなかにはプラスの変化をもたらす可能性を秘めた側

2）**リソース**
人がもっている，あるいはその人の周囲にある資源，資産のことを言います。その人の資質，長所，才能なども含まれます。

面・部分があるとも考えられます。こうした小さなよい変化やプラスにつながる側面・部分を活用し，発展させるという考え方は，とくに最近の家族療法では一般的なものとなっています。

2. 家族療法における特徴的な方法の代表例

●相談面接の参加者の検討

「人々」のつながりや「原因」と「結果」のつながりを重視する家族療法では，相談面接の際に「参加者をだれにするか？」が重要な検討事項となります。特定の個人のなかに「問題」を想定する個人療法の場合は，その個人のみと面接を進めることが通常です。一方，家族療法では，人々が互いに影響し合った結果として「問題」があらわれると考えるため，「問題」に関係する多数の人々を考慮することが必要になるのです。

考慮すると言っても，実際に参加者をだれにするかについては，さまざまな意見があります。

家族のやりとりや互いに影響をおよぼし合うようすを直接観察することを重視する立場では，比較的多くの家族メンバー（可能であれば全員）の面接参加を求める傾向があります[*2, *5]。

逆に，もっとも「問題」の解決に関心をもつ数名だけに面接参加を求め，家族のやりとりの全体像をその数名の参加者とともに理解し，参加者の行動を変化させることで家族のやりとり全体に変化をおよぼそうとする方法もあります[*6]。この場合，「問題」をもつと見なされている人の参加は，必ずしも必要ではありません。

また，家族だけでなく，家族と深くかかわる保育者や専門機関の職員などを相談面接に積極的に招待する方法もあります[*7]。この場合は，家族以外の人々の影響にも注目していることになります。

このように，家族療法では，相談面接の参加者をだれにするかついても，多くの方法や意見があります。

●やりとりの変化

先にもふれたように，家族療法には，人々の「いつものやりとり（コミュニケーション）」に変化を起こすための方法が多くあります[*1]。

＜やりとりの明確化＞

　たとえば，父親が子どもや母親と接する時間が少なく，あまりやりとりをしない（関係が疎遠である）場合を考えてみましょう。

　この場合，家族から普段のやりとりをしっかり聴き取ることは，家族自身が自分たちのやりとりを自覚することにもなります。さらに，家族療法家が，父親との疎遠な関係を指摘することで，そのことがより明確化されます。普段のやりとりを明確に自覚し，それを好ましくないと思う家族メンバーが1人でもいれば，その人が普段のやりとりをみずから，それが家族や周囲の人々の行動にも変化を引き起こし，「問題」が変化することにつながります。

＜やりとり・行動の提案＞

　また，家族療法家は，良好なやりとりをうながす提案をすることもできます[8]。面接場面で夫と妻や子どもの座席位置を近くしたり，妻と子どもがもめているときに，「旦那さん，奥さんを助けてあげてください」と，うながしたりすることもできるでしょう。面接後の課題として，たとえば「母親は毎日1回助けを呼び，子どもが父親と手をつないで母親（妻）を助けに行く」といった，一種の"儀式"をおこなうよう求めるというやり方もあります。

＜「問題」をめぐるやりとりの継続（逆説的介入）＞

　これとは異なり，あえて家族に「やりとりを変えない」ことを求める方法もあります[2, 9]。

　たとえば，子どもの「問題行動」を含めた家族（ときに，この家族にかかわる保育者などの関係者を含む）のやりとりを明確に描写した上で，このやりとりが家族にとって重要な意味があると指摘し，変えてしまうよりは，「問題行動」を含めてこれまで通り続けるよう求める，といった方法が代表的です。たとえば，先ほどの乱暴な行動をする子どもの例では，面接者は次のような内容を伝えることが可能です。「お父さんはより熱心に仕事に行って稼ぐことで父親役割を強め，お母さんはより熱心にお子さんの心配をすることで母親役割を強め，保育士さんはよりていねいにかかわることで保育士役割を強めることになっており，どなたもこの家族を維持する上で大切な役割を担っています。そして，子どもさんの行動（乱暴な行動）こそが，みなさんの役割を強めることに貢献しています。したがって，いまの家族を維持するためには，みなさんのいまの行動や役割は続けていくことが大切です」と。この内容について，もし全員が納得して現状の行動（やりとり）が必要だと考えた場合，子どもの行動

は「問題」とは見なされなくなります。もし，だれか1人でも納得しなかった場合，その人は自分の現状の行動（やりとり）を変更することでしょう。この変更が，家族や保育者のやりとり全体の変化につながる可能性があります。

また，いつものやりとりを少し変更して続けるように求める方法もあります。具体的には，父親と母親が子どもの問題について毎日口論している場合，毎日決まった時刻に決まった長さの時間，決まった手順にしたがって，必ず口論をしてもらう，といったものです。

これらの方法は，「問題」にかかわる人々が急な変化を好まない場合に使われることがあります。慎重さが必要な方法であり，熟達した家族療法家が使う方法ですが，効果的に使われた場合，「問題」にかかわる人々が自分たちのやりとりを明確に自覚することになり，大きな変化につながることが少なくありません。

＜解決行動の変更＞

さらに，やりとりのごく一部，たとえば，「問題」に対する解決行動のみに変化を起こす方法もあります[*6]。ここでは，「父親が子どもの問題を真剣に受けとめていない」と考えた母親が，いろいろな手を尽くして父親に子どもの問題について考えるようにはたらきかけた場合を考えてみましょう。このとき，父親はそれを嫌って仕事の時間を増やすことで，家族からますます遠ざかることがあります。この場合，この母親の「父親に問題について認識させる」という行動（態度）は，問題へのひとつの解決行動ではありますが，残念ながらうまくいっていません。そこで，その解決行動をやめ，別の解決行動に置き換えることについて，母親と集中的に相談することからはじめてみます。この事例では，たとえば，「子どもの問題行動を父親に話すかわりに，子どもが保育所でほめられたことを話す」といった，これまでとまったく違った行動に置き換えることが，有効と考えられます。これまでとはまったく別の，しかし，とても小さなやりとりの変化が起こると，それにともなって「問題」全体が消失する——家族療法ではよく見られることです[3]。

こうした「いつものやりとり」に変化を起こすための多種多様な方法は，家族療法の大きな特徴のひとつです。

3) Ⅵ-2.のコラム「家族療法によるアプローチの実際」の「〈事例1〉」(p.254)を参照。

●すでに起きている変化の発展

<よい変化の活用>

　家族療法には，すでに起きているよい変化を見つけ，それを解決の手がかりとする方法があります[*3, *4]。

　そうしたよい変化は，「問題」が比較的軽かった（または，起きなかった）ときや状態がよかったときがあったかどうか，家族に直接質問することで見つかることがあります。また，身近な別の人が状態のよかったときに気づいているかどうかについて，質問することもできるでしょう。さらに，状態のよさについて点数（0点が最悪の状態，10点が最高の水準）をつけてもらうことで，比較的点数のよい日（よいとき），つまり，比較的状態のよい日（よいとき）を明らかにすることも可能です。こうして見つけられたよい変化やよい状態については，さらにくわしく調べていきます。とくに，人々が「問題」のときとは違うどのような「別のやりとりや行動」をしていたのかについては，念入りに調べられます。なぜならば，その「別のやりとりや行動」は，よい変化やよい状態を生み出すきっかけとなっている場合が多いためです。相談に来た家族は，実は自分たちの気がつかないうちにおこなっていた「別のやりとりや行動」を再び実行することで，よい変化やよい状態をつくり出すことが可能となります[4]。

<解決後のイメージ>

　また，「奇跡が起きて問題がすっかりなくなった後は，今とどのように違うか（ミラクル・クエスチョン）」と呼ばれる質問法もあります[*4]。これは，問題の状態についてではなく，問題がなくなった「解決後」の状態について，十分に話し合うきっかけとなる質問法です。「解決後」のイメージが明らかになれば，それに少しでも近いと思われる最近のできごとについて聞き出すことで，よい変化が見つかることもあります。もしよい変化が見つからなかった場合でも，「解決後」の状態をはっきりイメージできれば，そこに近づくためになにをしたらよいかを話し合うことができ，解決への一歩を踏み出す支援になります。

　このように，解決に直接焦点をあてた方法があることも，家族療法の特徴です。

　こうした家族療法の見方や方法は，ここで紹介できなかったほかの見方や方

4）Ⅵ-2．のコラム「家族療法によるアプローチの実際」の〈事例2〉(p.255)を参照。

法を含め，家族との相談面接の場面以外でも広く役立つ可能性があります。家族療法の見方・考え方や方法をよく知ることで，相談面接だけでなく，保育所や幼稚園，学校などの組織や個人の課題改善にも役立つヒントが見えてくるかもしれません。

（三澤文紀）

【引用文献】

* 1 亀口憲治（編著）『家族療法』（シリーズ〈心理療法プリマーズ：心理療法を学ぶ　心理療法がわかる　心理療法入門〉）ミネルヴァ書房，2006.
* 2 Selvini Palazzoli, M., Boscolo, L., Cecchin, G. F. & Prata, G., 1978. *Paradox and counterparadox*. New York: Aronson.（鈴木浩二（監訳）『逆説と対抗逆説』星和書店，1978.）
* 3 de Shazer, S., 1985. *Keys to solution in brief therapy*. New York: W. W. Norton.（小野直広（訳）『短期療法解決の鍵』誠信書房，1994.）
* 4 DeJong,P.,&Berg,I.K., 2008. *Interviewing for solutions: 3rd ed*. CA: Thomson Higher Education.（玉真慎子・住谷祐子（監訳）『解決のための面接技法――ソリューション・フォーカスト・アプローチの手引き〈第3版〉』金剛出版，2008.）
* 5 Minuchin, S., Nichols, M. P., & Lee, W. Y., 2007. *Assessing families and couples: from symptom to system*. Boston: Pearson/Allyn and Bacon.（中村伸一・中釜洋子（監訳）『家族・夫婦面接のための4ステップ――症状からシステムへ』金剛出版，2010.）
* 6 Fisch, R.,Weakland, J. H., & Segal, L., 1983. *The tactics of change: Doing therapy briefly*. San Francisco: Jossey-Bass Publishers.（鈴木浩二・鈴木和子（監修）『変化の技法――MRI短期集中療法』金剛出版，1986.）
* 7 Andersen, T., 1991. *The reflecting team: Dialogues and dialogues about the dialogues*. New York: W. W. Norton.（鈴木浩二（監訳）『リフレクティング・プロセス――会話における会話と会話』金剛出版，2001.）
* 8 Madanes, C., 1984. *Behind the one-way mirror*. San Francisco: Jossey-Bass Publishers.（佐藤悦子（訳）『戦略的セラピーの技法――マダネスのスーパービジョン事例集』金剛出版，2000.）
* 9 Haley, J., 1981. *Problem-solving therapy: new strategies for effective family therapy*. San Francisco: Jossey-Bass Publishers.（佐藤悦子（訳）『家族療法――問題解決の戦略と実際』川島書店，1985.）

コラム　家族療法によるアプローチの実際

〈事例1〉
　保育所に通う年中（4歳）の男児A君。優しくおだやかな性格で友だちも多い人気者ですが，保育者は，生活の流れをなかなか覚えられなかったり，話をしてもぼーっとしていて，なかなか指示が理解できにくかったりするところに問題を感じていました。しかし，ご両親は1人目のお子さんであるということもあってか，わが子に問題があるとは感じていないようでした。「集団保育をしているからこそ見えるA君の問題点を保護者の方にわかってもらって，その上で対応してもらえたら，A君の成長に役立つのではないか」と考えていた保育者は，A君のできない部分についてご両親に伝えるようにしていました。しかしご両親は「そうですか」のひと言のみで，あまり問題視していないようでした。保育者はなんとかわかってもらおうと，「今日はA君，製作の説明をしていたとき，また，ぼーっとしていて理解できていないようでした」「お昼寝のお着替えのとき，いつも遅くてなかなか着替えはじめられません」などとお迎えのときに伝えましたが，やはり親御さんには理解されないよう。逆に，「うちでは言うことをよく聞いています！」と訴えられ，不信感をもたれているようで，保育者は困ってしまいました。

　家族療法では，問題が続くとき，問題にかかわる人たちのやりとりが悪循環になっているのではないかと考え，"やりとりに変化を導入"します。
　〈事例1〉の保育者は，A君の成長を願って保護者に伝えようとしており，また，保護者も保育者にA君のよいところをわかってもらいたいという思いが強く，どちらもA君のことを思っての行動です。どちらが悪いというのではなく，このやりとり自体がうまくいっていないのではないかという視点から，やりとりを変えてみるのです。
　保育者は，A君の優しい性格など，よい面をまず伝えるように，やりとりを変えてみました。そうすると保護者も少しずつ，保育者に家庭でのA君のようすを話してくれるようになり，最終的にはA君に対する困りごとや不安も話してくれるようになりました。保護者はのちに，「先生はAのよいところを全然認めてくれないのだと思っていました。だから，Aのよいところを伝えようと，やっきになっていたのかもしれません」と話してくれました。保育者がA君のよいところもちゃんとわかって認めてくれていると知り，保護者も安心して不安な点を話してくれるようになったのでしょう。

〈事例2〉

　B君は2歳10カ月。笑顔がかわいい男の子です。あまりことばを話さないとご両親が心配し，保健所に相談に来ました。ご両親ともに温かい雰囲気で，B君に，熱心によくかかわっていました。B君はことばの表出は少し遅めですが，ことばの理解はできており，そのほかの生育歴には問題がありませんでした。

　B君へ知能検査と行動観察をおこなった結果，遊ぶときには生き生きとして声も出るのですが，検査のような，なにかを尋ねられる場面では下を向き，なにも答えないようすが見られました。ご両親にそのようすを伝え，「テストをされている，ことばを話さなければいけない，と感じる場面では，B君は自信をもてず，答えられないのかもしれません」と伝えました。すると，「たしかにうちでも，『これなあに？』と物の名前を言わせようとすると，口ぱくのように口は動かすけれど声が出なかったり，いやがっていたりしていました。この子にしゃべってもらいたくて，毎日，絵カードでことばを言わせようとしていたのですが，それがいけなかったかもしれません。自信をなくしていたのかもしれませんね」とご両親は話しました。また，「そう言えば，ことばが出るときは少ないのですが，5歳の姉と一緒に走り回って身体を使って遊んでいるときにことばが聞かれる気がします」と"すでに起きている変化"についても聞かせてくれました。

　家族療法では，このような「すでに起きている変化」に着目し，それを拡張できるように試みます。

　B君の保護者はこの相談のあと，「ことばを話すように教育する」やりとりではなく，それまですでにされていた，公園で家族一緒に遊ぶことを頻繁にするようにしたそうです。B君は3歳を過ぎたころからことばが急激に増え，自信をもってさまざまなことに取り組むようになりました。

　以上の2例のように，家族療法では，「A君のご両親がA君の問題をまったくわかっていないのが悪い」とか「B君の自信がない性格が問題である」というように，個人に対して問題を追及するのではなく，問題を継続させているやりとりを変えたり，すでにうまくいっているやりとりを続けたりと，やりとりに着目することで問題の解決を目指していくのです。

（石井佳世）

Ⅵ-3. 看護のアプローチ：
母子保健・医療から見た家族支援

1. 母子保健から見る―いま、なにが起きているか？

●出生数は減り、低出生体重児が増えている

わが国の母子保健統計によると2013（平成25）年の出生数は102万9,816人（確定値）[1]であり、35年前の1975（昭和50）年の出生数190万人[1]と比較して、約半数に減少しました。また、1980（昭和55）年の男女を合わせた子どもの平均出生体重は3,140gでしたが、2013（平成25）年では2,960gと、200g以上減少しました。その結果、2,500g未満の低出生体重児の占める割合も、1980（昭和55）年の5.6％から2013（平成25）年は10.7％と約2倍となり、1,500g未満の極低出生体重児の占める割合も増加しています[*1]（図1参照）。この現象は、不妊治療を受けるカップルの増加と、生殖補助医療における多胎妊娠率が1990（平成2）年以降、約15〜20％であったことが影響しています[2]。

一方、厚生労働省人口動態統計[*2]によると、第一子の出産平均年齢は、1975（昭和50）年では25.7歳であったのが、2010（平成22）年には29.7歳、2014（平成26）年には30.6歳と高齢化してきています。そのため、はじめて

1) 出生率
2013（平成25）年の出生率（人口千対）は8.2で、1975（昭和50）年の出生率（同）は17.1となっています。

2) 低体重と不妊治療
晩婚化、晩産化が進むわが国の女性の妊孕性（妊娠する力）は低下し、不妊の悩みをもつカップルは240万組、そのうち不妊治療をおこなっているのは46万人以上と推定されています（厚生労働省第1回「特定不妊治療費助成事業の効果的・効率的な運用に関する検討会」資料、2006；久保春海「不妊カウンセリング」産婦人科治療、95, (2), 2007, pp.149-153）。不妊治療のなかでも生殖補助医療（ART〈アート〉：Assisted Reproductive Technology）（p.258の脚注「8)」を参照）を受けるカップルは増加しています。2013（平成25）年度のARTによる多胎妊娠の発生数は2,071件（0.99％：移植胚あたりの多胎率）であり、多胎出生の内訳は、双胎1,479件、三胎9件、四胎0件でした（平成25年度日本産婦人科学会倫理委員会登録・調査小委員会）。一時、高率であった多胎妊娠率は1％以下まで低下しましたが、出産年齢の高齢化など、さまざまな要因から低出生体重児は増加しています。

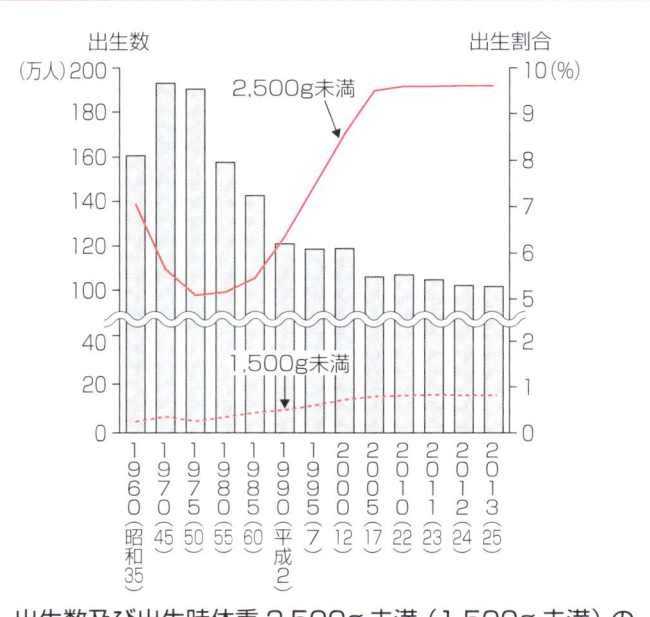

図1 出生数及び出生時体重2,500g未満（1,500g未満）の出生割合（昭和35年〜平成25年）

出典）母子衛生研究会『母子保健の主なる統計』母子保健事業団、2014, p.46をもとに一部改変

出産，育児を経験する母親の年齢層は 2011（平成 23）年では 30 歳代以上が 60% を占め，40 歳代以上で母親となる女性も 3.6% を占める時代となりました。

つまり，わが国の成人期の女性は，出産年齢が高齢化し，子育て経験も不足するなかで，低出生体重児など育児困難感を生じやすい子どもを生み育て，社会的サポートも不十分な状態で親になるという状態に置かれているのです。このような母親にとって，保育の専門家からのアドバイスや励ましは大きな力であり，支援が期待されています。

2. 低出生体重児は育児がむずかしい？

ほかの先進国ではあまり見られない現象ですが，わが国の女性のダイエット志向や高齢出産などの影響から，出生児の体重は年々，軽量化しています。前述したように 1,500g 未満で生まれる極低出生体重児も増加しています。

これらの極低出生体重児の特徴は，褐色脂肪組織[3]が少ないことから熱生産が少なく，また，体重あたりの体表面積が大きいことから，低体温，低血糖，呼吸障害が起こりやすいことです。さらに，かぜ症候群などの上気道感染症にも罹患しやすく，見た目も小さく弱々しいことから，出生時から「元気に育つのだろうか…」と親は不安に思い，育児にむずかしさを感じます（図 2 参照）。

また，低出生体重児は保育器に入れられるなどして出生直後から母子分離されることから乳児期における親子相互の身体接触による交流の体験が少なくなります。そのため，親が子どもに対して愛情の注ぎ方がわからない状態となり，ひいては虐待などのハイリスク群の要因ともなります。低出生体重児の長期的な成長を縦断的に調査した結果*3 では，出生体重と IQ（知能指数）[4]，とくに動作性 IQ[5] とのあいだに有意な相関が認められ，出生体重が低いほど動作性 IQ が低くなっていました。しかし，小さく生まれたこと自体が問題行動に結びつくわけではなく，母子分離の期間を短くするなど，保護者との相互作用により軽減される可能性があるとのべられています*3。このことからもわかるように，低体重児をもつ親には，親から子への愛情の注ぎ方や，子どもの状態を理解できる子育て方法を教えることが重要な支援となります。また，そのほかの低出生体重児の長期的問題としては，ぜん息，発達遅延，難聴，視力障害，肺高血圧，低身長などがあり，これらの克服が課題となります*4。低出生体重児の低身長の問題（図 3 参照）に対しては，成長ホルモンの投与がガイドラ

---

3) **褐色脂肪組織**
ヒトの新生児や冬眠動物の首のまわりや背中に存在する脂肪組織のことで，身体の熱を生成する役割があります。

4) **IQ（知能指数）**
「Intelligence Quotient」の頭の文字をとったものです。知能検査によって測定された知能の発達の程度を示す測度のひとつで，ビネー・シモン式では IQ＝MA（知能検査により算出された精神年齢）／CA（生活年齢）× 100 であらわします。ウェクスラー知能検査では，言語性知能と動作性知能のふたつを測定し，「言語性 IQ」と「動作性 IQ」，および「全検査 IQ」が算出されます。ウェクスラー知能検査では，IQ は同一年齢集団のなかで，どの位置にいるかという偏差知能指数（DIQ）が用いられます。

5) **動作性 IQ**
動作性 IQ は，パズルをおこなったり，記号の処理速度を時間制限があるなかで判断したりする検査などにより算出されます。

図2　極低出生体重児の短期的問題

図3　低出生体重児の長期的課題

インにそっておこなわれます。また一方で，小さく生まれたことだけを気にして，過剰な栄養を与えると，成人期には肥満，高血圧，2型糖尿病などの生活習慣病になりやすいという学説[6]もあり，各年齢ごとに身長・体重のバランスの取れた適正な成長であるかを評価していく必要があります。親に対しては，出生時の体重のみが将来の生活習慣病に関連するのではなく，遺伝的要素や，これからの食習慣，成人後の飲酒，喫煙などの影響が生活習慣病の発症には関係が強いことを知らせた上で，ひとつの成因のみにとらわれないようにアドバイスすることも重要です。

3. 不妊治療で生まれた子どもと親の課題

●子どもに対する期待が高い？

　自然には妊娠・出産できない（しにくい）カップルが子どもをもちたいと希望する場合，人工授精や体外受精など，医療技術の助けを借りて子どもをつくる場合があり，そのための医療全般を「不妊治療[7]」と言います。

　女性が35歳以上の年齢で妊娠を望むカップルが増加するなか，生殖補助医療[8]もともに発達し，2012（平成24）年では27人に1人の割合で体外受精児が出生しています。体外受精児の成長・発達の度合いは，先天異常発生率などを含めて，自然妊娠児と差がないことが明らかになっています。しかし，自然

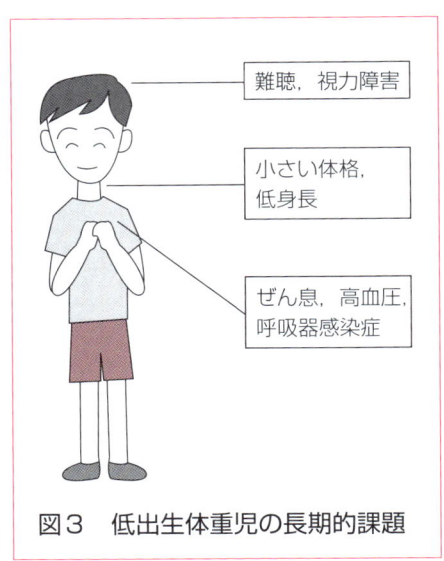

[6] DoHaD（ドハド）学説
1980年代に英国のBarker医師らが提唱したためBarker説（*5）とも呼ばれています。「DoHaD」とは，Developmental Origins of Health and Diseasesの略です。おもな概念は，胎児期と乳児期に低栄養状態に置かれた子どもが，その後，過剰な栄養を与えられると肥満，高血圧，2型糖尿病などの生活習慣病になりやすいだけでなく，発達障害や統合失調症に罹患する頻度も高くなるという考え方であり，疫学的な調査により，学説の正しさが支持されています。

[7] 不妊治療
不妊治療には，不妊の原疾患の治療をおこなう「一般不妊治療」と，原疾患の治療はせずに卵子と精子を取り出し，体外で受精させ，胚を子宮内に移植する技術である「生殖補助医療」とがあります。

[8] 生殖補助治療
治療の方法としては，「体外受精」「胚移植」「顕微授精」「凍結融解胚移植」があります。年齢にもよりますが，いずれも，出産率は10.1前後と低率にとどまっています。

な妊娠ではなく人工妊娠であったことから，妊娠中，つねに流産，早産に対する不安が強く，その分，ようやく抱くことができた子どもに対して，親が過剰な期待をもちすぎるという傾向があります。その結果，自分の思い通りにいかない子育てや，理想通りでない子どもに対して，「こんなはずではない…」という気持ちをもつことも少なくありません。さらに，年齢の高い親の子育ての場合，「失敗を重ねて子も親も育つ」というよりも，「失敗は許されない」「完璧(かんぺき)な子育てをしなければ」というような思いが強い傾向が見られます。

子どもは親とはまったく違う個性をもつ人間であり，もともと親の思い通りに育つとは限らないということを，1つひとつ伝えていくことが重要です。

● 双子，3つ子…多胎児の子育て

多胎とは，一度に2人以上の胎児を妊娠することで，双胎は2人の胎児，三胎は3人の胎児，四胎は4人の胎児のことを言います。

多胎は自然妊娠でも起こるものですが，妊娠率を高めるために排卵誘発剤を用いたり，体外受精で複数の受精卵を子宮内に戻したりするなど，生殖補助医療による妊娠の増加とともに増えてきました。このため，日本では1974（昭和49）年の多胎率が0.69％でしたが，2005（平成17）年に1.2％まで上昇し，2010（平成22）年は1.0％となっています。このように，1990（平成2）年以降，急速に増加しましたが，2013（平成25）年では全分娩の1％弱となりました[9]。

多胎児は早産[10]になる可能性が高いため，低出生体重児が誕生するという問題があります。また，一緒に生まれたいずれの子どもも同様に育てなければいけないというプレッシャーがある一方で，それぞれの子どもの個性が異なるので，対応に戸惑いを覚えることも少なくありません。同時期に複数の子どもを育てる仕事量の多さから，休息する暇がない疲労感や，外出や自分の時間がつくれないストレスを感じます。

このような多胎児をもつ親に対して保育者がおこなえる支援は，まずは，親がそれぞれの子どもの個性に応じながらおこなってきた育児方法を認め，受けとめることです。その上で，少しでも負担を軽減でき，楽しみながら育児ができるような方法を，親とともに考えていくことです。各都道府県に最近設置されている「双子の親の会」などのピア・サポートグループ[11]を紹介してもよいでしょう。

[9] 2008（平成20）年4月に日本産科婦人科学会は「生殖補助医療の胚移植は原則としてひとつとする」という見解を出しました。これにより，多胎妊娠の減少化傾向が加速すると期待されています。しかし，妊婦が高齢の場合，自然妊娠でも多胎は増加傾向にあり，多胎出産が上昇しています。

[10] **早産**
妊娠22週0日から36週6日までのあいだに出産することを言います。

[11] **ピア・サポートグループ**
同じような問題をかかえる立場の人たちが集まって，その問題を語り合うなどしながらお互いにサポートをし合うグループのことを言い，各都道府県において結成されています。

4. 先天的疾患や先天異常をもって生まれた子ども

●障害のある子どもとは

　国際生活機能分類[12]にもとづいて見ると，障害のある子どもとは，機能障害のある子ども，および個人レベルの活動や社会的レベルの制限を受けている子どものことを言います。5年ごとにおこなわれる身体障害児・者実態調査によれば，こうした子どもの数は2011（平成23）年調査で推計9万8,000人となっています。

　健康な子どもと同様，障害のある子どもにとっても，乳幼児期に保育所や幼稚園などの集団のなかで過ごすことは，同年齢の子どもとかかわり，生活習慣を身につけ，日常生活のリズムを整えるために，とても大切なことです。また，発達上の障害を早期に発見し，可能性を引き出すためにも専門家のかかわりは重要となります。

　障害児ということで家族は過保護となることがあるかもしれませんが，そのために子どもが自分で体験できないことが増えれば，できることもできなくなってしまいます。そのような二次障害を引き起こさないことが重要です。

　親が子どもの障害をはじめて知ったとき，衝撃を受けて混乱し，自責の念をもつことも少なくありません[13]。子どもの障害を受容するためには，家族内で子どものことを話題にできるようなコミュニケーションを促進するはたらきかけや，親のさまざまな感情を受けとめる共感的なかかわりが必要です。たとえば，子どもに障害があることでもっとも不安なこと，心配なことを，父親と母親が日々の会話のなかで口に出せることで，障害について両親が同じように理解できるようになります。それにより，お互いの感情や気持ちも理解できるようになるため，具体的な対処を考えられるようにもなります。そして，そのことを通じて，より受容過程が進んでいくことになります。そのためにも，両親がそろってケアに参加することや，通園・通所することなどをうながすことが必要です。親の「ふつうに育てたい」という気持ちと，「無理かもしれない」という矛盾した気持ちや，悲しい気持ちがくり返しおとずれる慢性的悲嘆が強くなると，保育者の何気ないことばや態度に傷つき，保育者に怒りが向けられることもあります[*6]。保育者は，そのような反応そのものが，子どもの障害についての受容過程であることを理解する必要があります。

---

12) **国際生活機能分類**
「ICF: International Classification of Functioning, Disability and Health」の和訳で，WHOが2001年に提唱した人間の生活機能と障害の分類法のことです。日本語訳「国際生活機能分類・国際障害分類改訂版」が作成されています。

13) 危機理論は数多く存在していますが，なかでも「アギュララとメズィックの危機モデル」は，問題解決の実践モデルと言われています。本モデルでは，心理的不均衡状態が持続した結果を危機ととらえ，その解決には，できごとの「知覚」「対処機能」「社会的支持」の3つが均衡保持要因であるとされています（佐藤栄子〈編著〉『看護を理解する，人間を理解するための一事例を通してやさしく学ぶ―中範囲理論入門 第2版』日総研出版，2010，pp.216-219）。

●先天異常をもった子ども

　子どもの先天異常には染色体異常や代謝異常があり，染色体異常の代表的な疾患としてダウン症候群（以下「ダウン症」と表記），ターナー症候群があげられます。染色体異常は偶然に発生するものであり，遺伝的疾患ではありません。

＜ダウン症のある子ども＞

　ダウン症は，正式名を「ダウン症候群」[14]と言い，体細胞に通常 22 対ある常染色体のうち，21 番目の染色体が 1 本多くなる染色体の突然変異によって起こる疾患です。そのため「21 トリソミー」とも呼ばれます。性別や人種，経済状況などにかかわらず，どの国にも約 800 人から 1,000 人に 1 人の割合で生まれます。この染色体の突然変異はだれにでも起こりえますが，ダウン症のある子は胎内環境がよくないと流産しやすくなるので，生まれてきた赤ちゃんは淘汰という高いハードルを乗り越える強い生命力をもった子です。

　ダウン症の子どもは，上あごの奥の骨の発育が悪いことが多く，そのため，目，耳，鼻，歯などに医療的ケアが必要なことがほとんどです。また，ダウン症児のある子たちの 40％ が心疾患を合併しますが，早期治療によりほどんどの場合，治癒します。

　成長・発達は一般的にゆっくりです。多くの場合，知的発達に遅れが見られますが，発達の道筋は通常の場合とほぼ同じです。筋肉の緊張が低下していることから哺乳力が弱く，離乳食にも進みづらく，誤嚥にも注意が必要です。幼児期には偏食や過食になりやすく，食べ物をよく噛まないことが多く，活動性も乏しいため，肥満になりやすい傾向にあります。虫歯にもなりやすく[15]，歯磨きの習慣を身につけることが大事です。

　ダウン症のある子どもは一般的に性格が温和で親しみやすく，愛情を素直に受けとめられる性質から，だれにも好かれて成長することが多いと言われています。学校でも職場でも，多くの場合はうまく溶け込むことができます。一方，泣いて要求を伝えることが少なく，発音が不明瞭で聴き取りづらいなどの特徴から，子どもの運動・認知・言語・社会性への発達を促進するためには，早期からの発達支援が効果的です。

ダウン症親の会

　ダウン症に関する支援組織としては，各地のダウン症児の親の会，日本ダウン症協会（Japan Down Syndrome Society: JDS）などがあります。これらの

---

14) **ダウン症候群**
最初の報告者であるイギリス人のジョン・ラングドン・ダウン医師の名前により命名されたものです。

15) 上あごが深いという特徴の高口蓋では歯の咬み合わせが不良となりやすく，発音力や呼吸にも影響があり，また，歯磨きもしづらくなります。このような特徴があるため，虫歯になりやすくなります。

会を通じてダウン症のある子どもを育てる際の正確な情報収集をしたり，親仲間で話し合って経験を共有したりすることが，お互いの支えとなります。ダウン症の子どもをもつ保護者に，このような機関の情報を伝えることも保育者の役割として重要です。

<ターナー症候群の子ども>

　ターナー症候群とは，女児に起こる疾患です。通常，女性の性染色体はXXですが，Xがひとつしかないことが要因となるもので，2,000人に1人の割合で誕生します。特徴は乳幼児期から身長が低いことで，知的発達に遅れはなく，元気に成長できます。しかし，低身長改善のために，毎日おこなう成長ホルモンの自己注射を5～6歳で開始することになります。この時期は，保育所や幼稚園などの集団生活をスタートさせている時期とも重なり，子ども本人が，まわりとくらべて「なぜわたしは小さいの？」と気にする時期でもあるため，自己注射の必要性を子ども自身が納得しやすい時期だと言えます。しかし，毎日実施しなければならない成長ホルモン自己注射の意味を，親子ともに理解するとともに継続的に実施できるように支援することが重要です。成長ホルモン投与後の10歳ごろからは，排卵・月経が正常に発来するために，女性ホルモン補充が必要となります。これらの治療は，小児慢性特定疾患治療研究事業により医療費助成が受けられます。

　そのほか，高口蓋のため，母乳を飲むことがうまくできなかったり，中耳炎をくり返しやすかったりするという特徴もあります。また，歯が小さく，噛み合わせなどの問題から虫歯になりやすいという問題もあります[16]。さらに，

図4　ターナー女児の特徴

- 耳介変形24% 中耳炎71%
- 高口蓋　36%
- 広い胸（両乳首の距離がある）80%
- 外反肘　47%
- 第二次性徴欠如 90%
- 低身長100%

出典）上澤悦子「女性と先天疾患」高橋真理・村本淳子（編）『女性のライフサイクルとナーシング―女性の生涯発達と看護―（第2版）』ヌーヴェルヒロカワ，2011，p.40

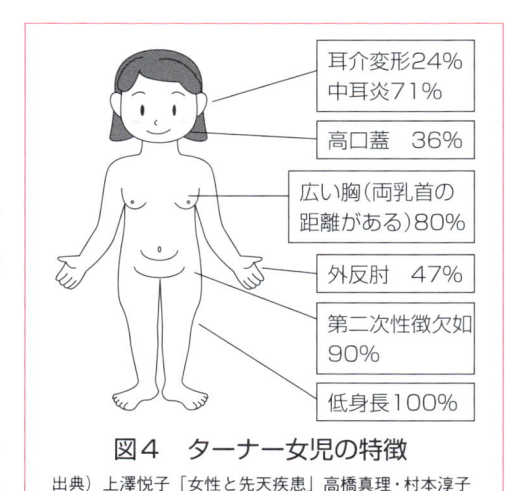

ターナー症候群の小・中学生向け冊子[*7]

2000（平成12）年に「自分たちのことを知りたい子どもたちのための冊子」ができました。Q&A形式の本と，より詳しく説明している本の2冊の構成になっています。

16）ターナー女性は両あごが小さいか，とくに下あごが小さいので，下の歯に凸凹が出やすいため虫歯になりやすくなります。

外反肘（やや外転傾向のある腕）のため，体育系が不得意であったり，算数や図形など空間認知が苦手であったりという傾向も見られます。

ターナー症候群の子どもは一般的に性格がおとなしく，優しくまじめな性格の女の子として成長します[*8]。保育者は特性を理解しつつ，これらの特性を子どもの個性としてとらえて支援することが重要です。

ターナー女性と家族の会

「わかばの会」が代表的な家族会で，全国に支部があります。2015（平成27）年7月現在，幅広い年齢層の171名の会員（ターナー女性本人）で構成され[*9]，「親の会」も一緒に活動をおこなっています。専門医による講演会，お泊まり会や親睦会など，子どもも養育者も積極的に活動することで，本症候群の特性を理解し，みずから健康状態を管理できるようになることを目的としています。

5. 親以外の第三者の生殖細胞によって誕生した子ども

●ドナーの精子・卵子による誕生が子どもに与える影響

現代の医療は，子どもに恵まれない夫婦が自分の生殖細胞（精子や卵子）が使えなくても，人工授精や提供卵子など第三者の生殖細胞によって子どもをもつことを可能にしました。

わが国では，すでに1942（昭和17）年から非配偶者間の人工授精（AID）が実施されています。たとえば，夫が無精子症の夫婦が子どもを望む場合，匿名の第三者（ドナー）から提供された精子を用いて人工授精をおこない，妊娠する方法があります。婚姻関係にある夫婦から生まれた子どもは夫婦の嫡出子として戸籍に登録されるため，父親とは遺伝上のつながりがなくても，法律上では実の親子となります。AIDによって生まれた子どもは，現在までに累計1万人近くに達し，現在も毎年100人前後が誕生しています。2013（平成25）年では107人の子どもが誕生しました[*10]。

また，生殖医療のさらなる進歩により，女性の体外では存在しなかった生殖細胞である卵や受精卵（胚）を体外に取り出し，操作できるようになりました。女性側に原因がある不妊のなかで，妊娠・出産のために第三者による卵子の提供が必要となる夫婦は，現在推計で370組存在すると言われています。女性の出産年齢の高齢化にともない，自分の卵子が使えないこのようなケースは増え

17）2003（平成15）年4月に厚生労働省厚生科学審議会生殖補助医療部会から「精子・卵子・胚の提供等による生殖補助医療制度の整備に関する報告書」が出され，精子・卵子・胚の提供を認めようとしたものの，法律が成立せず，見送られています。そのため，卵子提供を受けなければ子どもがえられない夫婦は，海外での治療を選択せざるをえないことをふまえ，日本生殖補助医療標準化機関（JISART）では，独自のガイドラインを作成し，国内での精子提供，卵子提供でのARTをおこなっています。卵子提供の実績は，2015（平成27）年6月末までで合計55件，うち出産は24件（多胎，第2子出産も含む）となっています。

ており，提供卵子を使用しての妊娠が増加しています[17]。

しかし，ドナーによる精子や卵子によって誕生した子どもに，その事実を告知している親は2～3％にすぎません。それは最近まで，医師から「夫婦だけの秘密であり，子どものために伝えない方がよい」と指導されてきたことや，「一生秘密にして伝えない方が子どもの幸福」と信じられていたことが背景にあります。そのため，こうして生まれたほとんどの子どもには事実が隠されたままでした。しかし，家庭内で「だれに似ている」というような話題が避けられてしまうなど，親がかもし出してしまう雰囲気から，子どもは「なにか変だな」と，親子関係に漠然とした不安を残したまま成長することが少なくありませんでした。そのため，子どもが偶然事実を知った場合，親に長いあいだ裏切られ続けていたという怒りや不信感，また，自分が本当はだれであるのかというアイデンティティ（自我同一性）の揺らぎから心理的問題をかかえたり，家族関係が悪化したりするなどの強い影響が出ることがあります。

● どのようにしてこの世に生まれてきたかを知る権利

では，親は，子どもの出自の事実をどのように告知すれば，子どもの知る権利や将来の幸福を守ることになるのでしょうか。

出自を知る権利を法的に認めている国には，スウェーデン，オーストラリア（ヴィクトリア州），スイス，ニュージーランド，フィンランド，イギリスなどがあります。各国ともAIDにおける法的な父子関係は，子どもとその子どもを育てている男性（育ての親）とのあいだに成立しており，ドナーとのあいだにはいかなる法的な親子関係も成立していないことになっています。ですが，子どものアイデンティティ確立のために，ドナーを特定できる情報が提供されることを，子どもに保障しています。

スウェーデンでは，1984年に人工授精法が制定され，現在，出自を知る権利を行使できる年齢の子どもが増えていますが，法制定後から2008年9月までに情報開示を求めた子どもはいなかったようです。このことは，スウェーデンにおいても，親が子どもに告知することのむずかしさを示しているのかもしれません[*11]。

わが国では，2000（平成12）年12月に，厚生科学審議会先端医療技術評価部会・生殖補助医療技術に関する専門委員会が「精子・卵子・胚の提供等による生殖補助医療のあり方についての報告書」をまとめました。しかし，その「報

告書」においても，「非配偶者提供による精子・卵子・胚を用いる生殖補助医療によって生まれた子が，将来に自分の出自について知る権利（出自を知る権利）」の重要性が理解されつつも，ドナーのプライバシー保護を重視し，従来通りの匿名性保持の原則とのバランスをどうするのかという課題が提示されたにとどまっているのが現状です。

●告知方法のアドバイス

ドナーからの提供精子・卵子などにより生まれた子どもは，両親のどちらかの遺伝子を受け継いではいますが，一方の親とは遺伝上のつながりがありません。しかし，母親の胎内で育ち，母親自身が出産しているのは事実です。また，夫婦のあいだに望まれて生まれ，愛情を注がれて育てられた子どもであることもまちがいありません。「本当の親」ということばがありますが，それは，必ずしも生物学的な親のことではなく，子どもに愛情をそそいで育てた親こそ「本当の親」であるということであり，そのことに，親自身が確信をもつことが大切です。

告知方法について書かれたガイドブックには，子どもに事実を伝えるときのアドバイスや話し方が紹介されています。たとえばこんなふうに…。

> 「お父さんには（または，お母さんには），精子（卵子）が足りなかったため，医師の力を借りて，親切な人から精子（卵子）をわけてもらった。その結果，あなたがおなかにいるとわかったとき，お父さんもお母さんも本当に嬉しかったし，生まれたときも月まで飛び上がるぐらい嬉しかった。ずっとあなたを愛してきたし，これからも愛し続ける」…＊12。

大事なことは，いまの本当の気持ちを伝えることです＊12。

あなたを待ち望み，あなたを愛しているということを，しっかりと子どもの年齢に応じて伝えることで，子どもはとても安心した気持ちになれるのです。告知年齢は小さければ小さいほどよく，たとえば，1歳のお誕生日など，子どもの祝いごとの日に，堂々と話すのが最適の機会とされています[18]。親子のあいだの秘密がなくなることから，親子の信頼関係や絆が強まることになります。

一方，思春期以降などの遅い告知や，親からでない第三者からその事実を知

＊12 吉村泰典『話してやってください あなたの子どもの大事な物語を―精子・卵子・胚の提供で生まれた子どもへの告知のためのガイドブック』パレード（厚生労働科学研究費補助金 こども家庭総合研究事業），2009，15より，一部改変しています。

18) 子どもは1歳ではことばは理解できませんが，親が誕生日ごとに，子どもにくり返し話す練習をすることで，子どもがなんとなく理解できる3～5歳には，ふつうのこととして話せるようになります。親が伝えることがふつうのこととして，慣れていくことが大事だと言われています。

子どもへ出自の事実を伝えるときの助けになる冊子

Baxter, N., 2003. *Our Story For children conceived through egg donation in heterosexual couple families*. England, Donor Conception Network.

Bourne, K., 2002. *Sometimes it takes three to make a baby: Explaining egg donor conception to young children*. Melbourne, Melbourne Ivf.

清水きよみ『わたしのものがたり』清水きよみ，2010.

告知のために親の行動を支える冊子

岩﨑美枝子『真実告知事例集—うちあける（改訂版）』社団法人家庭養護促進協会，2004.

らされることは，親に嘘をつかれていたという怒りと不信感を子どもにいだかせてしまいます。「自分の半分がわからない」ことによる大きなショックや精神的に不安定な状態を引き起こすことは，もっとも避けなければならないことと言えるでしょう[13]。

　子どもに伝えるときには，上のような冊子が頼りになります。絵本を使用することで，幼い子どもにも，自分がどのようにして生まれてきたのかや親の気持ちが理解しやすいでしょう。また，保育者がこのような問題をかかえる親子に出会ったり，親から相談を受けたりする際にも助けになります。（上澤悦子）

【引用文献】

[1] 母子衛生研究会『母子保健の主なる統計—平成26年度刊行—』母子保健事業団，2014，44-46.

[2] 厚生労働省「平成22年度『出生に関する統計』の概況—人口動態統計特殊報告 1 婚姻・出生の推移」
〈http://www.mhlw.go.jp/toukei/saikin/hw/jinkou/tokusyu/syussyo06/syussyo1.html〉

[3] 金澤忠博ほか「超低出生体重の精神発達予後」日本未熟児新生児学会雑誌，15(2)，2003，183-195.

[4] 田中敏章ほか「SGA性低身長症におけるGH治療のガイドライン」日本小児科学会雑誌，

111(4), 2007, 641-646.
* 5 Barker, DJ, et al., 2005. *Trajectories of growth among children who have coronary events as adults*. The New England Journal of Medicine, 353, 1802-1809.
* 6 奈良間美保ほか『小児看護学概論―小児臨床看護総論（第12版）』医学書院，2012，456-463.
* 7 わかばの会15周年記念誌編集委員会『ターナー女性と家族の会』わかばの会，2011，10.
* 8 高橋真理・村本淳子（編）『女性のライフサイクルとナーシング―女性の生涯発達と看護（第二版）』ヌーヴェルヒロカワ，2012，40-42.
* 9 わかばの会ホームページ：クラブターナー（http://www.club-turner.jp/）
* 10 日本産科婦人科学会 登録・調査小委員会ホームページ（http://plaza.umin.ac.jp/~jsog-art/）
* 11 吉村泰典『生殖医療の未来学―生まれてくる子のために』診断と治療社，2010，111-112.
* 12 吉村泰典『話してやってください あなたの子どもの大事な物語を―精子・卵子・胚の提供で生まれた子どもへの告知のためのガイドブック』パレード（厚生労働科学研究費補助金 子ども家庭総合研究事業），2009.
* 13 歌代幸子『精子提供－父親を知らない子どもたち』新潮社，2012，205.

考えてみよう

ⅰ ファミリー・ソーシャル・ワークや保育相談支援において大切な視点，および保育者が守るべき態度とはどのようなことでしょうか。

ⅱ 家族療法では，子どもになにか問題が起きている場合，それに対してどのような見方をし，どのようなやり方で解決しようとするのでしょうか。ケースから考えてみましょう。

ⅲ 不妊治療によって生まれた子どもとその親がかかえる問題とはどのようなものですか。

Ⅶ. 保育所でどのように家族支援をおこなうか？

保育所は，子どもと家族にいちばん近い支援の場と言えます。

保育者は，さまざまな子どもたち，さまざまなお母さんやお父さん，家族と出会います。

障害をもつ子どもとその家族。虐待の兆候が見える子どもと親。

育児の不安やストレスに押し潰されそうになっている母親…。

保育者にはなにができるのか，実際のケースから考えてみましょう。

Ⅶ-1.「気になる子」がいるとき

1.「気になる子」に気づく瞬間

　行動が乱暴だったり，こだわりが強かったり，ほかの子どもたちとのかかわりが薄かったり…。保育をしていると，いわゆる「気になる子」に気づくことがあります。なかには，それが障害をもつお子さんである場合もあります。0〜1歳ごろではなんとなく気になる程度だったのが，2歳の後半くらいになり，保育者の受けもち人数が増えてくることで，1対1で対応しきれなくなることによって，それらの行動が明らかになってくることがあります。このような「気になる子」には，家で保護者が気づかなくても，子どもが長い時間をほかの子どもたちと一緒に過ごす保育所などの場で気づく場合が少なくありません。

　しかしこのような場合に，いきなり，「お宅のお子さんには気になる行動があります」「専門機関で検査を受けてください」などと言ってしまっては，保護者はショックを受け，保育者に不信感をもつことにもつながりかねません。とくに乳幼児の場合だと，専門機関でも障害の診断がつかないことが少なくないため，保護者がなんとなく気づいているような場合でも，わが子に障害があると認めたくないという気持ちがはたらくのも当然のことです。

2. 保育の手立てと保護者との協力で

　では，どうしたらよいのでしょうか。

　保育所はどんな子どもに対しても，あくまで，保育の手立てによって対応する場です。障害があってもなくても，障害名にこだわらず，その子どものかかえている弱さや行動の特徴に応じた保育をしていきます。

　そして，保護者とは，日ごろからいろいろな話をするよう心がけることが大切です。「とても気になります」と，気になる行動を問題行動として話すのではなく，「〇〇ちゃん，今日こうでしたよ」「こんなことができましたよ」と，日々のようすや変化などを，送り迎えのときや連絡帳で伝えるようにします。すると，保護者が家で気づいたことや，育てにくさを感じていることなどがあれば，送り迎えのときや連絡帳などで話してくれるようになるでしょう。

　また，夏祭りや運動会，クラス交流会で親子一緒に遊ぶなど，行事や保育参観などの機会に保護者に来てもらう機会をつくってもよいでしょう。ほかの子どもたちと一緒にいる姿を見ることで，保護者自身が，よりわが子のことを知

ることができるからです。また，このような機会は，いわゆる「気になる子」の保護者だけでなく，「乱暴な子に近づけないでください」と言うような保護者にとっても，実際に子どもたちのようすを見てもらうことで，「乱暴な子」がいつもそうではないことなど，自分の子ども以外の子どもたちへの理解を深めることにつながります。

子どもに障害がある場合，子どもが大きくなるにつれて，保護者の不安は大きくなっていきます。そのような場合には，「子育てで悩んだり困ったことがあったらいつでも話しに来てください」と日ごろから伝えておくことが大切です。そして，実際に保護者から育児について相談されたときには，「この子にはこういうところがあるから，保育でこんなふうに気をつけたり，工夫しています」という会話を，時間をかけて積み重ねていきます。

保護者自身が子どもの状態を受け入れ，専門機関に行ってみようという気持ちになったときには，専門家が保育所に巡回に来る機会に合わせて見てもらうことを提案したり，障害児の通所施設に紹介したりするなど，外部の支援機関につなげていくとよいでしょう。保育所に通う園児が，週1回通所施設に通うという形を取ることもあります。保育所は，日ごろから専門機関の作業療法士などと交流をもち，外部機関とのネットワークをつくっておくことが求められます。

3. 家族支援のケースから

以下のケースは，筆者がかかわったA市の保育所での実践です。この実践例を通して，具体的な家族支援のおこない方について考えたいと思います。

●こだわりの強いTちゃん

<ケース①>
Tちゃんは，0歳8カ月で入って来た当初1週間くらい，保育所ではまったく飲まず食わず。抱っこをしても身体が硬く，目を合わせないという状態でした。
1歳くらいになっても行動範囲が狭く，トンネルや段ボールに入るといつまでも出て来ない，友だちともかかわろうとしない，という状況が続きました。

そして，1歳児クラスに進級してからは，毎日慣れた場であれば平気なのが，お誕生日会でホールに行くなど，普段と違う環境になると，そこに入ろうとしないで頑強に抵抗を示しました。また，みんなと一緒の行動が取れず，とくに食事のあとや雨の日など，ザワザワと雑音が多いときには，部屋から飛び出して行ってしまいます。先生の手を引っ張って0歳児の部屋に行き，おもちゃを触ったり見たりし，先生が一緒にいれば安心して1人で遊びます。

　3歳近くになってもことばが遅く，「雨降ってる，雨降ってる」などのくり返しことばやおうむ返しばかりでした。

　園からは，両親にTちゃんの毎日の園でのようすや友だちとのかかわりなどについて，折にふれて伝えていました。両親は，Tちゃんが障害をもっている可能性について，薄々感じてはいたのかもしれませんが，とくに，園で話題にすることはありませんでした。

　3歳のとき，お母さんが，「下の子も生まれるし，近くに保育園ができたので転園したい」と言ってきました。園ではこの機会をとらえて，園長と担任保育者とで，Tちゃんの気になる行動やようすについて，お母さんとじっくりと話す時間を設けました。「友だちとの共感的なかかわりはないけれども，クラスの仲間だということでは安心して過ごせている」こと，「3歳になるとクラスの集団が大きくなることもあり，園を変わるなど新しい環境ではTちゃんに負担が大きいこと」を伝えました。

　すると，お母さんがぽつり，ぽつり，とTちゃんのことが心配であったことを話しはじめました。お父さんに話したけれど，「成長がゆっくりな子もいる」と，取り合ってもらえなかったことも…。園からは，お母さんに，「1人でかかえていたら大変だから，一緒に話し合ってTちゃんを育てていきましょうね」と，ことばをかけました。

　お母さんはTちゃんの転所を取りやめ，その後はTちゃんのことについて保育者にたくさん話すようになりました。そして，Tちゃんが3歳半になると，お母さんは自分から専門機関に相談に行きました。また，保護者の承認が取れたことで園でも加配の申請をすることができ，保育者を増やしてTちゃんを見ることができるようになりました。

●乱暴な行動の多い子ども

<ケース②>

　３歳のＦちゃんは，保育所で乱暴な行動が目立つ子でした。家ではそういうことはないようで，保護者は気づいていませんでした。しかし，子どもたちは正直なので，「今日も，Ｆちゃんは○○ちゃんをぶったんだよ」などと，送り迎えのときに，自分たちのお母さんに毎日のように訴えていました。

　Ｆちゃんには障害児の妹がいて，家ではお母さんの家事の手伝いをよくしており，家庭との連絡ノートには，そのような「よい子」のＦちゃんの姿が書かれていました。家でがんばっている分，保育所で発散していたのでしょう。また，お父さんに厳しくしつけられたＦちゃんは，自分がお父さんに注意されたことをほかの子がしているのが許せない，という面もありました。

　こうしたＦちゃんの姿を，「困った行動」としてストレートに保護者に伝えても，保護者が困惑するだけだと思われました。そのことで保護者をいらいらさせて，「あなたのせいで，お母さんが先生にいろいろと言われる」と，今度は，家でＦちゃんがもっときびしくしつけられるようになることも予想されました。

　そこで，園で起きていることは園で解決するべく，Ｆちゃんのエネルギーをしっかり受けとめるために，フリーの保育者が，毎日，１対１で追いかけっこをするなどして過ごすことにしました。保護者には，成長していくＦちゃんの園でのようすをきめ細かく伝えるようにしました。このような生活を続けるうちにＦちゃんの乱暴な行動はしだいに減っていき，小学校に上がると，そうした行動はなくなりました。

　この親子は，「卒園生が二十歳になったお祝いの会」に出席するなど，その後も園との長い関係が続きました。

　子どもの困った行動には，必ず原因があるものです。「いままではなかったのに，友だちに乱暴するようになった」など，子どものようすが前とは違うとき，お母さんに，「家でお友だちのこと，なにか言っていますか？　なにか気づいたことはありませんか？」と聞くと，すぐには話してくれなくても，しばらくしてから「実は…」と，たとえば夫婦の関係が悪くなってお父さんが出て行った，というような話をしてくれる，ということもあります。

子どもは際限なく乱暴するとか，わがままを言うなどということはありません。そうした表現の裏にはなにか理由があり，子どもが自分の気持ちを表現したときに，保育者によって受けとめられ，認められることによって，次第に落ち着いてきます。ですから保育者は，自分なりのルールをつくり，その子どもが自分をコントロールできるようになるまで，見守っていくことが大切です。

●保護者の気持ちに寄り添う
　自分の子どもに障害があることを受け入れるというのは，保護者にとって，とても高いハードルです。

＜ケース③＞
　1歳で保育所に来たSちゃんは，いつもにこにこして，音楽が好きな子でした。友だちからは受け入れられているのですが，Sちゃんから友だちにかかわることはありません。慣れない場所では，先生にしがみついて泣く，という姿も見られました。
　もともと，お母さんの体調が悪いために保育所に入ったSちゃんのことを，お母さんはとても気にかけていました。保育者は日常のSちゃんのようすを日ごろからていねいに伝えてきました。お母さんにはSちゃんに対してさまざま感じるところがあったようで，みずから専門機関に相談に行きました。そしてそのあと，保育所に駆け込んで来ました。
　Sちゃんのお父さんに，Sちゃんに障害のうたがいがあると言われたことを伝えたら，お父さんが，Sちゃんにまったくかかわらなくなってしまったと言うのです。もともと，お父さんはSちゃんをとてもかわいがっていて，お風呂に入れるのも，保育所の送り迎えも，お父さんがしていました。そのお父さんが，Sちゃんとお風呂に一緒に入ることもなくなり，話しかけることもなくなったと言うのです。もし障害があるという診断を受けたとしても，お父さんには言わないでほしい，とお母さんは泣いて頼みました。
　保育所は診断をするところではなく，障害の有無にかかわらず，現実に育てていく上での大変さを保護者と分かち合っていく場です。まずは，お母さんの悲しい気持ちを受けとめ，1人ではなく，一緒にSちゃんを育てていく味方が近くにいる心強さを感じてもらうことが大事だと思われました。時間をかけて，ともにSちゃんの成長にかかわりながら，だんだんとお母さんが

> 自信をもって育てていけるよう支援していきました。そうすることで，お父さんにも，同じ場に立って一緒に子育てすることを，お母さんからはたらきかけられるようになっていくことを期待しました。
> 　お母さんは，「Ｓちゃんの就学時前にちゃんと診てもらうことを，最近，決心した」と言いました。

●子ども同士・保護者同士の関係をつくる

　運動会などの園の行事は，保護者にとっては子どもの成長を感じることのできる大切な機会です。障害や病気のある子でも，それは同じです。

> **＜ケース④＞**
> 　知的障害のあるＮちゃんは，緊張が強く，動きも遅いため，運動会でほかの子どもたちと同じように，鉄棒や戸板登りなどの障害物競技をこなすのはむずかしいと思われました。ほかの子どもたちと一緒に走ったら，Ｎちゃんだけ大幅に遅れてしまいます。わが子の「できない姿」を見るのはつらいかもしれませんが，同時にＮちゃんだけ競技に出なかったら，保護者は悲しい思いをするでしょう。かと言って，その競技をやめてしまったら，ほかの子どもたちや保護者が，「Ｎちゃんがいるから，毎年やっていたことを今年はやらないのか」と，物足りなく思うでしょう。
> 　「では，どうやったら両方の想いをかなえられるだろうか」と，保育者みんなで考えました。そして，遊具を使っての競技は競争にするのではなく，遊具を園庭にならべ，自由に取り組める形にしました。自分のペースで何度も挑戦できるので，Ｎちゃんも楽しんで笑顔でやりきりました。かけっこも，ほかの子どもたちが全部走るところを，Ｎちゃんはいくつかとばして一部を並行して走る，という形にしました。
> 　そして運動会の当日，Ｎちゃんはほかの子どもたちと同様，子どもたち，保護者たちからの声援を受けながら，走りきりました。

　いわゆる「気になる子」をもつ保護者は，さまざまな面で孤立しがちです。公園に連れて行けばほかの子のおもちゃを取ってしまったり，砂をかけてし

まったり…。わが子のそういった行動に対し，周囲に理解してもらえないと思い，地域のなかで安心して遊ばせることさえできにくいものなのです。
　保育者は，ほかの子どもや保護者に理解してもらうために，折にふれて，その子のことを伝えましょう。「〇〇ちゃん，こんなことしていましたよ」と，その子の得意な分野の遊びのことを，ほかの子どもたちに話したり，クラスのおたよりに紹介したり，通訳のような役割を果たすのです。＜ケース①＞で紹介したＴちゃんのお母さんも，園の行事などを通じて仲間をつくることができました。園では，健常児の保護者に対しても，Ｔちゃんのことについて，おもしろいことばや行動など，おたよりや保護者会で折にふれて紹介していきました。すると，ほかの保護者たちも，「Ｔちゃんは詩人だものね」と，Ｔちゃんの特徴やよさをわかってくれるようになりました。
　保育所は，保護者にとっては子育て仲間をつくることができ，お互いに支え合う場です。子どもも保護者も，安心できる居場所にしたいものです。

（関根美保子，草野いづみ）

メモ欄

Ⅷ-2. 虐待がうたがわれるとき

1. 気づくことからはじまる支援

　保育所は，子どもが家以外でもっとも多くの時間を過ごす場であるとともに，保育者にとっては毎日子どもと保護者に会う場です。そのため，子どもや保護者の変化に気づきやすく，虐待などを発見しやすい場とも言えるため，「子どもが虐待を受けていることに気づいたら，通告して子どもを守る」という役割も担っています。同時に，虐待を早期に発見するだけでなく，虐待にいたらないように保護者をケアし，支援する役割も果たしています。

2. 家族支援のケースから

●帰りたがらないKちゃん

> **＜ケース①＞**
> 　Kちゃんは，入園した当初は，「もしかしてAD/HD[1]？」と思うくらい動きが激しく，乱暴な子でした。そして，お母さんがお迎えに来ても帰りたがりません。すると，お母さんは，「もう，お前なんか帰って来なくていい」と，保育者から見えないところで，Kちゃんの足を蹴飛ばすのでした。
> 　Kちゃんの家は自営業で，両親も祖父母も一緒に働いており，お母さんも，一日中忙しくしていました。Kちゃんはなかなかクラスの友だちのなかに入れませんでしたが，保育所での暮らしは楽しそうでした。
> 　ある日，帰りたがらず，お迎えに来たお母さんのことばを聞き入れないKちゃんを前にして，「Kちゃん，おうちでもあんな感じですか？　お母さん，大変ですよね」と，保育者がお母さんに話しかけたのをきっかけに，「先生，聞いてください」と，お母さんの方から，家庭のことを話してくれるようになりました。「Kがこんなふうになったのは，主人のせいなんです。休みと言えばパチンコばかりで，子どもにも，すぐ怒鳴るんです」と，お父さんへのたまった不満を吐き出します。お父さんはお父さんで，お迎えに来たときに，「母親の育て方が悪い。すぐ，子どもに手を出す」と言います。また別の機会には，お母さんは，自分の親からも夫からも子育てを批判され，「全部，私のせいにされる」と訴えてきました。
> 　Kちゃんが4歳のときに，下に女の子が生まれました。両親の目はかわい

---

[1] **AD/HD**
注意欠陥多動性障害（AD/HD：Attention-Deficit/Hyperactivity Disorder）は，ADHDと表記されることもあります。注意持続の欠如もしくは，その子どもの年齢や発達レベルに見合わない多動性や衝動性，あるいはその両方が特徴です。この3つの症状は通常7歳以前にあらわれます。
（1）多動性（おしゃべりが止まらなかったり，待つことが苦手でうろうろしてしまったりする）
（2）注意力散漫（うっかりして同じ間違いを繰り返してしてしまうことがある）
（3）衝動性（約束や決まり事を守れないことや，せっかちでいらいらしてしまうことがよくある）
出典）発達障害情報・支援センター＜http://www.rehab.go.jp/ddis/ 発達障害を理解する/各障害の定義/＞より抜粋

い女の子の方にいき、Kちゃんに対しては、相変わらずお迎えのときに、「言うことを全然きかない」と手を出したり、蹴飛ばしたり…。「熱を出して薬を飲ませようとしたのだけど、飲まないので、縛って飲ませた」という具合でした。

ですが、保育所に慣れてきたKちゃんを保育者が日々の生活のなかで見ていると、たしかに落ち着きがなく、集団に入りづらいところはあるけれど、頭のいい子であることがわかってきました。

そして、Kちゃんが変わってきたのは、5歳の夏ごろからでした。新しく入ってきた3歳児の女の子が、なぜかKちゃんのことを気に入って、毎朝、Kちゃんが来るのを待っているようになったのです。すると、Kちゃんもうれしくなったのでしょう、少しずつおだやかになっていきました。その後は、運動会のリレーで活躍したり、ほかの子どもたちともかかわれるようになったりしました。Kちゃんの卒園式には、両親がビデオカメラを持って駆けつけました。

卒園後も、下の子が保育所に入ったこともあり、お母さんが、「Kが学校でこんな絵を描いたの」と見せに来てくれるなど、保育所とは、長い関係が続きました。

● **子どもを親から離すとき**

＜ケース②＞

「朝起きたら子どもの目の上にすごいコブがあり青くなっているんですが、保育園でなにかあったんですか？」という電話が、ある母親からかかってきました。そして、「病院に連れて行くので、お休みします」と言うのです。

次の日に登園したUちゃんの顔には、どす黒いあざがありました。保育所で起きたけがなら、必ずだれかが知っているはずですが、保育者のだれも、「そんなことはなかった」と言います。保育者たちは、家のタンスの角にでもぶつけたのかもしれないと思い、おかしいとは思ったものの、はじめは虐待とは結びつきませんでした。

Uちゃんの母親は、夫を不慮の事故で亡くし、精神的な病気をかかえていると、保健センター[2]から申し送りがあって入園してきたケースでした。3

[2] **保健センター**
予防注射事業をはじめ、成人と高齢者のための健康管理事業や相談、親と子のための健康相談と健康診査などを実施する保健施設のことです。V-1.「家族支援のしくみ：行政が担う活動とシステム、NPOとの連携」(p.188) 参照。

歳のUちゃんのほかに，5歳，9歳と3人の子どもを，母親1人で育てていました。保育所のお迎えには，いつも遅れがちでした。
　それからしばらくしてプールの季節となり，着替えのときに，Uちゃんの背中に5cmくらいの三角形のやけどの痕があることに，保育者が気づきました。「Uちゃん，これどうしたの？」と聞くと，「お母さんがやかんの口をつけた」と言います。保育者はどきっとして，「看護師さんに薬をつけてもらおうね」と言って，職員室に連れて行きました。そして，不自然なやけどの痕だったので，「お医者さんに見せないといけないから，写真撮っていい？」と聞いて，写真を撮りました。しかしその後，Uちゃんにそれ以上聞いても，「うん？」と，話をそらすばかりです。子どもは虐待をした自分の親をかばうとよく言われますが，Uちゃんもそうでした。
　迎えに来た母親に聞くと，「お姉ちゃんの体育着にアイロンかけてたら，Uが転んでぶつかった」と言います。「Uちゃんは，そのとき，はだかだったの？」と聞くと，「そうだと思いますけど」とあいまいです。そこで，「お母さん，このあいだのあざと言い，このやけどと言い，いつ，どうしてできたのかが，はっきりしないけががあると，虐待をうたがわれることがあるよ」と話しました。「私がそんなことするわけないじゃない，先生」と，母親は怒った声で言いましたが，「けがについては，保育園は役所に言わなければならないの。だから，けがをさせてはだめだよ」ということを伝えました。市役所と児童相談所に連絡を取り，ようすを見ることにしました。そして，Uちゃんに再びやけどの痕が見られたときに，役所に報告したことを母親に伝えました。
　この母親には，送り迎えのときなどに，できるだけ声をかけたり話を聞いたりしていこう，と保育者みんなで心がけるようにしました。そのうち少しずつ，夫が亡くなった事情や，自分の病気について，ぽつぽつと話しはじめました。「お母さん，子どもをかかえてしんどかったよね」と，母親のかかえるつらさに共感し，「病気の具合はどうなの？」と気遣ううちに，「夫のことを思い出すと不安になって，なにもしたくなくなるんです」と，保育者に自分の気持ちを打ち明けるようになりました。
　上の小学生の姉も，学童保育のあと保育所に来てよいことにし，延長保育の子どもたちと一緒に，ご飯を食べるようにしました。「うちは毎日，○○セッ

ト（ファーストフードのセット）だよ」と言うところから，母親が食事をつくることもできないようすがうかがわれました。

　そのうち，保育所に子どもを連れて来る時間がだんだんと遅くなり，10時を過ぎても来ないときには，自宅にようすを見に行きました。家のなかにいるのはわかっていたので，声をかけて，ドアノブにサンドイッチやおにぎりをかけたこともありました。「保育園に来るのが12時になってもいいから，連れて来て」と伝え，時間は不安定でも，とにかく保育所に子どもを連れて来るようにうながしました。

　そんなある日，Ｕちゃんの首に絞められたような痕を見つけました。このことを，役所から児童相談所に通告してもらい，保育中に緊急保護することになりました。小学生の姉も一緒に保護されました。母親は保育所に怒鳴り込んできましたが，「お母さん，何度も言ったよね。よくわからないけがやこういうことがあったら，虐待という判断をされるのが当然なんだよ。していないならそれでいいけれど，放っておくわけにはいかないの。子どものことは児童相談所が面倒を見てくれるのだから，お母さん自身が子どもから解放されて，自分の病気をまず治療したり，自分のことを考える時間にしようよ」と話しました。

　母親ははじめは反発していましたが，そのうち，だんだん落ち着いてきて，「子どもに負担をかけていたと思う」と言うようになりました。怒りの反面，子どもの世話がなくなり，ほっとしたようすもうかがえました。

　子どもたちは3人とも別の児童養護施設に入り，母親は子どもがいないあいだ，自分のことを少しずつ整理していきました。職業訓練所に通い，そのうち仕事が見つかって働きはじめました。ヘルパーさんを家に入れることも，受け入れるようになりました。子どもが来ていないにもかかわらず，保育所にときどき来ては，雑談していくようにもなりました。

　Ｕちゃんは半年後，家に帰ることになり，「すごくうれしい」と，母親が保育所にも伝えに来ました。上の子どものいる児童養護施設の運動会に，Ｕちゃんを連れて行ったこともありました。再び母親の状態が悪くなり，Ｕちゃんが再度施設に入ることもありましたが，その後，また家に戻り，Ｕちゃんは無事卒園し，学校にも元気に通うようになりました。

虐待に関して，保育所としての役割は，まずは「子どもの姿を，毎日見る」ということです。子どもは，保育所に来ているあいだは安全であり，食事も摂ることができます。もし，子どもが来たり来なかったり，という家庭があれば，十分に気をつけて見ていく必要があります。

　保育者は，日ごろから保護者とたくさん話をして，なんでも隠さず話せる関係をつくっておくことが大切です。＜ケース②＞のUちゃんの場合でも，保育者は母親を批判するのではなく，親自身の大変さを受け入れ，話を聞く環境をつくり，必要なことをきちんと伝えるというコミュニケーションを日ごろから取っていました。同時に，緊急時には，思いきって素早い対応をしました。

　保護者には，それまでに「こういう場合は，虐待として対応する」というハードルを段階的に示してきていたので，最終的には「子どもから引き離されても仕方ない」と，受け入れてもらえたのだと思います。

　子どもを守ると同時に保護者をも守り，保護者が自分を立て直せるように支援することなしには，子どもが保護者のところに帰ることはできないということを忘れずにいましょう。

　また，こうした事態には，守秘義務も含め，保育所の職員全体で認識や理解を共通にしておく必要があります。母親や市役所，児童相談所などの対応窓口は，直接子どもを保育する担任ではなく，園長，主任，看護師にするなど，考慮しましょう。担任である保育者の個人的見解によることなく，客観的かつ冷静に話を進めるためにも，複数で対応することが大切です。

(関根美保子，草野いづみ)

メモ欄

Ⅶ-3. 育児に不安やストレスを かかえた保護者がいるとき

1．私は悪い母親？

<ケース①>
　「先生，私って母親失格かな」と，子どもをお迎えに来たお母さんが，ぽつリと言いました。「仕事の帰りに疲れて電車に乗っていて，保育園の駅が近づくとすごく憂鬱になるんです。帰ったらごはんをつくって，子どもをお風呂に入れて…。あ～あ，このまま電車に乗って行きたいなあ，って。そういう自分は，ダメな母親なのかな」。
　別のお母さんは，お迎えのときにこう話しました。「お迎えに来ても子どもが遊び続けて，帰ろうとしてくれないと，家で私といるのがいやなのかなって思ってしまう。早く早く，ってばっかり言ってしまうから…」。

　仕事で疲れていても，子育ても家事もしなければ，いい母親にならなければ…。そんな思いが，母親たちを「自分はダメな母親」というストレスに追い込んでいます。「だれだって，何度もそう思っていますよ」「そういうときは，手抜きをしてもいいと思いますよ」と伝えることで，母親たちの肩から力が抜けていくのがわかります。

<ケース②>
・朝早くに出勤するため，子どもにごはんを食べさせる時間がないということで，毎朝バナナ1本，菓子パン1個を，「園で食べられるようにと子どもに持たせて来ました」と，すまなそうに言うお母さん。
・朝7時に，パンをかじらせながら子どもを自転車の後ろに乗せて来て，保育園に着くと，門の前で子どもからパンを取り上げているお母さん。
・子どもに食べさせたのは「卵かけごはんだけ」だったのに，「ご飯，味噌汁，卵焼き，おひたし」と連絡帳に書いてしまうお母さん。

　自治体から掲示するようにと送られてくる「早寝，早起き，朝ごはん」というキャンペーン用のポスターを前に，そうはできない保護者の憂鬱が伝わってきます。「家で朝ごはんを食べさせないなんて」「菓子パンや卵かけごはんなんて」「保

育園で朝ごはんを食べさせるのはおかしいのでは」と，きびしい目で見る保育者も少なくなく，むしろその傾向はより若い保育者において見られるようです。でも，考えてみてください。朝7時に保育所に子どもを連れて来るためには，何時に子どもを起こさなければならないのでしょうか。「早朝，食欲のない子に無理やり朝ごはんを食べさせられない」でも「仕事には行かなければならない」という葛藤のなかでの，保護者の苦肉の策なのです。

　働く母親・父親の家庭の状況はさまざまです。ですから，「自分の家のスタイルでいいんですよ」と，筆者は伝えています。保育者自身が働く親であることも少なくなく，その場合には，家庭のこと，子どものことで思うようにいかないことを経験してきたはずです。しかし，保育者や教師という立場になると，人はとかく，他者にきびしくなるようです。休日に疲れていたら，子どもの朝ごはんに菓子パンを出しておいて，親はゆっくり寝ていることがあったっていいと思うのです。大事なのは，保育者は，保護者が見栄を張らないで付き合える関係を築くことです。「ダメ親かも」と，保護者が自分の弱さを見せられるような関係でいることです。

　子どもの年齢が4,5歳ぐらいになると手がかかることも少なくなりますし，また，第2子が生まれてとても忙しかったのが少し落ち着いたりすると，保護者も自然とがんばれるようになってくるものです。＜ケース②＞の，子どもの朝ごはんを持って登園してきていたお母さんも，あるとき，「先生，うちの子が『ぼく，保育園で朝ごはん食べるの変みたいだよ』って言うんです。だから，これからはがんばって朝ごはんをつくります」と，笑いながら言ってきました。

　このように，こちらがなにも言わなくても，ちょっと支えたり，見守っていったりするうちに，保護者みずから，力をつけて，自然に解決していくことも多いのです。仕事と家庭の両立は，どんな親でも大変です。でも，完璧にできなくたって，結構子どもはたくましく育つのです。そんなくり返しのなかで，両親は"お母さんらしく""お父さんらしく"なっていくのだと思うのです。

2. 子どもへのかかわり方がわからない

＜ケース③＞
　「子どもって，何歳になると約束ということがわかるんですか？」と聞いて

きたお母さんがいました。はじめてのお子さんである，2歳のわが子にどうかかわってよいかわからないと言うのです。「毎晩，『本を読んで』と言われるのだけど，時間がないから，いつも『あとでね』と言ってしまうんです。でも，約束という意味がわかるようになったら，守らないといけないから」と言うお母さんに，「約束ってね，かなえられたあとではじめて，その意味がわかるものなんですよ」と話しました。理知的なお母さんなのですが，「会話はことばが話せるようになってからすればいい」「約束は意味がわかるようになってから守ればいい」と思っていたと言うのです。

この母親に限らず，それまで子どもとかかわった経験がなく，そうした子育て経験を伝えてくれる人も身近におらず，わが子が生まれてはじめて子どもにかかわるという親はたくさんいます。そのような環境であれば，子育てにおいてちょっとしたことにもとまどうのは当然だと言えます。「いい親にならないといけない」と思う一方で，「まだしゃべらない乳児に『いない いない ばあ』などと話しかけるのは恥ずかしくてできない」と言う親もいます。

<ケース④>
「うちの子が，日曜日にＳちゃんの家に遊びに行きたいと言うのだけれど，そうすると次は自分の家に呼ばなければいけなくなるので，困ってしまう。土日のうちに家事などのスケジュールをこなさないと1週間もたないので，そんな余裕はないから，遊びに行ってはいけないと言ったんですが…」と，あるお母さんは言いました。

4歳ごろから，子どもたちには，休日も友だちと一緒に遊びたいという思いが出てきます。遊びに行ったから，今度は自分の家に呼ばなければいけないということはなく，また，子ども同士で遊ぶのだから，特別になにか準備しなくてもいいのでは，と思うのですが，この母親のように「借りはつくりたくない」という気持ちがはたらく人もいるようです。

小学校に行くようになると，子どもは，親の知らないところで，友だちの家でお世話になっていたり，ほかのお父さん，お母さんに声をかけてもらったり

しています。いろいろな人とかかわりながら育つのは子どもにとっても大切なことなので，保護者が「子どものときは多少の迷惑はかけてもいい」と思えるとよいのですが…。「なんでも完璧にやろう」「人に迷惑をかけてはいけない」という思いをもつことが，子育てストレスにつながっていくので，保育者は，それを緩和させるようなはたらきかけを心がけたいものです。

●求められる心のゆとり

> **＜ケース⑤＞**
> 　4歳児クラスのことです。翌週の火曜日に，みんなで池にザリガニを釣りに行こうと子どもたちと相談をしました。Yちゃんのお母さんは，Yちゃんを喜ばせようと思ったのでしょう。月曜日の連絡帳に「火曜日に池にザリガニ釣りに行くと聞いたので，日曜日に家族で下見に行ってきました。残念なことに池にはザリガニはほとんどいませんでした。火曜日に子どもたちががっかりするとかわいそうなので，〇〇川でたくさんザリガニを釣ってきて池に放してきました。子どもたちが大喜びすることでしょう」と書いてきました。

　できるだけ子どもたちに失敗させたくないと思っての行為だったのでしょう。しかし，子どもたちはザリガニが釣れないことで「なぜ？　えさが悪いのかな？　場所が悪いのかな？」などと考え合いますし，どうしたらザリガニを釣ることができるのかを相談して，再挑戦をするかもしれません。保育とは，子どもが学ぶということはそのようなことなのですが，保護者になかなか伝えきれていなかったと気づかされました。

> **＜ケース⑥＞**
> 　隣の保育園までみんなでお散歩に行ったら，急に雨が降ってきたことがありました。そのときは，みんなでビニール袋をかぶり，その上に隣の保育園の保育士さんたちが大きな青いビニールシートをかぶせてくれて，ひとかたまりになってバス停まで送ってもらいました。

　このように，傘を持っていくのを忘れたことで，かえって，子どもたちには楽しいハプニングを経験することにつながることもあるのです。

保護者も保育者も，日常の子育てにおいて，思うようにいかない想定外のできごとを思わぬ貴重な経験に転じさせ，むしろ活かしていくという，心のゆとりが必要なのではないでしょうか。

3. さまざまな支援

　保育所は，保護者からのさまざまな悩みを聞く場です。「夜泣きが大変」「保育所に送るときに，毎朝泣かれる」「○歳になっても，朝，『抱っこ』と言われる」「食が細い。野菜を食べてくれない」などといったことを保護者が伝えてくることもあるでしょう。しかし，このような問題は，子どもの成長とともに解消していくことも多く，「いつかは卒業するときが来ますよ。ですから，そのときを楽しみに待っていましょうね」というように，保護者が安心感をもてるようなことばがけをしたいものです。

　「きょうだいの片方がかわいくない，ウマが合わない」という相談もよくあります。「そう感じることがあってもおかしくないですし，無理に両方同じでなければならないと思わなくてもいいんじゃないでしょうか。子どもの成長とともに，だんだんと関係も変わっていくものですよ」というような伝え方も，保護者の安心感につながるかもしれません。

　また，保育所には看護師がいるので，「けがをした」「微熱がある」「せきが続いている」など，病院に連れて行くべきかどうかの判断を聞きに来る保護者もいます。このように，身近に保育や医療の専門職がいることは，保護者にとっては心強く，保育所はいざというときの駆け込み寺のような役割も担っているのです。

4. お父さんの子育てと地域の仲間づくり

　母親たちからは，夫への不満もたくさん聞くことでしょう。なかでも，「家庭を顧みない。家事も子育ても私ばかり」という声が，多く聞かれます。

　そこで，父親が育児に目を向け，もっと子どもとかかわれるように，保育所でもいろいろな工夫をしています。

　たとえば，クラスの保護者交流会に父親にも来てもらうような誘いかけをしたり，保育所の行事に父親の役割を設けて参加しやすくしたりします。保育所の行事には，運動会の用具係や，夏祭りの実行委員会などが必要です。夏祭り

では，お父さんたちに前の週からやぐらを組む準備をしてもらったり，当日の焼きそばや豚汁をつくってもらったりします。すると，お父さんたちは，朝からエプロンをかけての大活躍となります。

　男性保育者が中心となって「おやじの会」を立ち上げ，「おやじバンド」やフットサルのサークルなどを結成し，休みの日に集まって活動するということもあります。クラスの保護者交流会に参加して知り合いになり，その後もグループで飲み会やスキー，登山に行くなど，父親同士，保護者同士，そこに保育者も入っての付き合いが，保育所をきっかけに続くこともあります。「子どもを成人させた親の会」というものもあります。子どもが卒園しても，こうした地域でできた仲間が一緒に子どもの成長を見守り，支え合っていくのです。

　保育所というのは，学校と違って，子どもへの「評価」がないので，保護者にとっても気楽に付き合える安心できる場所なのです。子どもが苦手だと思っているような父親も，保育所にお迎えに行ったときに，ほかの子どもたちから，「おじちゃん，○○ちゃんのお父さんでしょ」「○○ちゃんと，今日，遊んだんだよ。おじちゃんも一緒に遊ぼうよ」などと声をかけられると，うれしくなるはずです。ほかの子どもたちと遊んでいるときに，自分の子どもが，「うちのお父さんなんだからね」と，腕を引っ張りに来るようなことも，また，うれしいものです。このように，保護者にとっても，保育所は，「○○ちゃんのお父さん，お母さん」として認められる場です。自分の子どもだけでなく，よその子どもともかかわることで，父親は父親としての意識が目覚め，より父親らしくなっていくのです。

　ですから，保育者は，送り迎えをはじめ，さまざまな機会をとらえて子どもたちの父親ともコミュニケーションを取るように努め，父親が子育てにかかわれるような「場」づくりをしていくことが大事なことではないでしょうか。

　この章で紹介してきたように，保護者がもつ悩みや問題は千差万別です。似ているように見えてもその家族・家庭によって少しずつ異なります。保育者による支援とはまず，その1人ひとりの気持ちを受けとめ，理解しようとすることからはじまります。そして保護者を支えながら一緒に子どもを育てていきます。

　緊急な対応が必要なもの，あるいは時間をかける必要があるものなどを見極めたり，いろいろな人々と協力したりしていきます。こうした支援のためには，さまざまな知識も必要となります。そしてなにより，支援者自身がゆとりのある健やかな心で向き合うことが大切と言えます。　　　　（関根美保子，草野いづみ）

考えてみよう

ⅰ 「気になる子」がいるとき,「保育の手立てによって対応する」とはどういうことでしょうか。ケースのなかで,保育者は保護者に対してどのように接していたか,その配慮や工夫について考えてみましょう。

ⅱ 虐待がうたがわれるとき,子どもを守るために保育者はどのような行動を取ったでしょうか。また,親へのはたらきかけ方や関係機関との連携についても考えてみましょう。

ⅲ 父親の子育てへの支援の方法についても考えてみましょう。

ⅳ 子育てを支援するために保育所や保育者にできることはどのようなことでしょうか。

インデックス

● 数字 ●

1.57 ショック　12
3 世代同居　12

● アルファベット ●

AD/HD　278
FSW　227
HIV ／エイズ　48
IUD（子宮内避妊器具）　46
IUS（子宮内避妊システム）　46
MSW（医療ソーシャルワーカー）
　189
M 字型カーブ　64
M 字型雇用　11

● あ ●

愛着形成の不全　224
愛着対象　91
アイデンティティ　264

● い ●

家制度　9，10
生きづらさ　104
育児・介護休業法　50
育児休業法　12
育児困難感　257
育児ストレス　79，86
育児不安　92，152
委託児童　232
一時保育　202
一時保護　186
一般原則　100
遺伝カウンセリング　144
淫行　216

● う ●

ウーマンリブ　32

ウェルビーイング　103

● え ●

エコマップ　240
円環的因果論　247
エンゼルプラン　62
園の行事　275
園のたより　199

● お ●

オギノ式　46
男は仕事，女は家庭　11
親子遊び　210
親自身も心理的に発達する存在　91
親のもつ資源　90

● か ●

解決行動の変更　251
解決後のイメージ　252
外国人登録証　173
核家族　2
核家族化　11
学童保育　189
家事が簡略化　81
家族計画　11，42
家族計画のスローガン　17
家族国家観　9
家族再構築支援　227
家族再統合　226
家族支援　271
家族政策　27，32
家族手帳　30
家族療法　246，254
課題分析（アセスメント）　190
片働き世帯　64
カップル中心家族　36
家庭支援専門相談員　227

家庭児童相談室　243
家庭責任　11
家庭的養護　231
家庭復帰　225，227
加藤シヅエ　45
家父長制　8
通い婚　6
関係性の発達　80

● き ●

気になる子　270
気になる子ども　112
虐待　222，278
教育相談センター　189
共同生活　26
居宅訪問型保育　70
緊急避妊薬　46
緊急保護　186，281

● く ●

グループホーム　231
グループワーク　210

● け ●

継親子　132
経口避妊薬　46
継子　133
継親　129
結婚家族　36
結婚退職制　11
結婚や子どもに認める価値　83
現実自己　95
権利基盤アプローチ（the rights-based
　approach）　104

● こ ●

高学歴　81

合計特殊出生率　16, 43, 60
肯定感情　86
行動観察　255
国際女性年　32
国際人権規約　172
国際生活機能分類　260
告知　264
極低出生体重児　256
戸主　9
個人としての発達　80
個人としての私　78
戸籍制度　9
子育て支援　12
子育て相談　202
子育て仲間　200
子育て広場　202
子連れ再婚　128
孤独感　89
子ども家庭支援課　113
子供家庭支援センター　188
子供家庭支援センター事業　205
子ども・子育て応援プラン　62
子ども・子育て関連3法　67
子ども・子育てビジョン　63
子どもショートステイ事業　228
子どもの権利条約　100, 171, 172, 223
子どもの最善の利益　100
子どもの出自の事実　264
子どものストレス　181
子どもの被害件数　212
子どもへの虐待　108
婚外子出生率　30
婚家生活　18
コンドーム　46

● さ ●

再婚　4, 128
在宅支援サービス　206
在宅保育　34
在留カード　173
在留特別許可　171
里親　230
里親家庭　235
里親支援機関事業　234
里親制度　230, 231
里親の認定等に関する省令　230
里子　232
産後うつ病　152
産児調節　44
産前産後支援ヘルパー事業　208

● し ●

ジェノグラム　240
ジェンダーの平等　12
自我同一性　264
私教育費　18
事業所内保育　70
仕事と子育ての両立支援　62
自己評価　196, 224
システム論　246
私生児　9
次世代育成支援対策　64
施設保育　34
施設養護　231
自然妊娠児　258
市町村子ども・子育て支援事業　73
児童委員　203
児童虐待　215, 222
児童虐待の防止等に関する法律　195
児童虐待防止法　195, 223
児童婚　54
児童相談所　113, 186, 225, 232, 243, 281
児童手当　63
児童福祉司　227, 233
児童福祉施設　186, 222
児童福祉法　186, 188, 222, 230
児童福祉法の一部改正　206
児童扶養手当　119
児童ポルノ事犯　217
児童養護施設　222, 281
社会的養護　222, 231
社会福祉士　207
社会福祉法人　206
社会保障国民会議　67
若年定年制　11
就業支援　123
銃後の妻　10, 11
周産期　207
週末里親　231
儒教文化　19
出産年齢の高齢化　263
出産抑制政策　18
出生前診断　144
出生率　27
出自を知る権利　264
出入国管理及び難民認定法　169
守秘義務　282
障害者権利条約　150
障害受容　138
生涯未婚率　50
小規模住居型児童養護事業　231
条件つきの価値　84
少子化　60, 78
少子高齢化　50
小舎制養育　231
少年サポートセンター　190
ショートステイ　206, 208, 228
職業と家庭の両立　35

職業と家庭の和解　38
初婚家族　128, 133, 134
庶子　9
女性解放運動　12, 32
女性差別撤廃　38
女性差別撤廃条約　12, 32
女性の社会進出　82
除染　179
自立支援計画　225
新エンゼルプラン　62
シングルファーザー　128
シングルマザー　13, 128
人口増加政策　45
人工妊娠中絶　45
人口抑制　18
人口抑制政策　48
新待機児童ゼロ作戦　66
身体的虐待　108, 222
心理職　189, 224
心理的虐待　109, 153, 222

● す ●

ステップファミリー　14, 128
すでに起きている変化の発展　252
ストレス　180, 181

● せ ●

生活保護　119
性感染症　48
性教育　51
生殖補助医療　15, 256, 258
成人期女性　79
精神保健福祉士　207
性的虐待　108, 220
性にかかわる犯罪　214
性による選別中絶　55
性の健康　49

性別役割分業　10, 11, 12, 14, 39, 50, 95
セーフティネット　104
世界人権宣言　172
専業主婦　11, 86
全国母子世帯等調査結果の概要　118
潜在ニーズ　70
染色体異常　144, 261
専門機関　271

● そ ●

早期教育　18
双系　6
相対的貧困率　103
相談面接の参加者の検討　249
ソーシャルワーク　238
措置委託　232

● た ●

ターナー症候群　261, 262
体外受精児　258
待機児童ゼロ作戦　64
代謝異常　261
大舎制養育　231
対象喪失　138
ダウン症　261
ダウン症候群　261
高い教育熱　18
多重役割　79, 95, 96
多胎　259
堕胎罪　45
脱結婚化　14, 27, 32
多文化共生社会　174
段階説　138
男女雇用機会均等法　12
男性優先社会　55
単純養護　222

男尊女卑　8

● ち ●

地域型保育　70
地域子育て支援拠点事業　204
地域子育て支援センター　204
地域子ども・子育て支援事業　73
チームアプローチ　113
父親の育児休業取得　35
父親の育児参加　201
父親の子育て参加　89
知能検査　255
中絶　45
長寿命化　81
直線的因果論　247

● つ ●

通告　113, 278, 281
つどいのひろば　204
妻問婚　7

● て ●

定住者　168
低出生体重児　256

● と ●

同性愛　15
特別永住者　168
共働き世帯　64
トワイライトステイ　208

● な ●

悩みを共有　89
難民　172
難民条約　172
難民認定　173

● に ●

日本型福祉社会　12, 38
ニューカマー　169
乳児院　222
認可外保育施設　70
妊産婦死亡率　43
認定こども園　70

● ね ●

ネガティブ・スピルオーバー　96
ネグレクト　109, 155, 222
ネットワーク　114

● は ●

バース・コントロール　44
パートタイム　11
バイステックの7原則　242
パクス　27
発生要因　157
発達障害者支援センター　189
晩婚化　14, 50, 78
晩産化　50

● ひ ●

ピアカウンセリング　229
ピア・サポートグループ　259
東日本大震災　176
非婚化　14
否定感情　86
人の手を借りて子育て　88
ひとり親　4
避妊　45, 46
被爆　180
ピル　46

● ふ ●

ファミリー・サポート・センター事業　208
ファミリー・ソーシャルワーカー　227
ファミリー・ソーシャルワーク　226, 238
ファミリーホーム　231
夫婦関係　89
福祉事務所　188, 243
福祉犯　216
福島第一原子力発電所　176
父系　6
父系血縁原理　17
富国強兵　9
不妊手術（永久避妊法）　46
不妊治療　256, 258
プラス面（リソース）　248
フランス民法　32
不慮の事故　214
フルタイム　86
フレンドホーム　231
文化的慣習の影響が強い国　17

● ほ ●

保育士　207
保育所　70
保育の手立て　270
保育ママ　34
放課後児童クラブ　189
放射線被害　179
放射線量の測定　179
母系　6
保健所　243
保健センター　188, 243, 279
保護者の言動　112
母子家庭等就業・自立支援センター事業　123
母子相互作用　93

ポジティブ・スピルオーバー　96
母子・父子自立支援員　121
母子保健統計　256
母体保護法　45, 46

● ま ●

マーガレット・サンガー　44
マッピング　240
マルトリートメント　110
慢性悲嘆説　138

● み ●

未婚率　60
未熟な状態で生まれてくる　90
密通　8
ミラクル・クエスチョン　252
民生委員　203
民生委員・児童委員　188, 203

● む ●

婿取り婚　7
無産化　50

● め ●

明治民法　9

● も ●

喪の仕事　138
「問題」をめぐるやりとりの継続（逆説的介入）　250

● や ●

役割葛藤　80
闇中絶　45
やりとり・行動の提案　250
やりとりの変化　249
やりとりの明確化　250

● ゆ ●

優生保護法　45
ユニオン・リーブル　27

● よ ●

よい変化の活用　252
養育家庭　230
養育困難　222
養育里親　186, 227, 230
養育費　123
養子縁組里親　230
養親　230
羊水検査　144

要保護児童対策地域協議会　114
嫁取り婚　7

● ら ●

ライフサイクル　79

● り ●

離婚　4, 8, 13, 128
理想自己　95
リプロダクティブ・ヘルス／ライツ（性と生殖に関する健康／権利）　47
療育センター　189
療育手帳　186
良妻賢母　10

利用者支援事業　73
臨床心理士　207

● れ ●

連絡帳　200, 270

● ろ ●

老後の面倒　19

● わ ●

ワーク・ライフ・バランス　13, 35, 38, 66
若者の非婚化・晩婚化　18

みんなで考える 家族・家庭支援論
知っていますか？　いろいろな家族・家庭があることを

2013年4月30日　第一版第1刷発行
2016年4月15日　第一版第2刷発行

編著者　草野いづみ
著　者　芦野由利子・石井佳世・石田芳朗
　　　　岩本聖子・上澤悦子・桑田道子
　　　　小泉智恵・坂口　井・清水冬樹
　　　　青海恵子・関根美保子・棚沢直子
　　　　田辺寿夫・玉井真理子・外川達也
　　　　徳永雅子・富永美佐子・永久ひさ子
　　　　新倉アキ子・西　順子・朴　偉廷
　　　　福田基徳・三澤文紀・椋野美智子
　　　　森　和子・柳田めぐみ・山下浩美
装　丁　折原カズヒロ
ＤＴＰ　内田幸子

発行者　宇野文博
発行所　株式会社　同文書院
　　　　〒112-0002
　　　　東京都文京区小石川5-24-3
　　　　TEL(03)3812-7777
　　　　FAX(03)3812-7792
　　　　振替　00100-4-1316
印刷・製本　中央精版印刷株式会社

©Izumi Kusano et al., 2013
Printed in Japan　ISBN978-4-8103-1415-1
●落丁・乱丁本はお取り替えいたします

《幼稚園教育要領 改訂
保育所保育指針 改定
幼保連携型認定こども園教育・保育要領 改訂》について

無藤　隆　監修

同文書院

============ 目　次 ============

第1章　幼稚園教育要領の改訂について　3
　1．はじめに　3
　2．幼稚園教育要領改訂のポイント　6
　3．新しい幼稚園教育要領の概要　8

第2章　保育所保育指針の改定について　12
　1．はじめに　12
　2．保育所保育指針改定のポイント　14
　3．新しい保育所保育指針の概要　17

第3章　幼保連携型認定こども園教育・保育要領の改訂について　19
　1．はじめに　19
　2．幼保連携型認定こども園教育・保育要領改訂のポイント　20
　3．新しい幼保連携型認定こども園教育・保育要領の概要　22

資料　幼稚園教育要領　27
資料　保育所保育指針　36
資料　幼保連携型認定こども園教育・保育要領　53

第1章　幼稚園教育要領の改訂について

1．はじめに

　新幼稚園教育要領（以下，新教育要領とも）は，2016（平成28）年12月の中央教育審議会による答申「幼稚園，小学校，中学校，高等学校及び特別支援学校の学習指導要領等の改善及び必要な方策等について」を踏まえ，幼稚園の教育課程の基準の改正を図ったものである。2017（平成29）年3月31日告示され，1年間の周知期間を経た後，2018（平成30）年4月1日から施行されることになる。

(1) 中央教育審議会による答申

　今回の中央教育審議会による答申のポイントは，現行の学習指導要領で謳われている知（確かな学力）・徳（豊かな人間性）・体（健康・体力）にわたる「生きる力」を，将来子どもたちがより一層確実に育むためには何が必要かということにある。

　今後，人工知能（AI）のさらなる進化によって，現在，小・中学校に通う子どもたちが成人となる2030年以降の世界では，現在ある仕事の半数近くが自動化される可能性があるといわれている。また子どもたちの65％が今は存在しない職業に就くであろうと予測されている。インターネットが地球の隅々まで普及した現代において，さまざまな情報が国境や地域を越えて共有化され，グローバル化の流れはとどまるところを知らない。今後，社会の変化はさらに速度を増し，今まで以上に予測困難なものとなっていくであろう。

　こうした予測困難な未来社会において求められるのは，人類社会，日本社会，さらに個人としてどのような未来を創っていくのか，どのように社会や自らの人生をよりよいものにするのかという目的意識を主体的に持とうとすることである。そして，複雑に入り混じった環境の中でも状況を理解し，その目的に必要な情報を選択・理解し，自分の考えをまとめ，多様な他者と協働しながら，主体的に社会や世界と関わっていくこと，こうした資質・能力が求められている。

　また近年，国際的にも忍耐力や自己制御，自尊心といった社会情動的スキル，いわゆる非認知的能力を幼児期に身につけることが，大人になってからの生活に大きな差を生じさせるといった研究成果が発表されている。非認知的能力とは，「学びに向かう力や姿勢」と呼ばれることもあり，「粘り強く取り組んでいくこと，難しい課題にチャレンジする姿勢」などの力をさす。従来はその子どもの気質，性格と考えられていたが，現在では適切な環境を与えることでどの子どもでも伸ばすことが可能な能力（スキル）として捉えられるようになっている。

　そのため，今回の答申では，こうした資質・能力を育むための「主体的・対話的で深い学び」（アクティブ・ラーニング）の実現の重要性を強調している。その上で「何のために学ぶのか」という学習の意義を共有しながら，授業の創意工夫や教科書等の教材の改善を引き出していけるよう，すべての教科等また幼児教育について，①知識及び技能，②思考力，判断力，表現力等，③学びに向かう力，人間性等，の3つの柱に再整理している（図1－1）。

(2) 幼稚園を取り巻く環境

　わが国の幼稚園児数は，1978（昭和53）年の249万7,895人をピークに減少し続けており，2009（平成21）年163万336人，2013（平成25）年158万3,610人，2016年133万9,761人，2017年

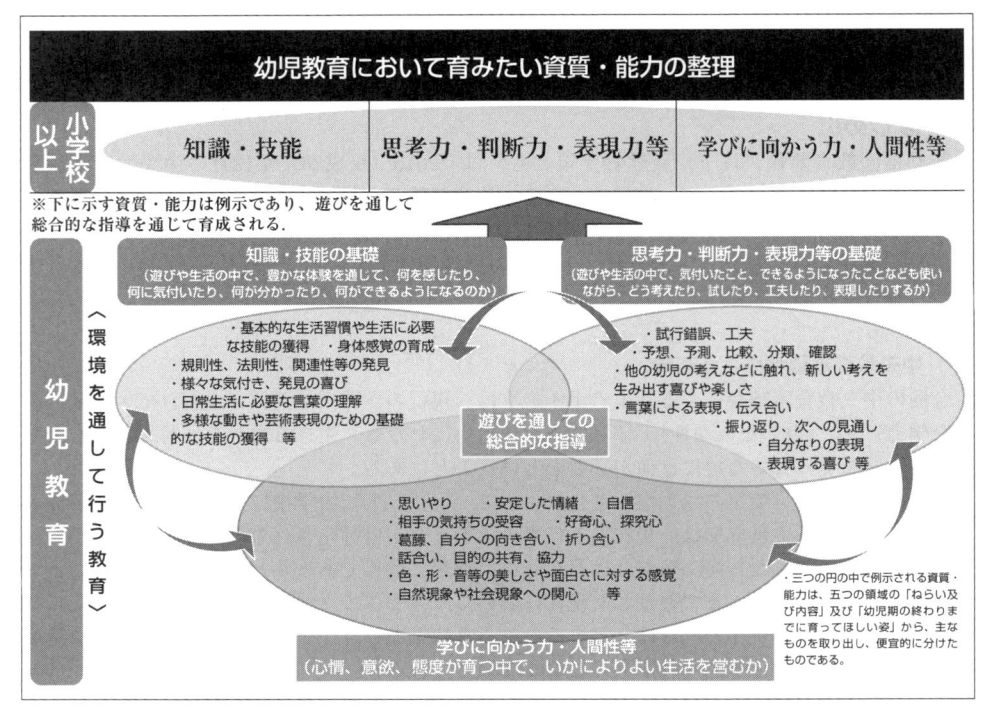

図1−1　幼児教育において育みたい資質・能力

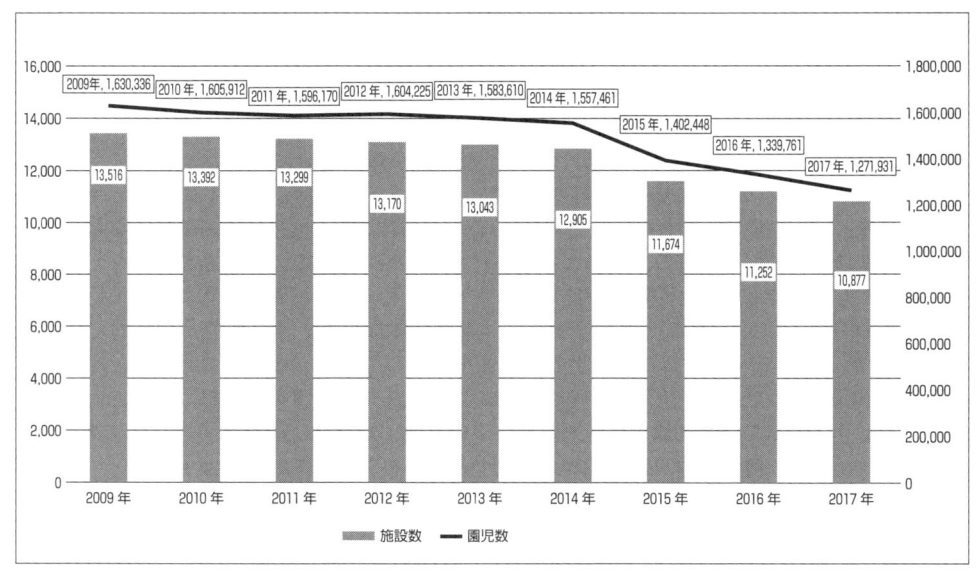

図1−2　幼稚園数と園児数の推移

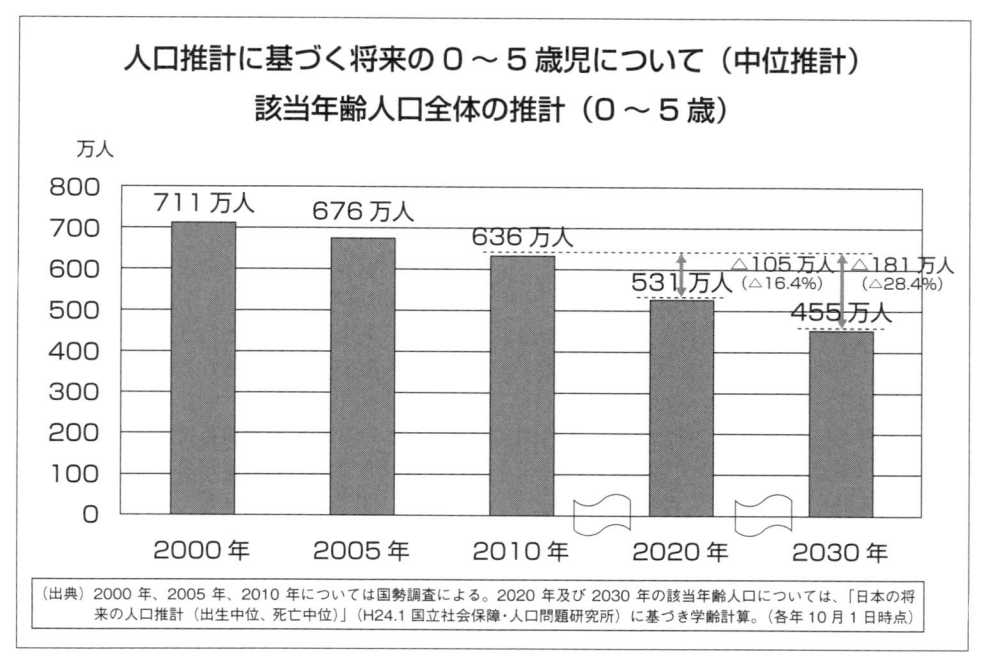

人口推計に基づく将来の０～５歳児について（中位推計）
該当年齢人口全体の推計（０～５歳）

年	人口
2000年	711万人
2005年	676万人
2010年	636万人
2020年	531万人（△105万人、△16.4％）
2030年	455万人（△181万人、△28.4％）

（出典）2000年、2005年、2010年については国勢調査による。2020年及び2030年の該当年齢人口については、「日本の将来の人口推計（出生中位、死亡中位）」（H24.1 国立社会保障・人口問題研究所）に基づき学齢計算。（各年10月1日時点）

図１－３　０～５歳児の人口推移

では127万1,931人となった。また幼稚園の設置数も、1985（昭和60）年の１万5,220園をピークに減少し、2009年１万3,516園、2013年１万3,043園、2016年１万1,252園、2017年では１万877園となっている（図１－２）（なお、2015年から2017年に認定こども園に移行した幼稚園は1,454園。詳細は『第３章　幼保連携型認定こども園教育・保育要領について』を参照）。一方、保育所等の入所児数は1980（昭和55）年まで増加し続け（1978年191万3,140人）その後一旦減少したが、1996（平成８）年から再び増加し、2009年には204万934人、2013年221万9,581人、さらに子ども・子育て支援新制度がスタートした2015年には237万3,614人、2017年は254万6,669人となっている（2015年からの数値は幼保連携型認定こども園、幼稚園型認定こども園等、特定地域型保育事業を含む、第２章図２－１参照）。

　このように保育所利用児童の増加の一方で、わが国の０～５歳児の人口は2000（平成12）年の711万人から2030年には455万人まで減少すると予想されており、少子化傾向に歯止めが掛かる兆しは見えていない（図１－３）。全国的に幼稚園児数が減少し続けるのに対し、保育所等のニーズが増え続ける背景には、女性の社会進出に伴い乳幼児を持つ母親の就業が増えていること、長期化する景気の低迷から共働き家庭の増加や長時間労働の蔓延などがあげられている。なかでも３歳未満の待機児童数は毎年２万人前後で推移しており、この年齢層の保育ニーズはさらに増えていくものと見られている（第２章図２－３参照）。

　日本総合研究所の調査によると、出生率が現状のまま推移し、乳幼児を持つ母親の就業率が過去10年間と同じペースで上昇する出生中位・就業中位の場合、保育所ニーズは2015年の233万人から2020年には254万人に増え、その後2040年までほぼ横ばいとなるとしている。一方、幼稚園ニーズは2015年の151万人から2040年には64万人に減少すると見ている。また、出生中

位のまま母親の就業率が2倍のペースで増え続ける就業高位では，保育所ニーズが2040年に1.4倍の334万人と増える一方，幼稚園ニーズは2040年には35万人と2015年の4分の1に激減するとしている。

　もし幼稚園が従来の3歳以上の子どもを対象とした教育時間内の幼児教育にのみ特化するならば，幼稚園を取り巻く環境が今後，好転することは難しいだろう。しかし，共働きの保護者の希望に応え，教育時間外に子どもを保育する「預かり保育」を積極的に実施している施設は増えている。私立幼稚園の預かり保育の実施率は，1997（平成9）年度には46％だったが，2014（平成26）年度には95.0％とほとんどの私立幼稚園で実施している（平成26年度幼児教育実態調査，文部科学省）。また，子ども・子育て支援新制度の開始により，3歳未満児の保育を行う小規模保育施設を併設した幼稚園も出てきている。従来の幼稚園という枠にとらわれることなく，幼児教育・保育をトータルに考え実践する幼稚園のみが生き残れる時代になったといえよう。

　また教育という観点から見た場合，幼稚園には長年にわたる幼児教育の蓄積があり，保護者が幼稚園に求めるところは少なくない。特に今回の中央教育審議会の答申が求める①知識及び技能（の基礎），②思考力，判断力，表現力等（の基礎），③学びに向かう力，人間性等，の3つの資質・能力の基礎を育む場として，幼稚園の果たす役割はさらに重要度を増すものと考えられる。

　本章では，新教育要領に記載されている今後の幼稚園教育に求められる「幼児教育において育みたい資質・能力」「幼児期の終わりまでに育ってほしい姿」などの具体的な内容について概説する。

2．幼稚園教育要領改訂のポイント
(1) 学校教育における幼稚園教育の位置付けの強化

　新教育要領において重要なことは，前回の改訂よりもさらに踏み込んで，幼稚園を学校教育の始まりとすることを強調している点である。現在の教育要領では，2008（平成20）年の学校教育法の改正により，幼稚園が学校教育の始まりとしてその存在が明確化され，幼児教育が公的な教育として捉えられている。さらに新教育要領ではその旨を新設した前文に明記している。

　この背景には，幼児教育がその後の学校教育の基礎を培う時期として重視され，さらに今回，幼稚園・保育所・幼保連携型認定こども園がともに幼児教育を実践する共通の施設として，その基礎を形成する場として強調されたということがある。なかでも幼稚園はその幼児教育のあり方を先導してきた施設なのであり，今後もそうであることが期待される。

　新教育要領で新設された「前文」には，「これからの幼稚園には，学校教育の始まりとして，こうした教育の目的及び目標の達成を目指しつつ，一人一人の幼児が，将来，自分のよさや可能性を認識するとともに，（中略）持続可能な社会の創り手となることができるようにするための基礎を培うことが求められる」とし，「幼稚園教育要領が果たす役割の一つは，公の性質を有する幼稚園における教育水準を全国的に確保することである」と記載されている。これは取りも直さず，より質の高い幼児教育の重要性の強調にほかならず，幼稚園教育（ひいては幼児教育）と小学校教育との円滑な接続が求められている。

(2) 幼稚園教育において育みたい資質・能力および「幼児期の終わりまでに育ってほしい姿」

　では、ここで述べられている「幼稚園における教育水準」とは何を意味するのであろうか。それは小学校以降で行われる文字の読み書き、計算といった小学校教育の先取りではない。本来の意味は、幼児の自発的な活動である遊びや生活を通して、「幼稚園教育で育みたい3つの資質・能力」を育成し、その具体的な現れとして「幼児期の終わりまでに育ってほしい10の姿」を実現していくことにある。

　なお、この3つの資質・能力は、これまでの幼稚園教育要領で規定されてきた5領域（「健康」「人間関係」「環境」「言語」「表現」）に基づく遊びを中心とした活動全体を通じて育まれていくものである。

① 豊かな体験を通じて、感じたり、気付いたり、分かったり、できるようになったりする「知識及び技能の基礎」
② 気付いたことや、できるようになったことなどを使い、考えたり、試したり、工夫したり、表現したりする「思考力、判断力、表現力等の基礎」
③ 心情、意欲、態度が育つ中で、よりよい生活を営もうとする「学びに向かう力、人間性等」

　つまり、気付くこと、考えること、試し、工夫すること、また心動かし、やりたいことを見出し、それに向けて粘り強く取り組むことなどを指している。それらは相互に結びついて一体的に育成されていく。

　そして、この3つの資質・能力が育まれている幼児の幼稚園修了時の具体的な姿「幼児期の終わりまでに育ってほしい10の姿」が以下の10項目である（詳細は「新教育要領」第1章 第2を参照）。ここで、実際の指導ではこれらが到達すべき目標を示したものではないことや、個別に取り出されて指導されるものではないことに十分留意する必要がある。

① 健康な心と体
② 自立心
③ 協同性
④ 道徳性・規範意識の芽生え
⑤ 社会生活との関わり
⑥ 思考力の芽生え
⑦ 自然との関わり・生命尊重
⑧ 数量や図形、標識や文字などへの関心・感覚
⑨ 言葉による伝え合い
⑩ 豊かな感性と表現

(3) カリキュラム・マネジメント

　幼稚園では、教育基本法および学校教育法その他の法令ならびに幼稚園教育要領に基づき、それぞれの園の運営方針、指導方針の基礎となる教育課程を編成することが義務付けられている。教育課程や預かり保育の計画等を合わせて、全体的な計画と呼んでいる。新教育要領では、「幼児期の終わりまでに育ってほしい姿」を踏まえて教育課程を編成し、この教育課程を実施、評価し、改善を図っていくこと（PDCAサイクル）、また教育課程の実施に必要な人的または物的な体制を、家庭や地域の外部の資源も含めて活用しながら、各幼稚園の教育活動の質の向上を図っていくカリキュラム・マネジメントの考え方が導入されている。幼稚園等では、教科書のような教材を用いずに、環境を通した教育を基本としており、また幼児の家庭との関係の緊密度が他校種と比べて高いこと、ならびに預かり保育・子育ての支援などの教育課程以外の活動が多くの幼稚園で実施されていることなどから、カリキュラム・マネジメントはきわめて重要とされている。

（4）「主体的・対話的で深い学び」（アクティブ・ラーニング）の実現

　新教育要領では，「指導計画の作成上の留意事項」に「主体的・対話的で深い学び」（アクティブ・ラーニング）の考えが加わった。

　中央教育審議会の答申で述べられているように，これからの予測困難な未来を切り開いていくためには，学ぶことに興味・関心を持ち，見通しを持って粘り強く取り組み，自己の学習活動を振り返って次につなげる「主体的な学び」，子ども同士の協働・教職員や地域の人との対話・先哲の考え方を手がかりに考えるなどを通じて，自己の考えを広め深める「対話的な学び」，そして得られた知識を相互に関連付けてより深く理解したり，情報を精査して考えを形成したり，問題を見出し解決策を思考したり，自分の思い・考えを基に創造へと向かう「深い学び」のアクティブ・ラーニングの実現が求められている。教育要領では，従来から重視されてきた，体験の多様性と関連性を進める中で，この3つの学びを実現していく。様々な心動かされる体験をして，そこから次にしたい活動が生まれ，さらに体験を重ねていき，それらの体験がつながりながら，学びを作り出す。その際，振り返ったり見通しを立てたり，考え工夫して様々に表現し対話を行い，さらに身近な環境への関わりから意味を見出していくのである。

　幼児教育における重要な学習である「遊び」においても，この主体的・対話的で深い学びの視点，すなわちアクティブ・ラーニングの視点に基づいた指導計画の作成が必要となる。

（5）言語活動の充実

　新教育要領の「指導計画の作成上の留意事項」では「主体的・対話的で深い学び」とともに，「言語活動の充実」が新たに加えられた。これは「幼児期の終わりまでに育ってほしい10の姿」の9番目にある「言葉による伝え合い」および第2章「ねらい及び内容」の5領域の「言葉」とも関連する項目であるが，言語能力の発達が思考力等のさまざまな能力の発達に関連していることを踏まえ，絵本や物語，言葉遊びなどを通して，言葉や表現を豊かにすることで，自分の経験・考えを言葉にする思考力やそれを相手に伝えるコミュニケーション能力の発達を促していこうとの狙いが読み取れる。

（6）地域における幼児教育の中心的役割の強化

　前回の改訂から幼稚園の地域における保護者の幼児教育のセンターとしての役割が求められるようになった。さらにこの10年間では貧困家庭，外国籍家庭や海外から帰国した幼児など特別な配慮を必要とする家庭・子どもの増加，また児童虐待の相談件数の増加など，子どもと保護者を取り巻く状況も大きく変化している。このため新教育要領では，「心理や保健の専門家，地域の子育て経験者等と連携・協働しながら取り組むよう配慮する」との記載を追加することで，その役割のさらなる専門化を図っている。

3．新しい幼稚園教育要領の概要（中央説明会資料による）
（1）前文の趣旨及び要点

　今回の改訂では，新たに前文を設け，次の事項を示した。
　① 教育基本法に規定する教育の目的や目標の明記とこれからの学校に求められること
　②「社会に開かれた教育課程」の実現を目指すこと
　　教育課程を通して，これからの時代に求められる教育を実現していくためには，よりよい学校教育を通してよりよい社会を創るという理念を学校と社会とが共有することが求められ

る。
　そのため，それぞれの幼稚園において，幼児期にふさわしい生活をどのように展開し，どのような資質・能力を育むようにするのかを教育課程において明確にしながら，社会との連携及び協働によりその実現を図っていく，「社会に開かれた教育課程」の実現が重要となることを示した。
③ 幼稚園教育要領を踏まえた創意工夫に基づく教育活動の充実
　幼稚園教育要領は，公の性質を有する幼稚園における教育水準を全国的に確保することを目的に，教育課程の基準を大綱的に定めるものであり，それぞれの幼稚園は，幼稚園教育要領を踏まえ，各幼稚園の特色を生かして創意工夫を重ね，長年にわたり積み重ねられてきた教育実践や学術研究の蓄積を生かしながら，幼児や地域の現状や課題を捉え，家庭や地域社会と協力して，教育活動の更なる充実を図っていくことが重要であることを示した。

(2)「総則」の改訂の要点
　総則については，幼稚園，家庭，地域の関係者で幅広く共有し活用できる「学びの地図」としての役割を果たすことができるよう，構成を抜本的に改善するとともに，以下のような改訂を行った。
① 幼稚園教育の基本
　幼児期の教育における見方・考え方を新たに示すとともに，計画的な環境の構成に関連して教材を工夫することを新たに示した。
② 幼稚園教育において育みたい資質・能力及び「幼児期の終わりまでに育ってほしい姿」
　幼稚園教育において育みたい資質・能力と「幼児期の終わりまでに育ってほしい姿」を新たに示すとともに，これらと第2章の「ねらい及び内容」との関係について新たに示した。
③ 教育課程の役割と編成等
　次のことを新たに示した。
・各幼稚園においてカリキュラム・マネジメントの充実に努めること
・各幼稚園の教育目標を明確にし，教育課程の編成についての基本的な方針が家庭や地域とも共有されるよう努めること
・満3歳児が学年の途中から入園することを考慮し，安心して幼稚園生活を過ごすことができるよう配慮すること
・幼稚園生活が安全なものとなるよう，教職員による協力体制の下，園庭や園舎などの環境の配慮や指導の工夫を行うこと
・「幼児期の終わりまでに育ってほしい姿」を共有するなど連携を図り，幼稚園教育と小学校教育との円滑な接続を図るよう努めること
・教育課程を中心に，幼稚園の様々な計画を関連させ，一体的に教育活動が展開されるよう全体的な計画を作成すること
④ 指導計画の作成と幼児理解に基づいた評価
　次のことを新たに示した。
・多様な体験に関連して，幼児の発達に即して主体的・対話的で深い学びが実現するようにすること
・幼児の発達を踏まえた言語環境を整え，言語活動の充実を図ること
・幼児の実態を踏まえながら，教師や他の幼児と共に遊びや生活の中で見通しをもった

り，振り返ったりするよう工夫すること
- 幼児期は直接的な体験が重要であることを踏まえ，視聴覚教材やコンピュータなど情報機器を活用する際には，幼稚園生活では得難い体験を補完するなど，幼児の体験との関連を考慮すること
- 幼児一人一人のよさや可能性を把握するなど幼児理解に基づいた評価を実施すること
- 評価の実施に当たっては，指導の過程を振り返りながら幼児の理解を進め，幼児一人一人のよさや可能性などを把握し，指導の改善に生かすようにすることに留意すること

⑤ 特別な配慮を必要とする幼児への指導
　次のことを新たに示した。
- 障害のある幼児などへの指導に当たっては，長期的な視点で幼児への教育的支援を行うための個別の教育支援計画と，個別の指導計画を作成し活用することに努めること
- 海外から帰国した幼児や生活に必要な日本語の習得に困難のある幼児については，個々の幼児の実態に応じ，指導内容等の工夫を組織的かつ計画的に行うこと

⑥ 幼稚園運営上の留意事項
　次のことを新たに示した。
- 園長の方針の下に，教職員が適切に役割を分担，連携しつつ，教育課程や指導の改善を図るとともに，学校評価については，カリキュラム・マネジメントと関連付けながら実施するよう留意すること
- 幼稚園間に加え，小学校等との間の連携や交流を図るとともに，障害のある幼児児童生徒との交流及び共同学習の機会を設け，協働して生活していく態度を育むよう努めること

(3)「ねらい及び内容」の改訂の要点

「ねらい」を幼稚園教育において育みたい資質・能力を幼児の生活する姿から捉えたもの，「内容の取扱い」を幼児の発達を踏まえた指導を行うに当たって留意すべき事項として新たに示すとともに，指導を行う際に「幼児期の終わりまでに育ってほしい姿」を考慮することを新たに示した。

① 領域「健康」
　見通しをもって行動することを「ねらい」に新たに示した。また，食べ物への興味や関心をもつことを「内容」に示すとともに，「幼児期運動指針」（平成24年3月文部科学省）などを踏まえ，多様な動きを経験する中で，体の働きを調整するようにすることを「内容の取扱い」に新たに示した。さらに，これまで第3章指導計画作成に当たっての留意事項に示されていた安全に関する記述を，安全に関する指導の重要性の観点等から「内容の取扱い」に示した。

② 領域「人間関係」
　工夫したり，協力したりして一緒に活動する楽しさを味わうことを「ねらい」に新たに示した。また，諦めずにやり遂げることの達成感や，前向きな見通しをもつことなどを「内容の取扱い」に新たに示した。

③ 領域「環境」
　日常生活の中で，我が国や地域社会における様々な文化や伝統に親しむことなどを「内容」に新たに示した。また，文化や伝統に親しむ際には，正月や節句など我が国の伝統的な行

事，国歌，唱歌，わらべうたや伝統的な遊びに親しんだり，異なる文化に触れる活動に親しんだりすることを通じて，社会とのつながりの意識や国際理解の意識の芽生えなどが養われるようにすることなどを「内容の取扱い」に新たに示した。
④ 領域「言葉」
　言葉に対する感覚を豊かにすることを「ねらい」に新たに示した。また，生活の中で，言葉の響きやリズム，新しい言葉や表現などに触れ，これらを使う楽しさを味わえるようにすることを「内容の取扱い」に新たに示した。
⑤ 領域「表現」
　豊かな感性を養う際に，風の音や雨の音，身近にある草や花の形や色など自然の中にある音，形，色などに気付くようにすることを「内容の取扱い」に新たに示した。

(4)「教育課程に係る教育時間の終了後等に行う教育活動などの留意事項」の改訂の要点
① 教育課程に係る教育時間の終了後等に行う教育活動などの留意事項
　教育課程に係る教育時間終了後等に行う教育活動の計画を作成する際に，地域の人々と連携するなど，地域の様々な資源を活用しつつ，多様な体験ができるようにすることを新たに示した。
② 子育ての支援
　幼稚園が地域における幼児期の教育のセンターとしての役割を果たす際に，心理や保健の専門家，地域の子育て経験者等と連携・協働しながら取り組むことを新たに示した。

＜参考文献＞
文部科学省『幼稚園教育要領』2017.3.31
厚生労働省『保育所保育指針』2017.3.31
内閣府・文部科学省・厚生労働省『幼保連携型認定こども園教育・保育要領』2017.3.31
中央教育審議会『幼稚園，小学校，中学校，高等学校及び特別支援学校の学習指導要領等の改善及び必要な方策等について（答申）』2016.12.21
文部科学省『学校基本調査』
無藤　隆『今後の幼児教育とは　幼稚園教育要領，保育所保育指針，幼保連携型認定こども園教育・保育要領，小学校学習指導要領の改訂を受けて』2017.1.16 国立教育政策研究所　幼児教育研究センター発足記念 平成28年度教育研究公開シンポジウム
淵上　孝『私立幼稚園を取り巻く現状と課題について』2016.1.28 全日本私立幼稚園連合会 平成27年度第2回都道府県政策担当者会議
池本美香，立岡健二郎『保育ニーズの将来展望と対応の在り方』JRIレビュー Vol.3, No.42 ㈱日本総合研究所
文部科学省『平成26年度幼児教育実態調査』2015.10
東京都教育委員会『小1問題・中1ギャップの予防・解決のための「教員加配に関わる効果検証」に関する調査　最終報告書について』2013.4.25

第2章　保育所保育指針の改定について

1．はじめに
(1) 中央教育審議会の答申と保育所保育指針
　2017（平成29）年3月31日，新保育所保育指針（以下，「新指針」とも）が告示され，これに続き，新指針の解説書『保育所保育指針解説書』の発行が通知された。
　今回改定された新指針は，1965（昭和40）年に保育所保育指針が策定されてから4回目の改定となる。なかでも2008（平成20）年の前回の改定からは，それまでの局長通知から厚生労働大臣による告示となり，遵守すべき法令となっている。
　今回の改定の特徴は，「第1章　幼稚園教育要領の改訂について」でも述べた2016（平成28）年12月の中央教育審議会による答申「幼稚園，小学校，中学校，高等学校及び特別支援学校の学習指導要領等の改善及び必要な方策等について」を踏まえ，新たな保育所保育指針においても「幼児教育を行う施設として共有すべき事項」として，3つの「育みたい資質・能力」ならびに10の「幼児期の終わりまでに育ってほしい姿」が記載されていることである。また，0歳から2歳児を中心とした3歳未満児の保育所利用児童数の増加といった保育所等における独自の問題への取り組みの積極的な対応も図られている。

(2) 保育所等を取り囲む環境
　図2-1に示すように，保育所等の利用児童数および設置数は，2009（平成21）年から2017年までの間いずれも増加している。特に子ども・子育て支援新制度がスタートした2015（平成27）年からは幼保連携型認定こども園，幼稚園型認定こども園等，特定地域型保育事業（小規模保育事業，家庭的保育事業，事業所内保育事業，居宅訪問型保育事業）が加わったことで，2017年には利用児童数254万6,669人，施設数では3万2,793施設と大きく拡大した。これは女性の社会進出に伴い乳児を持つ母親の就業が増えていること，また長期化する景気の低迷から共働き家庭の増加，長時間労働の蔓延など，小学校入学前の乳幼児の保育ニーズが高まっていることによる。
　なかでも3歳未満の乳幼児の利用数は多く，少子化が進んでいるにもかかわらず，2017年の保育所等を利用する3歳未満児数は103万1,486人と2009年の70万9,399人に比べ45.4％増，30万人近い増加となっている（図2-2）。また，3歳未満児の保育所等の待機児童数を見てみると，2009年から2017年にいたるまで毎年ほぼ2万人前後で推移している（図2-3）。これは保育所等の施設が近隣に新設されたことで，それまで出産を機に就業をあきらめていた女性たちが就業を目的に乳幼児の入所を希望するという，これまで表にあらわれなかった保育ニーズが顕在化しているためといわれている。産前産後休業後の職場復帰を考えている女性たちが子どもを預けるための保育所探しに奔走する「保活」という言葉が一般化しているように，3歳未満の乳幼児の保育ニーズが解消する兆しは見えていない。
　このため新指針では，乳児，1歳以上3歳未満児の保育についての記載の充実を図ることで，今後さらに増えていくであろう3歳未満児の保育の質的な向上を目指している。また，2016年12月の中央教育審議会による答申「幼稚園，小学校，中学校，高等学校及び特別支援学校の学習指導要領等の改善及び必要な方策等について」を踏まえ，新幼稚園教育要領との整合性を図ったより質の高い幼児教育の提供，食育の推進・安全な保育環境の確保などを訴えて

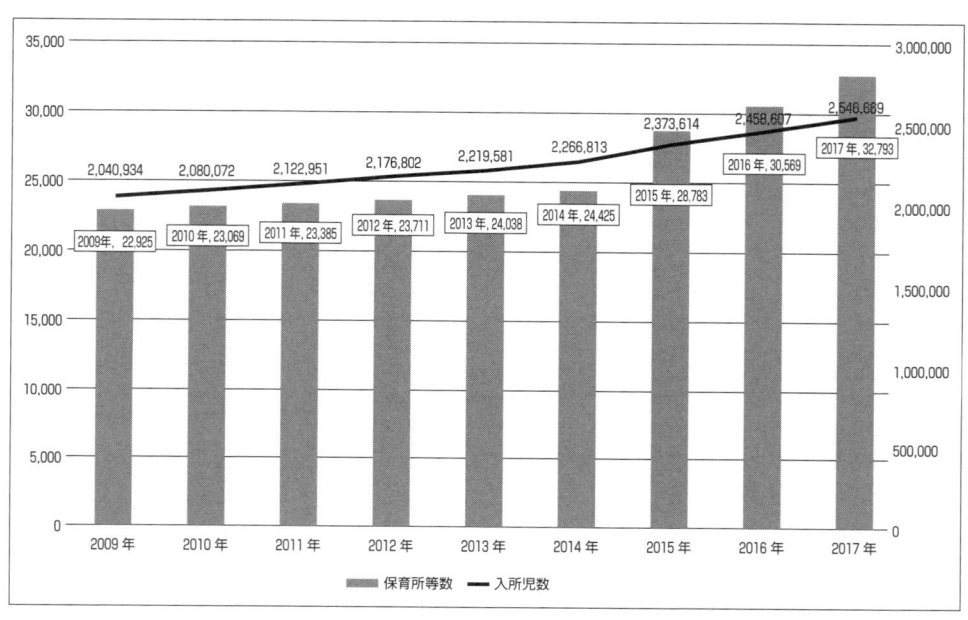

図2−1　保育所等施設数と入所児数の推移

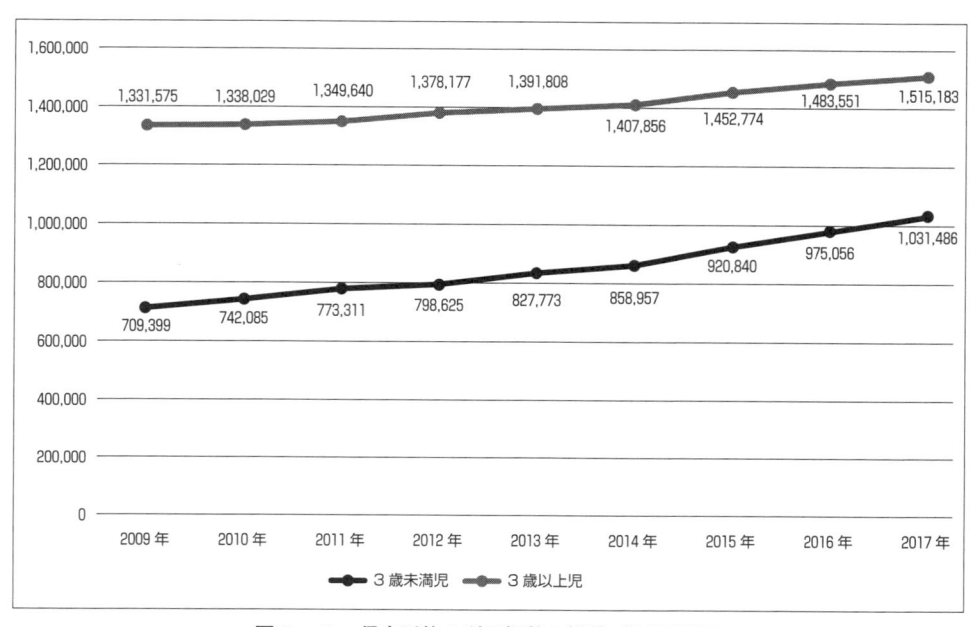

図2−2　保育所等の利用児数の推移（年齢層別）

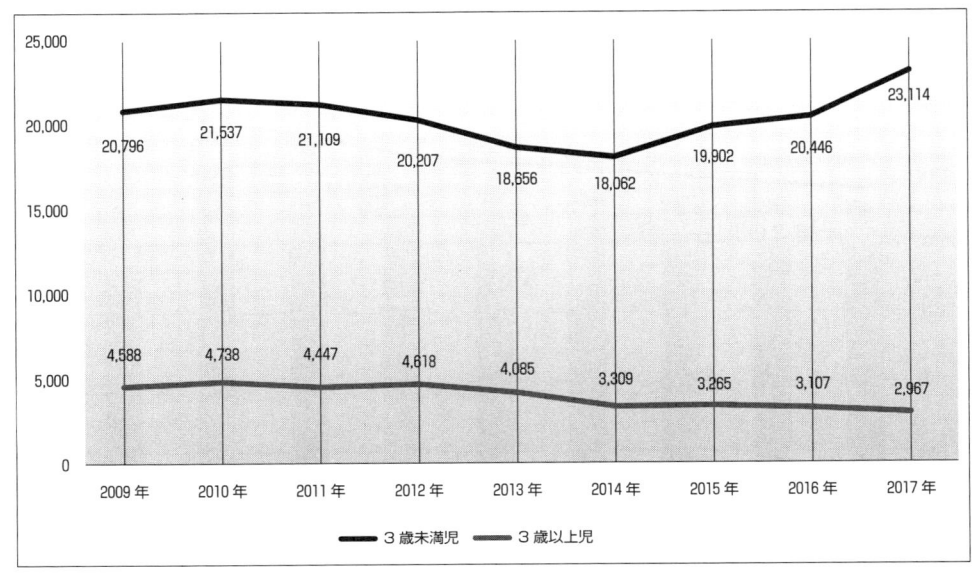

図2−3　保育所等待機児童数の推移（年齢層別）

いる。さらに，子育て世帯における子育ての負担や不安・孤立感の高まり・児童虐待相談件数の増加など子育てをめぐる地域や社会，家庭の状況の変化に対応し得る保育士としての専門性の向上など，今日的な施策を見据えた改定がなされている。

2．保育所保育指針改定のポイント
（1）乳児・1歳以上3歳未満児の保育の重要性
　2017年の就学前児童のうち保育所等利用率は42.4％で，このうち3歳未満児は35.1％，さらに1・2歳児は45.7％を占めるまでになっている（2017年4月1日時点）。これに対し，2008年の全体の保育所等利用率は30.7％，このうち1・2歳児の利用率が27.6％であった。また前述したように，2017年の3歳未満児の保育所等の利用児童数は，2008年の前回の改定時に比べ52.5％増の103万1,486人となっている。このことから前回の改定から幼児保育を取り巻く環境，特に3歳未満児の保育所保育の重要性が大きくなっていることがわかる。なかでも乳児から2歳児までの時期は，保護者や保育士など特定のおとなとの間での愛着関係が形成されると同時に，周囲の人やもの，自然などとの関わりから自我が形成されていく，子どもの心身の発達にとって非常に重要な時期である。

　そのため，新指針では「第2章　保育の内容」を大きく変更している。前回の改定では，発達過程を8つの年齢に区分し，すべての年齢を通じた共通の記載となっていたが，新指針では「乳児」「1歳以上3歳未満児」「3歳以上児」の3年齢に区分している。そして各年齢における保育内容を5領域に則り，それぞれの年齢区分における成長の特徴を詳細に記載する内容となった（乳児に関しては，「健やかに伸び伸びと育つ」（健康の領域へ発展する），「身近な人と気持ちが通じ合う」（人間関係の領域へ発展する），「身近なものと関わり感性が育つ」（環境の領域へ発展する）の3つの関わりの視点）。なお「3歳以上児」については幼稚園教育要領の

「第2章 ねらい及び内容」に準拠している。

（2）幼児教育の積極的な位置づけ

　2016年12月の中央教育審議会による答申「幼稚園, 小学校, 中学校, 高等学校及び特別支援学校の学習指導要領等の改善及び必要な方策等について」では, 現行の学習指導要領で謳われている知（確かな学力）・徳（豊かな人間性）・体（健康・体力）にわたる「生きる力」を, 将来子どもたちがより一層確実に育むためには何が必要かということをポイントに記載されている。特に今後, 人工知能（AI）の技術が進み, 社会環境・構造の大きな変化が予測される未来において, その変化を前向きに受け止め, 主体的によりよい将来を創り出していこうとする姿勢がより重要となってくる。

　そのため, 新指針でも「幼児教育を行う施設として共有すべき事項」として, 幼稚園教育要領および幼保連携型認定こども園教育・保育要領の改訂との整合性を図った「保育活動全体を通して育みたい」3つの「資質・能力」を記載している。

① 豊かな体験を通じて, 感じたり, 気付いたり, 分かったり, できるようになったりする「知識及び技能の基礎」
② 気付いたことや, できるようになったことなどを使い, 考えたり, 試したり, 工夫したり, 表現したりする「思考力, 判断力, 表現力等の基礎」
③ 心情, 意欲, 態度が育つ中で, よりよい生活を営もうとする「学びに向かう力, 人間性等」

そして以下の10項目が, この3つの資質・能力が育まれている幼児において「幼児期の終わりまでに育ってほしい具体的な姿」である。

① 健康な心と体　　　　　　　⑥ 思考力の芽生え
② 自立心　　　　　　　　　　⑦ 自然との関わり・生命尊重
③ 協同性　　　　　　　　　　⑧ 数量や図形, 標識や文字などへの関心・感覚
④ 道徳性・規範意識の芽生え　⑨ 言葉による伝え合い
⑤ 社会生活との関わり　　　　⑩ 豊かな感性と表現

　保育所等における3歳以上の利用児童数は, 前回の保育所保育指針の改定から増加傾向にあり, 2015年からは子ども・子育て支援新制度の開始もあって幼稚園の園児数を上回るようになった（図1-2, 図2-1参照）。こうした状況から, 保育所等における幼児教育の重要性はさらに高まっていくものと考えられる。

　なお幼稚園教育要領, 幼保連携型認定こども園教育・保育要領に記載されている「主体的・対話的で深い学び」（アクティブ・ラーニング）,「カリキュラム・マネジメント」については, 新指針でそれらの用語を使っては触れていない。しかし, 子どもの主体的な活動を促すために, 全体的な計画などを子どもの実態や子どもを取り巻く状況の変化などに即して手直ししていく, PDCAの重要性について述べている（「主体的・対話的で深い学び」および「カリキュラム・マネジメント」については第1章を参照）。

（3）小学校教育との円滑なつながり

　従来, 小学校教育はいわばゼロからスタートするものと考えられてきた。そのため, ほとんどの子どもが幼稚園, 保育所, 認定こども園などに通い, 小学校教育に求められる幼児として

の資質・能力はある程度育成されており，既に多くを学んでいることが見逃されていた。そこで，幼児教育が保育所での教育を含め，小学校以降の学習や生活の基盤の育成につながる重要な機会であるとの認識から，保育所保育でも小学校とのつながりを一層図るべきことが強調されるようになった。

　このため新指針では，前回以上に「小学校との連携」の項の充実を図っている。具体的には「幼児期にふさわしい生活を通じて，創造的な思考や主体的な生活態度などの基礎を培うようにする」などの幼児教育の「見方・考え方」に通ずる表現を盛り込むとともに，「保育所保育において育まれた資質・能力を踏まえ（中略），小学校教師との意見交換や合同の研究の機会などを設け（中略）『幼児期の終わりまでに育ってほしい姿』を共有するなど連携を図り」など，幼児期に育ってほしい資質・能力とその具体的な姿を幼保小で連携し円滑な接続に向けていくことの重要性が明記されている。

(4) 健康および安全な保育環境の確保

　子どもの育ちをめぐる環境の変化を踏まえ，食育の推進，安全な保育環境の確保等の記載内容を変更している。食育に関しては，前回の改定以降，2回にわたる食育推進基本計画の策定を反映させ，保育所における食育のさらなる浸透を目指し，記述内容の充実を図っている。また，保育所における食物アレルギー有病率が4.9％（平成21年度日本保育園保健協議会調査（現：日本保健保育協議会））と高率であることから，食物アレルギーに対する職員全員の共通理解を高める内容となった。

　さらに2011（平成23）年3月11日の東日本大震災や2016年の熊本地震の経験を踏まえて，行政機関や地域の関係機関と連携しながら，日頃からの備えや危機管理体制づくり等を進めるとともに，災害発生時の保護者との連絡，子どもの引渡しの円滑化などが記載された。

(5) 子育て支援の充実

　前回の改定から保育所に入所する子どもの保護者の支援が加わった（「保護者支援」）が，新指針では「保護者支援」の章を「子育て支援」に改め，保護者・家庭と連携した，質の高い子育てのための記述内容の充実を図っている。また，貧困家庭，外国籍家庭など特別な配慮を必要とする家庭の増加，児童虐待の相談件数の増加に対応した記述内容となっている。

(6) 職員の資質・専門性の向上

　子育て環境をめぐる地域・家庭の状況が変化（核家族化により子育て支援・協力が困難，共働き家庭の増加，父親の長時間労働，兄弟姉妹の減少から乳幼児と触れ合う機会のないまま親となった保護者の増加等）から，保育士は今まで以上にその専門性を高めることが求められるようなった。こうした時代背景から，専門職としての保育士等の資質の向上を目指した記述内容の充実と，そのためのキャリアパス（career path）の明確化，研修計画の体系化について新たに記載された。

　なお2015年度から実施されている「子ども・子育て支援新制度」では，より質の高い幼児教育提供のために，さまざまな支援が行われるようになった。その中で「幼稚園，保育所，認定こども園などの職員の処遇改善」が謳われており，具体的には職員の給与の改善，研修の充実など，キャリアップの取り組みに対する支援が掲げられている。

3．新しい保育所保育指針の概要（中央説明会資料による）

　改定の方向性を踏まえて、前回の改定における大綱化の方針を維持しつつ、必要な章立ての見直しと記載内容の変更・追記等を行った。主な変更点及び新たな記載内容は、以下の通りである。

（1）総則

　保育所の役割や保育の目標など保育所保育に関する基本原則を示した上で、養護は保育所保育の基盤であり、保育所保育指針全体にとって重要なものであることから、「養護に関する基本的事項」（「生命の保持」と「情緒の安定」）を総則において記載することとした。

　また、「保育の計画及び評価」についても総則で示すとともに、改定前の保育所保育指針における「保育課程の編成」については、「全体的な計画の作成」とし、幼保連携型認定こども園教育・保育要領、幼稚園教育要領との構成的な整合性を図った。

　さらに、「幼児教育を行う施設として共有すべき事項」として、「育みたい資質・能力」3項目及び「幼児期の終わりまでに育ってほしい姿」10項目を、新たに示した。

（2）保育の内容

　保育所における教育については、幼保連携型認定こども園及び幼稚園と構成の共通化を図り、「健康・人間関係・環境・言葉・表現」の各領域における「ねらい」「内容」「内容の取扱い」を記載した。その際、保育所においては発達による変化が著しい乳幼児期の子どもが長期にわたって在籍することを踏まえ、乳児・1歳以上3歳未満児・3歳以上児に分けて記載するとともに、改定前の保育所保育指針第2章において示した「子どもの発達」に関する内容を、「基本的な事項」として、各時期のねらいや内容等とあわせて記述することとした。

　乳児保育については、この時期の発達の特性を踏まえ、生活や遊びが充実することを通して、子どもたちの身体的・社会的精神的発達の基盤を培うという基本的な考え方の下、乳児を主体に、「健やかに伸び伸びと育つ」（健康な心と体を育て、自ら健康で安全な生活をつくり出す力の基盤を培う）、「身近な人と気持ちが通じ合う」（受容的・応答的な関わりの下で、何かを伝えようとする意欲や身近な大人との信頼関係を育て、人と関わる力の基盤を培う）、「身近なものと関わり感性が育つ」（身近な環境に興味や好奇心をもって関わり、感じたことや考えたことを表現する力の基盤を培う）という3つの視点から、保育の内容等を記載した。1歳以上3歳未満児については言葉と表現活動が生まれることに応じて、3歳以上と同様の5つの領域を構成している。

　さらに、年齢別に記述するのみでは十分ではない項目については、別途配慮事項として示した。

（3）健康及び安全

　子どもの育ちをめぐる環境の変化や様々な研究、調査等による知見を踏まえ、アレルギー疾患を有する子どもの保育及び重大事故の発生しやすい保育の場面を具体的に提示しての事故防止の取組について、新たに記載した。

　また、食育の推進に関する項目について、記述内容の充実を図った。さらに、子どもの生命を守るため、施設・設備等の安全確保や災害発生時の対応体制及び避難への備え、地域の関係機関との連携など、保育所における災害への備えに関する節を新たに設けた。

（4）子育て支援

改定前の保育所保育指針と同様に，子育て家庭に対する支援についての基本的事項を示した上で，保育所を利用している保護者に対する子育て支援と，地域の保護者等に対する子育て支援について述べる構成となっている。

基本的事項については，改定前の保育所保育指針の考え方や留意事項を踏襲しつつ，記述内容を整理するとともに，「保護者が子どもの成長に気付き子育ての喜びを感じられるよう努める」ことを明記した。

また，保育所を利用している保護者に対する子育て支援については，保護者の子育てを自ら実践する力の向上に寄与する取組として，保育の活動に対する保護者の積極的な参加について記載するとともに，外国籍家庭など特別なニーズを有する家庭への個別的な支援に関する事項を新たに示した。

地域の保護者等に対する子育て支援に関しても，改定前の保育所保育指針において示された関係機関との連携や協働，要保護児童への対応等とともに，保育所保育の専門性を生かすことや一時預かり事業等における日常の保育との関連への配慮など，保育所がその環境や特性を生かして地域に開かれた子育て支援を行うことをより明示的に記載した。

（5）職員の資質向上

職員の資質・専門性とその向上について，各々の自己研鑽とともに，保育所が組織として職員のキャリアパスを見据えた研修機会の確保や充実を図ることを重視し，施設長の責務や体系的・計画的な研修の実施体制の構築，保育士等の役割分担や職員の勤務体制の工夫等，取組の内容や方法を具体的に示した。

＜参考文献＞

厚生労働省『保育所保育指針』2017.3.31
文部科学省『幼稚園教育要領』2017.3.31
内閣府・文部科学省・厚生労働省『幼保連携型認定こども園教育・保育要領』2017.3.31
中央教育審議会『幼稚園，小学校，中学校，高等学校及び特別支援学校の学習指導要領等の改善及び必要な方策等について（答申）』2016.12.21
無藤　隆『今後の幼児教育とは　幼稚園教育要領，保育所保育指針，幼保連携型認定こども園教育・保育要領，小学校学習指導要領の改訂を受けて』2017.1.16 国立教育政策研究所 幼児教育研究センター発足記念 平成28年度教育研究公開シンポジウム
淵上　孝『私立幼稚園を取り巻く現状と課題について』2016.1.28 全日本私立幼稚園連合会 平成27年度第2回都道府県政策担当者会議
厚生労働省『保育所等関連状況取りまとめ（平成29年4月1日）』2017.9.2
池本美香，立岡健二郎『保育ニーズの将来展望と対応の在り方』JRIレビュー Vol.3, No.42 ㈱日本総合研究所
東京都教育委員会『小1問題・中1ギャップの予防・解決のための「教員加配に関わる効果検証」に関する調査　最終報告書について』2013.4.25
日本保育園保健協議会（現：日本保育保健協議会）『保育所における食物アレルギーにかかわる調査研究』2010.3

第3章　幼保連携型認定こども園教育・保育要領の改訂について

１．はじめに
(1) これまでの流れ
　認定こども園は，小学校入学前の子どもに対する幼児教育・保育，ならびに保護者に対する子育ての支援を総合的に提供する施設として，2006（平成18）年に「就学前の子どもに関する教育，保育等の総合的な提供の推進に関する法律」（認定こども園法）の成立により，同年10月から開始された。周知のように認定こども園は，幼保連携型，幼稚園型，保育所型，地方裁量型の4タイプに分けられており，制度発足の当初は，幼稚園型が学校教育法に基づく認可，保育所型が児童福祉法に基づく認可，また幼保連携型が学校教育法および児童福祉法に基づくそれぞれの認可が必要であった。そのため2014（平成26）年に認定こども園法を改正し，幼保連携型認定こども園は認定こども園法に基づく単一の認可（教育基本法第6条の法律で定める学校）とし，管轄省庁も内閣府に一本化した。また同年には「幼保連携型認定こども園教育・保育要領」（以下，教育・保育要領）が策定され，0歳から小学校就学前までの子どもの一貫した保育・教育が実施されるようになった（幼保連携型認定こども園以外の認定こども園においても教育・保育要領を踏まえることとしている）。それらに基づき，2015年（平成27年）4月より，子ども・子育て支援新制度の開始とともに，新しい形の単一認可による幼保連携型認定こども園が発足した。

(2) 認定こども園を取り巻く環境
　2017（平成29）年3月31日に告示された新しい教育・保育要領は，2014年の策定に続くもので，『幼稚園教育要領』『保育所保育指針』の改訂（改定）との整合性を図ったものとなっている。認定こども園の施設数は，2014年までは緩やかな増加となっていたが，2014年に幼保連携型の認可が一元化されたこと，また2015年から子ども・子育て支援新制度がスタートし施設給付型に変わったことなどから，幼保連携型施設が大幅に増加し，2016（平成28）年には認定こども園全体で4,001施設，2017（平成29）年では5,081施設となった（図3－1）。このうち幼稚園，保育所等の既存の施設から認定こども園に移行した施設は，幼稚園377か所（2015年639か所，2016年438か所），認可保育所715か所（2015年1,047か所，2016年786か所），その他の保育施設35か所と，既存の施設からの移行が9割以上を占めている（なお認定こども園から認定こども園以外の施設に移行した施設は2015年128か所，2016年4か所，2017年4か所となっている）。一方，新規開設した施設は比較的少ないが（2015年16か所，2016年37か所），2017年は60施設が新規開設となっており年々増加傾向にある。

　認定こども園制度の一番の目的は，「待機児童ゼロ」政策の一環として，保護者の就労の有無に関わらず，小学校就学前の児童に対し幼稚園・保育所の制度の枠組みを超えた幼児教育・保育を提供することであった。しかし，待機児童数が減る兆しは一向にみえておらず，子ども・子育て支援新制度がスタートし保育所等の施設数・定員が増えた2015年，2016年においても，その数は減っていない。なかでも産前産後休業あるいは育児休業後の職場復帰を考えている共働き家庭で保育ニーズの高い3歳未満児の待機児童数は，若干の減少はみられても，ほぼ毎年2万人前後で推移している（図2－3参照）。これは，それまで保育所に入ることができずに母親の就労をあきらめていた家庭が保育施設の増設に伴い，幼児の保育所への入所を希

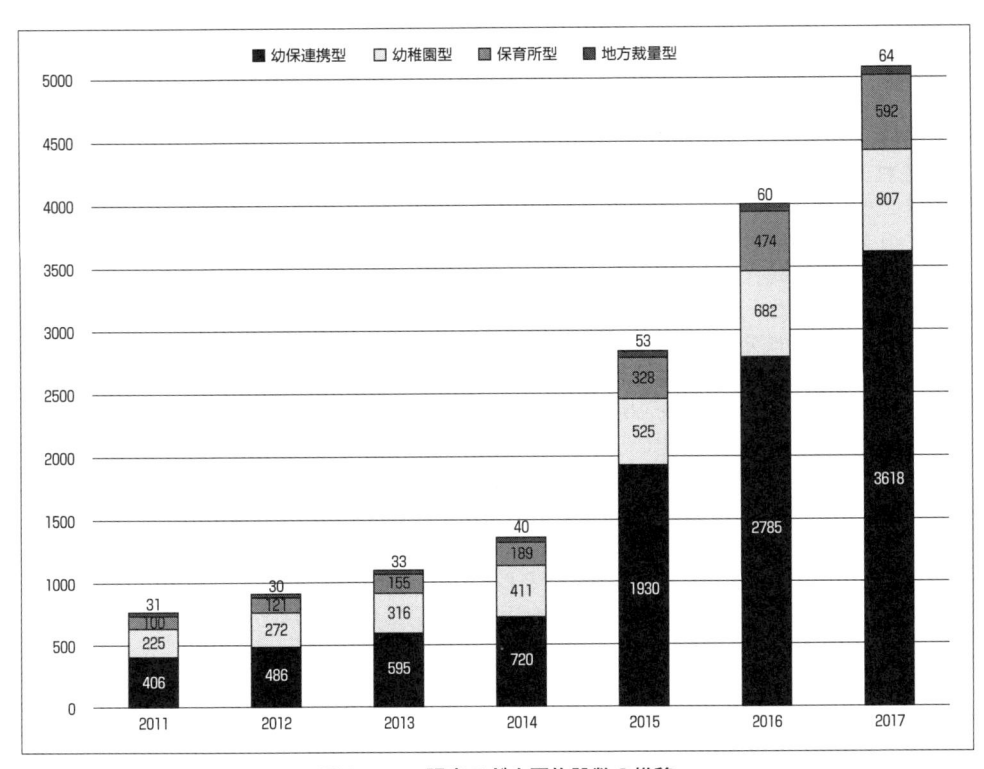

図3-1　認定こども園施設数の推移

望するようになったという隠れ需要が出てきていることによるといわれている。
　今後も少子化の流れに変わりはないと思われるが，女性の社会進出がより進むことで5歳以下の幼児保育のニーズは増えていくと予想されている。また，第1章でも述べたように，中央教育審議会の求める「質の高い幼児教育」の提供という観点から幼児教育を担う幼稚園の存在意義はさらに大きくなるものと考えられる。こうしたことから幼稚園機能と保育所機能の両方を併せ持つ幼保連携型をはじめとする認定こども園の重要性はこれからさらに増していくものと思われる。

2．幼保連携型認定こども園教育・保育要領改訂のポイント

　今回の改訂では，基本的には幼稚園教育要領での改訂，および保育所保育指針の改定に準拠したものとなっている。そのため，幼稚園教育要領および保育所保育指針の改訂（改定）のポイントなっている，幼児教育（保育）を通じて「育みたい資質・能力」および「幼児期の終わりまでに育ってほしい姿」が，新しい教育・保育要領の改訂版でも強調されている。なお，以下の（1）から（4）は幼稚園教育要領に準拠，また（5）から（7）は保育所保育指針に準拠した内容となっている。

(1) 幼保連携型認定こども園の教育および保育において育みたい資質・能力および「幼児期の終わりまでに育ってほしい姿」

現行の中央教育審議会の答申で述べられている「生きる力」の基礎を育むために子どもたちに以下の3つの資質・能力を育むことを明記している。

① 豊かな体験を通じて，感じたり，気付いたり，分かったり，できるようになったりする「知識及び技能の基礎」
② 気付いたことや，できるようになったことなどを使い，考えたり，試したり，工夫したり，表現したりする「思考力，判断力，表現力等の基礎」
③ 心情，意欲，態度が育つ中で，よりよい生活を営もうとする「学びに向かう力，人間性等」

そして，この3つの資質・能力が育まれている幼児の幼保連携型認定こども園修了時の具体的な姿が以下の10の姿である。

① 健康な心と体
② 自立心
③ 協同性
④ 道徳性・規範意識の芽生え
⑤ 社会生活との関わり
⑥ 思考力の芽生え
⑦ 自然との関わり・生命尊重
⑧ 数量や図形，標識や文字などへの関心・感覚
⑨ 言葉による伝え合い
⑩ 豊かな感性と表現

(2) カリキュラム・マネジメント

新教育・保育要領では，この「幼児期の終わりまでに育ってほしい姿」を踏まえて教育および保育の内容ならびに子育ての支援などに関する全体的な計画を作成し，その実施状況を評価して改善していくこと，また実施に必要な人的・物的な体制を確保し改善することで，幼保連携型認定こども園における教育および保育の質を高めていくカリキュラム・マネジメントの考え方が導入されている。

(3) 小学校教育との接続

幼保連携型認定こども園における教育および保育と小学校教育との円滑な接続の一層の強化を図ることを目的に，小学校教育との接続に関する記載が設けられた。ここでは幼保連携型認定こども園で育みたい3つの資質・能力を踏まえ，小学校の教諭との意見交換や合同研究の機会，また「幼児期の終わりまでに育ってほしい姿」を共有するなどの連携と接続の重要性が述べられている。

(4)「主体的・対話的で深い学び」（アクティブ・ラーニング）の実現

中央教育審議会の答申で述べられている，学ぶことに興味・関心を持ち，見通しを持って粘り強く取り組み，自己の学習活動を振り返って次につなげる「主体的な学び」，子ども同士の協働・教職員や地域の人との対話・先哲の考え方を手がかりに考えるなどを通じて，自己の考えを広め深める「対話的な学び」，そして得られた知識を相互に関連付けてより深く理解したり，情報を精査して考えを形成したり，問題を見出し解決策を思考したり，自分の思い・考えを基に創造へと向かう「深い学び」の実現を謳っている。幼保連携型認定こども園においては，子どもたちがさまざまな人やものとの関わりを通して，多様な体験をし，心身の調和の取れた発達を促す際に，この「主体的・対話的で深い学び」が実現されることを求めている。

(5) 乳児・1歳以上3才未満児の保育の記載を充実

　新保育所保育指針との整合性を取り，「第2章　ねらい及び内容並びに配慮事項」では，乳児，1歳以上3才未満，満3歳以上の3つの年齢に分けている。そして各年齢における保育内容を原則として5領域に則り，それぞれの年齢区分における成長の特徴を詳細に記載する内容となっている。乳児に関しては，「健やかに伸び伸びと育つ」（健康な心と体を育て，自ら健康で安全な生活をつくりだす力の基盤を培う），「身近な人と気持ちが通じ合う」（受容的・応答的な関わりの下で，何かを伝えようとする意欲や身近な大人との信頼関係を育て，人と関わる力の基盤を培う），「身近なものと関わり感性が育つ」（身近な環境に興味や好奇心をもって関わり，感じたことや考えたことを表現する力の基盤を培う）という3つの関わりの視点とした。1歳以上3歳未満児については，言葉が生まれ，表現活動が始まることに応じて，3歳以上と同様の5つの領域を構成する。なお「3歳以上児」については，保育所保育指針と同じく，幼稚園教育要領の「第2章　ねらい及び内容」に準拠した内容となっている。

(6) 健康及び安全

　新しい教育・保育要領では，これまで「幼保連携型認定こども園として特に配慮すべき事項」に含まれていた「健康支援」「食育の推進」「環境及び衛生管理並びに安全管理」の3項目に，新たに「災害の備え」を付け加えた「第3章　健康及び安全」を新設している。内容としては，新しい保育所保育指針に準拠することで，保育における子どもの健康，安全性の確保の重要性を明記している。

(7) 子育ての支援の充実

　現行の教育・保育要領では「子育ての支援」は「幼保連携型認定こども園として特に配慮すべき事項」に含まれていたが，新しい教育・保育要領では「第4章　子育ての支援」として独立した章立てとし，園児の保護者ならびに地域の子育て家庭の保護者に向けた総合的な支援の提供を謳っている。内容としては，保育所保育指針との整合性を図っているほか，認定こども園独自の問題として，園に幼稚園機能を求める保護者と保育所機能を求める保護者との意識の違いの解消を目的とした記載もみられる。

3．新しい幼保連携型認定こども園教育・保育要領の概要（中央説明会資料による）

(1) 総則

① 幼保連携型認定こども園における教育及び保育の基本及び目標等

　幼保連携型認定こども園における教育及び保育の基本の中で，幼児期の物事を捉える視点や考え方である幼児期における見方・考え方を新たに示すとともに，計画的な環境の構成に関連して，教材を工夫すること，また，教育及び保育は，園児が入園してから修了するまでの在園期間全体を通して行われるものであることを新たに示した。

　さらに，幼保連携型認定こども園の教育及び保育において育みたい資質・能力と園児の幼保連携型認定こども園修了時の具体的な姿である「幼児期の終わりまでに育ってほしい姿」を新たに示すとともに，これらと第2章の「ねらい」及び「内容」との関係について新たに示した。

② 教育及び保育の内容並びに子育ての支援等に関する全体的な計画等
ア 教育及び保育の内容並びに子育ての支援等に関する全体的な計画の作成等
　幼稚園教育要領等を踏まえて，次のことを新たに示した。
　・教育及び保育の内容並びに子育ての支援等に関する全体的な計画（全体的な計画）は，どのような計画か
　・各幼保連携型認定こども園においてカリキュラム・マネジメントに努めること
　・各幼保連携型認定こども園の教育及び保育の目標を明確化及び全体的な計画の作成についての基本的な方針が共有されるよう努めること
　・園長の方針の下，保育教諭等職員が適切に役割を分担，連携しつつ，全体的な計画や指導の改善を図るとともに，教育及び保育等に係る評価について，カリキュラム・マネジメントと関連を図りながら実施するよう留意すること
　・「幼児期の終わりまでに育ってほしい姿」を共有するなど連携を図り，幼保連携型認定こども園における教育及び保育と小学校教育との円滑な接続を図るよう努めること
イ 指導計画の作成と園児の理解に基づいた評価
　幼稚園教育要領を踏まえて，次のことを新たに示した。
　・多様な体験に関連して，園児の発達に即して主体的・対話的で深い学びが実現するようにすること
　・園児の発達を踏まえた言語環境を整え，言語活動の充実を図ること
　・保育教諭等や他の園児と共に遊びや生活の中で見通しをもったり振り返ったりするよう工夫すること
　・直接体験の重要性を踏まえ，視聴覚教材やコンピュータなど情報機器を活用する際には，園生活では得難い体験を補完するなど，園児の体験との関連を考慮すること
　・幼保連携型認定こども園間に加え，小学校等との間の連携や交流を図るとともに，障害のある園児等との交流及び共同学習の機会を設け，協働して生活していく態度を育むよう努めること
　・園児一人一人のよさや可能性を把握するなど園児の理解に基づいた評価を実施すること
　・評価の実施の際には，他の園児との比較や一定の基準に対する達成度についての評定によって捉えるものではないことに留意すること
ウ 特別な配慮を必要とする園児への指導
　幼稚園教育要領を踏まえて次のことを新たに示した。
　・障害のある園児への指導に当たって，長期的な視点で園児への教育的支援を行うため，個別の教育及び保育支援計画や個別の指導計画を作成し活用することに努めること
　・海外から帰国した園児や生活に必要な日本語の習得に困難のある園児については，個々の園児の実態に応じ，指導内容等の工夫を組織的かつ計画的に行うこと
③ 幼保連携型認定こども園として特に配慮すべき事項
　前回の幼保連携型認定こども園教育・保育要領の策定，施行後の実践を踏まえた知見等を基に，次のことなどを新たに示した。
・満3歳以上の園児の入園時や移行時等の情報共有や，環境の工夫等について
・環境を通して行う教育及び保育の活動の充実を図るため，教育及び保育の環境の構成に当たっては，多様な経験を有する園児同士が学び合い，豊かな経験を積み重ねられるよう，工夫をすること

- 長期的な休業中の多様な生活経験が長期的な休業などの終了後等の園生活に生かされるよう工夫をすること

(2) ねらい及び内容並びに配慮事項

　満3歳未満の園児の保育に関するねらい及び内容並びに配慮事項等に関しては保育所保育指針の保育の内容の新たな記載を踏まえ，また，満3歳以上の園児の教育及び保育に関するねらい及び内容に関しては幼稚園教育要領のねらい及び内容の改善・充実を踏まえて，それぞれ新たに示した。

- 「ねらい」は幼保連携型認定こども園の教育及び保育において育みたい資質・能力を園児の生活する姿から捉えたものであること
- 「内容の取扱い」は園児の発達を踏まえた指導を行うに当たって留意すべき事項であること
- 「幼児期の終わりまでに育ってほしい姿」は指導を行う際に考慮するものであること
- 各視点や領域は，この時期の発達の特徴を踏まえ，乳幼児の発達の側面からまとめ示したものであること

　また，幼保連携型認定こども園においては，長期にわたって在籍する園児もいることを踏まえ，乳児期・満1歳以上満3歳未満の園児・満3歳以上の園児に分けて記載するとともに，「子どもの発達」に関する内容を，「基本的な事項」として各時期のねらいや内容等とあわせて新たに示した。

① 乳児期の園児の保育に関するねらい及び内容

　乳児期の発達の特徴を示すとともに，それらを踏まえ，ねらい及び内容について身体的発達に関する視点「健やかに伸び伸びと育つ」，社会的発達に関する視点「身近な人と気持ちが通じ合う」，精神的発達に関する視点「身近なものと関わり感性が育つ」としてまとめ，新たに示した。

② 満1歳以上満3歳未満の園児の保育に関するねらい及び内容

　この時期の発達の特徴を示すとともに，それらを踏まえ，ねらい及び内容について心身の健康に関する領域「健康」，人との関わりに関する領域「人間関係」，身近な環境との関わりに関する領域「環境」，言葉の獲得に関する領域「言葉」及び感性と表現に関する領域「表現」としてまとめ，新たに示した。

③ 満3歳以上の園児の教育及び保育に関するねらい及び内容

　この時期の発達の特徴を示すとともに，それらを踏まえ，ねらい及び内容について心身の健康に関する領域「健康」，人との関わりに関する領域「人間関係」，身近な環境との関わりに関する領域「環境」，言葉の獲得に関する領域「言葉」及び感性と表現に関する領域「表現」としてまとめ，内容の改善を図り，充実させた。

④ 教育及び保育の実施に関する配慮事項

　保育所保育指針を踏まえて，次のことなどを新たに示した。

- 心身の発達や個人差，個々の気持ち等を踏まえ，援助すること
- 心と体の健康等に留意すること
- 園児が自ら周囲へ働き掛け自ら行う活動を見守り，援助すること
- 入園時の個別対応や周りの園児への留意等
- 国籍や文化の違い等への留意等

・性差や個人差等への留意等

(3) 健康及び安全
　現代的な諸課題を踏まえ，特に，以下の事項の改善・充実を図った。
　また，全職員が相互に連携し，それぞれの専門性を生かしながら，組織的かつ適切な対応を行うことができるような体制整備や研修を行うことを新たに示した。
・アレルギー疾患を有する園児への対応や環境の整備等
・食育の推進における，保護者や地域，関係機関等との連携や協働
・環境及び衛生管理等における職員の衛生知識の向上
・重大事故防止の対策等
・災害への備えとして，施設・設備等の安全確保，災害発生時の対応や体制等，地域の関係機関との連携

(4) 子育ての支援
　子育ての支援に関して，特に以下の事項の内容の改善・充実を図った。
　○ 子育ての全般に関わる事項について
・保護者の自己決定の尊重や幼保連携型認定こども園の特性を生かすこと
・園全体の体制構築に努めることや地域の関係機関との連携構築，子どものプライバシーの保護・秘密保持
　○ 幼保連携型認定こども園の園児の保護者に対する事項について
・多様な生活形態の保護者に対する教育及び保育の活動等への参加の工夫
・保護者同士の相互理解や気付き合い等への工夫や配慮
・保護者の多様化した教育及び保育の需要への対応等
　○ 地域における子育て家庭の保護者に対する事項について
・地域の子どもに対する一時預かり事業などと教育及び保育との関連への考慮
・幼保連携型認定こども園の地域における役割等

＜参考文献＞
内閣府・文部科学省・厚生労働省『幼保連携型認定こども園教育・保育要領』2017.3.31
文部科学省『幼稚園教育要領』2017.3.31
厚生労働省『保育所保育指針』2017.3.31
中央教育審議会『幼稚園，小学校，中学校，高等学校及び特別支援学校の学習指導要領等の改善及び必要な方策等について（答申）』2016.12.21
無藤 隆『今後の幼児教育とは 幼稚園教育要領，保育所保育指針，幼保連携型認定こども園教育・保育要領，小学校学習指導要領の改訂を受けて』2017.1.16 国立教育政策研究所 幼児教育研究センター発足記念 平成28年度教育研究公開シンポジウム
淵上 孝『私立幼稚園を取り巻く現状と課題について』2016.1.28 全日本私立幼稚園連合会 平成27年度第2回都道府県政策担当者会議
池本美香，立岡健二郎『保育ニーズの将来展望と対応の在り方』JRI レビュー Vol.3. No. 42 ㈱日本総合研究所

内閣府『認定こども園に関する状況について（平成29年4月1日）』2017.9.8
文部科学省『平成26年度幼児教育実態調査』2015.10
厚生労働省『保育所等関連状況取りまとめ（平成29年4月1日）』2017.9.1
東京都教育委員会『小1問題・中1ギャップの予防・解決のための「教員加配に関わる効果検証」に関する調査　最終報告書について』2013.4.25

資料　幼稚園教育要領

（平成29年3月31日文部科学省告示第62号）
（平成30年4月1日から施行）

　教育は，教育基本法第1条に定めるとおり，人格の完成を目指し，平和で民主的な国家及び社会の形成者として必要な資質を備えた心身ともに健康な国民の育成を期すという目的のもと，同法第2条に掲げる次の目標を達成するよう行われなければならない。
　1　幅広い知識と教養を身に付け，真理を求める態度を養い，豊かな情操と道徳心を培うとともに，健やかな身体を養うこと。
　2　個人の価値を尊重して，その能力を伸ばし，創造性を培い，自主及び自律の精神を養うとともに，職業及び生活との関連を重視し，勤労を重んずる態度を養うこと。
　3　正義と責任，男女の平等，自他の敬愛と協力を重んずるとともに，公共の精神に基づき，主体的に社会の形成に参画し，その発展に寄与する態度を養うこと。
　4　生命を尊び，自然を大切にし，環境の保全に寄与する態度を養うこと。
　5　伝統と文化を尊重し，それらをはぐくんできた我が国と郷土を愛するとともに，他国を尊重し，国際社会の平和と発展に寄与する態度を養うこと。
　また，幼児期の教育については，同法第11条に掲げるとおり，生涯にわたる人格形成の基礎を培う重要なものであることにかんがみ，国及び地方公共団体は，幼児の健やかな成長に資する良好な環境の整備その他適当な方法によって，その振興に努めなければならないこととされている。
　これからの幼稚園には，学校教育の始まりとして，こうした教育の目的及び目標の達成を目指しつつ，一人一人の幼児が，将来，自分のよさや可能性を認識するとともに，あらゆる他者を価値のある存在として尊重し，多様な人々と協働しながら様々な社会的変化を乗り越え，豊かな人生を切り拓き，持続可能な社会の創り手となることができるようにするための基礎を培うことが求められる。このために必要な教育の在り方を具体化するのが，各幼稚園において教育の内容等を組織的かつ計画的に組み立てた教育課程である。
　教育課程を通して，これからの時代に求められる教育を実現していくためには，よりよい学校教育を通してよりよい社会を創るという理念を学校と社会とが共有し，それぞれの幼稚園において，幼児期にふさわしい生活をどのように展開し，どのような資質・能力を育むようにするのかを教育課程において明確にしながら，社会との連携及び協働によりその実現を図っていくという，社会に開かれた教育課程の実現が重要となる。
　幼稚園教育要領とは，こうした理念の実現に向けて必要となる教育課程の基準を大綱的に定めるものである。幼稚園教育要領が果たす役割の一つは，公の性質を有する幼稚園における教育水準を全国的に確保することである。また，各幼稚園がその特色を生かして創意工夫を重ね，長年にわたり積み重ねられてきた教育実践や学術研究の蓄積を生かしながら，幼児や地域の現状や課題を捉え，家庭や地域社会と協力して，幼稚園教育要領を踏まえた教育活動の更なる充実を図っていくことも重要である。
　幼児の自発的な活動としての遊びを生み出すために必要な環境を整え，一人一人の資質・能力を育んでいくことは，教職員をはじめとする幼稚園関係者はもとより，家庭や地域の人々も含め，様々な立場から幼児や幼稚園に関わる全ての大人に期待される役割である。家庭との緊密な連携の下，小学校以降の教育や生涯にわたる学習とのつながりを見通しながら，幼児の自発的な活動としての遊びを通しての総合的な指導をする際に広く活用されるものとなることを期待して，ここに幼稚園教育要領を定める。

　　　　第1章　総　則

第1　幼稚園教育の基本
　幼児期の教育は，生涯にわたる人格形成の基礎を培う重要なものであり，幼稚園教育は，学校教育法に規定する目的及び目標を達成するため，幼児期の特性を踏まえ，環境を通して行うものであることを基本とする。
　このため教師は，幼児との信頼関係を十分に築き，幼児が身近な環境に主体的に関わり，環境との関わり方や意味に気付き，これらを取り込もうとして，試行錯誤したり，考えたりするようになる幼児期の教育における見方・考え方を生かし，幼児と共によりよい教育環境を創造するように努めるものとする。これらを踏まえ，次に示す事項を重視して教育を行わなければならない。
　1　幼児は安定した情緒の下で自己を十分に発揮することにより発達に必要な体験を得ていくものであることを考慮して，幼児の主体的な活動を促し，幼児期にふさわしい生活が展開されるようにすること。
　2　幼児の自発的な活動としての遊びは，心身の調和のとれた発達の基礎を培う重要な学習であることを考慮して，遊びを通しての指導を中心として第2章に示すねらいが総合的に達成されるようにすること。
　3　幼児の発達は，心身の諸側面が相互に関連し合い，多様な経過をたどって成し遂げられていくものであること，また，幼児の生活経験がそれぞれ異なることなどを考慮して，幼児一人一人の特性に応じ，発達の課

題に即した指導を行うようにすること。

　その際，教師は，幼児の主体的な活動が確保されるよう幼児一人一人の行動の理解と予想に基づき，計画的に環境を構成しなければならない。この場合において，教師は，幼児と人やものとの関わりが重要であることを踏まえ，教材を工夫し，物的・空間的環境を構成しなければならない。また，幼児一人一人の活動の場面に応じて，様々な役割を果たし，その活動を豊かにしなければならない。

第2　幼稚園教育において育みたい資質・能力及び「幼児期の終わりまでに育ってほしい姿」
1　幼稚園においては，生きる力の基礎を育むため，この章の第1に示す幼稚園教育の基本を踏まえ，次に掲げる資質・能力を一体的に育むよう努めるものとする。
　(1) 豊かな体験を通じて，感じたり，気付いたり，分かったり，できるようになったりする「知識及び技能の基礎」
　(2) 気付いたことや，できるようになったことなどを使い，考えたり，試したり，工夫したり，表現したりする「思考力，判断力，表現力等の基礎」
　(3) 心情，意欲，態度が育つ中で，よりよい生活を営もうとする「学びに向かう力，人間性等」
2　1に示す資質・能力は，第2章に示すねらい及び内容に基づく活動全体によって育むものである。
3　次に示す「幼児期の終わりまでに育ってほしい姿」は，第2章に示すねらい及び内容に基づく活動全体を通して資質・能力が育まれている幼児の幼稚園修了時の具体的な姿であり，教師が指導を行う際に考慮するものである。
　(1) 健康な心と体
　　幼稚園生活の中で，充実感をもって自分のやりたいことに向かって心と体を十分に働かせ，見通しをもって行動し，自ら健康で安全な生活をつくり出すようになる。
　(2) 自立心
　　身近な環境に主体的に関わり様々な活動を楽しむ中で，しなければならないことを自覚し，自分の力で行うために考えたり，工夫したりしながら，諦めずにやり遂げることで達成感を味わい，自信をもって行動するようになる。
　(3) 協同性
　　友達と関わる中で，互いの思いや考えなどを共有し，共通の目的の実現に向けて，考えたり，工夫したり，協力したりし，充実感をもってやり遂げるようになる。
　(4) 道徳性・規範意識の芽生え
　　友達と様々な体験を重ねる中で，してよいことや悪いことが分かり，自分の行動を振り返ったり，友達の気持ちに共感したりし，相手の立場に立って行動するようになる。また，きまりを守る必要性が分かり，自分の気持ちを調整し，友達と折り合いを付けながら，きまりをつくったり，守ったりするようになる。
　(5) 社会生活との関わり
　　家族を大切にしようとする気持ちをもつとともに，地域の身近な人と触れ合う中で，人との様々な関わり方に気付き，相手の気持ちを考えて関わり，自分が役に立つ喜びを感じ，地域に親しみをもつようになる。また，幼稚園内外の様々な環境に関わる中で，遊びや生活に必要な情報を取り入れ，情報に基づき判断したり，情報を伝え合ったり，活用したりするなど，情報を役立てながら活動するようになるとともに，公共の施設を大切に利用するなどして，社会とのつながりなどを意識するようになる。
　(6) 思考力の芽生え
　　身近な事象に積極的に関わる中で，物の性質や仕組みなどを感じ取ったり，気付いたりし，考えたり，予想したり，工夫したりするなど，多様な関わりを楽しむようになる。また，友達の様々な考えに触れる中で，自分と異なる考えがあることに気付き，自ら判断したり，考え直したりするなど，新しい考えを生み出す喜びを味わいながら，自分の考えをよりよいものにするようになる。
　(7) 自然との関わり・生命尊重
　　自然に触れて感動する体験を通して，自然の変化などを感じ取り，好奇心や探究心をもって考え言葉などで表現しながら，身近な事象への関心が高まるとともに，自然への愛情や畏敬の念をもつようになる。また，身近な動植物に心を動かされる中で，生命の不思議さや尊さに気付き，身近な動植物への接し方を考え，命あるものとしていたわり，大切にする気持ちをもって関わるようになる。
　(8) 数量や図形，標識や文字などへの関心・感覚
　　遊びや生活の中で，数量や図形，標識や文字などに親しむ体験を重ねたり，標識や文字の役割に気付いたりし，自らの必要感に基づきこれらを活用し，興味や関心，感覚をもつようになる。
　(9) 言葉による伝え合い
　　先生や友達と心を通わせる中で，絵本や物語などに親しみながら，豊かな言葉や表現を身に付け，経験したことや考えたことなどを言葉で伝えたり，相手の話を注意して聞いたりし，言葉による伝え合い

を楽しむようになる。
（10）豊かな感性と表現
　　　心を動かす出来事などに触れ感性を働かせる中で，様々な素材の特徴や表現の仕方などに気付き，感じたことや考えたことを自分で表現したり，友達同士で表現する過程を楽しんだりし，表現する喜びを味わい，意欲をもつようになる。

第３　教育課程の役割と編成等
　１　教育課程の役割
　　　各幼稚園においては，教育基本法及び学校教育法その他の法令並びにこの幼稚園教育要領の示すところに従い，創意工夫を生かし，幼児の心身の発達と幼稚園及び地域の実態に即応した適切な教育課程を編成するものとする。
　　　また，各幼稚園においては，６に示す全体的な計画にも留意しながら，「幼児期の終わりまでに育ってほしい姿」を踏まえ教育課程を編成すること，教育課程の実施状況を評価してその改善を図っていくこと，教育課程の実施に必要な人的又は物的な体制を確保するとともにその改善を図っていくことなどを通して，教育課程に基づき組織的かつ計画的に各幼稚園の教育活動の質の向上を図っていくこと（以下「カリキュラム・マネジメント」という。）に努めるものとする。
　２　各幼稚園の教育目標と教育課程の編成
　　　教育課程の編成に当たっては，幼稚園教育において育みたい資質・能力を踏まえつつ，各幼稚園の教育目標を明確にするとともに，教育課程の編成についての基本的な方針が家庭や地域とも共有されるよう努めるものとする。
　３　教育課程の編成上の基本的事項
　（１）幼稚園生活の全体を通して第２章に示すねらいが総合的に達成されるよう，教育課程に係る教育期間や幼児の生活経験や発達の過程などを考慮して具体的なねらいと内容を組織するものとする。この場合においては，特に，自我が芽生え，他者の存在を意識し，自己を抑制しようとする気持ちが生まれる幼児期の発達の特性を踏まえ，入園から修了に至るまでの長期的な視野をもって充実した生活が展開できるように配慮するものとする。
　（２）幼稚園の毎学年の教育課程に係る教育週数は，特別の事情のある場合を除き，39週を下ってはならない。
　（３）幼稚園の１日の教育課程に係る教育時間は，４時間を標準とする。ただし，幼児の心身の発達の程度や季節などに適切に配慮するものとする。
　４　教育課程の編成上の留意事項
　　　教育課程の編成に当たっては，次の事項に留意するものとする。
　（１）幼児の生活は，入園当初の一人一人の遊びや教師との触れ合いを通して幼稚園生活に親しみ，安定していく時期から，他の幼児との関わりの中で幼児の主体的な活動が深まり，幼児が互いに必要な存在であることを認識するようになり，やがて幼児同士や学級全体で目的をもって協同して幼稚園生活を展開し，深めていく時期などに至るまでの過程を様々に経ながら広げられていくものであることを考慮し，活動がそれぞれの時期にふさわしく展開されるようにすること。
　（２）入園当初，特に，３歳児の入園については，家庭との連携を緊密にし，生活のリズムや安全面に十分配慮すること。また，満３歳児については，学年の途中から入園することを考慮し，幼児が安心して幼稚園生活を過ごすことができるよう配慮すること。
　（３）幼稚園生活が幼児にとって安全なものとなるよう，教職員による協力体制の下，幼児の主体的な活動を大切にしつつ，園庭や園舎などの環境の配慮や指導の工夫を行うこと。
　５　小学校教育との接続に当たっての留意事項
　（１）幼稚園においては，幼稚園教育が，小学校以降の生活や学習の基盤の育成につながることに配慮し，幼児期にふさわしい生活を通して，創造的な思考や主体的な生活態度などの基礎を培うようにするものとする。
　（２）幼稚園教育において育まれた資質・能力を踏まえ，小学校教育が円滑に行われるよう，小学校の教師との意見交換や合同の研究の機会などを設け，「幼児期の終わりまでに育ってほしい姿」を共有するなど連携を図り，幼稚園教育と小学校教育との円滑な接続を図るよう努めるものとする。
　６　全体的な計画の作成
　　　各幼稚園においては，教育課程を中心に，第３章に示す教育課程に係る教育時間の終了後等に行う教育活動の計画，学校保健計画，学校安全計画などとを関連させ，一体的に教育活動が展開されるよう全体的な計画を作成するものとする。

第４　指導計画の作成と幼児理解に基づいた評価
　１　指導計画の考え方
　　　幼稚園教育は，幼児が自ら意欲をもって環境と関わることによりつくり出される具体的な活動を通して，その目標の達成を図るものである。
　　　幼稚園においてはこのことを踏まえ，幼児期にふさわしい生活が展開され，適切な指導が行われるよう，

それぞれの幼稚園の教育課程に基づき，調和のとれた組織的，発展的な指導計画を作成し，幼児の活動に沿った柔軟な指導を行わなければならない。

2 指導計画の作成上の基本的事項
(1) 指導計画は，幼児の発達に即して一人一人の幼児が幼児期にふさわしい生活を展開し，必要な体験を得られるようにするために，具体的に作成するものとする。
(2) 指導計画の作成に当たっては，次に示すところにより，具体的なねらい及び内容を明確に設定し，適切な環境を構成することなどにより活動が選択・展開されるようにするものとする。
　ア　具体的なねらい及び内容は，幼稚園生活における幼児の発達の過程を見通し，幼児の生活の連続性，季節の変化などを考慮して，幼児の興味や関心，発達の実情などに応じて設定すること。
　イ　環境は，具体的なねらいを達成するために適切なものとなるように構成し，幼児が自らその環境に関わることにより様々な活動を展開しつつ必要な体験を得られるようにすること。その際，幼児の生活する姿や発想を大切にし，常にその環境が適切なものとなるようにすること。
　ウ　幼児の行う具体的な活動は，生活の流れの中で様々に変化するものであることに留意し，幼児が望ましい方向に向かって自ら活動を展開していくことができるよう必要な援助をすること。
　　その際，幼児の実態及び幼児を取り巻く状況の変化などに即して指導の過程についての評価を適切に行い，常に指導計画の改善を図るものとする。

3 指導計画の作成上の留意事項
指導計画の作成に当たっては，次の事項に留意するものとする。
(1) 長期的に発達を見通した年，学期，月などにわたる長期の指導計画やこれとの関連を保ちながらより具体的な幼児の生活に即した週，日などの短期の指導計画を作成し，適切な指導が行われるようにすること。特に，週，日などの短期の指導計画については，幼児の生活のリズムに配慮し，幼児の意識や興味の連続性のある活動が相互に関連して幼稚園生活の自然の流れの中に組み込まれるようにすること。
(2) 幼児が様々な人やものとの関わりを通して，多様な体験をし，心身の調和のとれた発達を促すようにしていくこと。その際，幼児の発達に即して主体的・対話的で深い学びが実現するようにするとともに，心を動かされる体験が次の活動を生み出すことを考慮し，一つ一つの体験が相互に結び付き，幼稚園生活が充実するようにすること。
(3) 言語に関する能力の発達と思考力等の発達が関連していることを踏まえ，幼稚園生活全体を通して，幼児の発達を踏まえた言語環境を整え，言語活動の充実を図ること。
(4) 幼児が次の活動への期待や意欲をもつことができるよう，幼児の実態を踏まえながら，教師や他の幼児と共に遊びや生活の中で見通しをもったり，振り返ったりするよう工夫すること。
(5) 行事の指導に当たっては，幼稚園生活の自然の流れの中で生活に変化や潤いを与え，幼児が主体的に楽しく活動できるようにすること。なお，それぞれの行事についてはその教育的価値を十分検討し，適切なものを精選し，幼児の負担にならないようにすること。
(6) 幼児期は直接的な体験が重要であることを踏まえ，視聴覚教材やコンピュータなど情報機器を活用する際には，幼稚園生活では得難い体験を補完するなど，幼児の体験との関連を考慮すること。
(7) 幼児の主体的な活動を促すためには，教師が多様な関わりをもつことが重要であることを踏まえ，教師は，理解者，共同作業者など様々な役割を果たし，幼児の発達に必要な豊かな体験が得られるよう，活動の場面に応じて，適切な指導を行うようにすること。
(8) 幼児の行う活動は，個人，グループ，学級全体などで多様に展開されるものであることを踏まえ，幼稚園全体の教師による協力体制を作りながら，一人一人の幼児が興味や欲求を十分に満足させるよう適切な援助を行うようにすること。

4 幼児理解に基づいた評価の実施
幼児一人一人の発達の理解に基づいた評価の実施に当たっては，次の事項に配慮するものとする。
(1) 指導の過程を振り返りながら幼児の理解を進め，幼児一人一人のよさや可能性などを把握し，指導の改善に生かすようにすること。その際，他の幼児との比較や一定の基準に対する達成度についての評定によって捉えるものではないことに留意すること。
(2) 評価の妥当性や信頼性が高められるよう創意工夫を行い，組織的かつ計画的な取組を推進するとともに，次年度又は小学校等にその内容が適切に引き継がれるようにすること。

第5 特別な配慮を必要とする幼児への指導
1 障害のある幼児などへの指導
障害のある幼児などへの指導に当たっては，集団の中で生活することを通して全体的な発達を促していくことに配慮し，特別支援学校などの助言又は援助を活

用しつつ，個々の幼児の障害の状態などに応じた指導内容や指導方法の工夫を組織的かつ計画的に行うものとする。また，家庭，地域及び医療や福祉，保健等の業務を行う関係機関との連携を図り，長期的な視点で幼児への教育的支援を行うために，個別の教育支援計画を作成し活用することに努めるとともに，個々の幼児の実態を的確に把握し，個別の指導計画を作成し活用することに努めるものとする。
2 海外から帰国した幼児や生活に必要な日本語の習得に困難のある幼児の幼稚園生活への適応
海外から帰国した幼児や生活に必要な日本語の習得に困難のある幼児については，安心して自己を発揮できるよう配慮するなど個々の幼児の実態に応じ，指導内容や指導方法の工夫を組織的かつ計画的に行うものとする。

第6 幼稚園運営上の留意事項
1 各幼稚園においては，園長の方針の下に，園務分掌に基づき教職員が適切に役割を分担しつつ，相互に連携しながら，教育課程や指導の改善を図るものとする。また，各幼稚園が行う学校評価については，教育課程の編成，実施，改善が教育活動や幼稚園運営の中核となることを踏まえ，カリキュラム・マネジメントと関連付けながら実施するよう留意するものとする。
2 幼児の生活は，家庭を基盤として地域社会を通じて次第に広がりをもつものであることに留意し，家庭との連携を十分に図るなど，幼稚園における生活が家庭や地域社会と連続性を保ちつつ展開されるようにするものとする。その際，地域の自然，高齢者や異年齢の子供などを含む人材，行事や公共施設などの地域の資源を積極的に活用し，幼児が豊かな生活体験を得られるように工夫するものとする。また，家庭との連携に当たっては，保護者との情報交換の機会を設けたり，保護者と幼児との活動の機会を設けたりなどすることを通じて，保護者の幼児期の教育に関する理解が深まるよう配慮するものとする。
3 地域や幼稚園の実態等により，幼稚園間に加え，保育所，幼保連携型認定こども園，小学校，中学校，高等学校及び特別支援学校などとの間の連携や交流を図るものとする。特に，幼稚園教育と小学校教育の円滑な接続のため，幼稚園の幼児と小学校の児童との交流の機会を積極的に設けるようにするものとする。また，障害のある幼児児童生徒との交流及び共同学習の機会を設け，共に尊重し合いながら協働して生活していく態度を育むよう努めるものとする。

第7 教育課程に係る教育時間終了後等に行う教育活動など

幼稚園は，第3章に示す教育課程に係る教育時間の終了後等に行う教育活動について，学校教育法に規定する目的及び目標並びにこの章の第1に示す幼稚園教育の基本を踏まえ実施するものとする。また，幼稚園の目的の達成に資するため，幼児の生活全体が豊かなものとなるよう家庭や地域における幼児期の教育の支援に努めるものとする。

　　　第2章　ねらい及び内容

この章に示すねらいは，幼稚園教育において育みたい資質・能力を幼児の生活する姿から捉えたものであり，内容は，ねらいを達成するために指導する事項である。各領域は，これらを幼児の発達の側面から，心身の健康に関する領域「健康」，人との関わりに関する領域「人間関係」，身近な環境との関わりに関する領域「環境」，言葉の獲得に関する領域「言葉」及び感性と表現に関する領域「表現」としてまとめ，示したものである。内容の取扱いは，幼児の発達を踏まえた指導を行うに当たって留意すべき事項である。

各領域に示すねらいは，幼稚園における生活の全体を通じ，幼児が様々な体験を積み重ねる中で相互に関連をもちながら次第に達成に向かうものであること，内容は，幼児が環境に関わって展開する具体的な活動を通して総合的に指導されるものであることに留意しなければならない。

また，「幼児期の終わりまでに育ってほしい姿」が，ねらい及び内容に基づく活動全体を通して資質・能力が育まれている幼児の幼稚園修了時の具体的な姿であることを踏まえ，指導を行う際に考慮するものとする。

なお，特に必要な場合には，各領域に示すねらいの趣旨に基づいて適切な，具体的な内容を工夫し，それを加えても差し支えないが，その場合には，それが第1章の第1に示す幼稚園教育の基本を逸脱しないよう慎重に配慮する必要がある。

健康
〔健康な心と体を育て，自ら健康で安全な生活をつくり出す力を養う。〕
1 ねらい
(1) 明るく伸び伸びと行動し，充実感を味わう。
(2) 自分の体を十分に動かし，進んで運動しようとする。
(3) 健康，安全な生活に必要な習慣や態度を身に付け，見通しをもって行動する。
2 内容
(1) 先生や友達と触れ合い，安定感をもって行動する。
(2) いろいろな遊びの中で十分に体を動かす。

(3) 進んで戸外で遊ぶ。
(4) 様々な活動に親しみ，楽しんで取り組む。
(5) 先生や友達と食べることを楽しみ，食べ物への興味や関心をもつ。
(6) 健康な生活のリズムを身に付ける。
(7) 身の回りを清潔にし，衣服の着脱，食事，排泄などの生活に必要な活動を自分でする。
(8) 幼稚園における生活の仕方を知り，自分たちで生活の場を整えながら見通しをもって行動する。
(9) 自分の健康に関心をもち，病気の予防などに必要な活動を進んで行う。
(10) 危険な場所，危険な遊び方，災害時などの行動の仕方が分かり，安全に気を付けて行動する。

3　内容の取扱い
上記の取扱いに当たっては，次の事項に留意する必要がある。
(1) 心と体の健康は，相互に密接な関連があるものであることを踏まえ，幼児が教師や他の幼児との温かい触れ合いの中で自己の存在感や充実感を味わうことなどを基盤として，しなやかな心と体の発達を促すこと。特に，十分に体を動かす気持ちよさを体験し，自ら体を動かそうとする意欲が育つようにすること。
(2) 様々な遊びの中で，幼児が興味や関心，能力に応じて全身を使って活動することにより，体を動かす楽しさを味わい，自分の体を大切にしようとする気持ちが育つようにすること。その際，多様な動きを経験する中で，体の動きを調整するようにすること。
(3) 自然の中で伸び伸びと体を動かして遊ぶことにより，体の諸機能の発達が促されることに留意し，幼児の興味や関心が戸外にも向くようにすること。その際，幼児の動線に配慮した園庭や遊具の配置などを工夫すること。
(4) 健康な心と体を育てるためには食育を通じた望ましい食習慣の形成が大切であることを踏まえ，幼児の食生活の実情に配慮し，和やかな雰囲気の中で教師や他の幼児と食べる喜びや楽しさを味わったり，様々な食べ物への興味や関心をもったりするなどし，食の大切さに気付き，進んで食べようとする気持ちが育つようにすること。
(5) 基本的な生活習慣の形成に当たっては，家庭での生活経験に配慮し，幼児の自立心を育て，幼児が他の幼児と関わりながら主体的な活動を展開する中で，生活に必要な習慣を身に付け，次第に見通しをもって行動できるようにすること。
(6) 安全に関する指導に当たっては，情緒の安定を図り，遊びを通して安全についての構えを身に付け，危険な場所や事物などが分かり，安全についての理解を深めるようにすること。また，交通安全の習慣を身に付けるようにするとともに，避難訓練などを通して，災害などの緊急時に適切な行動がとれるようにすること。

人間関係
〔他の人々と親しみ，支え合って生活するために，自立心を育て，人と関わる力を養う。〕
1　ねらい
(1) 幼稚園生活を楽しみ，自分の力で行動することの充実感を味わう。
(2) 身近な人と親しみ，関わりを深め，工夫したり，協力したりして一緒に活動する楽しさを味わい，愛情や信頼感をもつ。
(3) 社会生活における望ましい習慣や態度を身に付ける。

2　内容
(1) 先生や友達と共に過ごすことの喜びを味わう。
(2) 自分で考え，自分で行動する。
(3) 自分でできることは自分でする。
(4) いろいろな遊びを楽しみながら物事をやり遂げようとする気持ちをもつ。
(5) 友達と積極的に関わりながら喜びや悲しみを共感し合う。
(6) 自分の思ったことを相手に伝え，相手の思っていることに気付く。
(7) 友達のよさに気付き，一緒に活動する楽しさを味わう。
(8) 友達と楽しく活動する中で，共通の目的を見いだし，工夫したり，協力したりなどする。
(9) よいことや悪いことがあることに気付き，考えながら行動する。
(10) 友達との関わりを深め，思いやりをもつ。
(11) 友達と楽しく生活する中できまりの大切さに気付き，守ろうとする。
(12) 共同の遊具や用具を大切にし，皆で使う。
(13) 高齢者をはじめ地域の人々などの自分の生活に関係の深いいろいろな人に親しみをもつ。

3　内容の取扱い
上記の取扱いに当たっては，次の事項に留意する必要がある。
(1) 教師との信頼関係に支えられて自分自身の生活を確立していくことが人と関わる基盤となることを考慮し，幼児が自ら周囲に働き掛けることにより多様な感情を体験し，試行錯誤しながら諦めずにやり遂げることの達成感や，前向きな見通しをもって自分の力で行うことの充実感を味わうことができるよう，幼児の行

動を見守りながら適切な援助を行うようにすること。
(2) 一人一人を生かした集団を形成しながら人と関わる力を育てていくようにすること。その際，集団の生活の中で，幼児が自己を発揮し，教師や他の幼児に認められる体験をし，自分のよさや特徴に気付き，自信をもって行動できるようにすること。
(3) 幼児が互いに関わりを深め，協同して遊ぶようになるため，自ら行動する力を育てるようにするとともに，他の幼児と試行錯誤しながら活動を展開する楽しさや共通の目的が実現する喜びを味わうことができるようにすること。
(4) 道徳性の芽生えを培うに当たっては，基本的な生活習慣の形成を図るとともに，幼児が他の幼児との関わりの中で他人の存在に気付き，相手を尊重する気持ちをもって行動できるようにし，また，自然や身近な動植物に親しむことなどを通して豊かな心情が育つようにすること。特に，人に対する信頼感や思いやりの気持ちは，葛藤やつまずきをも体験し，それらを乗り越えることにより次第に芽生えてくることに配慮すること。
(5) 集団の生活を通して，幼児が人との関わりを深め，規範意識の芽生えが培われることを考慮し，幼児が教師との信頼関係に支えられて自己を発揮する中で，互いに思いを主張し，折り合いを付ける体験をし，きまりの必要性などに気付き，自分の気持ちを調整する力が育つようにすること。
(6) 高齢者をはじめ地域の人々などの自分の生活に関係の深いいろいろな人と触れ合い，自分の感情や意志を表現しながら共に楽しみ，共感し合う体験を通して，これらの人々などに親しみをもち，人と関わることの楽しさや人の役に立つ喜びを味わうことができるようにすること。また，生活を通して親や祖父母などの家族の愛情に気付き，家族を大切にしようとする気持ちが育つようにすること。

環境
〔周囲の様々な環境に好奇心や探究心をもって関わり，それらを生活に取り入れていこうとする力を養う。〕
1 ねらい
(1) 身近な環境に親しみ，自然と触れ合う中で様々な事象に興味や関心をもつ。
(2) 身近な環境に自分から関わり，発見を楽しんだり，考えたりし，それを生活に取り入れようとする。
(3) 身近な事象を見たり，考えたり，扱ったりする中で，物の性質や数量，文字などに対する感覚を豊かにする。
2 内容

(1) 自然に触れて生活し，その大きさ，美しさ，不思議さなどに気付く。
(2) 生活の中で，様々な物に触れ，その性質や仕組みに興味や関心をもつ。
(3) 季節により自然や人間の生活に変化のあることに気付く。
(4) 自然などの身近な事象に関心をもち，取り入れて遊ぶ。
(5) 身近な動植物に親しみをもって接し，生命の尊さに気付き，いたわったり，大切にしたりする。
(6) 日常生活の中で，我が国や地域社会における様々な文化や伝統に親しむ。
(7) 身近な物を大切にする。
(8) 身近な物や遊具に興味をもって関わり，自分なりに比べたり，関連付けたりしながら考えたり，試したりして工夫して遊ぶ。
(9) 日常生活の中で数量や図形などに関心をもつ。
(10) 日常生活の中で簡単な標識や文字などに関心をもつ。
(11) 生活に関係の深い情報や施設などに興味や関心をもつ。
(12) 幼稚園内外の行事において国旗に親しむ。
3 内容の取扱い
上記の取扱いに当たっては，次の事項に留意する必要がある。
(1) 幼児が，遊びの中で周囲の環境と関わり，次第に周囲の世界に好奇心を抱き，その意味や操作の仕方に関心をもち，物事の法則性に気付き，自分なりに考えることができるようになる過程を大切にすること。また，他の幼児の考えなどに触れて新しい考えを生み出す喜びや楽しさを味わい，自分の考えをよりよいものにしようとする気持ちが育つようにすること。
(2) 幼児期において自然のもつ意味は大きく，自然の大きさ，美しさ，不思議さなどに直接触れる体験を通して，幼児の心が安らぎ，豊かな感情，好奇心，思考力，表現力の基礎が培われることを踏まえ，幼児が自然との関わりを深めることができるよう工夫すること。
(3) 身近な事象や動植物に対する感動を伝え合い，共感し合うことなどを通して自分から関わろうとする意欲を育てるとともに，様々な関わり方を通してそれらに対する親しみや畏敬の念，生命を大切にする気持ち，公共心，探究心などが養われるようにすること。
(4) 文化や伝統に親しむ際には，正月や節句など我が国の伝統的な行事，国歌，唱歌，わらべうたや我が国の伝統的な遊びに親しんだり，異なる文化に触れる活動に親しんだりすることを通じて，社会とのつながりの

意識や国際理解の意識の芽生えなどが養われるようにすること。
(5) 数量や文字などに関しては，日常生活の中で幼児自身の必要感に基づく体験を大切にし，数量や文字などに関する興味や関心，感覚が養われるようにすること。

言葉
〔経験したことや考えたことなどを自分なりの言葉で表現し，相手の話す言葉を聞こうとする意欲や態度を育て，言葉に対する感覚や言葉で表現する力を養う。〕
1 ねらい
(1) 自分の気持ちを言葉で表現する楽しさを味わう。
(2) 人の言葉や話などをよく聞き，自分の経験したことや考えたことを話し，伝え合う喜びを味わう。
(3) 日常生活に必要な言葉が分かるようになるとともに，絵本や物語などに親しみ，言葉に対する感覚を豊かにし，先生や友達と心を通わせる。
2 内容
(1) 先生や友達の言葉や話に興味や関心をもち，親しみをもって聞いたり，話したりする。
(2) したり，見たり，聞いたり，感じたり，考えたりなどしたことを自分なりに言葉で表現する。
(3) したいこと，してほしいことを言葉で表現したり，分からないことを尋ねたりする。
(4) 人の話を注意して聞き，相手に分かるように話す。
(5) 生活の中で必要な言葉が分かり，使う。
(6) 親しみをもって日常の挨拶をする。
(7) 生活の中で言葉の楽しさや美しさに気付く。
(8) いろいろな体験を通じてイメージや言葉を豊かにする。
(9) 絵本や物語などに親しみ，興味をもって聞き，想像をする楽しさを味わう。
(10) 日常生活の中で，文字などで伝える楽しさを味わう。
3 内容の取扱い
上記の取扱いに当たっては，次の事項に留意する必要がある。
(1) 言葉は，身近な人に親しみをもって接し，自分の感情や意志などを伝え，それに相手が応答し，その言葉を聞くことを通して次第に獲得されていくものであることを考慮して，幼児が教師や他の幼児と関わることにより心を動かされるような体験をし，言葉を交わす喜びを味わえるようにすること。
(2) 幼児が自分の思いを言葉で伝えるとともに，教師や他の幼児などの話を興味をもって注意して聞くことを通して次第に話を理解するようになっていき，言葉による伝え合いができるようにすること。
(3) 絵本や物語などで，その内容と自分の経験とを結び付けたり，想像を巡らせたりするなど，楽しみを十分に味わうことによって，次第に豊かなイメージをもち，言葉に対する感覚が養われるようにすること。
(4) 幼児が生活の中で，言葉の響きやリズム，新しい言葉や表現などに触れ，これらを使う楽しさを味わえるようにすること。その際，絵本や物語に親しんだり，言葉遊びなどをしたりすることを通して，言葉が豊かになるようにすること。
(5) 幼児が日常生活の中で，文字などを使いながら思ったことや考えたことを伝える喜びや楽しさを味わい，文字に対する興味や関心をもつようにすること。

表現
〔感じたことや考えたことを自分なりに表現することを通して，豊かな感性や表現する力を養い，創造性を豊かにする。〕
1 ねらい
(1) いろいろなものの美しさなどに対する豊かな感性をもつ。
(2) 感じたことや考えたことを自分なりに表現して楽しむ。
(3) 生活の中でイメージを豊かにし，様々な表現を楽しむ。
2 内容
(1) 生活の中で様々な音，形，色，手触り，動きなどに気付いたり，感じたりするなどして楽しむ。
(2) 生活の中で美しいものや心を動かす出来事に触れ，イメージを豊かにする。
(3) 様々な出来事の中で，感動したことを伝え合う楽しさを味わう。
(4) 感じたこと，考えたことなどを音や動きなどで表現したり，自由にかいたり，つくったりなどする。
(5) いろいろな素材に親しみ，工夫して遊ぶ。
(6) 音楽に親しみ，歌を歌ったり，簡単なリズム楽器を使ったりなどする楽しさを味わう。
(7) かいたり，つくったりすることを楽しみ，遊びに使ったり，飾ったりなどする。
(8) 自分のイメージを動きや言葉などで表現したり，演じて遊んだりするなどの楽しさを味わう。
3 内容の取扱い
上記の取扱いに当たっては，次の事項に留意する必要がある。
(1) 豊かな感性は，身近な環境と十分に関わる中で美しいもの，優れたもの，心を動かす出来事などに出会い，そこから得た感動を他の幼児や教師と共有し，

様々に表現することなどを通して養われるようにすること。その際，風の音や雨の音，身近にある草や花の形や色など自然の中にある音，形，色などに気付くようにすること。
(2) 幼児の自己表現は素朴な形で行われることが多いので，教師はそのような表現を受容し，幼児自身の表現しようとする意欲を受け止めて，幼児が生活の中で幼児らしい様々な表現を楽しむことができるようにすること。
(3) 生活経験や発達に応じ，自ら様々な表現を楽しみ，表現する意欲を十分に発揮させることができるように，遊具や用具などを整えたり，様々な素材や表現の仕方に親しんだり，他の幼児の表現に触れられるよう配慮したりし，表現する過程を大切にして自己表現を楽しめるように工夫すること。

　　第３章　教育課程に係る教育時間の終了後等に行う教育活動などの留意事項

1　地域の実態や保護者の要請により，教育課程に係る教育時間の終了後等に希望する者を対象に行う教育活動については，幼児の心身の負担に配慮するものとする。また，次の点にも留意するものとする。
(1) 教育課程に基づく活動を考慮し，幼児期にふさわしい無理のないものとなるようにすること。その際，教育課程に基づく活動を担当する教師と緊密な連携を図るようにすること。
(2) 家庭や地域での幼児の生活も考慮し，教育課程に係る教育時間の終了後等に行う教育活動の計画を作成するようにすること。その際，地域の人々と連携するなど，地域の様々な資源を活用しつつ，多様な体験ができるようにすること。
(3) 家庭との緊密な連携を図るようにすること。その際，情報交換の機会を設けたりするなど，保護者が，幼稚園と共に幼児を育てるという意識が高まるようにすること。
(4) 地域の実態や保護者の事情とともに幼児の生活のリズムを踏まえつつ，例えば実施日数や時間などについて，弾力的な運用に配慮すること。
(5) 適切な責任体制と指導体制を整備した上で行うようにすること。
2　幼稚園の運営に当たっては，子育ての支援のために保護者や地域の人々に機能や施設を開放して，園内体制の整備や関係機関との連携及び協力に配慮しつつ，幼児期の教育に関する相談に応じたり，情報を提供したり，幼児と保護者との登園を受け入れたり，保護者同士の交流の機会を提供したりするなど，幼稚園と家庭が一体となって幼児と関わる取組を進め，地域における幼児期の教育のセンターとしての役割を果たすよう努めるものとする。その際，心理や保健の専門家，地域の子育て経験者等と連携・協働しながら取り組むよう配慮するものとする。

資料　保育所保育指針

（平成29年3月31日厚生労働省告示第117号）
（平成30年4月1日から施行）

第1章　総則

　この指針は，児童福祉施設の設備及び運営に関する基準（昭和23年厚生省令第63号。以下「設備運営基準」という。）第35条の規定に基づき，保育所における保育の内容に関する事項及びこれに関連する運営に関する事項を定めるものである。各保育所は，この指針において規定される保育の内容に係る基本原則に関する事項等を踏まえ，各保育所の実情に応じて創意工夫を図り，保育所の機能及び質の向上に努めなければならない。

1　保育所保育に関する基本原則
（1）保育所の役割
　ア　保育所は，児童福祉法（昭和22年法律第164号）第39条の規定に基づき，保育を必要とする子どもの保育を行い，その健全な心身の発達を図ることを目的とする児童福祉施設であり，入所する子どもの最善の利益を考慮し，その福祉を積極的に増進することに最もふさわしい生活の場でなければならない。
　イ　保育所は，その目的を達成するために，保育に関する専門性を有する職員が，家庭との緊密な連携の下に，子どもの状況や発達過程を踏まえ，保育所における環境を通して，養護及び教育を一体的に行うことを特性としている。
　ウ　保育所は，入所する子どもを保育するとともに，家庭や地域の様々な社会資源との連携を図りながら，入所する子どもの保護者に対する支援及び地域の子育て家庭に対する支援等を行う役割を担うものである。
　エ　保育所における保育士は，児童福祉法第18条の4の規定を踏まえ，保育所の役割及び機能が適切に発揮されるように，倫理観に裏付けられた専門的知識，技術及び判断をもって，子どもを保育するとともに，子どもの保護者に対する保育に関する指導を行うものであり，その職責を遂行するための専門性の向上に絶えず努めなければならない。

（2）保育の目標
　ア　保育所は，子どもが生涯にわたる人間形成にとって極めて重要な時期に，その生活時間の大半を過ごす場である。このため，保育所の保育は，子どもが現在を最も良く生き，望ましい未来をつくり出す力の基礎を培うために，次の目標を目指して行わなければならない。

　（ア）十分に養護の行き届いた環境の下に，くつろいだ雰囲気の中で子どもの様々な欲求を満たし，生命の保持及び情緒の安定を図ること。
　（イ）健康，安全など生活に必要な基本的な習慣や態度を養い，心身の健康の基礎を培うこと。
　（ウ）人との関わりの中で，人に対する愛情と信頼感，そして人権を大切にする心を育てるとともに，自主，自立及び協調の態度を養い，道徳性の芽生えを培うこと。
　（エ）生命，自然及び社会の事象についての興味や関心を育て，それらに対する豊かな心情や思考力の芽生えを培うこと。
　（オ）生活の中で，言葉への興味や関心を育て，話したり，聞いたり，相手の話を理解しようとするなど，言葉の豊かさを養うこと。
　（カ）様々な体験を通して，豊かな感性や表現力を育み，創造性の芽生えを培うこと。
　イ　保育所は，入所する子どもの保護者に対し，その意向を受け止め，子どもと保護者の安定した関係に配慮し，保育所の特性や保育士等の専門性を生かして，その援助に当たらなければならない。

（3）保育の方法
　保育の目標を達成するために，保育士等は，次の事項に留意して保育しなければならない。
　ア　一人一人の子どもの状況や家庭及び地域社会での生活の実態を把握するとともに，子どもが安心感と信頼感をもって活動できるよう，子どもの主体としての思いや願いを受け止めること。
　イ　子どもの生活のリズムを大切にし，健康，安全で情緒の安定した生活ができる環境や，自己を十分に発揮できる環境を整えること。
　ウ　子どもの発達について理解し，一人一人の発達過程に応じて保育すること。その際，子どもの個人差に十分配慮すること。
　エ　子ども相互の関係づくりや互いに尊重する心を大切にし，集団における活動を効果あるものにするよう援助すること。
　オ　子どもが自発的・意欲的に関われるような環境を構成し，子どもの主体的な活動や子ども相互の関わりを大切にすること。特に，乳幼児期にふさわしい体験が得られるように，生活や遊びを通して総合的に保育すること。
　カ　一人一人の保護者の状況やその意向を理解，受容し，それぞれの親子関係や家庭生活等に配慮しながら，様々な機会をとらえ，適切に援助すること。

（4）保育の環境
　保育の環境には，保育士等や子どもなどの人的環

境，施設や遊具などの物的環境，更には自然や社会の事象などがある。保育所は，こうした人，物，場などの環境が相互に関連し合い，子どもの生活が豊かなものとなるよう，次の事項に留意しつつ，計画的に環境を構成し，工夫して保育しなければならない。
　ア　子ども自らが環境に関わり，自発的に活動し，様々な経験を積んでいくことができるよう配慮すること。
　イ　子どもの活動が豊かに展開されるよう，保育所の設備や環境を整え，保育所の保健的環境や安全の確保などに努めること。
　ウ　保育室は，温かな親しみとくつろぎの場となるとともに，生き生きと活動できる場となるように配慮すること。
　エ　子どもが人と関わる力を育てていくため，子ども自らが周囲の子どもや大人と関わっていくことができる環境を整えること。
(5) 保育所の社会的責任
　ア　保育所は，子どもの人権に十分配慮するとともに，子ども一人一人の人格を尊重して保育を行わなければならない。
　イ　保育所は，地域社会との交流や連携を図り，保護者や地域社会に，当該保育所が行う保育の内容を適切に説明するよう努めなければならない。
　ウ　保育所は，入所する子ども等の個人情報を適切に取り扱うとともに，保護者の苦情などに対し，その解決を図るよう努めなければならない。
2　養護に関する基本的事項
(1) 養護の理念
　保育における養護とは，子どもの生命の保持及び情緒の安定を図るために保育士等が行う援助や関わりであり，保育所における保育は，養護及び教育を一体的に行うことをその特性とするものである。保育所における保育全体を通じて，養護に関するねらい及び内容を踏まえた保育が展開されなければならない。
(2) 養護に関わるねらい及び内容
　ア　生命の保持
　　(ア) ねらい
　　　① 一人一人の子どもが，快適に生活できるようにする。
　　　② 一人一人の子どもが，健康で安全に過ごせるようにする。
　　　③ 一人一人の子どもの生理的欲求が，十分に満たされるようにする。
　　　④ 一人一人の子どもの健康増進が，積極的に図られるようにする。
　　(イ) 内容

　　　① 一人一人の子どもの平常の健康状態や発育及び発達状態を的確に把握し，異常を感じる場合は，速やかに適切に対応する。
　　　② 家庭との連携を密にし，嘱託医等との連携を図りながら，子どもの疾病や事故防止に関する認識を深め，保健的で安全な保育環境の維持及び向上に努める。
　　　③ 清潔で安全な環境を整え，適切な援助や応答的な関わりを通して子どもの生理的欲求を満たしていく。また，家庭と協力しながら，子どもの発達過程等に応じた適切な生活のリズムがつくられていくようにする。
　　　④ 子どもの発達過程等に応じて，適度な運動と休息を取ることができるようにする。また，食事，排泄，衣類の着脱，身の回りを清潔にすることなどについて，子どもが意欲的に生活できるよう適切に援助する。
　イ　情緒の安定
　　(ア) ねらい
　　　① 一人一人の子どもが，安定感をもって過ごせるようにする。
　　　② 一人一人の子どもが，自分の気持ちを安心して表すことができるようにする。
　　　③ 一人一人の子どもが，周囲から主体として受け止められ，主体として育ち，自分を肯定する気持ちが育まれていくようにする。
　　　④ 一人一人の子どもがくつろいで共に過ごし，心身の疲れが癒されるようにする。
　　(イ) 内容
　　　① 一人一人の子どもの置かれている状態や発達過程などを的確に把握し，子どもの欲求を適切に満たしながら，応答的な触れ合いや言葉がけを行う。
　　　② 一人一人の子どもの気持ちを受容し，共感しながら，子どもとの継続的な信頼関係を築いていく。
　　　③ 保育士等との信頼関係を基盤に，一人一人の子どもが主体的に活動し，自発性や探索意欲などを高めるとともに，自分への自信をもつことができるよう成長の過程を見守り，適切に働きかける。
　　　④ 一人一人の子どもの生活のリズム，発達過程，保育時間などに応じて，活動内容のバランスや調和を図りながら，適切な食事や休息が取れるようにする。
3　保育の計画及び評価
(1) 全体的な計画の作成

ア　保育所は，1の(2)に示した保育の目標を達成するために，各保育所の保育の方針や目標に基づき，子どもの発達過程を踏まえて，保育の内容が組織的・計画的に構成され，保育所の生活の全体を通して，総合的に展開されるよう，全体的な計画を作成しなければならない。
　イ　全体的な計画は，子どもや家庭の状況，地域の実態，保育時間などを考慮し，子どもの育ちに関する長期的見通しをもって適切に作成されなければならない。
　ウ　全体的な計画は，保育所保育の全体像を包括的に示すものとし，これに基づく指導計画，保健計画，食育計画等を通じて，各保育所が創意工夫して保育できるよう，作成されなければならない。
(2) 指導計画の作成
　ア　保育所は，全体的な計画に基づき，具体的な保育が適切に展開されるよう，子どもの生活や発達を見通した長期的な指導計画と，それに関連しながら，より具体的な子どもの日々の生活に即した短期的な指導計画を作成しなければならない。
　イ　指導計画の作成に当たっては，第2章及びその他の関連する章に示された事項のほか，子ども一人一人の発達過程や状況を十分に踏まえるとともに，次の事項に留意しなければならない。
　　(ア) 3歳未満児については，一人一人の子どもの生育歴，心身の発達，活動の実態等に即して，個別的な計画を作成すること。
　　(イ) 3歳以上児については，個の成長と，子ども相互の関係や協同的な活動が促されるよう配慮すること。
　　(ウ) 異年齢で構成される組やグループでの保育においては，一人一人の子どもの生活や経験，発達過程などを把握し，適切な援助や環境構成ができるよう配慮すること。
　ウ　指導計画においては，保育所の生活における子どもの発達過程を見通し，生活の連続性，季節の変化などを考慮し，子どもの実態に即した具体的なねらい及び内容を設定すること。また，具体的なねらいが達成されるよう，子どもの生活する姿や発想を大切にして適切な環境を構成し，子どもが主体的に活動できるようにすること。
　エ　一日の生活のリズムや在園時間が異なる子どもが共に過ごすことを踏まえ，活動と休息，緊張感と解放感等の調和を図るよう配慮すること。
　オ　午睡は生活のリズムを構成する重要な要素であり，安心して眠ることのできる安全な睡眠環境を確保するとともに，在園時間が異なることや，睡眠時間は子どもの発達の状況や個人によって差があることから，一律とならないよう配慮すること。
　カ　長時間にわたる保育については，子どもの発達過程，生活のリズム及び心身の状態に十分配慮して，保育の内容や方法，職員の協力体制，家庭との連携などを指導計画に位置付けること。
　キ　障害のある子どもの保育については，一人一人の子どもの発達過程や障害の状態を把握し，適切な環境の下で，障害のある子どもが他の子どもとの生活を通して共に成長できるよう，指導計画の中に位置付けること。また，子どもの状況に応じた保育を実施する観点から，家庭や関係機関と連携した支援のための計画を個別に作成するなど適切な対応を図ること。
(3) 指導計画の展開
　指導計画に基づく保育の実施に当たっては，次の事項に留意しなければならない。
　ア　施設長，保育士など，全職員による適切な役割分担と協力体制を整えること。
　イ　子どもが行う具体的な活動は，生活の中で様々に変化することに留意して，子どもが望ましい方向に向かって自ら活動を展開できるよう必要な援助を行うこと。
　ウ　子どもの主体的な活動を促すためには，保育士等が多様な関わりをもつことが重要であることを踏まえ，子どもの情緒の安定や発達に必要な豊かな体験が得られるよう援助すること。
　エ　保育士等は，子どもの実態や子どもを取り巻く状況の変化などに即して保育の過程を記録するとともに，これらを踏まえ，指導計画に基づく保育の内容の見直しを行い，改善を図ること。
(4) 保育内容等の評価
　ア　保育士等の自己評価
　　(ア) 保育士等は，保育の計画や保育の記録を通して，自らの保育実践を振り返り，自己評価することを通して，その専門性の向上や保育実践の改善に努めなければならない。
　　(イ) 保育士等による自己評価に当たっては，子どもの活動内容やその結果だけでなく，子どもの心の育ちや意欲，取り組む過程などにも十分配慮するよう留意すること。
　　(ウ) 保育士等は，自己評価における自らの保育実践の振り返りや職員相互の話し合い等を通じて，専門性の向上及び保育の質の向上のための課題を明確にするとともに，保育所全体の保育の内容に関する認識を深めること。
　イ　保育所の自己評価

(ア) 保育所は，保育の質の向上を図るため，保育の計画の展開や保育士等の自己評価を踏まえ，当該保育所の保育の内容等について，自ら評価を行い，その結果を公表するよう努めなければならない。
(イ) 保育所が自己評価を行うに当たっては，地域の実情や保育所の実態に即して，適切に評価の観点や項目等を設定し，全職員による共通理解をもって取り組むよう留意すること。
(ウ) 設備運営基準第36条の趣旨を踏まえ，保育の内容等の評価に関し，保護者及び地域住民等の意見を聴くことが望ましいこと。
(5) 評価を踏まえた計画の改善
ア 保育所は，評価の結果を踏まえ，当該保育所の保育の内容等の改善を図ること。
イ 保育の計画に基づく保育，保育の内容の評価及びこれに基づく改善という一連の取組により，保育の質の向上が図られるよう，全職員が共通理解をもって取り組むことに留意すること。
4 幼児教育を行う施設として共有すべき事項
(1) 育みたい資質・能力
ア 保育所においては，生涯にわたる生きる力の基礎を培うため，1の(2)に示す保育の目標を踏まえ，次に掲げる資質・能力を一体的に育むよう努めるものとする。
(ア) 豊かな体験を通じて，感じたり，気付いたり，分かったり，できるようになったりする「知識及び技能の基礎」
(イ) 気付いたことや，できるようになったことなどを使い，考えたり，試したり，工夫したり，表現したりする「思考力，判断力，表現力等の基礎」
(ウ) 心情，意欲，態度が育つ中で，よりよい生活を営もうとする「学びに向かう力，人間性等」
イ アに示す資質・能力は，第2章に示すねらい及び内容に基づく保育活動全体によって育むものである。
(2) 幼児期の終わりまでに育ってほしい姿
次に示す「幼児期の終わりまでに育ってほしい姿」は，第2章に示すねらい及び内容に基づく保育活動全体を通して資質・能力が育まれている子どもの小学校就学時の具体的な姿であり，保育士等が指導を行う際に考慮するものである。
ア 健やかな心と体
保育所の生活の中で，充実感をもって自分のやりたいことに向かって心と体を十分に働かせ，見通しをもって行動し，自ら健康で安全な生活をつくり出すようになる。

イ 自立心
身近な環境に主体的に関わり様々な活動を楽しむ中で，しなければならないことを自覚し，自分の力で行うために考えたり，工夫したりしながら，諦めずにやり遂げることで達成感を味わい，自信をもって行動するようになる。
ウ 協同性
友達と関わる中で，互いの思いや考えなどを共有し，共通の目的の実現に向けて，考えたり，工夫したり，協力したりし，充実感をもってやり遂げるようになる。
エ 道徳性・規範意識の芽生え
友達と様々な体験を重ねる中で，してよいことや悪いことが分かり，自分の行動を振り返ったり，友達の気持ちに共感したりし，相手の立場に立って行動するようになる。また，きまりを守る必要性が分かり，自分の気持ちを調整し，友達と折り合いを付けながら，きまりをつくったり，守ったりするようになる。
オ 社会生活との関わり
家族を大切にしようとする気持ちをもつとともに，地域の身近な人と触れ合う中で，人との様々な関わり方に気付き，相手の気持ちを考えて関わり，自分が役に立つ喜びを感じ，地域に親しみをもつようになる。また，保育所内外の様々な環境に関わる中で，遊びや生活に必要な情報を取り入れ，情報に基づき判断したり，情報を伝え合ったり，活用したりするなど，情報を役立てながら活動するようになるとともに，公共の施設を大切に利用するなどして，社会とのつながりなどを意識するようになる。
カ 思考力の芽生え
身近な事象に積極的に関わる中で，物の性質や仕組みなどを感じ取ったり，気付いたりし，考えたり，予想したり，工夫したりするなど，多様な関わりを楽しむようになる。また，友達の様々な考えに触れる中で，自分と異なる考えがあることに気付き，自ら判断したり，考え直したりするなど，新しい考えを生み出す喜びを味わいながら，自分の考えをよりよいものにするようになる。
キ 自然との関わり・生命尊重
自然に触れて感動する体験を通して，自然の変化などを感じ取り，好奇心や探究心をもって考え言葉などで表現しながら，身近な事象への関心が高まるとともに，自然への愛情や畏敬の念をもつようになる。また，身近な動植物に心を動かされる中で，生命の不思議さや尊さに気付き，身近な動植物への接し方を考え，命あるものとしていたわり，大切にす

る気持ちをもって関わるようになる。
ク　数量や図形，標識や文字などへの関心・感覚
　　遊びや生活の中で，数量や図形，標識や文字などに親しむ体験を重ねたり，標識や文字の役割に気付いたりし，自らの必要感に基づきこれらを活用し，興味や関心，感覚をもつようになる。
ケ　言葉による伝え合い
　　保育士等や友達と心を通わせる中で，絵本や物語などに親しみながら，豊かな言葉や表現を身に付け，経験したことや考えたことなどを言葉で伝えたり，相手の話を注意して聞いたりし，言葉による伝え合いを楽しむようになる。
コ　豊かな感性と表現
　　心を動かす出来事などに触れ感性を働かせる中で，様々な素材の特徴や表現の仕方などに気付き，感じたことや考えたことを自分で表現したり，友達同士で表現する過程を楽しんだりし，表現する喜びを味わい，意欲をもつようになる。

第2章　保育の内容

　この章に示す「ねらい」は，第1章の1の（2）に示された保育の目標をより具体化したものであり，子どもが保育所において，安定した生活を送り，充実した活動ができるように，保育を通じて育みたい資質・能力を，子どもの生活する姿から捉えたものである。また，「内容」は，「ねらい」を達成するために，子どもの生活やその状況に応じて保育士等が適切に行う事項と，保育士等が援助して子どもが環境に関わって経験する事項を示したものである。
　保育における「養護」とは，子どもの生命の保持及び情緒の安定を図るために保育士等が行う援助や関わりであり，「教育」とは，子どもが健やかに成長し，その活動がより豊かに展開されるための発達の援助である。本章では，保育士等が，「ねらい」及び「内容」を具体的に把握するため，主に教育に関わる側面からの視点を示しているが，実際の保育においては，養護と教育が一体となって展開されることに留意する必要がある。
1　乳児保育に関わるねらい及び内容
　（1）基本的事項
　　ア　乳児期の発達については，視覚，聴覚などの感覚や，座る，はう，歩くなどの運動機能が著しく発達し，特定の大人との応答的な関わりを通じて，情緒的な絆が形成されるといった特徴がある。これらの発達の特徴を踏まえて，乳児保育は，愛情豊かに，応答的に行われることが特に必要である。
　　イ　本項においては，この時期の発達の特徴を踏まえ，乳児保育の「ねらい」及び「内容」について
は，身体的発達に関する視点「健やかに伸び伸びと育つ」，社会的発達に関する視点「身近な人と気持ちが通じ合う」及び精神的発達に関する視点「身近なものと関わり感性が育つ」としてまとめ，示している。
　　ウ　本項の各視点において示す保育の内容は，第1章の2に示された養護における「生命の保持」及び「情緒の安定」に関わる保育の内容と，一体となって展開されるものであることに留意が必要である。
　（2）ねらい及び内容
　　ア　健やかに伸び伸びと育つ
　　　　健康な心と体を育て，自ら健康で安全な生活をつくり出す力の基盤を培う。
　　　（ア）ねらい
　　　　①　身体感覚が育ち，快適な環境に心地よさを感じる。
　　　　②　伸び伸びと体を動かし，はう，歩くなどの運動をしようとする。
　　　　③　食事，睡眠等の生活のリズムの感覚が芽生える。
　　　（イ）内容
　　　　①　保育士等の愛情豊かな受容の下で，生理的・心理的欲求を満たし，心地よく生活をする。
　　　　②　一人一人の発育に応じて，はう，立つ，歩くなど，十分に体を動かす。
　　　　③　個人差に応じて授乳を行い，離乳を進めていく中で，様々な食品に少しずつ慣れ，食べることを楽しむ。
　　　　④　一人一人の生活のリズムに応じて，安全な環境の下で十分に午睡をする。
　　　　⑤　おむつ交換や衣服の着脱などを通じて，清潔になることの心地よさを感じる。
　　　（ウ）内容の取扱い
　　　　　上記の取扱いに当たっては，次の事項に留意する必要がある。
　　　　①　心と体の健康は，相互に密接な関連があるものであることを踏まえ，温かい触れ合いの中で，心と体の発達を促すこと。特に，寝返り，お座り，はいはい，つかまり立ち，伝い歩きなど，発育に応じて，遊びの中で体を動かす機会を十分に確保し，自ら体を動かそうとする意欲が育つようにすること。
　　　　②　健康な心と体を育てるためには望ましい食習慣の形成が重要であることを踏まえ，離乳食が完了期へと徐々に移行する中で，様々な食品に慣れるようにするとともに，和やかな雰囲気の中で食べる喜びや楽しさを味わい，進んで食べ

ようとする気持ちが育つようにすること。なお，食物アレルギーのある子どもへの対応については，嘱託医等の指示や協力の下に適切に対応すること。
イ　身近な人と気持ちが通じ合う
　受容的・応答的な関わりの下で，何かを伝えようとする意欲や身近な大人との信頼関係を育て，人と関わる力の基盤を培う。
　（ア）ねらい
　　① 安心できる関係の下で，身近な人と共に過ごす喜びを感じる。
　　② 体の動きや表情，発声等により，保育士等と気持ちを通わせようとする。
　　③ 身近な人と親しみ，関わりを深め，愛情や信頼感が芽生える。
　（イ）内容
　　① 子どもからの働きかけを踏まえた，応答的な触れ合いや言葉がけによって，欲求が満たされ，安定感をもって過ごす。
　　② 体の動きや表情，発声，喃語等を優しく受け止めてもらい，保育士等とのやり取りを楽しむ。
　　③ 生活や遊びの中で，自分の身近な人の存在に気付き，親しみの気持ちを表す。
　　④ 保育士等による語りかけや歌いかけ，発声や喃語等への応答を通じて，言葉の理解や発語の意欲が育つ。
　　⑤ 温かく，受容的な関わりを通じて，自分を肯定する気持ちが芽生える。
　（ウ）内容の取扱い
　　上記の取扱いに当たっては，次の事項に留意する必要がある。
　　① 保育士等との信頼関係に支えられて生活を確立していくことが人と関わる基盤となることを考慮して，子どもの多様な感情を受け止め，温かく受容的・応答的に関わり，一人一人に応じた適切な援助を行うようにすること。
　　② 身近な人に親しみをもって接し，自分の感情などを表し，それに相手が応答する言葉を聞くことを通して，次第に言葉が獲得されていくことを考慮して，楽しい雰囲気の中での保育士等との関わり合いを大切にし，ゆっくりと優しく話しかけるなど，積極的に言葉のやり取りを楽しむことができるようにすること。
ウ　身近なものと関わり感性が育つ
　身近な環境に興味や好奇心をもって関わり，感じたことや考えたことを表現する力の基盤を培う。

　（ア）ねらい
　　① 身の回りのものに親しみ，様々なものに興味や関心をもつ。
　　② 見る，触れる，探索するなど，身近な環境に自分から関わろうとする。
　　③ 身体の諸感覚による認識が豊かになり，表情や手足，体の動き等で表現する。
　（イ）内容
　　① 身近な生活用具，玩具や絵本などが用意された中で，身の回りのものに対する興味や好奇心をもつ。
　　② 生活や遊びの中で様々なものに触れ，音，形，色，手触りなどに気付き，感覚の働きを豊かにする。
　　③ 保育士等と一緒に様々な色彩や形のものや絵本などを見る。
　　④ 玩具や身の回りのものを，つまむ，つかむ，たたく，引っ張るなど，手や指を使って遊ぶ。
　　⑤ 保育士等のあやし遊びに機嫌よく応じたり，歌やリズムに合わせて手足や体を動かして楽しんだりする。
　（ウ）内容の取扱い
　　上記の取扱いに当たっては，次の事項に留意する必要がある。
　　① 玩具などは，音質，形，色，大きさなど子どもの発達状態に応じて適切なものを選び，その時々の子どもの興味や関心を踏まえるなど，遊びを通して感覚の発達が促されるものとなるように工夫すること。なお，安全な環境の下で，子どもが探索意欲を満たして自由に遊べるよう，身の回りのものについては，常に十分な点検を行うこと。
　　② 乳児期においては，表情，発声，体の動きなどで，感情を表現することが多いことから，これらの表現しようとする意欲を積極的に受け止めて，子どもが様々な活動を楽しむことを通して表現が豊かになるようにすること。
(3) 保育の実施に関わる配慮事項
ア　乳児は疾病への抵抗力が弱く，心身の機能の未熟さに伴う疾病の発生が多いことから，一人一人の発育及び発達状態や健康状態についての適切な判断に基づく保健的な対応を行うこと。
イ　一人一人の子どもの生育歴の違いに留意しつつ，欲求を適切に満たし，特定の保育士が応答的に関わるように努めること。
ウ　乳児保育に関わる職員間の連携や嘱託医との連携を図り，第3章に示す事項を踏まえ，適切に対応す

ること。栄養士及び看護師等が配置されている場合は，その専門性を生かした対応を図ること。
　　エ　保護者との信頼関係を築きながら保育を進めるとともに，保護者からの相談に応じ，保護者への支援に努めていくこと。
　　オ　担当の保育士が替わる場合には，子どものそれまでの生育歴や発達過程に留意し，職員間で協力して対応すること。
２　１歳以上３歳未満児の保育に関わるねらい及び内容
　(1)　基本的事項
　　ア　この時期においては，歩き始めから，歩く，走る，跳ぶなどへと，基本的な運動機能が次第に発達し，排泄の自立のための身体的機能も整うようになる。つまむ，めくるなどの指先の機能も発達し，食事，衣類の着脱なども，保育士等の援助の下で自分で行うようになる。発声も明瞭になり，語彙も増加し，自分の意思や欲求を言葉で表出できるようになる。このように自分でできることが増えてくる時期であることから，保育士等は，子どもの生活の安定を図りながら，自分でしようとする気持ちを尊重し，温かく見守るとともに，愛情豊かに，応答的に関わることが必要である。
　　イ　本項においては，この時期の発達の特徴を踏まえ，保育の「ねらい」及び「内容」について，心身の健康に関する領域「健康」，人との関わりに関する領域「人間関係」，身近な環境との関わりに関する領域「環境」，言葉の獲得に関する領域「言葉」及び感性と表現に関する領域「表現」としてまとめ，示している。
　　ウ　本項の各領域において示す保育の内容は，第１章の２に示された養護における「生命の保持」及び「情緒の安定」に関わる保育の内容と，一体となって展開されるものであることに留意が必要である。
　(2)　ねらい及び内容
　　ア　健康
　　　健康な心と体を育て，自ら健康で安全な生活をつくり出す力を養う。
　　　(ア)　ねらい
　　　　①　明るく伸び伸びと生活し，自分から体を動かすことを楽しむ。
　　　　②　自分の体を十分に動かし，様々な動きをしようとする。
　　　　③　健康，安全な生活に必要な習慣に気付き，自分でしてみようとする気持ちが育つ。
　　　(イ)　内容
　　　　①　保育士等の愛情豊かな受容の下で，安定感をもって生活をする。

　　　　②　食事や午睡，遊びと休息など，保育所における生活のリズムが形成される。
　　　　③　走る，跳ぶ，登る，押す，引っ張るなど全身を使う遊びを楽しむ。
　　　　④　様々な食品や調理形態に慣れ，ゆったりとした雰囲気の中で食事や間食を楽しむ。
　　　　⑤　身の回りを清潔に保つ心地よさを感じ，その習慣が少しずつ身に付く。
　　　　⑥　保育士等の助けを借りながら，衣類の着脱を自分でしようとする。
　　　　⑦　便器での排泄に慣れ，自分で排泄ができるようになる。
　　　(ウ)　内容の取扱い
　　　　上記の取扱いに当たっては，次の事項に留意する必要がある。
　　　　①　心と体の健康は，相互に密接な関連があるものであることを踏まえ，子どもの気持ちに配慮した温かい触れ合いの中で，心と体の発達を促すこと。特に，一人一人の発育に応じて，体を動かす機会を十分に確保し，自ら体を動かそうとする意欲が育つようにすること。
　　　　②　健康な心と体を育てるためには望ましい食習慣の形成が重要であることを踏まえ，ゆったりとした雰囲気の中で食べる喜びや楽しさを味わい，進んで食べようとする気持ちが育つようにすること。なお，食物アレルギーのある子どもへの対応については，嘱託医等の指示や協力の下に適切に対応すること。
　　　　③　排泄の習慣については，一人一人の排尿間隔等を踏まえ，おむつが汚れていないときに便器に座らせるなどにより，少しずつ慣れさせるようにすること。
　　　　④　食事，排泄，睡眠，衣類の着脱，身の回りを清潔にすることなど，生活に必要な基本的な習慣については，一人一人の状態に応じ，落ち着いた雰囲気の中で行うようにし，子どもが自分でしようとする気持ちを尊重すること。また，基本的な生活習慣の形成に当たっては，家庭での生活経験に配慮し，家庭との適切な連携の下で行うようにすること。
　　イ　人間関係
　　　他の人々と親しみ，支え合って生活するために，自立心を育て，人と関わる力を養う。
　　　(ア)　ねらい
　　　　①　保育所での生活を楽しみ，身近な人と関わる心地よさを感じる。
　　　　②　周囲の子ども等への興味や関心が高まり，関

　　　　わりをもとうとする。
　　　③　保育所の生活の仕方に慣れ，きまりの大切さに気付く。
　　（イ）内容
　　　①　保育士等や周囲の子ども等との安定した関係の中で，共に過ごす心地よさを感じる。
　　　②　保育士等の受容的・応答的な関わりの中で，欲求を適切に満たし，安定感をもって過ごす。
　　　③　身の回りに様々な人がいることに気付き，徐々に他の子どもと関わりをもって遊ぶ。
　　　④　保育士等の仲立ちにより，他の子どもとの関わり方を少しずつ身につける。
　　　⑤　保育所の生活の仕方に慣れ，きまりがあることや，その大切さに気付く。
　　　⑥　生活や遊びの中で，年長児や保育士等の真似をしたり，ごっこ遊びを楽しんだりする。
　　（ウ）内容の取扱い
　　　上記の取扱いに当たっては，次の事項に留意する必要がある。
　　　①　保育士等との信頼関係に支えられて生活を確立するとともに，自分で何かをしようとする気持ちが旺盛になる時期であることに鑑み，そのような子どもの気持ちを尊重し，温かく見守るとともに，愛情豊かに，応答的に関わり，適切な援助を行うようにすること。
　　　②　思い通りにいかない場合等の子どもの不安定な感情の表出については，保育士等が受容的に受け止めるとともに，そうした気持ちから立ち直る経験や感情をコントロールすることへの気付き等につなげていけるように援助すること。
　　　③　この時期は自己と他者との違いの認識がまだ十分ではないことから，子どもの自我の育ちを見守るとともに，保育士等が仲立ちとなって，自分の気持ちを相手に伝えることや相手の気持ちに気付くことの大切さなど，友達の気持ちや友達との関わり方を丁寧に伝えていくこと。
　ウ　環境
　　周囲の様々な環境に好奇心や探究心をもって関わり，それらを生活に取り入れていこうとする力を養う。
　　（ア）ねらい
　　　①　身近な環境に親しみ，触れ合う中で，様々なものに興味や関心をもつ。
　　　②　様々なものに関わる中で，発見を楽しんだり，考えたりしようとする。
　　　③　見る，聞く，触るなどの経験を通して，感覚の働きを豊かにする。
　　（イ）内容
　　　①　安全で活動しやすい環境での探索活動等を通して，見る，聞く，触れる，嗅ぐ，味わうなどの感覚の働きを豊かにする。
　　　②　玩具，絵本，遊具などに興味をもち，それらを使った遊びを楽しむ。
　　　③　身の回りの物に触れる中で，形，色，大きさ，量などの物の性質や仕組みに気付く。
　　　④　自分の物と人の物の区別や，場所的感覚など，環境を捉える感覚が育つ。
　　　⑤　身近な生き物に気付き，親しみをもつ。
　　　⑥　近隣の生活や季節の行事などに興味や関心をもつ。
　　（ウ）内容の取扱い
　　　上記の取扱いに当たっては，次の事項に留意する必要がある。
　　　①　玩具などは，音質，形，色，大きさなど子どもの発達状態に応じて適切なものを選び，遊びを通して感覚の発達が促されるように工夫すること。
　　　②　身近な生き物との関わりについては，子どもが命を感じ，生命の尊さに気付く経験へとつながるものであることから，そうした気付きを促すような関わりとなるようにすること。
　　　③　地域の生活や季節の行事などに触れる際には，社会とのつながりや地域社会の文化への気付きにつながるものとなることが望ましいこと。その際，保育所内外の行事や地域の人々との触れ合いなどを通して行うこと等も考慮すること。
　エ　言葉
　　経験したことや考えたことなどを自分なりの言葉で表現し，相手の話す言葉を聞こうとする意欲や態度を育て，言葉に対する感覚や言葉で表現する力を養う。
　　（ア）ねらい
　　　①　言葉遊びや言葉で表現する楽しさを感じる。
　　　②　人の言葉や話などを聞き，自分でも思ったことを伝えようとする。
　　　③　絵本や物語等に親しむとともに，言葉のやり取りを通じて身近な人と気持ちを通わせる。
　　（イ）内容
　　　①　保育士等の応答的な関わりや話しかけにより，自ら言葉を使おうとする。
　　　②　生活に必要な簡単な言葉に気付き，聞き分ける。
　　　③　親しみをもって日常の挨拶に応じる。

④　絵本や紙芝居を楽しみ，簡単な言葉を繰り返したり，模倣をしたりして遊ぶ。
　　　⑤　保育士等とごっこ遊びをする中で，言葉のやり取りを楽しむ。
　　　⑥　保育士等を仲立ちとして，生活や遊びの中で友達との言葉のやり取りを楽しむ。
　　　⑦　保育士等や友達の言葉や話に興味や関心をもって，聞いたり，話したりする。
　　（ウ）内容の取扱い
　　　　上記の取扱いに当たっては，次の事項に留意する必要がある。
　　　①　身近な人に親しみをもって接し，自分の感情などを伝え，それに相手が応答し，その言葉を聞くことを通して，次第に言葉が獲得されていくものであることを考慮して，楽しい雰囲気の中で保育士等との言葉のやり取りができるようにすること。
　　　②　子どもが自分の思いを言葉で伝えるとともに，他の子どもの話などを聞くことを通して，次第に話を理解し，言葉による伝え合いができるようになるよう，気持ちや経験等の言語化を行うことを援助するなど，子ども同士の関わりの仲立ちを行うようにすること。
　　　③　この時期は，片言から，二語文，ごっこ遊びでのやり取りができる程度へと，大きく言葉の習得が進む時期であることから，それぞれの子どもの発達の状況に応じて，遊びや関わりの工夫など，保育の内容を適切に展開することが必要であること。
　オ　表現
　　　感じたことや考えたことを自分なりに表現することを通して，豊かな感性や表現する力を養い，創造性を豊かにする。
　　（ア）ねらい
　　　①　身体の諸感覚の経験を豊かにし，様々な感覚を味わう。
　　　②　感じたことや考えたことなどを自分なりに表現しようとする。
　　　③　生活や遊びの様々な体験を通して，イメージや感性が豊かになる。
　　（イ）内容
　　　①　水，砂，土，紙，粘土など様々な素材に触れて楽しむ。
　　　②　音楽，リズムやそれに合わせた体の動きを楽しむ。
　　　③　生活の中で様々な音，形，色，手触り，動き，味，香りなどに気付いたり，感じたりして楽しむ。
　　　④　歌を歌ったり，簡単な手遊びや全身を使う遊びを楽しんだりする。
　　　⑤　保育士等からの話や，生活や遊びの中での出来事を通して，イメージを豊かにする。
　　　⑥　生活や遊びの中で，興味のあることや経験したことなどを自分なりに表現する。
　　（ウ）内容の取扱い
　　　　上記の取扱いに当たっては，次の事項に留意する必要がある。
　　　①　子どもの表現は，遊びや生活の様々な場面で表出されているものであることから，それらを積極的に受け止め，様々な表現の仕方や感性を豊かにする経験となるようにすること。
　　　②　子どもが試行錯誤しながら様々な表現を楽しむことや，自分の力でやり遂げる充実感などに気付くよう，温かく見守るとともに，適切に援助を行うようにすること。
　　　③　様々な感情の表現等を通じて，子どもが自分の感情や気持ちに気付くようになる時期であることに鑑み，受容的な関わりの中で自信をもって表現をすることや，諦めずに続けた後の達成感等を感じられるような経験が蓄積されるようにすること。
　　　④　身近な自然や身の回りの事物に関わる中で，発見や心が動く経験が得られるよう，諸感覚を働かせることを楽しむ遊びや素材を用意するなど保育の環境を整えること。
（3）保育の実施に関わる配慮事項
　ア　特に感染症にかかりやすい時期であるので，体の状態，機嫌，食欲などの日常の状態の観察を十分に行うとともに，適切な判断に基づく保健的な対応を心がけること。
　イ　探索活動が十分できるように，事故防止に努めながら活動しやすい環境を整え，全身を使う遊びなど様々な遊びを取り入れること。
　ウ　自我が形成され，子どもが自分の感情や気持ちに気付くようになる重要な時期であることに鑑み，情緒の安定を図りながら，子どもの自発的な活動を尊重するとともに促していくこと。
　エ　担当の保育士が替わる場合には，子どものそれまでの経験や発達過程に留意し，職員間で協力して対応すること。
3　3歳以上児の保育に関するねらい及び内容
（1）基本的事項
　ア　この時期においては，運動機能の発達により，基本的な動作が一通りできるようになるとともに，基

本的な生活習慣もほぼ自立できるようになる。理解する語彙数が急激に増加し、知的興味や関心も高まってくる。仲間と遊び、仲間の中の一人という自覚が生じ、集団的な遊びや協同的な活動も見られるようになる。これらの発達の特徴を踏まえて、この時期の保育においては、個の成長と集団としての活動の充実が図られるようにしなければならない。
イ　本項においては、この時期の発達の特徴を踏まえ、保育の「ねらい」及び「内容」について、心身の健康に関する領域「健康」、人との関わりに関する領域「人間関係」、身近な環境との関わりに関する領域「環境」、言葉の獲得に関する領域「言葉」及び感性と表現に関する領域「表現」としてまとめ、示している。
ウ　本項の各領域において示す保育の内容は、第1章の2に示された養護における「生命の保持」及び「情緒の安定」に関わる保育の内容と、一体となって展開されるものであることに留意が必要である。
(2) ねらい及び内容
　ア　健康
　　健康な心と体を育て、自ら健康で安全な生活をつくり出す力を養う。
　　(ア) ねらい
　　　① 明るく伸び伸びと行動し、充実感を味わう。
　　　② 自分の体を十分に動かし、進んで運動しようとする。
　　　③ 健康、安全な生活に必要な習慣や態度を身に付け、見通しをもって行動する。
　　(イ) 内容
　　　① 保育士等や友達と触れ合い、安定感をもって行動する。
　　　② いろいろな遊びの中で十分に体を動かす。
　　　③ 進んで戸外で遊ぶ。
　　　④ 様々な活動に親しみ、楽しんで取り組む。
　　　⑤ 保育士等や友達と食べることを楽しみ、食べ物への興味や関心をもつ。
　　　⑥ 健康な生活のリズムを身に付ける。
　　　⑦ 身の回りを清潔にし、衣服の着脱、食事、排泄などの生活に必要な活動を自分でする。
　　　⑧ 保育所における生活の仕方を知り、自分たちで生活の場を整えながら見通しをもって行動する。
　　　⑨ 自分の健康に関心をもち、病気の予防などに必要な活動を進んで行う。
　　　⑩ 危険な場所、危険な遊び方、災害時などの行動の仕方が分かり、安全に気を付けて行動する。

　　(ウ) 内容の取扱い
　　　上記の取扱いに当たっては、次の事項に留意する必要がある。
　　　① 心と体の健康は、相互に密接な関連があるものであることを踏まえ、子どもが保育士等や他の子どもとの温かい触れ合いの中で自己の存在感や充実感を味わうことなどを基盤として、しなやかな心と体の発達を促すこと。特に、十分に体を動かす気持ちよさを体験し、自ら体を動かそうとする意欲が育つようにすること。
　　　② 様々な遊びの中で、子どもが興味や関心、能力に応じて全身を使って活動することにより、体を動かす楽しさを味わい、自分の体を大切にしようとする気持ちが育つようにすること。その際、多様な動きを経験する中で、体の動きを調整するようにすること。
　　　③ 自然の中で伸び伸びと体を動かして遊ぶことにより、体の諸機能の発達が促されることに留意し、子どもの興味や関心が戸外にも向くようにすること。その際、子どもの動線に配慮した園庭や遊具の配置などを工夫すること。
　　　④ 健康な心と体を育てるためには食育を通じた望ましい食習慣の形成が大切であることを踏まえ、子どもの食生活の実情に配慮し、和やかな雰囲気の中で保育士等や他の子どもと食べる喜びや楽しさを味わったり、様々な食べ物への興味や関心をもったりするなどし、食の大切さに気付き、進んで食べようとする気持ちが育つようにすること。
　　　⑤ 基本的な生活習慣の形成に当たっては、家庭での生活経験に配慮し、子どもの自立心を育て、子どもが他の子どもと関わりながら主体的な活動を展開する中で、生活に必要な習慣を身に付け、次第に見通しをもって行動できるようにすること。
　　　⑥ 安全に関する指導に当たっては、情緒の安定を図り、遊びを通して安全についての構えを身に付け、危険な場所や事物などが分かり、安全についての理解を深めるようにすること。また、交通安全の習慣を身に付けるようにするとともに、避難訓練などを通して、災害などの緊急時に適切な行動がとれるようにすること。
　イ　人間関係
　　他の人々と親しみ、支え合って生活するために、自立心を育て、人と関わる力を養う。
　　(ア) ねらい
　　　① 保育所の生活を楽しみ、自分の力で行動する

ことの充実感を味わう。
② 身近な人と親しみ，関わりを深め，工夫したり，協力したりして一緒に活動する楽しさを味わい，愛情や信頼感をもつ。
③ 社会生活における望ましい習慣や態度を身に付ける。
(イ) 内容
① 保育士等や友達と共に過ごすことの喜びを味わう。
② 自分で考え，自分で行動する。
③ 自分でできることは自分でする。
④ いろいろな遊びを楽しみながら物事をやり遂げようとする気持ちをもつ。
⑤ 友達と積極的に関わりながら喜びや悲しみを共感し合う。
⑥ 自分の思ったことを相手に伝え，相手の思っていることに気付く。
⑦ 友達のよさに気付き，一緒に活動する楽しさを味わう。
⑧ 友達と楽しく活動する中で，共通の目的を見いだし，工夫したり，協力したりなどする。
⑨ よいことや悪いことがあることに気付き，考えながら行動する。
⑩ 友達との関わりを深め，思いやりをもつ。
⑪ 友達と楽しく生活する中できまりの大切さに気付き，守ろうとする。
⑫ 共同の遊具や用具を大切にし，皆で使う。
⑬ 高齢者をはじめ地域の人々などの自分の生活に関係の深いいろいろな人に親しみをもつ。
(ウ) 内容の取扱い
上記の取扱いに当たっては，次の事項に留意する必要がある。
① 保育士等との信頼関係に支えられて自分自身の生活を確立していくことが人と関わる基盤となることを考慮し，子どもが自ら周囲に働き掛けることにより多様な感情を体験し，試行錯誤しながら諦めずにやり遂げることの達成感や，前向きな見通しをもって自分の力で行うことの充実感を味わうことができるよう，子どもの行動を見守りながら適切な援助を行うようにすること。
② 一人一人を生かした集団を形成しながら人と関わる力を育てていくようにすること。その際，集団の生活の中で，子どもが自己を発揮し，保育士等や他の子どもに認められる体験をし，自分のよさや特徴に気付き，自信をもって行動できるようにすること。
③ 子どもが互いに関わりを深め，協同して遊ぶようになるため，自ら行動する力を育てるとともに，他の子どもと試行錯誤しながら活動を展開する楽しさや共通の目的が実現する喜びを味わうことができるようにすること。
④ 道徳性の芽生えを培うに当たっては，基本的な生活習慣の形成を図るとともに，子どもが他の子どもとの関わりの中で他人の存在に気付き，相手を尊重する気持ちをもって行動できるようにし，また，自然や身近な動植物に親しむことなどを通して豊かな心情が育つようにすること。特に，人に対する信頼感や思いやりの気持ちは，葛藤やつまずきをも体験し，それらを乗り越えることにより次第に芽生えてくることに配慮すること。
⑤ 集団の生活を通して，子どもが人との関わりを深め，規範意識の芽生えが培われることを考慮し，子どもが保育士等との信頼関係に支えられて自己を発揮する中で，互いに思いを主張し，折り合いを付ける体験をし，きまりの必要性などに気付き，自分の気持ちを調整する力が育つようにすること。
⑥ 高齢者をはじめ地域の人々などの自分の生活に関係の深いいろいろな人と触れ合い，自分の感情や意志を表現しながら共に楽しみ，共感し合う体験を通して，これらの人々などに親しみをもち，人と関わることの楽しさや人の役に立つ喜びを味わうことができるようにすること。また，生活を通して親や祖父母などの家族の愛情に気付き，家族を大切にしようとする気持ちが育つようにすること。
ウ 環境
周囲の様々な環境に好奇心や探究心をもって関わり，それらを生活に取り入れていこうとする力を養う。
(ア) ねらい
① 身近な環境に親しみ，自然と触れ合う中で様々な事象に興味や関心をもつ。
② 身近な環境に自分から関わり，発見を楽しんだり，考えたりし，それを生活に取り入れようとする。
③ 身近な事象を見たり，考えたり，扱ったりする中で，物の性質や数量，文字などに対する感覚を豊かにする。
(イ) 内容
① 自然に触れて生活し，その大きさ，美しさ，不思議さなどに気付く。

② 生活の中で，様々な物に触れ，その性質や仕組みに興味や関心をもつ。
③ 季節により自然や人間の生活に変化のあることに気付く。
④ 自然などの身近な事象に関心をもち，取り入れて遊ぶ。
⑤ 身近な動植物に親しみをもって接し，生命の尊さに気付き，いたわったり，大切にしたりする。
⑥ 日常生活の中で，我が国や地域社会における様々な文化や伝統に親しむ。
⑦ 身近な物を大切にする。
⑧ 身近な物や遊具に興味をもって関わり，自分なりに比べたり，関連付けたりしながら考えたり，試したりして工夫して遊ぶ。
⑨ 日常生活の中で数量や図形などに関心をもつ。
⑩ 日常生活の中で簡単な標識や文字などに関心をもつ。
⑪ 生活に関係の深い情報や施設などに興味や関心をもつ。
⑫ 保育所内外の行事において国旗に親しむ。
(ウ) 内容の取扱い
上記の取扱いに当たっては，次の事項に留意する必要がある。
① 子どもが，遊びの中で周囲の環境と関わり，次第に周囲の世界に好奇心を抱き，その意味や操作の仕方に関心をもち，物事の法則性に気付き，自分なりに考えることができるようになる過程を大切にすること。また，他の子どもの考えなどに触れて新しい考えを生み出す喜びや楽しさを味わい，自分の考えをよりよいものにしようとする気持ちが育つようにすること。
② 幼児期において自然のもつ意味は大きく，自然の大きさ，美しさ，不思議さなどに直接触れる体験を通して，子どもの心が安らぎ，豊かな感情，好奇心，思考力，表現力の基礎が培われることを踏まえ，子どもが自然との関わりを深めることができるよう工夫すること。
③ 身近な事象や動植物に対する感動を伝え合い，共感し合うことなどを通して自分から関わろうとする意欲を育てるとともに，様々な関わり方を通してそれらに対する親しみや畏敬の念，生命を大切にする気持ち，公共心，探究心などが養われるようにすること。
④ 文化や伝統に親しむ際には，正月や節句など我が国の伝統的な行事，国歌，唱歌，わらべうたや我が国の伝統的な遊びに親しんだり，異なる文化に触れる活動に親しんだりすることを通じて，社会とのつながりの意識や国際理解の意識の芽生えなどが養われるようにすること。
⑤ 数量や文字などに関しては，日常生活の中で子ども自身の必要感に基づく体験を大切にし，数量や文字などに関する興味や関心，感覚が養われるようにすること。

エ 言葉
経験したことや考えたことなどを自分なりの言葉で表現し，相手の話す言葉を聞こうとする意欲や態度を育て，言葉に対する感覚や言葉で表現する力を養う。
(ア) ねらい
① 自分の気持ちを言葉で表現する楽しさを味わう。
② 人の言葉や話などをよく聞き，自分の経験したことや考えたことを話し，伝え合う喜びを味わう。
③ 日常生活に必要な言葉が分かるようになるとともに，絵本や物語などに親しみ，言葉に対する感覚を豊かにし，保育士等や友達と心を通わせる。
(イ) 内容
① 保育士等や友達の言葉や話に興味や関心をもち，親しみをもって聞いたり，話したりする。
② したり，見たり，聞いたり，感じたり，考えたりなどしたことを自分なりに言葉で表現する。
③ したいこと，してほしいことを言葉で表現したり，分からないことを尋ねたりする。
④ 人の話を注意して聞き，相手に分かるように話す。
⑤ 生活の中で必要な言葉が分かり，使う。
⑥ 親しみをもって日常の挨拶をする。
⑦ 生活の中で言葉の楽しさや美しさに気付く。
⑧ いろいろな体験を通じてイメージや言葉を豊かにする。
⑨ 絵本や物語などに親しみ，興味をもって聞き，想像をする楽しさを味わう。
⑩ 日常生活の中で，文字などで伝える楽しさを味わう。
(ウ) 内容の取扱い
上記の取扱いに当たっては，次の事項に留意する必要がある。
① 言葉は，身近な人に親しみをもって接し，自分の感情や意志などを伝え，それに相手が応答

し，その言葉を聞くことを通して次第に獲得されていくものであることを考慮して，子どもが保育士等や他の子どもと関わることにより心を動かされるような体験をし，言葉を交わす喜びを味わえるようにすること。
② 子どもが自分の思いを言葉で伝えるとともに，保育士等や他の子どもなどの話を興味をもって注意して聞くことを通して次第に話を理解するようになっていき，言葉による伝え合いができるようにすること。
③ 絵本や物語などで，その内容と自分の経験とを結び付けたり，想像を巡らせたりするなど，楽しみを十分に味わうことによって，次第に豊かなイメージをもち，言葉に対する感覚が養われるようにすること。
④ 子どもが生活の中で，言葉の響きやリズム，新しい言葉や表現などに触れ，これらを使う楽しさを味わえるようにすること。その際，絵本や物語に親しんだり，言葉遊びなどをしたりすることを通して，言葉が豊かになるようにすること。
⑤ 子どもが日常生活の中で，文字などを使いながら思ったことや考えたことを伝える喜びや楽しさを味わい，文字に対する興味や関心をもつようにすること。
オ　表現
感じたことや考えたことを自分なりに表現することを通して，豊かな感性や表現する力を養い，創造性を豊かにする。
（ア）ねらい
① いろいろなものの美しさなどに対する豊かな感性をもつ。
② 感じたことや考えたことを自分なりに表現して楽しむ。
③ 生活の中でイメージを豊かにし，様々な表現を楽しむ。
（イ）内容
① 生活の中で様々な音，形，色，手触り，動きなどに気付いたり，感じたりするなどして楽しむ。
② 生活の中で美しいものや心を動かす出来事に触れ，イメージを豊かにする。
③ 様々な出来事の中で，感動したことを伝え合う楽しさを味わう。
④ 感じたこと，考えたことなどを音や動きなどで表現したり，自由にかいたり，つくったりなどする。
⑤ いろいろな素材に親しみ，工夫して遊ぶ。
⑥ 音楽に親しみ，歌を歌ったり，簡単なリズム楽器を使ったりなどする楽しさを味わう。
⑦ かいたり，つくったりすることを楽しみ，遊びに使ったり，飾ったりなどする。
⑧ 自分のイメージを動きや言葉などで表現したり，演じて遊んだりするなどの楽しさを味わう。
（ウ）内容の取扱い
上記の取扱いに当たっては，次の事項に留意する必要がある。
① 豊かな感性は，身近な環境と十分に関わる中で美しいもの，優れたもの，心を動かす出来事などに出会い，そこから得た感動を他の子どもや保育士等と共有し，様々に表現することなどを通して養われるようにすること。その際，風の音や雨の音，身近にある草や花の形や色など自然の中にある音，形，色などに気付くようにすること。
② 子どもの自己表現は素朴な形で行われることが多いので，保育士等はそのような表現を受容し，子ども自身の表現しようとする意欲を受け止めて，子どもが生活の中で子どもらしい様々な表現を楽しむことができるようにすること。
③ 生活経験や発達に応じ，自ら様々な表現を楽しみ，表現する意欲を十分に発揮させることができるように，遊具や用具などを整えたり，様々な素材や表現の仕方に親しんだり，他の子どもの表現に触れられるよう配慮したりし，表現する過程を大切にして自己表現を楽しめるように工夫すること。
(3) 保育の実施に関わる配慮事項
ア　第１章の４の（２）に示す「幼児期の終わりまでに育ってほしい姿」が，ねらい及び内容に基づく活動全体を通して資質・能力が育まれている子どもの小学校就学時の具体的な姿であることを踏まえ，指導を行う際には適宜考慮すること。
イ　子どもの発達や成長の援助をねらいとした活動の時間については，意識的に保育の計画等において位置付けて，実施することが重要であること。なお，そのような活動の時間については，保護者の就労状況等に応じて子どもが保育所で過ごす時間がそれぞれ異なることに留意して設定すること。
ウ　特に必要な場合には，各領域に示すねらいの趣旨に基づいて，具体的な内容を工夫し，それを加えても差し支えないが，その場合には，それが第１章の１に示す保育所保育に関する基本原則を逸脱しない

よう慎重に配慮する必要があること。
4 保育の実施に関して留意すべき事項
 (1) 保育全般に関わる配慮事項
　ア　子どもの心身の発達及び活動の実態などの個人差を踏まえるとともに、一人一人の子どもの気持ちを受け止め、援助すること。
　イ　子どもの健康は、生理的・身体的な育ちとともに、自主性や社会性、豊かな感性の育ちがあいまってもたらされることに留意すること。
　ウ　子どもが自ら周囲に働きかけ、試行錯誤しつつ自分の力で行う活動を見守りながら、適切に援助すること。
　エ　子どもの入所時の保育に当たっては、できるだけ個別的に対応し、子どもが安定感を得て、次第に保育所の生活になじんでいくようにするとともに、既に入所している子どもに不安や動揺を与えないようにすること。
　オ　子どもの国籍や文化の違いを認め、互いに尊重する心を育てるようにすること。
　カ　子どもの性差や個人差にも留意しつつ、性別などによる固定的な意識を植え付けることがないようにすること。
 (2) 小学校との連携
　ア　保育所においては、保育所保育が、小学校以降の生活や学習の基盤の育成につながることに配慮し、幼児期にふさわしい生活を通じて、創造的な思考や主体的な生活態度などの基礎を培うようにすること。
　イ　保育所保育において育まれた資質・能力を踏まえ、小学校教育が円滑に行われるよう、小学校教師との意見交換や合同の研究の機会などを設け、第1章の4の (2) に示す「幼児期の終わりまでに育って欲しい姿」を共有するなど連携を図り、保育所保育と小学校教育との円滑な接続を図るよう努めること。
　ウ　子どもに関する情報共有に関して、保育所に入所している子どもの就学に際し、市町村の支援の下に、子どもの育ちを支えるための資料が保育所から小学校へ送付されるようにすること。
 (3) 家庭及び地域社会との連携
　子どもの生活の連続性を踏まえ、家庭及び地域社会と連携して保育が展開されるよう配慮すること。その際、家庭や地域の機関及び団体の協力を得て、地域の自然、高齢者や異年齢の子ども等を含む人材、行事、施設等の地域の資源を積極的に活用し、豊かな生活体験をはじめ保育内容の充実が図られるよう配慮すること。

第3章　健康及び安全

　保育所保育において、子どもの健康及び安全の確保は、子どもの生命の保持と健やかな生活の基本であり、一人一人の子どもの健康の保持及び増進並びに安全の確保とともに、保育所全体における健康及び安全の確保に努めることが重要となる。
　また、子どもが、自らの体や健康に関心をもち、心身の機能を高めていくことが大切である。
　このため、第1章及び第2章等の関連する事項に留意し、次に示す事項を踏まえ、保育を行うこととする。
1　子どもの健康支援
 (1) 子どもの健康状態並びに発育及び発達状態の把握
　ア　子どもの心身の状態に応じて保育するために、子どもの健康状態並びに発育及び発達状態について、定期的・継続的に、また、必要に応じて随時、把握すること。
　イ　保護者からの情報とともに、登所時及び保育中を通じて子どもの状態を観察し、何らかの疾病が疑われる状態や傷害が認められた場合には、保護者に連絡するとともに、嘱託医と相談するなど適切な対応を図ること。看護師等が配置されている場合には、その専門性を生かした対応を図ること。
　ウ　子どもの心身の状態等を観察し、不適切な養育の兆候が見られる場合には、市町村や関係機関と連携し、児童福祉法第25条に基づき、適切な対応を図ること。また、虐待が疑われる場合には、速やかに市町村又は児童相談所に通告し、適切な対応を図ること。
 (2) 健康増進
　ア　子どもの健康に関する保健計画を全体的な計画に基づいて作成し、全職員がそのねらいや内容を踏まえ、一人一人の子どもの健康の保持及び増進に努めていくこと。
　イ　子どもの心身の健康状態や疾病等の把握のために、嘱託医等により定期的に健康診断を行い、その結果を記録し、保育に活用するとともに、保護者が子どもの状態を理解し、日常生活に活用できるようにすること。
 (3) 疾病等への対応
　ア　保育中に体調不良や傷害が発生した場合には、その子どもの状態等に応じて、保護者に連絡するとともに、適宜、嘱託医や子どものかかりつけ医等と相談し、適切な処置を行うこと。看護師等が配置されている場合には、その専門性を生かした対応を図ること。

イ　感染症やその他の疾病の発生予防に努め，その発生や疑いがある場合には，必要に応じて嘱託医，市町村，保健所等に連絡し，その指示に従うとともに，保護者や全職員に連絡し，予防等について協力を求めること。また，感染症に関する保育所の対応方法等について，あらかじめ関係機関の協力を得ておくこと。看護師等が配置されている場合には，その専門性を生かした対応を図ること。

　ウ　アレルギー疾患を有する子どもの保育については，保護者と連携し，医師の診断及び指示に基づき，適切な対応を行うこと。また，食物アレルギーに関して，関係機関と連携して，当該保育所の体制構築など，安全な環境の整備を行うこと。看護師や栄養士等が配置されている場合には，その専門性を生かした対応を図ること。

　エ　子どもの疾病等の事態に備え，医務室等の環境を整え，救急用の薬品，材料等を適切な管理の下に常備し，全職員が対応できるようにしておくこと。

2　食育の推進
(1) 保育所の特性を生かした食育
　ア　保育所における食育は，健康な生活の基本としての「食を営む力」の育成に向け，その基礎を培うことを目標とすること。
　イ　子どもが生活と遊びの中で，意欲をもって食に関わる体験を積み重ね，食べることを楽しみ，食事を楽しみ合う子どもに成長していくことを期待するものであること。
　ウ　乳幼児期にふさわしい食生活が展開され，適切な援助が行われるよう，食事の提供を含む食育計画を全体的な計画に基づいて作成し，その評価及び改善に努めること。栄養士が配置されている場合は，専門性を生かした対応を図ること。

(2) 食育の環境の整備等
　ア　子どもが自らの感覚や体験を通して，自然の恵みとしての食材や食の循環・環境への意識，調理する人への感謝の気持ちが育つように，子どもと調理員等との関わりや，調理室など食に関わる保育環境に配慮すること。
　イ　保護者や地域の多様な関係者との連携及び協働の下で，食に関する取組が進められること。また，市町村の支援の下に，地域の関係機関等との日常的な連携を図り，必要な協力が得られるよう努めること。
　ウ　体調不良，食物アレルギー，障害のある子どもなど，一人一人の子どもの心身の状態等に応じ，嘱託医，かかりつけ医等の指示や協力の下に適切に対応すること。栄養士が配置されている場合は，専門性を生かした対応を図ること。

3　環境及び衛生管理並びに安全管理
(1) 環境及び衛生管理
　ア　施設の温度，湿度，換気，採光，音などの環境を常に適切な状態に保持するとともに，施設内外の設備及び用具等の衛生管理に努めること。
　イ　施設内外の適切な環境の維持に努めるとともに，子ども及び全職員が清潔を保つようにすること。また，職員は衛生知識の向上に努めること。

(2) 事故防止及び安全対策
　ア　保育中の事故防止のために，子どもの心身の状態等を踏まえつつ，施設内外の安全点検に努め，安全対策のために全職員の共通理解や体制づくりを図るとともに，家庭や地域の関係機関の協力の下に安全指導を行うこと。
　イ　事故防止の取組を行う際には，特に，睡眠中，プール活動・水遊び中，食事中等の場面では重大事故が発生しやすいことを踏まえ，子どもの主体的な活動を大切にしつつ，施設内外の環境の配慮や指導の工夫を行うなど，必要な対策を講じること。
　ウ　保育中の事故の発生に備え，施設内外の危険箇所の点検や訓練を実施するとともに，外部からの不審者等の侵入防止のための措置や訓練など不測の事態に備えて必要な対応を行うこと。また，子どもの精神保健面における対応に留意すること。

4　災害への備え
(1) 施設・設備等の安全確保
　ア　防火設備，避難経路等の安全性が確保されるよう，定期的にこれらの安全点検を行うこと。
　イ　備品，遊具等の配置，保管を適切に行い，日頃から，安全環境の整備に努めること。

(2) 災害発生時の対応体制及び避難への備え
　ア　火災や地震などの災害の発生に備え，緊急時の対応の具体的内容及び手順，職員の役割分担，避難訓練計画等に関するマニュアルを作成すること。
　イ　定期的に避難訓練を実施するなど，必要な対応を図ること。
　ウ　災害の発生時に，保護者等への連絡及び子どもの引渡しを円滑に行うため，日頃から保護者との密接な連携に努め，連絡体制や引渡し方法等について確認をしておくこと。

(3) 地域の関係機関等との連携
　ア　市町村の支援の下に，地域の関係機関との日常的な連携を図り，必要な協力が得られるよう努めること。
　イ　避難訓練については，地域の関係機関や保護者との連携の下に行うなど工夫すること。

第4章　子育て支援

　保育所における保護者に対する子育て支援は，全ての子どもの健やかな育ちを実現することができるよう，第1章及び第2章等の関連する事項を踏まえ，子どもの育ちを家庭と連携して支援していくとともに，保護者及び地域が有する子育てを自ら実践する力の向上に資するよう，次の事項に留意するものとする。
1　保育所における子育て支援に関する基本的事項
（1）保育所の特性を生かした子育て支援
　ア　保護者に対する子育て支援を行う際には，各地域や家庭の実態等を踏まえるとともに，保護者の気持ちを受け止め，相互の信頼関係を基本に，保護者の自己決定を尊重すること。
　イ　保育及び子育てに関する知識や技術など，保育士等の専門性や，子どもが常に存在する環境など，保育所の特性を生かし，保護者が子どもの成長に気付き子育ての喜びを感じられるように努めること。
（2）子育て支援に関して留意すべき事項
　ア　保護者に対する子育て支援における地域の関係機関等との連携及び協働を図り，保育所全体の体制構築に努めること。
　イ　子どもの利益に反しない限りにおいて，保護者や子どものプライバシーを保護し，知り得た事柄の秘密を保持すること。
2　保育所を利用している保護者に対する子育て支援
（1）保護者との相互理解
　ア　日常の保育に関連した様々な機会を活用し子どもの日々の様子の伝達や収集，保育所保育の意図の説明などを通じて，保護者との相互理解を図るよう努めること。
　イ　保育の活動に対する保護者の積極的な参加は，保護者の子育てを自ら実践する力の向上に寄与することから，これを促すこと。
（2）保護者の状況に配慮した個別の支援
　ア　保護者の就労と子育ての両立等を支援するため，保護者の多様化した保育の需要に応じ，病児保育事業など多様な事業を実施する場合には，保護者の状況に配慮するとともに，子どもの福祉が尊重されるよう努め，子どもの生活の連続性を考慮すること。
　イ　子どもに障害や発達上の課題が見られる場合には，市町村や関係機関と連携及び協力を図りつつ，保護者に対する個別の支援を行うよう努めること。
　ウ　外国籍家庭など，特別な配慮を必要とする家庭の場合には，状況等に応じて個別の支援を行うよう努めること。
（3）不適切な養育等が疑われる家庭への支援
　ア　保護者に育児不安等が見られる場合には，保護者の希望に応じて個別の支援を行うよう努めること。
　イ　保護者に不適切な養育等が疑われる場合には，市町村や関係機関と連携し，要保護児童対策地域協議会で検討するなど適切な対応を図ること。また，虐待が疑われる場合には，速やかに市町村又は児童相談所に通告し，適切な対応を図ること。
3　地域の保護者等に対する子育て支援
（1）地域に開かれた子育て支援
　ア　保育所は，児童福祉法第48条の4の規定に基づき，その行う保育に支障がない限りにおいて，地域の実情や当該保育所の体制等を踏まえ，地域の保護者等に対して，保育所保育の専門性を生かした子育て支援を積極的に行うよう努めること。
　イ　地域の子どもに対する一時預かり事業などの活動を行う際には，一人一人の子どもの心身の状態などを考慮するとともに，日常の保育との関連に配慮するなど，柔軟に活動を展開できるようにすること。
（2）地域の関係機関等との連携
　ア　市町村の支援を得て，地域の関係機関等との積極的な連携及び協働を図るとともに，子育て支援に関する地域の人材と積極的に連携を図るよう努めること。
　イ　地域の要保護児童への対応など，地域の子どもを巡る諸課題に対し，要保護児童対策地域協議会など関係機関等と連携及び協力して取り組むよう努めること。

第5章　職員の資質向上

　第1章から前章までに示された事項を踏まえ，保育所は，質の高い保育を展開するため，絶えず，一人一人の職員についての資質向上及び職員全体の専門性の向上を図るよう努めなければならない。
1　職員の資質向上に関する基本的事項
（1）保育所職員に求められる専門性
　　子どもの最善の利益を考慮し，人権に配慮した保育を行うためには，職員一人一人の倫理観，人間性並びに保育所職員としての職務及び責任の理解と自覚が基盤となる。
　　各職員は，自己評価に基づく課題等を踏まえ，保育所内外の研修等を通じて，保育士・看護師・調理員・栄養士等，それぞれの職務内容に応じた専門性を高めるため，必要な知識及び技術の修得，維持及び向上に努めなければならない。
（2）保育の質の向上に向けた組織的な取組

保育所においては，保育の内容等に関する自己評価等を通じて把握した，保育の質の向上に向けた課題に組織的に対応するため，保育内容の改善や保育士等の役割分担の見直し等に取り組むとともに，それぞれの職位や職務内容等に応じて，各職員が必要な知識及び技能を身につけられるよう努めなければならない。

2 施設長の責務
 (1) 施設長の責務と専門性の向上
　　施設長は，保育所の役割や社会的責任を遂行するために，法令等を遵守し，保育所を取り巻く社会情勢等を踏まえ，施設長としての専門性等の向上に努め，当該保育所における保育の質及び職員の専門性向上のために必要な環境の確保に努めなければならない。
 (2) 職員の研修機会の確保等
　　施設長は，保育所の全体的な計画や，各職員の研修の必要性等を踏まえて，体系的・計画的な研修機会を確保するとともに，職員の勤務体制の工夫等により，職員が計画的に研修等に参加し，その専門性の向上が図られるよう努めなければならない。

3 職員の研修等
 (1) 職場における研修
　　職員が日々の保育実践を通じて，必要な知識及び技術の修得，維持及び向上を図るとともに，保育の課題等への共通理解や協働性を高め，保育所全体としての保育の質の向上を図っていくためには，日常的に職員同士が主体的に学び合う姿勢と環境が重要であり，職場内での研修の充実が図られなければならない。
 (2) 外部研修の活用
　　各保育所における保育の課題への的確な対応や，保育士等の専門性の向上を図るためには，職場内での研修に加え，関係機関等による研修の活用が有効であることから，必要に応じて，こうした外部研修への参加機会が確保されるよう努めなければならない。

4 研修の実施体制等
 (1) 体系的な研修計画の作成
　　保育所においては，当該保育所における保育の課題や各職員のキャリアパス等も見据えて，初任者から管理職員までの職位や職務内容等を踏まえた体系的な研修計画を作成しなければならない。
 (2) 組織内での研修成果の活用
　　外部研修に参加する職員は，自らの専門性の向上を図るとともに，保育所における保育の課題を理解し，その解決を実践できる力を身に付けることが重要である。また，研修で得た知識及び技能を他の職員と共有することにより，保育所全体としての保育実践の質及び専門性の向上につなげていくことが求められる。
 (3) 研修の実施に関する留意事項
　　施設長等は保育所全体としての保育実践の質及び専門性の向上のために，研修の受講は特定の職員に偏ることなく行われるよう，配慮する必要がある。また，研修を修了した職員については，その職務内容等において，当該研修の成果等が適切に勘案されることが望ましい。

資料　幼保連携型認定こども園教育・保育要領

（平成29年3月31内閣府・文部科学省・厚生労働省告示第1号）
（平成30年4月1日から施行）

　　第1章　総則

第1　幼保連携型認定こども園における教育及び保育の基本及び目標等
　1　幼保連携型認定こども園における教育及び保育の基本
　　乳幼児期の教育及び保育は，子どもの健全な心身の発達を図りつつ生涯にわたる人格形成の基礎を培う重要なものであり，幼保連携型認定こども園における教育及び保育は，就学前の子どもに関する教育，保育等の総合的な提供の推進に関する法律（平成18年法律第77号。以下「認定こども園法」という。）第2条第7項に規定する目的及び第9条に掲げる目標を達成するため，乳幼児期全体を通して，その特性及び保護者や地域の実態を踏まえ，環境を通して行うものであることを基本とし，家庭や地域での生活を含めた園児の生活全体が豊かなものとなるように努めなければならない。

　　このため保育教諭等は，園児との信頼関係を十分に築き，園児が自ら安心して身近な環境に主体的に関わり，環境との関わり方や意味に気付き，これらを取り込もうとして，試行錯誤したり，考えたりするようになる幼児期の教育における見方・考え方を生かし，その活動が豊かに展開されるよう環境を整え，園児と共によりよい教育及び保育の環境を創造するように努めるものとする。これらを踏まえ，次に示す事項を重視して教育及び保育を行わなければならない。
　（1）乳幼児期は周囲への依存を基盤にしつつ自立に向かうものであることを考慮して，周囲との信頼関係に支えられた生活の中で，園児一人一人が安心感と信頼感をもっていろいろな活動に取り組む体験を十分に積み重ねられるようにすること。
　（2）乳幼児期においては生命の保持が図られ安定した情緒の下で自己を十分に発揮することにより発達に必要な体験を得ていくものであることを考慮して，園児の主体的な活動を促し，乳幼児期にふさわしい生活が展開されるようにすること。
　（3）乳幼児期における自発的な活動としての遊びは，心身の調和のとれた発達の基礎を培う重要な学習であることを考慮して，遊びを通しての指導を中心として第2章に示すねらいが総合的に達成されるようにすること。
　（4）乳幼児期における発達は，心身の諸側面が相互に関連し合い，多様な経過をたどって成し遂げられていくものであること，また，園児の生活経験がそれぞれ異なることなどを考慮して，園児一人一人の特性や発達の過程に応じ，発達の課題に即した指導を行うようにすること。

　　その際，保育教諭等は，園児の主体的な活動が確保されるよう，園児一人一人の行動の理解と予想に基づき，計画的に環境を構成しなければならない。この場合において，保育教諭等は，園児と人やものとの関わりが重要であることを踏まえ，教材を工夫し，物的・空間的環境を構成しなければならない。また，園児一人一人の活動の場面に応じて，様々な役割を果たし，その活動を豊かにしなければならない。

　　なお，幼保連携型認定こども園における教育及び保育は，園児が入園してから修了するまでの在園期間全体を通して行われるものであり，この章の第3に示す幼保連携型認定こども園として特に配慮すべき事項を十分に踏まえて行うものとする。

　2　幼保連携型認定こども園における教育及び保育の目標
　　幼保連携型認定こども園は，家庭との連携を図りながら，この章の第1の1に示す幼保連携型認定こども園における教育及び保育の基本に基づいて一体的に展開される幼保連携型認定こども園における生活を通して，生きる力の基礎を育成するよう認定こども園法第9条に規定する幼保連携型認定こども園の教育及び保育の目標の達成に努めなければならない。幼保連携型認定こども園は，このことにより，義務教育及びその後の教育の基礎を培うとともに，子どもの最善の利益を考慮しつつ，その生活を保障し，保護者と共に園児を心身ともに健やかに育成するものとする。

　　なお，認定こども園法第9条に規定する幼保連携型認定こども園の教育及び保育の目標については，発達や学びの連続性及び生活の連続性の観点から，小学校就学の始期に達するまでの時期を通じ，その達成に向けて努力すべき目当てとなるものであることから，満3歳未満の園児の保育にも当てはまることに留意するものとする。

　3　幼保連携型認定こども園の教育及び保育において育みたい資質・能力及び「幼児期の終わりまでに育ってほしい姿」
　（1）幼保連携型認定こども園においては，生きる力の基礎を育むため，この章の1に示す幼保連携型認定こども園の教育及び保育の基本を踏まえ，次に掲げる資質・能力を一体的に育むよう努めるものとす

る。
　ア　豊かな体験を通じて，感じたり，気付いたり，分かったり，できるようになったりする「知識及び技能の基礎」
　イ　気付いたことや，できるようになったことなどを使い，考えたり，試したり，工夫したり，表現したりする「思考力，判断力，表現力等の基礎」
　ウ　心情，意欲，態度が育つ中で，よりよい生活を営もうとする「学びに向かう力，人間性等」
(2)　(1)に示す資質・能力は，第2章に示すねらい及び内容に基づく活動全体によって育むものである。
(3)　次に示す「幼児期の終わりまでに育ってほしい姿」は，第2章に示すねらい及び内容に基づく活動全体を通して資質・能力が育まれている園児の幼保連携型認定こども園修了時の具体的な姿であり，保育教諭等が指導を行う際に考慮するものである。
　ア　健康な心と体
　　　幼保連携型認定こども園における生活の中で，充実感をもって自分のやりたいことに向かって心と体を十分に働かせ，見通しをもって行動し，自ら健康で安全な生活をつくり出すようになる。
　イ　自立心
　　　身近な環境に主体的に関わり様々な活動を楽しむ中で，しなければならないことを自覚し，自分の力で行うために考えたり，工夫したりしながら，諦めずにやり遂げることで達成感を味わい，自信をもって行動するようになる。
　ウ　協同性
　　　友達と関わる中で，互いの思いや考えなどを共有し，共通の目的の実現に向けて，考えたり，工夫したり，協力したりし，充実感をもってやり遂げるようになる。
　エ　道徳性・規範意識の芽生え
　　　友達と様々な体験を重ねる中で，してよいことや悪いことが分かり，自分の行動を振り返ったり，友達の気持ちに共感したりし，相手の立場に立って行動するようになる。また，きまりを守る必要性が分かり，自分の気持ちを調整し，友達と折り合いを付けながら，きまりをつくったり，守ったりするようになる。
　オ　社会生活との関わり
　　　家族を大切にしようとする気持ちをもつとともに，地域の身近な人と触れ合う中で，人との様々な関わり方に気付き，相手の気持ちを考えて関わり，自分が役に立つ喜びを感じ，地域に親しみをもつようになる。また，幼保連携型認定こども園内外の様々な環境に関わる中で，遊びや生活に必要な情報を取り入れ，情報に基づき判断したり，情報を伝え合ったり，活用したりするなど，情報を役立てながら活動するようになるとともに，公共の施設を大切に利用するなどして，社会とのつながりなどを意識するようになる。
　カ　思考力の芽生え
　　　身近な事象に積極的に関わる中で，物の性質や仕組みなどを感じ取ったり，気付いたりし，考えたり，予想したり，工夫したりするなど，多様な関わりを楽しむようになる。また，友達の様々な考えに触れる中で，自分と異なる考えがあることに気付き，自ら判断したり，考え直したりするなど，新しい考えを生み出す喜びを味わいながら，自分の考えをよりよいものにするようになる。
　キ　自然との関わり・生命尊重
　　　自然に触れて感動する体験を通して，自然の変化などを感じ取り，好奇心や探究心をもって考え言葉などで表現しながら，身近な事象への関心が高まるとともに，自然への愛情や畏敬の念をもつようになる。また，身近な動植物に心を動かされる中で，生命の不思議さや尊さに気付き，身近な動植物への接し方を考え，命あるものとしていたわり，大切にする気持ちをもって関わるようになる。
　ク　数量や図形，標識や文字などへの関心・感覚
　　　遊びや生活の中で，数量や図形，標識や文字などに親しむ体験を重ねたり，標識や文字の役割に気付いたりし，自らの必要感に基づきこれらを活用し，興味や関心，感覚をもつようになる。
　ケ　言葉による伝え合い
　　　保育教諭等や友達と心を通わせる中で，絵本や物語などに親しみながら，豊かな言葉や表現を身に付け，経験したことや考えたことなどを言葉で伝えたり，相手の話を注意して聞いたりし，言葉による伝え合いを楽しむようになる。
　コ　豊かな感性と表現
　　　心を動かす出来事などに触れ感性を働かせる中で，様々な素材の特徴や表現の仕方などに気付き，感じたことや考えたことを自分で表現したり，友達同士で表現する過程を楽しんだりし，表現する喜びを味わい，意欲をもつようになる。

第2　教育及び保育の内容並びに子育ての支援等に関する全体的な計画等
1　教育及び保育の内容並びに子育ての支援等に関する全体的な計画の作成等
　(1)　教育及び保育の内容並びに子育ての支援等に関す

る全体的な計画の役割

　各幼保連携型認定こども園においては，教育基本法（平成18年法律第120号），児童福祉法（昭和22年法律第164号）及び認定こども園法その他の法令並びにこの幼保連携型認定こども園教育・保育要領の示すところに従い，教育と保育を一体的に提供するため，創意工夫を生かし，園児の心身の発達と幼保連携型認定こども園，家庭及び地域の実態に即応した適切な教育及び保育の内容並びに子育ての支援等に関する全体的な計画を作成するものとする。

　教育及び保育の内容並びに子育ての支援等に関する全体的な計画とは，教育と保育を一体的に捉え，園児の入園から修了までの在園期間の全体にわたり，幼保連携型認定こども園の目標に向かってどのような過程をたどって教育及び保育を進めていくかを明らかにするものであり，子育ての支援と有機的に連携し，園児の園生活全体を捉え，作成する計画である。

　各幼保連携型認定こども園においては，「幼児期の終わりまでに育ってほしい姿」を踏まえ教育及び保育の内容並びに子育ての支援等に関する全体的な計画を作成すること，その実施状況を評価して改善を図っていくこと，また実施に必要な人的又は物的な体制を確保するとともにその改善を図っていくことなどを通して，教育及び保育の内容並びに子育ての支援等に関する全体的な計画に基づき組織的かつ計画的に各幼保連携型認定こども園の教育及び保育活動の質の向上を図っていくこと（以下「カリキュラム・マネジメント」という。）に努めるものとする。

(2) 各幼保連携型認定こども園の教育及び保育の目標と教育及び保育の内容並びに子育ての支援等に関する全体的な計画の作成

　教育及び保育の内容並びに子育ての支援等に関する全体的な計画の作成に当たっては，幼保連携型認定こども園の教育及び保育において育みたい資質・能力を踏まえつつ，各幼保連携型認定こども園の教育及び保育の目標を明確にするとともに，教育及び保育の内容並びに子育ての支援等に関する全体的な計画の作成についての基本的な方針が家庭や地域とも共有されるよう努めるものとする。

(3) 教育及び保育の内容並びに子育ての支援等に関する全体的な計画の作成上の基本的事項

　ア　幼保連携型認定こども園における生活の全体を通して第2章に示すねらいが総合的に達成されるよう，教育課程に係る教育期間や園児の生活経験や発達の過程などを考慮して具体的なねらいと内容を組織するものとする。この場合においては，特に，自我が芽生え，他者の存在を意識し，自己を抑制しようとする気持ちが生まれるなどの乳幼児期の発達の特性を踏まえ，入園から修了に至るまでの長期的な視野をもって充実した生活が展開できるように配慮するものとする。

　イ　幼保連携型認定こども園の満3歳以上の園児の教育課程に係る教育週数は，特別の事情のある場合を除き，39週を下ってはならない。

　ウ　幼保連携型認定こども園の1日の教育課程に係る教育時間は，4時間を標準とする。ただし，園児の心身の発達の程度や季節などに適切に配慮するものとする。

　エ　幼保連携型認定こども園の保育を必要とする子どもに該当する園児に対する教育及び保育の時間（満3歳以上の保育を必要とする子どもに該当する園児については，この章の第2の1の(3)ウに規定する教育時間を含む。）は，1日につき8時間を原則とし，園長がこれを定める。ただし，その地方における園児の保護者の労働時間その他家庭の状況等を考慮するものとする。

(4) 教育及び保育の内容並びに子育ての支援等に関する全体的な計画の実施上の留意事項

　各幼保連携型認定こども園においては，園長の方針の下に，園務分掌に基づき保育教諭等職員が適切に役割を分担しつつ，相互に連携しながら，教育及び保育の内容並びに子育ての支援等に関する全体的な計画や指導の改善を図るものとする。また，各幼保連携型認定こども園が行う教育及び保育等に係る評価については，教育及び保育の内容並びに子育ての支援等に関する全体的な計画の作成，実施，改善が教育及び保育活動や園運営の中核となることを踏まえ，カリキュラム・マネジメントと関連付けながら実施するよう留意するものとする。

(5) 小学校教育との接続に当たっての留意事項

　ア　幼保連携型認定こども園においては，その教育及び保育が，小学校以降の生活や学習の基盤の育成につながることに配慮し，乳幼児期にふさわしい生活を通して，創造的な思考や主体的な生活態度などの基礎を培うようにするものとする。

　イ　幼保連携型認定こども園の教育及び保育において育まれた資質・能力を踏まえ，小学校教育が円滑に行われるよう，小学校の教師との意見交換や合同の研究の機会などを設け，「幼児期の終わりまでに育ってほしい姿」を共有するなど連携を図り，幼保連携型認定こども園における教育及び保

育と小学校教育との円滑な接続を図るよう努めるものとする。
2 指導計画の作成と園児の理解に基づいた評価
 (1) 指導計画の考え方
　　幼保連携型認定こども園における教育及び保育は，園児が自ら意欲をもって環境と関わることによりつくり出される具体的な活動を通して，その目標の達成を図るものである。
　　幼保連携型認定こども園においてはこのことを踏まえ，乳幼児期にふさわしい生活が展開され，適切な指導が行われるよう，調和のとれた組織的，発展的な指導計画を作成し，園児の活動に沿った柔軟な指導を行わなければならない。
 (2) 指導計画の作成上の基本的事項
　ア　指導計画は，園児の発達に即して園児一人一人が乳幼児期にふさわしい生活を展開し，必要な体験を得られるようにするために，具体的に作成するものとする。
　イ　指導計画の作成に当たっては，次に示すところにより，具体的なねらい及び内容を明確に設定し，適切な環境を構成することなどにより活動が選択・展開されるようにするものとする。
　(ア) 具体的なねらい及び内容は，幼保連携型認定こども園の生活における園児の発達の過程を見通し，園児の生活の連続性，季節の変化などを考慮して，園児の興味や関心，発達の実情などに応じて設定すること。
　(イ) 環境は，具体的なねらいを達成するために適切なものとなるように構成し，園児が自らその環境に関わることにより様々な活動を展開しつつ必要な体験を得られるようにすること。その際，園児の生活する姿や発想を大切にし，常にその環境が適切なものとなるようにすること。
　(ウ) 園児の行う具体的な活動は，生活の流れの中で様々に変化するものであることに留意し，園児が望ましい方向に向かって自ら活動を展開していくことができるよう必要な援助をすること。
　　その際，園児の実態及び園児を取り巻く状況の変化などに即して指導の過程についての評価を適切に行い，常に指導計画の改善を図るものとする。
 (3) 指導計画の作成上の留意事項
　　指導計画の作成に当たっては，次の事項に留意するものとする。
　ア　園児の生活は，入園当初の一人一人の遊びや保育教諭等との触れ合いを通して幼保連携型認定こども園の生活に親しみ，安定していく時期から，他の園児との関わりの中で園児の主体的な活動が深まり，園児が互いに必要な存在であることを認識するようになる。その後，園児同士や学級全体で目的をもって協同して幼保連携型認定こども園の生活を展開し，深めていく時期などに至るまでの過程を様々に経ながら広げられていくものである。これらを考慮し，活動がそれぞれの時期にふさわしく展開されるようにすること。

　　また，園児の入園当初の教育及び保育に当たっては，既に在園している園児に不安や動揺を与えないようにしつつ，可能な限り個別的に対応し，園児が安定感を得て，次第に幼保連携型認定こども園の生活になじんでいくよう配慮すること。
　イ　長期的に発達を見通した年，学期，月などにわたる長期の指導計画やこれとの関連を保ちながらより具体的な園児の生活に即した週，日などの短期の指導計画を作成し，適切な指導が行われるようにすること。特に，週，日などの短期の指導計画については，園児の生活のリズムに配慮し，園児の意識や興味の連続性のある活動が相互に関連して幼保連携型認定こども園の生活の自然な流れの中に組み込まれるようにすること。
　ウ　園児が様々な人やものとの関わりを通して，多様な体験をし，心身の調和のとれた発達を促すようにしていくこと。その際，園児の発達に即して主体的・対話的で深い学びが実現するようにするとともに，心を動かされる体験が次の活動を生み出すことを考慮し，一つ一つの体験が相互に結び付き，幼保連携型認定こども園の生活が充実するようにすること。
　エ　言語に関する能力の発達と思考力等の発達が関連していることを踏まえ，幼保連携型認定こども園における生活全体を通して，園児の発達を踏まえた言語環境を整え，言語活動の充実を図ること。
　オ　園児が次の活動への期待や意欲をもつことができるよう，園児の実態を踏まえながら，保育教諭等や他の園児と共に遊びや生活の中で見通しをもったり，振り返ったりするよう工夫すること。
　カ　行事の指導に当たっては，幼保連携型認定こども園の生活の自然な流れの中で生活に変化や潤いを与え，園児が主体的に楽しく活動できるようにすること。なお，それぞれの行事については教育及び保育における価値を十分検討し，適切なものを精選し，園児の負担にならないようにすること。
　キ　乳幼児期は直接的な体験が重要であることを踏

まえ，視聴覚教材やコンピュータなど情報機器を活用する際には，幼保連携型認定こども園の生活では得難い体験を補完するなど，園児の体験との関連を考慮すること。
ク 園児の主体的な活動を促すためには，保育教諭等が多様な関わりをもつことが重要であることを踏まえ，保育教諭等は，理解者，共同作業者など様々な役割を果たし，園児の情緒の安定や発達に必要な豊かな体験が得られるよう，活動の場面に応じて，園児の人権や園児一人一人の個人差等に配慮した適切な指導を行うようにすること。
ケ 園児の行う活動は，個人，グループ，学級全体などで多様に展開されるものであることを踏まえ，幼保連携型認定こども園全体の職員による協力体制を作りながら，園児一人一人が興味や欲求を十分に満足させるよう適切な援助を行うようにすること。
コ 園児の生活は，家庭を基盤として地域社会を通じて次第に広がりをもつものであることに留意し，家庭との連携を十分に図るなど，幼保連携型認定こども園における生活が家庭や地域社会と連続性を持ちつつ展開されるようにするものとする。その際，地域の自然，高齢者や異年齢の子どもなどを含む人材，行事や公共施設などの地域の資源を積極的に活用し，園児が豊かな生活体験を得られるように工夫するものとする。また，家庭との連携に当たっては，保護者との情報交換の機会を設けたり，保護者と園児との活動の機会を設けたりなどすることを通じて，保護者の乳幼児期の教育及び保育に関する理解が深まるよう配慮するものとする。
サ 地域や幼保連携型認定こども園の実態等により，幼保連携型認定こども園間に加え，幼稚園，保育所等の保育施設，小学校，中学校，高等学校及び特別支援学校などとの間の連携や交流を図るものとする。特に，小学校教育との円滑な接続のため，幼保連携型認定こども園の園児と小学校の児童との交流の機会を積極的に設けるようにするものとする。また，障害のある園児児童生徒との交流及び共同学習の機会を設け，共に尊重し合いながら協働して生活していく態度を育むよう努めるものとする。
(4) 園児の理解に基づいた評価の実施
園児一人一人の発達の理解に基づいた評価の実施に当たっては，次の事項に配慮するものとする。
ア 指導の過程を振り返りながら園児の理解を進め，園児一人一人のよさや可能性などを把握し，指導の改善に生かすようにすること。その際，他の園児との比較や一定の基準に対する達成度についての評定によって捉えるものではないことに留意すること。
イ 評価の妥当性や信頼性が高められるよう創意工夫を行い，組織的かつ計画的な取組を推進するとともに，次年度又は小学校等にその内容が適切に引き継がれるようにすること。
3 特別な配慮を必要とする園児への指導
(1) 障害のある園児などへの指導
障害のある園児などへの指導に当たっては，集団の中で生活することを通して全体的な発達を促していくことに配慮し，適切な環境の下で，障害のある園児が他の園児との生活を通して共に成長できるよう，特別支援学校などの助言又は援助を活用しつつ，個々の園児の障害の状態などに応じた指導内容や指導方法の工夫を組織的かつ計画的に行うものとする。また，家庭，地域及び医療や福祉，保健等の業務を行う関係機関との連携を図り，長期的な視点で園児への教育及び保育的支援を行うために，個別の教育及び保育支援計画を作成し活用することに努めるとともに，個々の園児の実態を的確に把握し，個別の指導計画を作成し活用することに努めるものとする。
(2) 海外から帰国した園児や生活に必要な日本語の習得に困難のある園児の幼保連携型認定こども園の生活への適応
海外から帰国した園児や生活に必要な日本語の習得に困難のある園児については，安心して自己を発揮できるよう配慮するなど個々の園児の実態に応じ，指導内容や指導方法の工夫を組織的かつ計画的に行うものとする。

第3 幼保連携型認定こども園として特に配慮すべき事項
幼保連携型認定こども園における教育及び保育を行うに当たっては，次の事項について特に配慮しなければならない。
1 当該幼保連携型認定こども園に入園した年齢により集団生活の経験年数が異なる園児がいることに配慮する等，0歳から小学校就学前までの一貫した教育及び保育を園児の発達や学びの連続性を考慮して展開していくこと。特に満3歳以上については入園する園児が多いことや同一学年の園児で編制される学級の中で生活することなどを踏まえ，家庭や他の保育施設等との連携や引継ぎを円滑に行うとともに，環境の工夫をすること。
2 園児の一日の生活の連続性及びリズムの多様性に配

慮するとともに，保護者の生活形態を反映した園児の在園時間の長短，入園時期や登園日数の違いを踏まえ，園児一人一人の状況に応じ，教育及び保育の内容やその展開について工夫をすること。特に入園及び年度当初においては，家庭との連携の下，園児一人一人の生活の仕方やリズムに十分に配慮して一日の自然な生活の流れをつくり出していくようにすること。

3 環境を通して行う教育及び保育の活動の充実を図るため，幼保連携型認定こども園における教育及び保育の環境の構成に当たっては，乳幼児期の特性及び保護者や地域の実態を踏まえ，次の事項に留意すること。
 (1) 0歳から小学校就学前までの様々な年齢の園児の発達の特性を踏まえ，満3歳未満の園児については特に健康，安全や発達の確保を十分に図るとともに，満3歳以上の園児については同一学年の園児で編制される学級による集団活動の中で遊びを中心とする園児の主体的な活動を通して発達や学びを促す経験が得られるよう工夫をすること。特に，満3歳以上の園児同士が共に育ち，学び合いながら，豊かな体験を積み重ねることができるよう工夫をすること。
 (2) 在園時間が異なる多様な園児がいることを踏まえ，園児の生活が安定するよう，家庭や地域，幼保連携型認定こども園における生活の連続性を確保するとともに，一日の生活のリズムを整えるよう工夫をすること。特に満3歳未満の園児については睡眠時間等の個人差に配慮するとともに，満3歳以上の園児については集中して遊ぶ場と家庭的な雰囲気の中でくつろぐ場との適切な調和等の工夫をすること。
 (3) 家庭や地域において異年齢の子どもと関わる機会が減少していることを踏まえ，満3歳以上の園児については，学級による集団活動とともに，満3歳未満の園児を含む異年齢の園児による活動を，園児の発達の状況にも配慮しつつ適切に組み合わせて設定するなどの工夫をすること。
 (4) 満3歳以上の園児については，特に長期的な休業中，園児が過ごす家庭や園などの生活の場が異なることを踏まえ，それぞれの多様な生活経験が長期的な休業などの終了後等の園生活に生かされるよう工夫をすること。

4 指導計画を作成する際には，この章に示す指導計画の作成上の留意事項を踏まえるとともに，次の事項にも特に配慮すること。
 (1) 園児の発達の個人差，入園した年齢の違いなどによる集団生活の経験年数の差，家庭環境等を踏まえ，園児一人一人の発達の特性や課題に十分留意すること。特に満3歳未満の園児については，大人への依存度が極めて高い等の特性があることから，個別的な対応を図ること。また，園児の集団生活への円滑な接続について，家庭等との連携及び協力を図る等十分留意すること。
 (2) 園児の発達の連続性を考慮した教育及び保育を展開する際には，次の事項に留意すること。
  ア 満3歳未満の園児については，園児一人一人の生育歴，心身の発達，活動の実態等に即して，個別的な計画を作成すること。
  イ 満3歳以上の園児については，個の成長と，園児相互の関係や協同的な活動が促されるよう考慮すること。
  ウ 異年齢で構成されるグループ等での指導に当たっては，園児一人一人の生活や経験，発達の過程などを把握し，適切な指導や環境の構成ができるよう考慮すること。
 (3) 一日の生活のリズムや在園時間が異なる園児が共に過ごすことを踏まえ，活動と休息，緊張感と解放感等の調和を図るとともに，園児に不安や動揺を与えないようにする等の配慮を行うこと。その際，担当の保育教諭等が替わる場合には，園児の様子等引継ぎを行い，十分な連携を図ること。
 (4) 午睡は生活のリズムを構成する重要な要素であり，安心して眠ることのできる安全な午睡環境を確保するとともに，在園時間が異なることや，睡眠時間は園児の発達の状況や個人によって差があることから，一律とならないよう配慮すること。
 (5) 長時間にわたる教育及び保育については，園児の発達の過程，生活のリズム及び心身の状態に十分配慮して，保育の内容や方法，職員の協力体制，家庭との連携などを指導計画に位置付けること。

5 生命の保持や情緒の安定を図るなど養護の行き届いた環境の下，幼保連携型認定こども園における教育及び保育を展開すること。
 (1) 園児一人一人が，快適にかつ健康で安全に過ごせるようにするとともに，その生理的欲求が十分に満たされ，健康増進が積極的に図られるようにするため，次の事項に留意すること。
  ア 園児一人一人の平常の健康状態や発育及び発達の状態を的確に把握し，異常を感じる場合は，速やかに適切に対応すること。
  イ 家庭との連携を密にし，学校医等との連携を図りながら，園児の疾病や事故防止に関する認識を深め，保健的で安全な環境の維持及び向上に努めること。
  ウ 清潔で安全な環境を整え，適切な援助や応答的

な関わりを通して，園児の生理的欲求を満たしていくこと。また，家庭と協力しながら，園児の発達の過程等に応じた適切な生活のリズムがつくられていくようにすること。
    エ　園児の発達の過程等に応じて，適度な運動と休息をとることができるようにすること。また，食事，排泄，睡眠，衣類の着脱，身の回りを清潔にすることなどについて，園児が意欲的に生活できるよう適切に援助すること。
 (2) 園児一人一人が安定感をもって過ごし，自分の気持ちを安心して表すことができるようにするとともに，周囲から主体として受け止められ主体として育ち，自分を肯定する気持ちが育まれていくようにし，くつろいで共に過ごし，心身の疲れが癒やされるようにするため，次の事項に留意すること。
    ア　園児一人一人の置かれている状態や発達の過程などを的確に把握し，園児の欲求を適切に満たしながら，応答的な触れ合いや言葉掛けを行うこと。
    イ　園児一人一人の気持ちを受容し，共感しながら，園児との継続的な信頼関係を築いていくこと。
    ウ　保育教諭等との信頼関係を基盤に，園児一人一人が主体的に活動し，自発性や探索意欲などを高めるとともに，自分への自信をもつことができるよう成長の過程を見守り，適切に働き掛けること。
    エ　園児一人一人の生活のリズム，発達の過程，在園時間などに応じて，活動内容のバランスや調和を図りながら，適切な食事や休息がとれるようにすること。
 6 園児の健康及び安全は，園児の生命の保持と健やかな生活の基本であり，幼保連携型認定こども園の生活全体を通して健康や安全に関する管理や指導，食育の推進等に十分留意すること。
 7 保護者に対する子育ての支援に当たっては，この章に示す幼保連携型認定こども園における教育及び保育の基本及び目標を踏まえ，子どもに対する学校としての教育及び児童福祉施設としての保育並びに保護者に対する子育ての支援について相互に有機的な連携が図られるようにすること。また，幼保連携型認定こども園の目的の達成に資するため，保護者が子どもの成長に気付き子育ての喜びが感じられるよう，幼保連携型認定こども園の特性を生かした子育ての支援に努めること。

第２章　ねらい及び内容並びに配慮事項

　この章に示すねらいは，幼保連携型認定こども園の教育及び保育において育みたい資質・能力を園児の生活する姿から捉えたものであり，内容は，ねらいを達成するために指導する事項である。各視点や領域は，この時期の発達の特徴を踏まえ，教育及び保育のねらい及び内容を乳幼児の発達の側面から，乳児は三つの視点として，幼児は五つの領域としてまとめ，示したものである。内容の取扱いは，園児の発達を踏まえた指導を行うに当たって留意すべき事項である。

　各視点や領域に示すねらいは，幼保連携型認定こども園における生活の全体を通じ，園児が様々な体験を積み重ねる中で相互に関連をもちながら次第に達成に向かうものであること，内容は，園児が環境に関わって展開する具体的な活動を通して総合的に指導されるものであることに留意しなければならない。

　また，「幼児期の終わりまでに育ってほしい姿」が，ねらい及び内容に基づく活動全体を通して資質・能力が育まれている園児の幼保連携型認定こども園修了時の具体的な姿であることを踏まえ，指導を行う際に考慮するものとする。

　なお，特に必要な場合には，各視点や領域に示すねらいの趣旨に基づいて適切な，具体的な内容を工夫し，それを加えても差し支えないが，その場合には，それが第１章の第１に示す幼保連携型認定こども園の教育及び保育の基本及び目標を逸脱しないよう慎重に配慮する必要がある。

第１　乳児期の園児の保育に関するねらい及び内容
　基本的事項
　1　乳児期の発達については，視覚，聴覚などの感覚や，座る，はう，歩くなどの運動機能が著しく発達し，特定の大人との応答的な関わりを通じて，情緒的な絆が形成されるといった特徴がある。これらの発達の特徴を踏まえて，乳児期の園児の保育は，愛情豊かに，応答的に行われることが特に必要である。
　2　本項においては，この時期の発達の特徴を踏まえ，乳児期の園児の保育のねらい及び内容については，身体的発達に関する視点「健やかに伸び伸びと育つ」，社会的発達に関する視点「身近な人と気持ちが通じ合う」及び精神的発達に関する視点「身近なものと関わり感性が育つ」としてまとめ，示している。
ねらい及び内容
健やかに伸び伸びと育つ
〔健康な心と体を育て，自ら健康で安全な生活をつくり出す力の基盤を培う。〕

1 ねらい
　(1) 身体感覚が育ち，快適な環境に心地よさを感じる。
　(2) 伸び伸びと体を動かし，はう，歩くなどの運動をしようとする。
　(3) 食事，睡眠等の生活のリズムの感覚が芽生える。
2 内容
　(1) 保育教諭等の愛情豊かな受容の下で，生理的・心理的欲求を満たし，心地よく生活をする。
　(2) 一人一人の発育に応じて，はう，立つ，歩くなど，十分に体を動かす。
　(3) 個人差に応じて授乳を行い，離乳を進めていく中で，様々な食品に少しずつ慣れ，食べることを楽しむ。
　(4) 一人一人の生活のリズムに応じて，安全な環境の下で十分に午睡をする。
　(5) おむつ交換や衣服の着脱などを通じて，清潔になることの心地よさを感じる。
3 内容の取扱い
　上記の取扱いに当たっては，次の事項に留意する必要がある。
　(1) 心と体の健康は，相互に密接な関連があるものであることを踏まえ，温かい触れ合いの中で，心と体の発達を促すこと。特に，寝返り，お座り，はいはい，つかまり立ち，伝い歩きなど，発育に応じて，遊びの中で体を動かす機会を十分に確保し，自ら体を動かそうとする意欲が育つようにすること。
　(2) 健康な心と体を育てるためには望ましい食習慣の形成が重要であることを踏まえ，離乳食が完了期へと徐々に移行する中で，様々な食品に慣れるようにするとともに，和やかな雰囲気の中で食べる喜びや楽しさを味わい，進んで食べようとする気持ちが育つようにすること。なお，食物アレルギーのある園児への対応については，学校医等の指示や協力の下に適切に対応すること。

身近な人と気持ちが通じ合う
〔受容的・応答的な関わりの下で，何かを伝えようとする意欲や身近な大人との信頼関係を育て，人と関わる力の基盤を培う。〕
1 ねらい
　(1) 安心できる関係の下で，身近な人と共に過ごす喜びを感じる。
　(2) 体の動きや表情，発声等により，保育教諭等と気持ちを通わせようとする。
　(3) 身近な人と親しみ，関わりを深め，愛情や信頼感が芽生える。
2 内容
　(1) 園児からの働き掛けを踏まえた，応答的な触れ合いや言葉掛けによって，欲求が満たされ，安定感をもって過ごす。
　(2) 体の動きや表情，発声，喃語等を優しく受け止めてもらい，保育教諭等とのやり取りを楽しむ。
　(3) 生活や遊びの中で，自分の身近な人の存在に気付き，親しみの気持ちを表す。
　(4) 保育教諭等による語り掛けや歌い掛け，発声や喃語等への応答を通じて，言葉の理解や発語の意欲が育つ。
　(5) 温かく，受容的な関わりを通じて，自分を肯定する気持ちが芽生える。
3 内容の取扱い
　上記の取扱いに当たっては，次の事項に留意する必要がある。
　(1) 保育教諭等との信頼関係に支えられて生活を確立していくことが人と関わる基盤となることを考慮して，園児の多様な感情を受け止め，温かく受容的・応答的に関わり，一人一人に応じた適切な援助を行うようにすること。
　(2) 身近な人に親しみをもって接し，自分の感情などを表し，それに相手が応答する言葉を聞くことを通して，次第に言葉が獲得されていくことを考慮して，楽しい雰囲気の中での保育教諭等との関わり合いを大切にし，ゆっくりと優しく話し掛けるなど，積極的に言葉のやり取りを楽しむことができるようにすること。

身近なものと関わり感性が育つ
〔身近な環境に興味や好奇心をもって関わり，感じたことや考えたことを表現する力の基盤を培う。〕
1 ねらい
　(1) 身の回りのものに親しみ，様々なものに興味や関心をもつ。
　(2) 見る，触れる，探索するなど，身近な環境に自分から関わろうとする。
　(3) 身体の諸感覚による認識が豊かになり，表情や手足，体の動き等で表現する。
2 内容
　(1) 身近な生活用具，玩具や絵本などが用意された中で，身の回りのものに対する興味や好奇心をもつ。
　(2) 生活や遊びの中で様々なものに触れ，音，形，色，手触りなどに気付き，感覚の働きを豊かにする。
　(3) 保育教諭等と一緒に様々な色彩や形のものや絵本などを見る。
　(4) 玩具や身の回りのものを，つまむ，つかむ，たたく，引っ張るなど，手や指を使って遊ぶ。

(5) 保育教諭等のあやし遊びに機嫌よく応じたり，歌やリズムに合わせて手足や体を動かして楽しんだりする。
3 内容の取扱い
　上記の取扱いに当たっては，次の事項に留意する必要がある。
(1) 玩具などは，音質，形，色，大きさなど園児の発達状態に応じて適切なものを選び，その時々の園児の興味や関心を踏まえなど，遊びを通して感覚の発達が促されるものとなるように工夫すること。なお，安全な環境の下で，園児が探索意欲を満たして自由に遊べるよう，身の回りのものについては常に十分な点検を行うこと。
(2) 乳児期においては，表情，発声，体の動きなどで，感情を表現することが多いことから，これらの表現しようとする意欲を積極的に受け止め，園児が様々な活動を楽しむことを通して表現が豊かになるようにすること。

第2 満1歳以上満3歳未満の園児の保育に関するねらい及び内容
基本的事項
1 この時期においては，歩き始めから，歩く，走る，跳ぶなどへと，基本的な運動機能が次第に発達し，排泄(せつ)の自立のための身体的機能も整うようになる。つまむ，めくるなどの指先の機能も発達し，食事，衣類の着脱なども，保育教諭等の援助の下で自分で行うようになる。発声も明瞭になり，語彙も増加し，自分の意思や欲求を言葉で表出できるようになる。このように自分でできることが増えてくる時期であることから，保育教諭等は，園児の生活の安定を図りながら，自分でしようとする気持ちを尊重し，温かく見守るとともに，愛情豊かに，応答的に関わることが必要である。
2 本項においては，この時期の発達の特徴を踏まえ，保育のねらい及び内容について，心身の健康に関する領域「健康」，人との関わりに関する領域「人間関係」，身近な環境との関わりに関する領域「環境」，言葉の獲得に関する領域「言葉」及び感性と表現に関する領域「表現」としてまとめ，示している。
ねらい及び内容
健康
〔健康な心と体を育て，自ら健康で安全な生活をつくり出す力を養う。〕
1 ねらい
(1) 明るく伸び伸びと生活し，自分から体を動かすことを楽しむ。
(2) 自分の体を十分に動かし，様々な動きをしようとする。
(3) 健康，安全な生活に必要な習慣に気付き，自分でしてみようとする気持ちが育つ。
2 内容
(1) 保育教諭等の愛情豊かな受容の下で，安定感をもって生活をする。
(2) 食事や午睡，遊びと休息など，幼保連携型認定こども園における生活のリズムが形成される。
(3) 走る，跳ぶ，登る，押す，引っ張るなど全身を使う遊びを楽しむ。
(4) 様々な食品や調理形態に慣れ，ゆったりとした雰囲気の中で食事や間食を楽しむ。
(5) 身の回りを清潔に保つ心地よさを感じ，その習慣が少しずつ身に付く。
(6) 保育教諭等の助けを借りながら，衣類の着脱を自分でしようとする。
(7) 便器での排泄(せつ)に慣れ，自分で排泄(せつ)ができるようになる。
3 内容の取扱い
　上記の取扱いに当たっては，次の事項に留意する必要がある。
(1) 心と体の健康は，相互に密接な関連があるものであることを踏まえ，園児の気持ちに配慮した温かい触れ合いの中で，心と体の発達を促すこと。特に，一人一人の発育に応じて，体を動かす機会を十分に確保し，自ら体を動かそうとする意欲が育つようにすること。
(2) 健康な心と体を育てるためには望ましい食習慣の形成が重要であることを踏まえ，ゆったりとした雰囲気の中で食べる喜びや楽しさを味わい，進んで食べようとする気持ちが育つようにすること。なお，食物アレルギーのある園児への対応については，学校医等の指示や協力の下に適切に対応すること。
(3) 排泄(せつ)の習慣については，一人一人の排尿間隔等を踏まえ，おむつが汚れていないときに便器に座らせるなどにより，少しずつ慣れさせるようにすること。
(4) 食事，排泄(せつ)，睡眠，衣類の着脱，身の回りを清潔にすることなど，生活に必要な基本的な習慣については，一人一人の状態に応じ，落ち着いた雰囲気の中で行うようにし，園児が自分でしようとする気持ちを尊重すること。また，基本的な生活習慣の形成に当たっては，家庭での生活経験に配慮し，家庭との適切な連携の下で行うようにすること。
人間関係
〔他の人々と親しみ，支え合って生活するために，自立心を育て，人と関わる力を養う。〕

1 ねらい
　(1) 幼保連携型認定こども園での生活を楽しみ，身近な人と関わる心地よさを感じる。
　(2) 周囲の園児等への興味・関心が高まり，関わりをもとうとする。
　(3) 幼保連携型認定こども園の生活の仕方に慣れ，きまりの大切さに気付く。
2 内容
　(1) 保育教諭等や周囲の園児等との安定した関係の中で，共に過ごす心地よさを感じる。
　(2) 保育教諭等の受容的・応答的な関わりの中で，欲求を適切に満たし，安定感をもって過ごす。
　(3) 身の回りに様々な人がいることに気付き，徐々に他の園児と関わりをもって遊ぶ。
　(4) 保育教諭等の仲立ちにより，他の園児との関わり方を少しずつ身につける。
　(5) 幼保連携型認定こども園の生活の仕方に慣れ，きまりがあることや，その大切さに気付く。
　(6) 生活や遊びの中で，年長児や保育教諭等の真似をしたり，ごっこ遊びを楽しんだりする。
3 内容の取扱い
　上記の取扱いに当たっては，次の事項に留意する必要がある。
　(1) 保育教諭等との信頼関係に支えられて生活を確立するとともに，自分で何かをしようとする気持ちが旺盛になる時期であることに鑑み，そのような園児の気持ちを尊重し，温かく見守るとともに，愛情豊かに，応答的に関わり，適切な援助を行うようにすること。
　(2) 思い通りにいかない場合等の園児の不安定な感情の表出については，保育教諭等が受容的に受け止めるとともに，そうした気持ちから立ち直る経験や感情をコントロールすることへの気付き等につなげていけるように援助すること。
　(3) この時期は自己と他者との違いの認識がまだ十分ではないことから，園児の自我の育ちを見守るとともに，保育教諭等が仲立ちとなって，自分の気持ちを相手に伝えることや相手の気持ちに気付くことの大切さなど，友達の気持ちや友達との関わり方を丁寧に伝えていくこと。

環境
〔周囲の様々な環境に好奇心や探究心をもって関わり，それらを生活に取り入れていこうとする力を養う。〕
1 ねらい
　(1) 身近な環境に親しみ，触れ合う中で，様々なものに興味や関心をもつ。
　(2) 様々なものに関わる中で，発見を楽しんだり，考えたりしようとする。
　(3) 見る，聞く，触るなどの経験を通して，感覚の働きを豊かにする。
2 内容
　(1) 安全で活動しやすい環境での探索活動等を通して，見る，聞く，触れる，嗅ぐ，味わうなどの感覚の働きを豊かにする。
　(2) 玩具，絵本，遊具などに興味をもち，それらを使った遊びを楽しむ。
　(3) 身の回りの物に触れる中で，形，色，大きさ，量などの物の性質や仕組みに気付く。
　(4) 自分の物と人の物の区別や，場所的感覚など，環境を捉える感覚が育つ。
　(5) 身近な生き物に気付き，親しみをもつ。
　(6) 近隣の生活や季節の行事などに興味や関心をもつ。
3 内容の取扱い　上記の取扱いに当たっては，次の事項に留意する必要がある。
　(1) 玩具などは，音質，形，色，大きさなど園児の発達状態に応じて適切なものを選び，遊びを通して感覚の発達が促されるように工夫すること。
　(2) 身近な生き物との関わりについては，園児が命を感じ，生命の尊さに気付く経験へとつながるものであることから，そうした気付きを促すような関わりとなるようにすること。
　(3) 地域の生活や季節の行事などに触れる際には，社会とのつながりや地域社会の文化への気付きにつながるものとなることが望ましいこと。その際，幼保連携型認定こども園内外の行事や地域の人々との触れ合いなどを通して行うこと等も考慮すること。

言葉
〔経験したことや考えたことなどを自分なりの言葉で表現し，相手の話す言葉を聞こうとする意欲や態度を育て，言葉に対する感覚や言葉で表現する力を養う。〕
1 ねらい
　(1) 言葉遊びや言葉で表現する楽しさを感じる。
　(2) 人の言葉や話などを聞き，自分でも思ったことを伝えようとする。
　(3) 絵本や物語等に親しむとともに，言葉のやり取りを通じて身近な人と気持ちを通わせる。
2 内容
　(1) 保育教諭等の応答的な関わりや話し掛けにより，自ら言葉を使おうとする。
　(2) 生活に必要な簡単な言葉に気付き，聞き分ける。
　(3) 親しみをもって日常の挨拶に応じる。
　(4) 絵本や紙芝居を楽しみ，簡単な言葉を繰り返したり，模倣をしたりして遊ぶ。

(5) 保育教諭等とごっこ遊びをする中で，言葉のやり取りを楽しむ。
　(6) 保育教諭等を仲立ちとして，生活や遊びの中で友達との言葉のやり取りを楽しむ。
　(7) 保育教諭等や友達の言葉や話に興味や関心をもって，聞いたり，話したりする。
3　内容の取扱い
　上記の取扱いに当たっては，次の事項に留意する必要がある。
　(1) 身近な人に親しみをもって接し，自分の感情などを伝え，それに相手が応答し，その言葉を聞くことを通して，次第に言葉が獲得されていくものであることを考慮して，楽しい雰囲気の中で保育教諭等との言葉のやり取りができるようにすること。
　(2) 園児が自分の思いを言葉で伝えるとともに，他の園児の話などを聞くことを通して，次第に話を理解し，言葉による伝え合いができるようになるよう，気持ちや経験等の言語化を行うことを援助するなど，園児同士の関わりの仲立ちを行うようにすること。
　(3) この時期は，片言から，二語文，ごっこ遊びでのやり取りができる程度へと，大きく言葉の習得が進む時期であることから，それぞれの園児の発達の状況に応じて，遊びや関わりの工夫など，保育の内容を適切に展開することが必要であること。

表現
〔感じたことや考えたことを自分なりに表現することを通して，豊かな感性や表現する力を養い，創造性を豊かにする。〕
1　ねらい
　(1) 身体の諸感覚の経験を豊かにし，様々な感覚を味わう。
　(2) 感じたことや考えたことなどを自分なりに表現しようとする。
　(3) 生活や遊びの様々な体験を通して，イメージや感性が豊かになる。
2　内容
　(1) 水，砂，土，紙，粘土など様々な素材に触れて楽しむ。
　(2) 音楽，リズムやそれに合わせた体の動きを楽しむ。
　(3) 生活の中で様々な音，形，色，手触り，動き，味，香りなどに気付いたり，感じたりして楽しむ。
　(4) 歌を歌ったり，簡単な手遊びや全身を使う遊びを楽しんだりする。
　(5) 保育教諭等からの話や，生活や遊びの中での出来事を通して，イメージを豊かにする。
　(6) 生活や遊びの中で，興味のあることや経験したことなどを自分なりに表現する。
3　内容の取扱い
　上記の取扱いに当たっては，次の事項に留意する必要がある。
　(1) 園児の表現は，遊びや生活の様々な場面で表出されているものであることから，それらを積極的に受け止め，様々な表現の仕方や感性を豊かにする経験となるようにすること。
　(2) 園児が試行錯誤しながら様々な表現を楽しむことや，自分の力でやり遂げる充実感などに気付くよう，温かく見守るとともに，適切に援助を行うようにすること。
　(3) 様々な感情の表現等を通じて，園児が自分の感情や気持ちに気付くようになる時期であることに鑑み，受容的な関わりの中で自信をもって表現をすることや，諦めずに続けた後の達成感等を感じられるような経験が蓄積されるようにすること。
　(4) 身近な自然や身の回りの事物に関わる中で，発見や心が動く経験が得られるよう，諸感覚を働かせることを楽しむ遊びや素材を用意するなど保育の環境を整えること。

第3　満3歳以上の園児の教育及び保育に関するねらい及び内容
基本的事項
1　この時期においては，運動機能の発達により，基本的な動作が一通りできるようになるとともに，基本的な生活習慣もほぼ自立できるようになる。理解する語彙数が急激に増加し，知的興味や関心も高まってくる。仲間と遊び，仲間の中の一人という自覚が生じ，集団的な遊びや協同的な活動も見られるようになる。これらの発達の特徴を踏まえて，この時期の教育及び保育においては，個の成長と集団としての活動の充実が図られるようにしなければならない。
2　本項においては，この時期の発達の特徴を踏まえ，教育及び保育のねらい及び内容について，心身の健康に関する領域「健康」，人との関わりに関する領域「人間関係」，身近な環境との関わりに関する領域「環境」，言葉の獲得に関する領域「言葉」及び感性と表現に関する領域「表現」としてまとめ，示している。

ねらい及び内容
健康
〔健康な心と体を育て，自ら健康で安全な生活をつくり出す力を養う。〕
1　ねらい
　(1) 明るく伸び伸びと行動し，充実感を味わう。
　(2) 自分の体を十分に動かし，進んで運動しようとす

る。
　(3) 健康，安全な生活に必要な習慣や態度を身に付け，見通しをもって行動する。
2　内容
　(1) 保育教諭等や友達と触れ合い，安定感をもって行動する。
　(2) いろいろな遊びの中で十分に体を動かす。
　(3) 進んで戸外で遊ぶ。
　(4) 様々な活動に親しみ，楽しんで取り組む。
　(5) 保育教諭等や友達と食べることを楽しみ，食べ物への興味や関心をもつ。
　(6) 健康な生活のリズムを身に付ける。
　(7) 身の回りを清潔にし，衣服の着脱，食事，排泄などの生活に必要な活動を自分でする。
　(8) 幼保連携型認定こども園における生活の仕方を知り，自分たちで生活の場を整えながら見通しをもって行動する。
　(9) 自分の健康に関心をもち，病気の予防などに必要な活動を進んで行う。
　(10) 危険な場所，危険な遊び方，災害時などの行動の仕方が分かり，安全に気を付けて行動する。
3　内容の取扱い
　　上記の取扱いに当たっては，次の事項に留意する必要がある。
　(1) 心と体の健康は，相互に密接な関連があるものであることを踏まえ，園児が保育教諭等や他の園児との温かい触れ合いの中で自己の存在感や充実感を味わうことなどを基盤として，しなやかな心と体の発達を促すこと。特に，十分に体を動かす気持ちよさを体験し，自ら体を動かそうとする意欲が育つようにすること。
　(2) 様々な遊びの中で，園児が興味や関心，能力に応じて全身を使って活動することにより，体を動かす楽しさを味わい，自分の体を大切にしようとする気持ちが育つようにすること。その際，多様な動きを経験する中で，体の動きを調整するようにすること。
　(3) 自然の中で伸び伸びと体を動かして遊ぶことにより，体の諸機能の発達が促されることに留意し，園児の興味や関心が戸外にも向くようにすること。その際，園児の動線に配慮した園庭や遊具の配置などを工夫すること。
　(4) 健康な心と体を育てるためには食育を通じた望ましい食習慣の形成が大切であることを踏まえ，園児の食生活の実情に配慮し，和やかな雰囲気の中で保育教諭等や他の園児と食べる喜びや楽しさを味わったり，様々な食べ物への興味や関心をもったりするなどし，食の大切さに気付き，進んで食べようとする気持ちが育つようにすること。
　(5) 基本的な生活習慣の形成に当たっては，家庭での生活経験に配慮し，園児の自立心を育て，園児が他の園児と関わりながら主体的な活動を展開する中で，生活に必要な習慣を身に付け，次第に見通しをもって行動できるようにすること。
　(6) 安全に関する指導に当たっては，情緒の安定を図り，遊びを通して安全についての構えを身に付け，危険な場所や事物などが分かり，安全についての理解を深めるようにすること。また，交通安全の習慣を身に付けるようにするとともに，避難訓練などを通して，災害などの緊急時に適切な行動がとれるようにすること。

人間関係
〔他の人々と親しみ，支え合って生活するために，自立心を育て，人と関わる力を養う。〕
1　ねらい
　(1) 幼保連携型認定こども園の生活を楽しみ，自分の力で行動することの充実感を味わう。
　(2) 身近な人と親しみ，関わりを深め，工夫したり，協力したりして一緒に活動する楽しさを味わい，愛情や信頼感をもつ。
　(3) 社会生活における望ましい習慣や態度を身に付ける。
2　内容
　(1) 保育教諭等や友達と共に過ごすことの喜びを味わう。
　(2) 自分で考え，自分で行動する。
　(3) 自分でできることは自分でする。
　(4) いろいろな遊びを楽しみながら物事をやり遂げようとする気持ちをもつ。
　(5) 友達と積極的に関わりながら喜びや悲しみを共感し合う。
　(6) 自分の思ったことを相手に伝え，相手の思っていることに気付く。
　(7) 友達のよさに気付き，一緒に活動する楽しさを味わう。
　(8) 友達と楽しく活動する中で，共通の目的を見いだし，工夫したり，協力したりなどする。
　(9) よいことや悪いことがあることに気付き，考えながら行動する。
　(10) 友達との関わりを深め，思いやりをもつ。
　(11) 友達と楽しく生活する中できまりの大切さに気付き，守ろうとする。
　(12) 共同の遊具や用具を大切にし，皆で使う。
　(13) 高齢者をはじめ地域の人々などの自分の生活に

関係の深いいろいろな人に親しみをもつ。
3 内容の取扱い
上記の取扱いに当たっては，次の事項に留意する必要がある。
(1) 保育教諭等との信頼関係に支えられて自分自身の生活を確立していくことが人と関わる基盤となることを考慮し，園児が自ら周囲に働き掛けることにより多様な感情を体験し，試行錯誤しながら諦めずにやり遂げることの達成感や，前向きな見通しをもって自分の力で行うことの充実感を味わうことができるよう，園児の行動を見守りながら適切な援助を行うようにすること。
(2) 一人一人を生かした集団を形成しながら人と関わる力を育てていくようにすること。その際，集団の生活の中で，園児が自己を発揮し，保育教諭等や他の園児に認められる体験をし，自分のよさや特徴に気付き，自信をもって行動できるようにすること。
(3) 園児が互いに関わりを深め，協同して遊ぶようになるため，自ら行動する力を育てるようにするとともに，他の園児と試行錯誤しながら活動を展開する楽しさや共通の目的が実現する喜びを味わうことができるようにすること。
(4) 道徳性の芽生えを培うに当たっては，基本的な生活習慣の形成を図るとともに，園児が他の園児との関わりの中で他人の存在に気付き，相手を尊重する気持ちをもって行動できるようにし，また，自然や身近な動植物に親しむことなどを通して豊かな心情が育つようにすること。特に，人に対する信頼感や思いやりの気持ちは，葛藤やつまずきをも体験し，それらを乗り越えることにより次第に芽生えてくることに配慮すること。
(5) 集団の生活を通して，園児が人との関わりを深め，規範意識の芽生えが培われることを考慮し，園児が保育教諭等との信頼関係に支えられて自己を発揮する中で，互いに思いを主張し，折り合いを付ける体験をし，きまりの必要性などに気付き，自分の気持ちを調整する力が育つようにすること。
(6) 高齢者をはじめ地域の人々などの自分の生活に関係の深いいろいろな人と触れ合い，自分の感情や意志を表現しながら共に楽しみ，共感し合う体験を通して，これらの人々などに親しみをもち，人と関わることの楽しさや人の役に立つ喜びを味わうことができるようにすること。また，生活を通して親や祖父母などの家族の愛情に気付き，家族を大切にしようとする気持ちが育つようにすること。

環境
〔周囲の様々な環境に好奇心や探究心をもって関わり，それらを生活に取り入れていこうとする力を養う。〕
1 ねらい
(1) 身近な環境に親しみ，自然と触れ合う中で様々な事象に興味や関心をもつ。
(2) 身近な環境に自分から関わり，発見を楽しんだり，考えたりし，それを生活に取り入れようとする。
(3) 身近な事象を見たり，考えたり，扱ったりする中で，物の性質や数量，文字などに対する感覚を豊かにする。
2 内容
(1) 自然に触れて生活し，その大きさ，美しさ，不思議さなどに気付く。
(2) 生活の中で，様々な物に触れ，その性質や仕組みに興味や関心をもつ。
(3) 季節により自然や人間の生活に変化のあることに気付く。
(4) 自然などの身近な事象に関心をもち，取り入れて遊ぶ。
(5) 身近な動植物に親しみをもって接し，生命の尊さに気付き，いたわったり，大切にしたりする。
(6) 日常生活の中で，我が国や地域社会における様々な文化や伝統に親しむ。
(7) 身近な物を大切にする。
(8) 身近な物や遊具に興味をもって関わり，自分なりに比べたり，関連付けたりしながら考えたり，試したりして工夫して遊ぶ。
(9) 日常生活の中で数量や図形などに関心をもつ。
(10) 日常生活の中で簡単な標識や文字などに関心をもつ。
(11) 生活に関係の深い情報や施設などに興味や関心をもつ。
(12) 幼保連携型認定こども園内外の行事において国旗に親しむ。
3 内容の取扱い
上記の取扱いに当たっては，次の事項に留意する必要がある。
(1) 園児が，遊びの中で周囲の環境と関わり，次第に周囲の世界に好奇心を抱き，その意味や操作の仕方に関心をもち，物事の法則性に気付き，自分なりに考えることができるようになる過程を大切にすること。また，他の園児の考えなどに触れて新しい考えを生み出す喜びや楽しさを味わい，自分の考えをよりよいものにしようとする気持ちが育つようにすること。
(2) 幼児期において自然のもつ意味は大きく，自然の大きさ，美しさ，不思議さなどに直接触れる体験を

通して，園児の心が安らぎ，豊かな感情，好奇心，思考力，表現力の基礎が培われることを踏まえ，園児が自然との関わりを深めることができるよう工夫すること。
(3) 身近な事象や動植物に対する感動を伝え合い，共感し合うことなどを通して自分から関わろうとする意欲を育てるとともに，様々な関わり方を通してそれらに対する親しみや畏敬の念，生命を大切にする気持ち，公共心，探究心などが養われるようにすること。
(4) 文化や伝統に親しむ際には，正月や節句など我が国の伝統的な行事，国歌，唱歌，わらべうたや我が国の伝統的な遊びに親しんだり，異なる文化に触れる活動に親しんだりすることを通じて，社会とのつながりの意識や国際理解の意識の芽生えなどが養われるようにすること。
(5) 数量や文字などに関しては，日常生活の中で園児自身の必要感に基づく体験を大切にし，数量や文字などに関する興味や関心，感覚が養われるようにすること。

言葉
〔経験したことや考えたことなどを自分なりの言葉で表現し，相手の話す言葉を聞こうとする意欲や態度を育て，言葉に対する感覚や言葉で表現する力を養う。〕
1 ねらい
(1) 自分の気持ちを言葉で表現する楽しさを味わう。
(2) 人の言葉や話などをよく聞き，自分の経験したことや考えたことを話し，伝え合う喜びを味わう。
(3) 日常生活に必要な言葉が分かるようになるとともに，絵本や物語などに親しみ，言葉に対する感覚を豊かにし，保育教諭等や友達と心を通わせる。
2 内容
(1) 保育教諭等や友達の言葉や話に興味や関心をもち，親しみをもって聞いたり，話したりする。
(2) したり，見たり，聞いたり，感じたり，考えたりなどしたことを自分なりに言葉で表現する。
(3) したいこと，してほしいことを言葉で表現したり，分からないことを尋ねたりする。
(4) 人の話を注意して聞き，相手に分かるように話す。
(5) 生活の中で必要な言葉が分かり，使う。
(6) 親しみをもって日常の挨拶をする。
(7) 生活の中で言葉の楽しさや美しさに気付く。
(8) いろいろな体験を通じてイメージや言葉を豊かにする。
(9) 絵本や物語などに親しみ，興味をもって聞き，想像をする楽しさを味わう。

(10) 日常生活の中で，文字などで伝える楽しさを味わう。
3 内容の取扱い
　上記の取扱いに当たっては，次の事項に留意する必要がある。
(1) 言葉は，身近な人に親しみをもって接し，自分の感情や意志などを伝え，それに相手が応答し，その言葉を聞くことを通して次第に獲得されていくものであることを考慮して，園児が保育教諭等や他の園児と関わることにより心を動かされるような体験をし，言葉を交わす喜びを味わえるようにすること。
(2) 園児が自分の思いを言葉で伝えるとともに，保育教諭等や他の園児などの話を興味をもって注意して聞くことを通して次第に話を理解するようになっていき，言葉による伝え合いができるようにすること。
(3) 絵本や物語などで，その内容と自分の経験とを結び付けたり，想像を巡らせたりするなど，楽しみを十分に味わうことによって，次第に豊かなイメージをもち，言葉に対する感覚が養われるようにすること。
(4) 園児が生活の中で，言葉の響きやリズム，新しい言葉や表現などに触れ，これらを使う楽しさを味わえるようにすること。その際，絵本や物語に親しんだり，言葉遊びなどをしたりすることを通して，言葉が豊かになるようにすること。
(5) 園児が日常生活の中で，文字などを使いながら思ったことや考えたことを伝える喜びや楽しさを味わい，文字に対する興味や関心をもつようにすること。

表現
〔感じたことや考えたことを自分なりに表現することを通して，豊かな感性や表現する力を養い，創造性を豊かにする。〕
1 ねらい
(1) いろいろなものの美しさなどに対する豊かな感性をもつ。
(2) 感じたことや考えたことを自分なりに表現して楽しむ。
(3) 生活の中でイメージを豊かにし，様々な表現を楽しむ。
2 内容
(1) 生活の中で様々な音，形，色，手触り，動きなどに気付いたり，感じたりするなどして楽しむ。
(2) 生活の中で美しいものや心を動かす出来事に触れ，イメージを豊かにする。
(3) 様々な出来事の中で，感動したことを伝え合う楽

しさを味わう。
　　（4）感じたこと，考えたことなどを音や動きなどで表現したり，自由にかいたり，つくったりなどする。
　　（5）いろいろな素材に親しみ，工夫して遊ぶ。
　　（6）音楽に親しみ，歌を歌ったり，簡単なリズム楽器を使ったりなどする楽しさを味わう。
　　（7）かいたり，つくったりすることを楽しみ，遊びに使ったり，飾ったりなどする。
　　（8）自分のイメージを動きや言葉などで表現したり，演じて遊んだりするなどの楽しさを味わう。
　3　内容の取扱い
　　　上記の取扱いに当たっては，次の事項に留意する必要がある。
　　（1）豊かな感性は，身近な環境と十分に関わる中で美しいもの，優れたもの，心を動かす出来事などに出会い，そこから得た感動を他の園児や保育教諭等と共有し，様々に表現することなどを通して養われるようにすること。その際，風の音や雨の音，身近にある草や花の形や色など自然の中にある音，形，色などに気付くようにすること。
　　（2）幼児期の自己表現は素朴な形で行われることが多いので，保育教諭等はそのような表現を受容し，園児自身の表現しようとする意欲を受け止めて，園児が生活の中で園児らしい様々な表現を楽しむことができるようにすること。
　　（3）生活経験や発達に応じ，自ら様々な表現を楽しみ，表現する意欲を十分に発揮させることができるように，遊具や用具などを整えたり，様々な素材や表現の仕方に親しんだり，他の園児の表現に触れられるよう配慮したりし，表現する過程を大切にして自己表現を楽しめるように工夫すること。

第4　教育及び保育の実施に関する配慮事項
　1　満3歳未満の園児の保育の実施については，以下の事項に配慮するものとする。
　　（1）乳児は疾病への抵抗力が弱く，心身の機能の未熟さに伴う疾病の発生が多いことから，一人一人の発育及び発達状態や健康状態についての適切な判断に基づく保健的な対応を行うこと。また，一人一人の園児の生育歴の違いに留意しつつ，欲求を適切に満たし，特定の保育教諭等が応答的に関わるように努めること。更に，乳児期の園児の保育に関わる職員間の連携や学校医との連携を図り，第3章に示す事項を踏まえ，適切に対応すること。栄養士及び看護師等が配置されている場合は，その専門性を生かした対応を図ること。乳児期の園児の保育においては特に，保護者との信頼関係を築きながら保育を進めるとともに，保護者からの相談に応じ支援に努めていくこと。なお，担当の保育教諭等が替わる場合には，園児のそれまでの生育歴や発達の過程に留意し，職員間で協力して対応すること。
　　（2）満1歳以上満3歳未満の園児は，特に感染症にかかりやすい時期であるので，体の状態，機嫌，食欲などの日常の状態の観察を十分に行うとともに，適切な判断に基づく保健的な対応を心掛けること。また，探索活動が十分できるように，事故防止に努めながら活動しやすい環境を整え，全身を使う遊びなど様々な遊びを取り入れること。更に，自我が形成され，園児が自分の感情や気持ちに気付くようになる重要な時期であることに鑑み，情緒の安定を図りながら，園児の自発的な活動を尊重するとともに促していくこと。なお，担当の保育教諭等が替わる場合には，園児のそれまでの経験や発達の過程に留意し，職員間で協力して対応すること。
　2　幼保連携型認定こども園における教育及び保育の全般において以下の事項に配慮するものとする。
　　（1）園児の心身の発達及び活動の実態などの個人差を踏まえるとともに，一人一人の園児の気持ちを受け止め，援助すること。
　　（2）園児の健康は，生理的・身体的な育ちとともに，自主性や社会性，豊かな感性の育ちとがあいまってもたらされることに留意すること。
　　（3）園児が自ら周囲に働き掛け，試行錯誤しつつ自分の力で行う活動を見守りながら，適切に援助すること。
　　（4）園児の入園時の教育及び保育に当たっては，できるだけ個別的に対応し，園児が安定感を得て，次第に幼保連携型認定こども園の生活になじんでいくようにするとともに，既に入園している園児に不安や動揺を与えないようにすること。
　　（5）園児の国籍や文化の違いを認め，互いに尊重する心を育てるようにすること。
　　（6）園児の性差や個人差にも留意しつつ，性別などによる固定的な意識を植え付けることがないようにすること。

　　　　第3章　健康及び安全

　幼保連携型認定こども園における園児の健康及び安全は，園児の生命の保持と健やかな生活の基本となるものであり，第1章及び第2章の関連する事項と併せ，次に示す事項について適切に対応するものとする。その際，養護教諭や看護師，栄養教諭や栄養士等が配置されている場合には，学校医等と共に，これらの者がそれぞれの専門性を生

かしながら，全職員が相互に連携し，組織的かつ適切な対応を行うことができるような体制整備や研修を行うことが必要である。

第1 健康支援
 1 健康状態や発育及び発達の状態の把握
  (1) 園児の心身の状態に応じた教育及び保育を行うために，園児の健康状態や発育及び発達の状態について，定期的・継続的に，また，必要に応じて随時，把握すること。
  (2) 保護者からの情報とともに，登園時及び在園時に園児の状態を観察し，何らかの疾病が疑われる状態や傷害が認められた場合には，保護者に連絡するとともに，学校医と相談するなど適切な対応を図ること。
  (3) 園児の心身の状態等を観察し，不適切な養育の兆候が見られる場合には，市町村（特別区を含む。以下同じ。）関係機関と連携し，児童福祉法第25条に基づき，適切な対応を図ること。また，虐待が疑われる場合には，速やかに市町村又は児童相談所に通告し，適切な対応を図ること。
 2 健康増進
  (1) 認定こども園法第27条において準用する学校保健安全法（昭和33年法律第56号）第5条の学校保健計画を作成する際は，教育及び保育の内容並びに子育ての支援等に関する全体的な計画に位置づくものとし，全ての職員がそのねらいや内容を踏まえ，園児一人一人の健康の保持及び増進に努めていくこと。
  (2) 認定こども園法第27条において準用する学校保健安全法第13条第1項の健康診断を行ったときは，認定こども園法第27条において準用する学校保健安全法第14条の措置を行い，教育及び保育に活用するとともに，保護者が園児の状態を理解し，日常生活に活用できるようにすること。
 3 疾病等への対応
  (1) 在園時に体調不良や傷害が発生した場合には，その園児の状態等に応じて，保護者に連絡するとともに，適宜，学校医やかかりつけ医等と相談し，適切な処置を行うこと。
  (2) 感染症やその他の疾病の発生予防に努め，その発生や疑いがある場合には必要に応じて学校医，市町村，保健所等に連絡し，その指示に従うとともに，保護者や全ての職員に連絡し，予防等について協力を求めること。また，感染症に関する幼保連携型認定こども園の対応方法等について，あらかじめ関係機関の協力を得ておくこと。
  (3) アレルギー疾患を有する園児に関しては，保護者と連携し，医師の診断及び指示に基づき，適切な対応を行うこと。また，食物アレルギーに関して，関係機関と連携して，当該幼保連携型認定こども園の体制構築など，安全な環境の整備を行うこと。
  (4) 園児の疾病等の事態に備え，保健室の環境を整え，救急用の薬品，材料等を適切な管理の下に常備し，全ての職員が対応できるようにしておくこと。

第2 食育の推進
 1 幼保連携型認定こども園における食育は，健康な生活の基本としての食を営む力の育成に向け，その基礎を培うことを目標とすること。
 2 園児が生活と遊びの中で，意欲をもって食に関わる体験を積み重ね，食べることを楽しみ，食事を楽しみ合う園児に成長していくことを期待するものであること。
 3 乳幼児期にふさわしい食生活が展開され，適切な援助が行われるよう，教育及び保育の内容並びに子育ての支援等に関する全体的な計画に基づき，食事の提供を含む食育の計画を作成し，指導計画に位置付けるとともに，その評価及び改善に努めること。
 4 園児が自らの感覚や体験を通して，自然の恵みとしての食材や食の循環・環境への意識，調理する人への感謝の気持ちが育つように，園児と調理員等との関わりや，調理室など食に関する環境に配慮すること。
 5 保護者や地域の多様な関係者との連携及び協働の下で，食に関する取組が進められること。また，市町村の支援の下に，地域の関係機関との日常的な連携を図り，必要な協力が得られるよう努めること。
 6 体調不良，食物アレルギー，障害のある園児など，園児一人一人の心身の状態等に応じ，学校医，かかりつけ医等の指示や協力の下に適切に対応すること。

第3 環境及び衛生管理並びに安全管理
 1 環境及び衛生管理
  (1) 認定こども園法第27条において準用する学校保健安全法第6条の学校環境衛生基準に基づき幼保連携型認定こども園の適切な環境の維持に努めるとともに，施設内外の設備，用具等の衛生管理に努めること。
  (2) 認定こども園法第27条において準用する学校保健安全法第6条の学校環境衛生基準に基づき幼保連携型認定こども園の施設内外の適切な環境の維持に努めるとともに，園児及び全職員が清潔を保つようにすること。また，職員は衛生知識の向上に努めること。

2 事故防止及び安全対策
 (1) 在園時の事故防止のために，園児の心身の状態等を踏まえつつ，認定こども園法第27条において準用する学校保健安全法第27条の学校安全計画の策定等を通じ，全職員の共通理解や体制づくりを図るとともに，家庭や地域の関係機関の協力の下に安全指導を行うこと。
 (2) 事故防止の取組を行う際には，特に，睡眠中，プール活動・水遊び中，食事中等の場面では重大事故が発生しやすいことを踏まえ，園児の主体的な活動を大切にしつつ，施設内外の環境の配慮や指導の工夫を行うなど，必要な対策を講じること。
 (3) 認定こども園法第27条において準用する学校保健安全法第29条の危険等発生時対処要領に基づき，事故の発生に備えるとともに施設内外の危険箇所の点検や訓練を実施すること。また，外部からの不審者等の侵入防止のための措置や訓練など不測の事態に備え必要な対応を行うこと。更に，園児の精神保健面における対応に留意すること。

第4 災害への備え
 1 施設・設備等の安全確保
 (1) 認定こども園法第27条において準用する学校保健安全法第29条の危険等発生時対処要領に基づき，災害等の発生に備えるとともに，防火設備，避難経路等の安全性が確保されるよう，定期的にこれらの安全点検を行うこと。
 (2) 備品，遊具等の配置，保管を適切に行い，日頃から，安全環境の整備に努めること。
 2 災害発生時の対応体制及び避難への備え
 (1) 火災や地震などの災害の発生に備え，認定こども園法第27条において準用する学校保健安全法第29条の危険等発生時対処要領を作成する際には，緊急時の対応の具体的内容及び手順，職員の役割分担，避難訓練計画等の事項を盛り込むこと。
 (2) 定期的に避難訓練を実施するなど，必要な対応を図ること。
 (3) 災害の発生時に，保護者等への連絡及び子どもの引渡しを円滑に行うため，日頃から保護者との密接な連携に努め，連絡体制や引渡し方法等について確認をしておくこと。
 3 地域の関係機関等との連携
 (1) 市町村の支援の下に，地域の関係機関との日常的な連携を図り，必要な協力が得られるよう努めること。
 (2) 避難訓練については，地域の関係機関や保護者との連携の下に行うなど工夫すること。

第4章 子育ての支援

幼保連携型認定こども園における保護者に対する子育ての支援は，子どもの利益を最優先して行うものとし，第1章及び第2章等の関連する事項を踏まえ，子どもの育ちを家庭と連携して支援していくとともに，保護者及び地域が有する子育てを自ら実践する力の向上に資するよう，次の事項に留意するものとする。

第1 子育ての支援全般に関わる事項
 1 保護者に対する子育ての支援を行う際には，各地域や家庭の実態等を踏まえるとともに，保護者の気持ちを受け止め，相互の信頼関係を基本に，保護者の自己決定を尊重すること。
 2 教育及び保育並びに子育ての支援に関する知識や技術など，保育教諭等の専門性や，園児が常に存在する環境など，幼保連携型認定こども園の特性を生かし，保護者が子どもの成長に気付き子育ての喜びを感じられるように努めること。
 3 保護者に対する子育ての支援における地域の関係機関等との連携及び協働を図り，園全体の体制構築に努めること。
 4 子どもの利益に反しない限りにおいて，保護者や子どものプライバシーを保護し，知り得た事柄の秘密を保持すること。

第2 幼保連携型認定こども園の園児の保護者に対する子育ての支援
 1 日常の様々な機会を活用し，園児の日々の様子の伝達や収集，教育及び保育の意図の説明などを通じて，保護者との相互理解を図るよう努めること。
 2 教育及び保育の活動に対する保護者の積極的な参加は，保護者の子育てを自ら実践する力の向上に寄与するだけでなく，地域社会における家庭や住民の子育てを自ら実践する力の向上及び子育ての経験の継承につながるきっかけとなる。これらのことから，保護者の参加を促すとともに，参加しやすいよう工夫すること。
 3 保護者の生活形態が異なることを踏まえ，全ての保護者の相互理解が深まるように配慮すること。その際，保護者同士が子育てに対する新たな考えに出会い気付き合えるよう工夫すること。
 4 保護者の就労と子育ての両立等を支援するため，保護者の多様化した教育及び保育の需要に応じて病児保育事業など多様な事業を実施する場合には，保護者の状況に配慮するとともに，園児の福祉が尊重されるよ

う努め，園児の生活の連続性を考慮すること。
5　地域の実態や保護者の要請により，教育を行う標準的な時間の終了後等に希望する園児を対象に一時預かり事業などとして行う活動については，保育教諭間及び家庭との連携を密にし，園児の心身の負担に配慮すること。その際，地域の実態や保護者の事情とともに園児の生活のリズムを踏まえつつ，必要に応じて，弾力的な運用を行うこと。
6　園児に障害や発達上の課題が見られる場合には，市町村や関係機関と連携及び協力を図りつつ，保護者に対する個別の支援を行うよう努めること。
7　外国籍家庭など，特別な配慮を必要とする家庭の場合には，状況等に応じて個別の支援を行うよう努めること。
8　保護者に育児不安等が見られる場合には，保護者の希望に応じて個別の支援を行うよう努めること。
9　保護者に不適切な養育等が疑われる場合には，市町村や関係機関と連携し，要保護児童対策地域協議会で検討するなど適切な対応を図ること。また，虐待が疑われる場合には，速やかに市町村又は児童相談所に通告し，適切な対応を図ること。

第3　地域における子育て家庭の保護者等に対する支援
1　幼保連携型認定こども園において，認定こども園法第2条第12項に規定する子育て支援事業を実施する際には，当該幼保連携型認定こども園がもつ地域性や専門性などを十分に考慮して当該地域において必要と認められるものを適切に実施すること。また，地域の子どもに対する一時預かり事業などの活動を行う際には，一人一人の子どもの心身の状態などを考慮するとともに，教育及び保育との関連に配慮するなど，柔軟に活動を展開できるようにすること。
2　市町村の支援を得て，地域の関係機関等との積極的な連携及び協働を図るとともに，子育ての支援に関する地域の人材の積極的な活用を図るよう努めること。また，地域の要保護児童への対応など，地域の子どもを巡る諸課題に対し，要保護児童対策地域協議会など関係機関等と連携及び協力して取り組むよう努めること。
3　幼保連携型認定こども園は，地域の子どもが健やかに育成される環境を提供し，保護者に対する総合的な子育ての支援を推進するため，地域における乳幼児期の教育及び保育の中心的な役割を果たすよう努めること。

〈監修者紹介〉
無藤　隆（むとう たかし）
　　白梅学園大学大学院特任教授
　　文科省中央教育審議会教育課程部会幼児教育部会 主査
　　内閣府子ども子育て会議 会長　等歴任

《幼稚園教育要領 改訂
保育所保育指針 改定
幼保連携型認定こども園教育・保育要領 改訂》について

編集・制作　株式会社　同文書院
112-0002
東京都文京区小石川 5-24-3
℡03-3812-7777　FAX 03-3812-8456